经以济世
建德崇本
贺教师节
科技兴国项目
必至至臻

李政林

教育部哲学社会科学研究重大课题攻关项目
"十四五"时期国家重点出版物出版专项规划项目

共建"一带一路"国家多语种、共享型经济管理数据库建设研究

RESEARCH ON CONSTRUCTION OF MULTILINGUAL AND SHARED ECONOMIC MANAGEMENT DATABASE FOR COUNTRIES JOINTLY BUILDING THE BELT AND ROAD INITIATIVE

司 莉 等著

中国财经出版传媒集团
经济科学出版社
·北京·

图书在版编目（CIP）数据

共建"一带一路"国家多语种、共享型经济管理数据库建设研究／司莉等著． -- 北京：经济科学出版社，2025.4． -- ISBN 978 - 7 - 5218 - 6928 - 6

Ⅰ．F125

中国国家版本馆 CIP 数据核字第 2025U6R174 号

责任编辑：孙丽丽　纪小小
责任校对：蒋子明
责任印制：范　艳

共建"一带一路"国家多语种、共享型经济管理数据库建设研究
司　莉　等著
经济科学出版社出版、发行　新华书店经销
社址：北京市海淀区阜成路甲 28 号　邮编：100142
总编部电话：010 - 88191217　发行部电话：010 - 88191522
网址：www.esp.com.cn
电子邮箱：esp@esp.com.cn
天猫网店：经济科学出版社旗舰店
网址：http://jjkxcbs.tmall.com
北京季蜂印刷有限公司印装
787×1092　16 开　26.5 印张　520000 字
2025 年 4 月第 1 版　2025 年 4 月第 1 次印刷
ISBN 978 - 7 - 5218 - 6928 - 6　定价：106.00 元
（图书出现印装问题，本社负责调换．电话：010 - 88191545）
（版权所有　侵权必究　打击盗版　举报热线：010 - 88191661
QQ：2242791300　营销中心电话：010 - 88191537
电子邮箱：dbts@esp.com.cn）

课题组主要成员

首席专家 司 莉

主要成员 伍 丹　何 依　刘 莉
　　　　　　刘 尧　刘先瑞　周 璟
　　　　　　陈 辰　郭财强

总　序

哲学社会科学是人们认识世界、改造世界的重要工具，是推动历史发展和社会进步的重要力量，其发展水平反映了一个民族的思维能力、精神品格、文明素质，体现了一个国家的综合国力和国际竞争力。一个国家的发展水平，既取决于自然科学发展水平，也取决于哲学社会科学发展水平。

党和国家高度重视哲学社会科学。党的十八大提出要建设哲学社会科学创新体系，推进马克思主义中国化、时代化、大众化，坚持不懈用中国特色社会主义理论体系武装全党、教育人民。2016年5月17日，习近平总书记亲自主持召开哲学社会科学工作座谈会并发表重要讲话。讲话从坚持和发展中国特色社会主义事业全局的高度，深刻阐释了哲学社会科学的战略地位，全面分析了哲学社会科学面临的新形势，明确了加快构建中国特色哲学社会科学的新目标，对哲学社会科学工作者提出了新期待，体现了我们党对哲学社会科学发展规律的认识达到了一个新高度，是一篇新形势下繁荣发展我国哲学社会科学事业的纲领性文献，为哲学社会科学事业提供了强大精神动力，指明了前进方向。

高校是我国哲学社会科学事业的主力军。贯彻落实习近平总书记哲学社会科学座谈会重要讲话精神，加快构建中国特色哲学社会科学，高校应发挥重要作用：要坚持和巩固马克思主义的指导地位，用中国化的马克思主义指导哲学社会科学；要实施以育人育才为中心的哲学社会科学整体发展战略，构筑学生、学术、学科一体的综合发展体系；要以人为本，从人抓起，积极实施人才工程，构建种类齐全、梯队衔接的高校哲学社会科学人才体系；要深化科研管理体制改革，发挥高校人才、智力和学科优势，提升学术原创能力，激发创新创造活力，建设中国特色新型高校智库；要加强组织领导、做好统筹规划、营造良好学术生态，形成统筹推进高校哲学社会科学发展新格局。

哲学社会科学研究重大课题攻关项目计划是教育部贯彻落实党中央决策部署的一项重大举措，是实施"高校哲学社会科学繁荣计划"的重要内容。重大攻关项目采取招投标的组织方式，按照"公平竞争，择优立项，严格管理，铸造精品"的要求进行，每年评审立项约40个项目。项目研究实行首席专家负责制，鼓励跨学科、跨学校、跨地区的联合研究，协同创新。重大攻关项目以解决国家现代化建设过程中重大理论和实际问题为主攻方向，以提升为党和政府咨询决策服务能力和推动哲学社会科学发展为战略目标，集合优秀研究团队和顶尖人才联合攻关。自2003年以来，项目开展取得了丰硕成果，形成了特色品牌。一大批标志性成果纷纷涌现，一大批科研名家脱颖而出，高校哲学社会科学整体实力和社会影响力快速提升。国务院副总理刘延东同志做出重要批示，指出重大攻关项目有效调动各方面的积极性，产生了一批重要成果，影响广泛，成效显著；要总结经验，再接再厉，紧密服务国家需求，更好地优化资源，突出重点，多出精品，多出人才，为经济社会发展做出新的贡献。

作为教育部社科研究项目中的拳头产品，我们始终秉持以管理创新服务学术创新的理念，坚持科学管理、民主管理、依法管理，切实增强服务意识，不断创新管理模式，健全管理制度，加强对重大攻关项目的选题遴选、评审立项、组织开题、中期检查到最终成果鉴定的全过程管理，逐渐探索并形成一套成熟有效、符合学术研究规律的管理办法，努力将重大攻关项目打造成学术精品工程。我们将项目最终成果汇编成"教育部哲学社会科学研究重大课题攻关项目成果文库"统一组织出版。经济科学出版社倾全社之力，精心组织编辑力量，努力铸造出版精品。国学大师季羡林先生为本文库题词："经时济世　继往开来——贺教育部重大攻关项目成果出版"；欧阳中石先生题写了"教育部哲学社会科学研究重大课题攻关项目"的书名，充分体现了他们对繁荣发展高校哲学社会科学的深切勉励和由衷期望。

伟大的时代呼唤伟大的理论，伟大的理论推动伟大的实践。高校哲学社会科学将不忘初心，继续前进。深入贯彻落实习近平总书记系列重要讲话精神，坚持道路自信、理论自信、制度自信、文化自信，立足中国、借鉴国外，挖掘历史、把握当代，关怀人类、面向未来，立时代之潮头、发思想之先声，为加快构建中国特色哲学社会科学，实现中华民族伟大复兴的中国梦做出新的更大贡献！

教育部社会科学司

前　言

2013年9月和10月，习近平主席在出访中亚和东南亚国家期间，先后提出共建"丝绸之路经济带"和"21世纪海上丝绸之路"（简称"一带一路"）的重大倡议，该倡议受到国际社会高度关注，是人类发展史上具有里程碑意义的事件。2015年12月，习近平主席在第二届世界互联网大会上的讲话指出："网络的本质在于互联，信息的价值在于互通。只有加强信息基础设施建设……才能让信息资源充分涌流。"[①] 2017年10月，习近平总书记在党的十九大报告中指出"要以'一带一路'建设为重点，坚持引进来和走出去并重，遵循共商共建共享原则，加强创新能力开放合作，形成陆海内外联动、东西双向互济的开放格局"[②]。报告中还提到："积极促进'一带一路'国际合作，努力实现政策沟通、设施联通、贸易畅通、资金融通、民心相通，打造国际合作新平台，增添共同发展新动力。"[③] 党的十九大还将推进"一带一路"建设写入党章。10多年来，"一带一路"合作从亚欧大陆延伸到非洲和拉丁美洲，150多个国家、30多个国际组织签署共建"一带一路"合作文件，举办3届"一带一路"国际合作高峰论坛，成立了20多个专业领域多边合作平台。2023年10月18日，习近平在第三届"一带一路"国际合作高峰论坛开幕式上发表题为《建设开放包容、互联互通、共同发展的世界》的主旨演讲，宣布中国支持高质

[①] 习近平：《在第二届世界互联网大会开幕式上的讲话》，http://www.chinatoday.com.cn/chinese/sz/news/201512/t20151216_800044851.html，2025年2月15日。

[②][③] 习近平：《决胜全面建成小康社会 夺取新时代中国特色社会主义伟大胜利——在中国共产党第十九次全国代表大会上的报告》，https://china.huanqiu.com/article/9CaKrnKljBv，2025年2月15日。

量共建"一带一路"的八项行动，提出要深化"一带一路"国际合作，迎接共建"一带一路"更高质量、更高水平的新发展。

随着共建"一带一路"的推进，共建国家和地区对于信息资源的需求越来越迫切，一些机构利用自身优势，构建了"一带一路"专题数据库。据不完全统计，目前构建的专题数据库达30余种，其中包括中国一带一路网、"一带一路"研究与决策支撑平台、新华丝路等较具影响力的数据库及平台。但由于"一带一路"资源来源广泛、语种多样、格式复杂、时空跨度大，使得"一带一路"数据库建设在多源异构与多语种资源融合方面还面临诸多挑战，在满足用户高质量资源共享需求方面还存在一定的差距。

在数据库建设方面，合作范围和参与主体方面有限，资源收集较为零散，资源广度和深度均有待提升，资源语种较单一，未能提供跨语言检索功能，所建成的数据库多为统计类、指数类与综合类数据库，涵盖整个经济管理领域的多语种数据库更是少见。在数据库相关研究方面，专门针对共建"一带一路"国家经济管理领域多语种、共享型数据库建设的研究成果也较少，尤其缺乏对"一带一路"共享型数据库资源建设以及跨语言检索的功能分析及其开发的研究。因此，探究共建"一带一路"国家经济管理数据库（本书中简称"经管数据库"）建设的用户需求、标准规范、资源建设与法律保障对策，设计实现语言检索功能的数据库平台，对于支撑共建"一带一路"国家信息资源的互联互通具有重要意义。

在教育部哲学社会科学研究重大课题攻关项目"'一带一路'沿线国家多语种、共享型经济管理数据库建设研究"（项目编号：19JZD020）的资助下，课题组利用文献调研、网络调研、问卷与深度访谈法、实地访谈、案例分析、解释结构模型法、专家研讨与德尔菲法、原型法、结构化系统开发法等研究方法展开探讨，力求按照以下思路进行论述：

（1）"一带一路"专题数据库建设现状及问题。选取已建成的专题数据库，围绕其数据库建设主体、资源组织体系、资源类型和涵盖内容、建设方式、检索及服务功能进行深入调研，总结其优势，剖析专题数据库建设存在的问题，为后续研究与数据库开发提供参考。

（2）"一带一路"经管数据库建设的障碍分析。采用文献调研方法检索中外文数据库，获取当前障碍因素的相关研究，分析所获取的原始文献中的相关概念，组建小组开展研讨，提取出障碍因素，运用解释结构模型法进行分析与完善，识别出影响建设"一带一路"数据库的障碍因素，并提出解决数据库建设障碍的相关对策。

（3）"一带一路"经管数据库建设的需求分析。采用问卷调查与实地访谈等方法分别对"一带一路"经管数据库的3类主要用户，即政府用户、科研用户、企业用户，围绕其有关"一带一路"经管类信息需求进行深入分析，涉及信息资源来源、领域、类型、主题、语种、资源质量与资源组织方式等方面，以便为数据库资源建设提供有针对性的参考依据。

（4）"一带一路"经管数据库建设的标准规范。主要运用文献调查法、案例分析法、对比分析法和专家访谈法，从资源建设的标准规范体系模型与框架、资源采选标准与元数据标准体系3个层面提出了数据库建设的标准体系。

（5）"一带一路"经管数据库的资源建设体系。在对"一带一路"专题数据库资源建设现状进行调研的基础上，从资源领域、资源来源、资源类型、资源语种和国别5个维度提出了"一带一路"经管数据库资源建设体系，满足用户对经济管理的领域资源、权威性资源、多语种资源以及共建国家共建共享资源的需求。在资源组织方面，构建了经济管理信息的分类体系，并提出基于"一带一路"研究与决策支撑平台的资源组织策略。

（6）"一带一路"经管数据库的法律风险识别与防范。首先，基于等级全息建模方法，从环境、技术、建设流程、主体、管理5个维度出发，梳理"一带一路"经管数据库资源建设过程的法律风险要素，构建多层次法律风险识别模型；其次，利用文献调研法、法律案例与风险事例分析法补充初步识别出的法律风险因素；最后，对识别出的法律风险因素进行进一步的归纳合并，最终得出41项法律风险因素，并提出了法律风险应对策略。

（7）"一带一路"经管数据库平台构建与实现。剖析了"一带一路"经管数据库的特点、建设目标、原则和架构，在此基础上，提出前期准备、标准构建、资源收集、平台搭建、项目测试、应用服务的数据库构建步骤。从界面、用户服务与用户管理3个方面对数据库服务功能进行设计，并对数据库安全保障与运行维护进行分析。

司 莉

2024 年 2 月 18 日

摘　要

2013年9月和10月，习近平主席在出访中亚和东南亚国家期间，先后提出共建"丝绸之路经济带"和"21世纪海上丝绸之路"（简称"一带一路"）的重大倡议，该倡议在世界范围内受到广泛关注，尤其是所辐射区域的国家。该倡议的推进对共建"一带一路"国家的经济管理信息流通共享提出了更高的要求，因此，构建共建"一带一路"国家多语种、共享型经济管理数据库（本书中简称"'一带一路'经管数据库"），建设一个能够覆盖整个经济管理领域、实现跨语言检索的多语种共享型数据库迫在眉睫。

通过调研发现，目前国内外相关研究尚存在以下薄弱环节：第一，研究主题较为分散，研究成果不够系统，专门针对"一带一路"经济管理领域多语种、共享型数据库的研究成果较少。第二，研究者较多关注多语言信息处理技术及信息资源的建设与平台构建，对于共建"一带一路"国家数据库建设与服务中涉及的法律问题研究还较为薄弱。第三，目前已建成的数据库语种较单一，未能提供跨语言检索功能，且多为统计类与指数类数据库，涵盖整个经济管理领域的多语种数据库更是少见，尚不能满足共建"一带一路"国家共享经管信息资源的迫切需求。

本研究涉及的数据库是一个由多主体参与、多源异构资源归集、多语种覆盖的共享型数据库。遵循"需求分析→标准规范构建→资源建设保障→法律保障→构建与实现"研究思路，本研究在深入调查共建"一带一路"国家多语种、共享型经济管理数据库建设现实依据与服务需求的基础上，从四大维度展开，分别是标准规范体系、资源建设、法律保障以及数据库的构建与共享服务。其中，标准规范体系是多语种、共享型数据库建设的重要基石；资源建设是多语种、共享型数据库建设的目标与价值体现，也是数据库赖以生存与发展的物质基础；数据库建设与服务中的法律保障，贯穿于数据库建设的全过程，发挥规范与指引作用，也是实现共建"一带一路"国家资源与服务共享的法律依据。数据库构建与共享服务将课题探讨的需求、标准、资源、法律等要素实现集成与关联，也是检验与应用，是研究成果的集中体现。

《共建"一带一路"国家多语种、共享型经济管理数据库建设研究》是教育部哲学社会科学研究重大课题攻关项目（项目编号：19JZD020）研究成果之一，本书主要包括以下内容：第一，"一带一路"专题数据库建设现状；第二，"一带一路"经管数据库建设的障碍分析；第三，"一带一路"经管数据库建设的需求分析；第四，"一带一路"经管数据库建设的标准规范；第五，"一带一路"经管数据库的资源建设；第六，"一带一路"经管数据库建设中的法律风险识别与防范；第七，"一带一路"经管数据库平台的构建与实现。

Abstract

In September and October 2013, during his visit to Central Asia and Southeast Asia, President Xi Jinping put forward the major initiatives of building the Silk Road Economic Belt and the 21st - Century Maritime Silk Road ("the Belt and Road"), which have attracted widespread attention worldwide, especially among the countries in the radiated regions. The promotion of this initiative puts forward higher requirements for the economic management information circulation and sharing of the countries along the route. Therefore, it is urgent to construct a multilingual and shared economic management database (referred to as the economic management database in this book) of the Belt and Road Initiative participating countries, and to build a multilingual and shared database capable of covering the entire economic management field and realizing cross-language retrieval.

Through the research, it is found that the following weaknesses exist in the relevant research: Firstly, the research topics are scattered, the research results are not systematic enough, and specifically targeting the multilingual shared databases in the field of economic management of the Belt and Road are limited relatively. Secondly, researchers pay more attention to the construction of multilingual information processing technology and information resources and platform construction, but the research on the legal issues involved in the construction and service of databases for the Belt and Road Initiative participating countries is still relatively weak. Thirdly, the databases that have been built so far are in a single language and fail to provide cross-language retrieval function. Moreover, most of them are statistical and index databases, and multilingual databases covering the whole field of economy and management are even rarer, which can not meet the urgent demand of sharing economic and management information resources of the countries participating in the Belt and Road.

The database involved in this study is a shared database with the participation of multiple subjects, the collection of heterogeneous resources from multiple sources, and multilingual coverage. Following the research idea of "demand analysis→standard construction→resource construction guarantee→legal guarantee→construction and realization", this study is conducted on the basis of an in-depth investigation of the practical basis and service demand for the construction of multilingual, shared economic management databases in the countries participating in the Belt and Road. On the basis of in-depth investigation of the real basis and service needs of multilingual and shared economic management database construction in countries participating in the Belt and Road, this research is carried out in four dimensions, namely, standardization system, resource construction, legal guarantee, and database construction and shared service. Among them, the standardization system is the important cornerstone of multilingual database construction. Resource construction is the goal and value embodiment of multilingual shared database construction, as well as the material basis for the survival and development of the database. The legal guarantee in database construction and service runs through the whole process of database construction, plays the role of standardization and guidance, and is also the legal basis for realizing the sharing of resources and services among countries along the border. The construction and realization of the database integrates and correlates the demand, standards, resources, laws and other elements explored in the subject, and is also a test and application, which is a concentrated manifestation of the research results.

Research on the Construction of Multilingual and Shared Economic Management Database for Countries Jointly Building the Belt and Road Initiative is one of the research results of the Major Research Project of Philosophy and Social Science Research of the Ministry of Education (Project No. 19JZD020). This book mainly includes the following contents: First, the current situation of the construction of "Belt and Road" thematic database. Second, the obstacle analysis of "Belt and Road" economic and management database construction. Third, the demand analysis of "Belt and Road" economic and management database construction. Fourth, the standardization of "Belt and Road" economic and management database construction. Fifth, the resource construction of the database. Sixth, legal risk identification and prevention in the construction of the database. Seventh, the construction and realization of the database platform.

目 录
Contents

第一章 ▶ 绪论　1

　　第一节　研究背景与意义　1
　　第二节　国内外研究现状　3
　　第三节　研究内容与方法　12
　　第四节　研究的创新性　16

第二章 ▶ "一带一路"专题数据库建设现状及问题　17

　　第一节　我国"一带一路"专题数据库建设现状调研　17
　　第二节　"一带一路"专题数据库建设存在的问题分析　36

第三章 ▶ "一带一路"经管数据库建设的障碍分析　41

　　第一节　数据库建设障碍因素识别与分析　41
　　第二节　数据库建设障碍因素模型构建　48
　　第三节　解决数据库建设障碍的相关对策　57

第四章 ▶ "一带一路"经管数据库建设的需求分析　62

　　第一节　企业用户的需求分析　62
　　第二节　政府用户的需求分析　80
　　第三节　科研用户的需求分析　91
　　第四节　用户金融信息资源需求与满意度调查　112

第五章 ▶ "一带一路"经管数据库建设的标准规范　126

　　第一节　标准规范体系模型与框架　126
　　第二节　资源采选标准体系　141

第三节 元数据标准体系　162

第六章 "一带一路"经管数据库的资源建设体系　197

第一节 "一带一路"专题数据库信息资源建设现状　197
第二节 多维资源建设体系　219
第三节 资源分类体系构建　226
第四节 资源组织策略　239

第七章 "一带一路"经管数据库的法律风险识别与防范　249

第一节 "一带一路"经管数据库资源建设的法律风险识别　249
第二节 "一带一路"经管数据库资源建设的法律风险分析　264
第三节 "一带一路"经管数据库资源建设的法律风险应对　293

第八章 "一带一路"经管数据库平台构建与实现　312

第一节 数据库平台建设总体规划　312
第二节 物理结构设计　321
第三节 界面设计　321
第四节 功能设计　323
第五节 安全管理　335
第六节 运维服务　337

附录　342

附录1：相关术语和定义　342
附录2：共建"一带一路"国家多语种、共享型经济管理数据库建设障碍
　　　访谈提纲　343
附录3：企业用户"一带一路"经济管理资源需求的访谈提纲　345
附录4：政府用户对"一带一路"经济管理资源需求的问卷调查　347
附件5：科研用户对"一带一路"经济管理资源需求的访谈提纲　350
附录6："一带一路"经管数据库资源采选与评价标准的专家
　　　访谈记录（示例）　352
附录7："一带一路"经管数据库金融信息资源需求的问卷调研　354
附录8：核心元数据标准元素　358
附录9：专门元数据标准一：政策法规类信息元数据元素　365

附录10：专门元数据标准二：新闻报道类信息元数据元素　　368
　　附录11：专门元数据标准三：音视频图像类类信息元数据元素　　373

参考文献　　381
后记　　389

Contents

Chapter Ⅰ Introduction 1

    Section Ⅰ   Background and Significance   1
    Section Ⅱ   Literature Review   3
    Section Ⅲ   Research Content and Methodology   12
    Section Ⅳ   Innovativeness of Research   16

Chapter Ⅱ Status Quo and Problems in the Construction of Thematic Databases on the Belt and Road 17

    Section Ⅰ   Research on the Status Quo of China's the Belt and Road Thematic Database Construction   17
    Section Ⅱ   Analysis of Problems in the Thematic Databases Construction for the Belt and Road   36

Chapter Ⅲ Analysis of Obstacles to the Construction of the Belt and Road Economic and Management Database 41

    Section Ⅰ   Identification and Analysis of Barriers to Database Construction   41
    Section Ⅱ   Barrier Factor Modeling for Database Construction   48
    Section Ⅲ   Relevant Countermeasures to Address Barriers to Database Construction   57

Chapter IV Demand Analysis of the Construction of the Belt and Road Economic and Management Database 62

Section I   Needs Analysis of Business Users   62
Section II Needs Analysis of Government Users   80
Section III Needs Analysis of Scientific Research Users   91
Section IV Survey of User Demand and Satisfaction with Financial Information Resources   112

Chapter V Standard Specifications for the Construction of the Belt and Road Economic and Administrative Database 126

Section I   Model and Framework for a Standardized Normative System   126
Section II Resource Selection and Evaluation Criteria System   141
Section III Metadata Standards System   162

Chapter VI Resource Construction System of the Belt and Road Economic and Management Database 197

Section I   Current Situation of Information Resource Construction of the Belt and Road Thematic Databases   197
Section II Multidimensional Resource Building System   219
Section III Resource Classification System Construction   226
Section IV Resource Organization Strategy   239

Chapter VII Identification and Prevention of Legal Risks in the Belt and Road Economic and Management Database 249

Section I   Identification of Legal Risks in the Construction of the Belt and Road Economic and Administrative Database Resources   249
Section II Legal Risk Analysis of the Construction of the Belt and Road Economic and Management Database Resources   264
Section III Legal Risk Response to the Construction of the Belt and Road Economics and Management Database Resources   293

Chapter VIII The Belt and Road Economics and Management Database Platform Construction and Realization 312

Section I   Overall Planning of Database Platform Construction   312
Section II Physical Structure Design   321

Section Ⅲ　Interface Design　321
Section Ⅳ　Functional Design　323
Section Ⅴ　Security Management　335
Section Ⅵ　Operation and Maintenance Services　337

Appendix　342

Appendix 1：Relevant Terms and Definitions　342
Appendix 2：Outline of Interviews on Obstacles to the Construction of Multilingual and Shared Economic Management Databases in the Belt and Road Initiative Participating Countries　343
Appendix 3：Outline of Interviews on Business Users' Needs for the Belt and Road Economic Management Resources　345
Appendix 4：Questionnaire on Government Users' Demand for the Belt and Road Economic Management Resources　347
Appendix 5：Outline of Interviews with Research Users on the Demand for the Belt and Road Economic Management Resources　350
Appendix 6：Transcripts of Expert Interviews on Selection and Evaluation Criteria for the Belt and Road Economic and Management Database Resources（Example）　352
Appendix 7：Questionnaire on the Demand for Financial Information Resources in the Belt and Road Economics and Management Database　354
Appendix 8：Core Metadata Standard Elements　358
Appendix 9：Specialized Metadata Standards Ⅰ：Policy and Regulation Information Metadata Elements　365
Appendix 10：Specialized Metadata Standards Ⅱ：Information Metadata Elements for News Coverage Categories　368
Appendix 11：Specialized Metadata Standards Ⅲ：Audio and Video Image Class Information Metadata Elements　373

Reference　381
Postscript　389

第一章

绪　论

第一节　研究背景与意义

2013年习近平主席出访中亚和东南亚国家期间，提出共建"丝绸之路经济带"和"21世纪海上丝绸之路"重大倡议（简称"一带一路"），引起国内外高度关注。2015年4月，发布《推动共建丝绸之路经济带和21世纪海上丝绸之路的愿景与行动》，"一带一路"建设进入全面推进阶段。① 2017年，党的十九大报告指出要以"一带一路"建设为重点，遵循"共商、共建、共享"原则，并将推进"一带一路"建设写入《中国共产党章程》。② 2018年8月，习近平主席在出席推进"一带一路"建设工作5周年座谈会时，作重要讲话，指出共建"一带一路"正在成为我国参与全球开放合作、改善全球经济治理体系、促进全球共同发展繁荣、推动构建人类命运共同体的中国方案。③ 2021年的"十四五"规划纲要中

---

① 《推动共建丝绸之路经济带和21世纪海上丝绸之路的愿景与行动》，中国一带一路网，https：//www.yidaiyilu.gov.cn/p/604.html，2015年3月29日。

② 《中国共产党第十九次全国代表大会闭幕 "一带一路" 写入党章》，中国一带一路网，https：//www.yidaiyilu.gov.cn/xwzx/gnxw/31391.htm，2017年10月25日。

③ 《习近平出席推进"一带一路"建设工作5周年座谈会并发表重要讲话》，中国政府网，https：//www.gov.cn/xinwen/2018-08/27/content_5316913.htm?eqid=c4704ff10005f52a000000056458599c，2018年8月27日。

第四十一章明确提出推动共建"一带一路"高质量发展。① 2013年是习近平主席提出共建"一带一路"倡议10周年。10年来成绩斐然，前景可期。"一带一路"已成为构建人类命运共同体重要的实践平台与实现路径，是连接各共建国的重要纽带。截至2023年6月，我国已与152个国家及32个国际组织签署共建"一带一路"合作文件达200余份。②

当前，在世界经济复苏前景持续低迷的背景下，"一带一路"在促进有关国家和地区经济增长、推动全球共同发展过程中发挥的作用愈加重要。随着"一带一路"建设的不断推进，合作项目的丰富多元化，各国对于经济信息资源的需求也越来越强烈。及时、有效、多领域、多来源的经济信息资源不仅有助于提升贸易畅通度、扩大资金融通，推动"一带一路"建设走深走实，也有利于吸引更多的国家和地区参与建设"一带一路"，为共同发展增加新的动力。

在此背景下，"一带一路"经济管理领域的相关研究备受关注，政府、企业、高校、科研机构等单位纷纷开发"一带一路"相关专题数据库。较典型的是：中国一带一路网③、"一带一路"研究与决策平台④、新华丝路"一带一路"综合信息服务平台⑤、"一带一路"数据库⑥等。由于经济管理资源分布广泛、格式复杂、来源不一、类型多样，涵盖行业类别较多，行业或部门信息较分散，除"一带一路"统计数据库和新华丝路等少数为经济类数据库外，其他数据库多为综合性数据库。另外，现有数据库信息资源的共享程度和范围还不尽如人意，比如由政府或学术机构搭建的平台之间缺少互操作和关联，难以满足用户的"一站式"检索需求；由企业搭建的商业数据库平台多采用付费模式，大量资源的访问和使用受限。因此，亟须构建覆盖共建"一带一路"国家，涉及多语种、共享型经管类数据库，从而将分散的经济管理信息整合到一个数据库平台，为深化共建"一带一路"国家经济合作、实现各国经济建设的互利共赢提供信息支撑。

本研究全面总结分析了"一带一路"专题数据库建设现状与"一带一路"经管数据库建设的障碍，在此基础上，从标准规范体系、资源建设、法律保障以及数据库的构建与共享服务"四大维度"对共建"一带一路"国家多语种、共享型经济管理数据库建设进行系统探讨。建成的数据库将汇聚多语种、多类型、

---

① 《中华人民共和国国民经济和社会发展第十四个五年规划和2035年远景目标纲要》，中国政府网，https://www.gov.cn/xinwen/2021-03/13/content_5592681.htm，2021年3月13日。
② 《专家谈｜十年"一带一路"硕果累累 对外开放助力经济高质量发展》，中国一带一路网，https://www.yidaiyilu.gov.cn/p/325272.html，2023年6月26日。
③ 中国一带一路网，https://www.yidaiyilu.gov.cn。
④ "一带一路"研究与决策平台，http://ydyl.drcnet.com.cn。
⑤ 新华丝路，https://www.imsilkroad.com。
⑥ "一带一路"数据库，https://www.ydylcn.com/skwx_ydyl/sublibrary?SiteID=1&ID=8721。

多领域、多来源的经济管理资源，为"一带一路"信息互联互通研究提供准确、客观且真实的数据、事实支持。可为政府决策、企业投资提供权威与高效的决策参考，为学术科研提供权威与翔实的资料支撑。

同时，本研究提出的标准规范、资源建设体系、功能设计方案等，也可为其他领域的多语种共享型数据库建设提供参考与示范。

第二节 国内外研究现状

一、国外研究现状

对"一带一路"数据库研究的直接成果较少，主要集中在"一带一路"倡议中的用户信息需求、数据库建设标准、跨国/跨区域数据库资源建设、数据库建设中的法律风险、"一带一路"专题信息平台5个方面。

（一）用户信息需求研究

国外学者关于用户信息需求的研究集中在需求类型、信息需求获取方法及技术、不同群体信息需求、用户需求影响因素，以及模型构建等。对于企业用户信息需求研究较早，多为中小型企业，近年则聚焦在建立企业信息系统方面。

分析多类型信息系统中不同用户的信息需求。如探讨为满足5～8岁儿童的需求而研发的在线目录系统[1]；分析印度议会成员的需求，发现其经常依赖的信息资源为非文档形式[2]；聚焦发展中国家用户的信息需求及搜索行为，发现经济地位对信息获取有着深远影响[3]；选取商学院学生，以其信息需求为分析对象，发现其在完成作业、进行课堂演讲、分析案例与讨论时，会产生大量信息需求[4]。

---

[1] Creel S. *Are Online Catalogs for Children Giving Them What They Need*. Denton：University of North Texas，2007.

[2] Shailendra K，Prakash H. A study of information needs of members of the legislative assembly in the capital city of India，*Aslib Proceedings*，2008，60（2）：158-179.

[3] Dutta R. Information needs and information-seeking behavior in developing countries：a review of the research. *International Information & Library Review*，2009（1）：44-51.

[4] Majid S，Hayat I，Patel R P et al. Information needs and seeking behaviour of business students. *Singapore Journal of Library & Information Management*，2012（41）：14-34.

分析企业用户信息需求。如分析企业活动中的信息需求并建立应用于一定领域的企业战略决策优化模型①;针对纳米比亚中小微企业商务信息需求、查询模式与信息服务展开调研,发现中小制造企业很大程度依赖非正式信息来源②。分析用户的汇率信息需求,主要研究了汇率波动对"一带一路"沿线发展中国家的国际贸易和外国直接投资(Foreign Direct Investment,FDI)的影响,研究发现共建"一带一路"国家的汇率波动对国际贸易和外国直接投资均产生显著负面影响。③

(二) 数据库建设标准研究

国外对于数据库建设标准的研究主要集中在资源选择标准以及数据库标准规范建设两个方面。

在资源选择标准领域,对印刷型文献与数字信息资源的采购进行比较,认为数字资源的采购需考虑到数字资源生命周期,其在不同阶段有着不同侧重点④;认为数字资源的选择标准需要考虑资源选择过程、成本预算与资源采购、资源评估等方面⑤;提出多种电子资源的选择与评价标准⑥,包括生物学资源库、法律网络信息库、医学与健康信息库与政府网络文档库等。

在数据库标准规范建设方面,构建了食品数据库的国际接口标准,方便不同国家在使用食品数据库时克服技术和语义障碍,实现数据互相访问与交换⑦;开发出一种能够支持不同印度语言的自然语言接口,便于数据库将自然语言转换成结构化查询语言(SQL),并采用自然语言呈现其结果,便于不同语言用户使用数据库⑧。

---

① Krupyak T P. Enterprise informational needs analysis. *Actual Problems of Economics*,2008(79):220 – 227.

② Chiware E R, Dick A L. Information needs and information seeking patterns of small, medium and micro enterprises in Namibia. *Information Development*,2008(1):24 – 36.

③ Rashid L, Lin L. The effect of exchange rate volatility on international trade and Foreign Direct Investment (FDI) in developing countries along "One Belt and One Road". *International Journal of Financial Studies*,2018(4):23 – 25.

④ Bazirjian R. Building an electronic resource collection: a practical guide. *Library Collections, Acquisitions, and Technical Services*,2002(4):466 – 467.

⑤ Corrall, Sheila. Selecting and managing electronic resources: a How – To – Do – It manual for librarians. *Program – Electronic Library and Information Systems*,2008(1):89 – 91.

⑥ Landesman B. The Kovacs guide to electronic library collection development: essential core subject collections, selection criteria, and guidelines. *Library Resources & Technical Services*,2005(2):137 – 139.

⑦ Pennington J A T, Hendricks T C, Douglass J S, Petersen B., Kidwell J. International interface standard for food databases. *Food Additives & Contaminants*,1995(6):809 – 820.

⑧ Valiveti S, Tripathi K, Raval G. Natural language interface for multilingual database. *International Conference on Information & Communication Technology for Intelligent Systems*,2017(84):113 – 120.

（三）跨国/跨区域数据库资源建设研究

跨国/跨区域信息资源建设是促进信息资源共建共享、满足用户信息需求的重要方式。有学者从数据来源、数据结构、数据模型构造、公众参与模式等方面介绍北得克萨斯大学人类识别中心建立的跨国 DNA 数据库。① 研究者对推特议员数据库（Twitter Parliamentarian Database，TPD 数据库）数据采集、数据库建构等进行介绍，TPD 数据库通过与 ESDD 数据库（Electoral System Design Database）、CHES 数据库（the Chapel Hill Expert Survey）、ParlGov 数据库（the ParlGov database）等连接，实现不同数据库间数据的关联。② 有研究通过对生物多样性图书馆建设中的合作模式、政策、技术应用、标准建设等方面的内容调查，指出其成功的经验在于吸引了大量的合作伙伴。③ 有研究介绍叙利亚图书馆数字图书馆的建设情况，包括团队合作、协作和学习经验、软件的开发、跨语言检索功能的实现等，并提出资金与人员的缺乏是资源建设中是最大的限制条件。④ 有研究分析中国在尼泊尔基础设施援助规模的变化情况，认为政治观念差异会影响尼泊尔人对中国推动发展以及有关"一带一路"倡议（BRI）谈判的看法。⑤ 有学者研究国际直接投资（FDI）对中国国内经济和共建"一带一路"国家碳排放的影响，发现 FDI 对不同收入的共建国家影响程度不同。建议中国及其他共建国家制定多种政策规范国际直接投资，从而有利于本地区的经济发展。⑥

（四）数据库建设中的法律风险研究

随着数字资源的不断增长，传统资源数字化与共享成为资源建设的主要方式之一，但数字化与共享过程中面临诸多知识产权风险。如有研究通过探讨大规模

---

① Buss̈ M M, Schellberg T, Budowle B. Human trafficking – Multinational challenge for forensic science. *Forensic Science International*: *Genetics Supplement Series*，2019（1）：403 – 405.

② Livia van Vliet, Petter Törnberg, Justus Uitermark. The Twitter parliamentarian database: analyzing twitter politics across 26 countries. *Plos One*，2020，15（9）：0237073.

③ Kalfatovic, Costantino, Grace. The biodiversity heritage library: unveiling a world of knowledge about life on earth. *Digital Libraries for Open Knowledge*: 23rd International Conference on Theory and Practice of Digital Libraries，2019：352 – 355.

④ Beard, Isaiah. The eBethArke Syriac digital library: a case study. *Digital Library Perspective*，2016（1）：40 – 47.

⑤ Murton G, Lord A. Trans – Himalayan power corridors: infrastructural politics and China's Belt and Road Initiative in Nepal. *Political Geography*，2020（77）：10 – 15.

⑥ Mahadevan R, Sun Y. Effects of foreign direct investment on carbon emissions: evidence from China and its Belt and Road countries. *Journal of Environmental Management*，2020（276）：111321.

数字化与共享过程中面临的知识产权风险,并结合加拿大版权制度的变化,指出数字化与共享中有4个有争议的领域容易引起法律风险,即私人复制和商业/非商业损害的区别、技术保护措施、通知系统和支持服务。① 有研究围绕数字知识与文化作品的下载争议,并就引文数据库的知识产权困境进行分析,指出用户与数据库对于引文下载的概念的理解偏差是网络资源下载的主要风险。② 有研究以欧洲数字图书馆建设过程中涉及的知识产权问题为调查对象,发现现有法规给数字化进程带来的法律风险,并主张可通过借鉴谷歌数字图书馆的版权模式来克服现行法律带来的障碍。③ 有研究通过"灰色版权"来定义数字资源利用的法律风险,认为资源的版权归属不明确、合理使用行为等或豁免行为的法律界定模糊是法律风险产生的主要原因。④ 有研究在调研现行法律关于合理使用、版权侵权的相关规定的基础上,分析图书馆应用Web2.0提供交互式服务时可能引发的侵权风险,提出著作权法应明确相关行为的法律解释,同时图书馆应制定政策引导用户的行为,以避免侵权风险的发生。⑤

(五)"一带一路"专题信息平台研究

相关研究主要围绕文化遗产、档案等信息平台展开。如介绍国际敦煌项目,该项目通过建立多语言数据库,提供英国、中国、法语、德语、日语、俄语、韩语、丹麦语、芬兰语、瑞典语等国家考古遗址的信息,其中包含丝绸之路及其相应的藏品。⑥ 概述数字丝绸之路项目(Digital Silk Road)中古籍珍本的数字档案、丝绸之路遗址定位、数字平台的体系结构和元数据、资源管理技术、空间词汇知识模型等,并开发虚拟的丝绸之路文化与历史遗产数字平台,助力开展国际合作及多学科合作。⑦ 针对丝绸之路经济带沿线跨境物流沟通协调难的问题,开发了

---

① Menard, Gabriel. Copyright, digital sharing, and the liberal order: sociolegal constructions of intellectual property in the era of mass digitization. *Information Communication & Society*, 2016 (8): 1061 – 1076.

② Eschenfelder, Kristin R, Desai. The pre – Internet downloading controversy: the evolution of use rights for digital intellectual and cultural works. *Information Societ*, 2011 (2): 69 – 91.

③ Marta – Christina Suciu, Mina Fanea – Ivanovici. The European digital library (Europeana). Concerns Related to Intellectual Property rights. *Juridical Tribune*, 2018 (1): 244 – 259.

④ Seadle M. Copyright in the networked world: gray copyright. *Library Hi Tech*, 2008 (2): 325 – 332.

⑤ Anna M W, Susan E H. Copyright concerns triggered by web 2.0 uses. *Reference Services Review*, 2011 (2): 303 – 317.

⑥ Markovic L, Mariokov M J. Web technologies for disseminating relevant knowledge on the example of the international dunhuang project: the Silk Road online. *11th International Conference on Technology, Education and Development*, 2017: 9738 – 9746.

⑦ Ono K, Yamamoto T, Kamiuchi T. Progress of the digital Silk Road project. *Progress in Informatics*, 2005 (1): 93 – 141.

内陆港口协调联盟系统，建立相应协作机制。①

二、国内研究现状

国内研究包括"一带一路"数据库的建设需求、"一带一路"信息资源建设、"一带一路"信息资源建设利益相关者、"一带一路"法律风险识别、"一带一路"数据库与平台建设现状5个方面。

（一）"一带一路"数据库的建设需求研究

共建"一带一路"国家众多，其信息资源需求多样，对数据库建设提出更高的要求。有研究采用内容分析法，从资源类型、来源、主题、国别区域4个维度对科研人员"一带一路"经管类信息需求进行分析，发现科研人员偏好统计数据、注重信息来源的权威性与集成性、关注国家宏观层面基础产业的经济主题、关注与我国贸易往来频繁且相邻的沿线多国信息资源。② 有研究通过调查发现经济学领域对"一带一路"信息需求突出，主要涉及共建国家地区宏观信息、媒体报道及舆情信息、多语种信息需求及学术信息需求。③ 有研究探讨我国周边国家的资源环境数据需求，认为周边国家的资源环境数据库问题有数据内容较少、缺少完整质量分析及控制标准等，提出面向综合决策建设数据资源总体架构的建议，设计质量控制技术流程，满足相关科研及其他应用需求。④ 有研究以中山大学为例，分析周边区域的文献需求及保障现状，发现其需求来自教育部与国别培育基地、研究所及研究院以及中山大学相关学院研究教学需要。⑤ 有研究分析"一带一路"研究与决策平台的用户需求，包括政府机关、高校与科研机构以及企事业单位三大主要用户，提出加强多语种信息资源的引进、组织以及增强语义关联等策略。⑥ 有研究建议成立资源整合中心、明确整合目标和收录原则、扩大

---

① Wei H R, Lee P T-W. Designing a coordinated horizontal alliance system for China's inland ports with China railway express platforms along the Silk Road Economic Belt. *Transportation Research Part E：Logistics and Transportation Review*，2021（147）：8-42.

② 郭晓彤、司莉：《科研人员"一带一路"经管类信息资源利用行为与需求分析》，载于《图书馆工作与研究》2023年第2期，第73~81页。

③ 严丹、李明炎：《高校"一带一路"研究的信息需求和资源支撑体系构建》，载于《图书馆建设》2018年第8期，第54~61页。

④ 江东、郝蒙蒙、庄大方：《我国周边国家资源环境数据库建设的机遇、挑战与方略》，载于《地球信息科学学报》2014年第1期，第54~60页。

⑤ 周纯、冯彩芬、马翠嫦：《中国周边区域研究文献的需求与保障——以中山大学为例》，载于《大学图书馆学报》2016年第5期，第73~77、83页。

⑥ 戴艳清、刘杨庆：《"一带一路"研究与决策支撑平台资源组织策略研究》，载于《图书馆学研究》2020年第16期，第64~70页。

信息采集渠道、建立文献联合目录数据库、建立特色数据库等，从而满足"一带一路"背景下整合冼夫人文化资源的需求。①

（二）"一带一路"信息资源建设研究

第一，资源建设策略。随着共建"一带一路"国家合作日益密切，诸多"一带一路"专题数据库建设成果不断涌现，国内学者纷纷围绕这些实践成果展开调研，并有针对性地提出资源建设的优化方案。如调研中国—东盟区域信息共建共享的实践，分析其机制建设提出资源建设的优化路径。② 针对我国高校周边"一带一路"国家文献资源中存在的"文献总量低""语种分布极不平衡""经费短缺"等问题，调研了美国亚洲文献收藏体系与策略，提出"加强统筹协调""拓宽资金来源""加强技术应用""明确重点学科资源建设""重视人才培养"等对策。③ 从"团队构建""资源建设""服务模式""成果影响力"等方面，调研"一带一路"专题智库建设情况，发现这些智库存在"人才与支撑资源匮乏""服务模式单一""成果影响力有限"等问题，并针对这些问题提出相应的解决对策。④

第二，资源组织与整合方法。关于"一带一路"信息资源组织整合方面的研究主要集中在资源整合模式、资源整合的具体方式，资源分类体系、资源的元数据标准等方面。有研究针对"一带一路"信息资源整合现状与面临的挑战，总结其发展趋势，并针对"一带一路"信息资源多样化与碎片化的特点，提出基于数据银行模式的资源整合模型及其保障机制。⑤ 资源分类体系的构建是提高资源整合效率的主要手段，有研究针对11个"一带一路"专题数据库经济管理类资源的分类体系进行调查与分析，发现其存在"分类对象单一""分类维度较少""类目设置差异较大"的情况，有针对性地提出包括"基本大类""分类标记系统""主表""复分表"的"一带一路"经管数据库资源分类体系。元数据标准体系构建是保障资源整合质量、实现资源共享的有效手段。有研究对国际经济管

---

① 吕淑仪：《"一带一路"背景下冼夫人文化资源整合研究》，载于《广东石油化工学院学报》2019年第6期，第83~87、92页。

② 王友云、向芳青：《"一带一路"倡议下中国—东盟合作信息共享建设探究》，载于《时代经贸》2022年第3期，第53~57页。

③ 关志英：《"一带一路"时代周边国家文献资源体系化建设的机制体制创新》，载于《大学图书馆学报》2017年第4期，第40~45、58页。

④ 周添良、钱思晨、李雪纯：《面向"一带一路"服务的优秀智库建设现状分析》，载于《农业图书情报学刊》2018年第9期，第5~8页。

⑤ 丁波涛：《基于数据银行的"一带一路"信息资源整合研究》，载于《情报理论与实践》2018年第12期，第88~92页。

理行业与共建"一带一路"国家政府开放数据元数据标准进行调研,基于"一带一路"数据库对元数据标准的需求,构建了"一带一路"数据库的元数据整体框架与内容体系。①

第三,资源采选标准。信息资源的采集标准是保障资源质量的前提与保障,有研究在调研现有资源采集标准的基础上,建立了"一带一路"数据库的资源采集标准,通过对专家与用户的调查确定了各指标的权重,最终确定了一个三级的资源采集标准体系。②有研究针对采集的资源类型与实施路径,提出"政府数据与社会数据相结合""国内数据与国外数据相结合""统计数据与非统计数据相结合"的资源归集思路,并构建了"一带一路"综合数据库的基本架构,针对数据归集中的难点,提出了包括"应用导向分步骤实施""开放合作,优势互补""开发多样化信息产品"的对策措施。③有研究针对我国东盟信息资源的需求特点,提出东盟信息资源采集的具体内容,并明确其可通过专业/非专业图书营销机构、网络、个人等途径获取。④

(三)"一带一路"信息资源建设利益相关者研究

"一带一路"信息资源建设过程中涉及众多利益相关者,国内对于利益相关者的研究主要集中在利益相关者的识别与分析、特定利益相关者参与资源建设等方面。如通过文献调研初步识别出"一带一路"专题数据库的14类利益相关者,采用专家访谈构建了权力—利益矩阵,将利益相关者进一步划分为核心、中心和边缘三类,并基于生命周期分析了准备、开发与运行三个阶段利益相关者的演变规律。⑤有研究通过对"21世纪海上丝绸之路"涉及的5个省市的17所"211"高校图书馆参与"一带一路"建设的有利因素分析,探索出"强化新技术运用""建立多层级多类型图书馆联盟""建立专题数据库与高校智库"等实现路径。⑥有研究分析档案馆在"一带一路"文化建设中具有"文化传承、文化传播、文

---

① 王雨娃、司莉:《"一带一路"沿线多语种、共享型经济管理数据库元数据标准体系建设研究》,载于《图书馆学研究》2021年第3期,第44~53页。
② 司莉、周璟:《用户参与的"一带一路"经济管理专题数据库资源采选标准体系构建》,载于《图书馆杂志》2022年第3期,第11~17页。
③ 于施洋、杨道玲、王璟璐:《"一带一路"数据资源归集体系建设》,载于《电子政务》2017年第1期,第8~14页。
④ 黄文福、苏瑞竹:《"一带一路"战略背景下东盟文献信息资源的采集》,载于《内蒙古科技与经济》2017年第7期,第91~95页。
⑤ 何依、司莉、刘莉:《生命周期视角下"一带一路"专题数据库利益相关者分析》,载于《国家图书馆学刊》2022年第1期,第74~83页。
⑥ 陈珍容:《高校图书馆参与"21世纪海上丝绸之路"建设的路径探索》,载于《图书馆》2020年第12期,第83~87页。

化教育"的功能,并探讨实现其功能的具体方式①,有研究以"一带一路"专题数据库用户为研究对象,通过调研分析用户的角色定位与参与动机,在调研用户参与资源建设实践的基础上,构建了以荣誉和情感激励为主、利益激励为辅的用户参与机制。②

(四)"一带一路"法律风险识别研究

关于"一带一路"法律风险的研究较少。研究者从数据库建设团队视角出发,根据"一带一路"数据库资源建设流程识别开发利用网络资源、实体资源数字化、电子资源采购、平台技术招投标、合同签订、项目实施、资源共享服务、资源导航服务、个性化服务等10种法律风险③,并提出妥善解决著作权授权问题、依法开展招投标活动、正确设置网络链接形式等10条法律风险防范措施。有研究通过详细地分析"一带一路"建设中法律风险产生的原因,识别出6类法律风险,并基于此提出了法律风险的解决对策。④ 有研究分析我国参与共建"一带一路"国家基础设施投资的现状与特点,并基于文献调研法从定性与定量两个角度出发,识别出3类共建"一带一路"国家基础设施项目投资风险。⑤ 有研究识别"一带一路"建设中对外劳务的法律风险,分析法律风险产生的诱因,有针对性地提出"扩大双边劳务合作协定""完善相关法律""创新涉外民商事法律制度"等法律风险避减策略。⑥

(五)"一带一路"数据库与平台建设现状研究

"一带一路"数据库及信息资源服务平台是"一带一路"高质量发展的支撑。有研究以上海图书馆"一带一路"国家电影国别信息库为例,分析了该库的框架设计、数据来源、服务特色,并提出采用多维度资源组织方式、深入挖掘资

---

① 梁艳:《公共档案馆参与"一带一路"文化建设之管见》,载于《档案时空》2016年第10期,第10~12页。
② 司莉、周璟:《"一带一路"专题数据库建设的用户参与激励机制研究》,载于《情报科学》2022年第2期,第36~42、64页。
③ 李舒芸、司莉:《"一带一路"经济管理数据库建设中的法律风险识别与防范》,载于《新世纪图书馆》2022年第11期,第67~74页。
④ 李玉璧、王兰:《"一带一路"建设中的法律风险识别及应对策略》,载于《国家行政学院学报》2017年第2期,第77~81、127页。
⑤ 郭威:《"一带一路"沿线基础设施建设项目投资风险识别及管理》,北京外国语大学硕士学位论文,2019年。
⑥ 王辉:《"一带一路"建设中对外劳务合作法律风险识别与避减》,载于《法制博览》2020年第3期,第34~35、38页。

源内容、加强专题数据库的宣传推广及小语种跨语言检索研发等建议。① 有研究对"一带一路"专题数据库的服务功能②和跨语言检索功能③进行调查分析,提出对应的优化策略。严丹等调研了"一带一路"专题库现状,总结其开发策略,并提出高校图书馆构建"一带一路"信息资源体系建议,涉及整合开放"一带一路"专题数据库、加强与"一带一路"研究相关的媒体资源建设、重点关注和引进多语种资源、探索资源共建共享的新模式、依据不同用户需求构建资源呈现体系等。④ 有研究从资源建设规划、资源量筛选、资源采集加工与揭示、评估使用效果等方面分析了丝路科技知识服务系统建设实践,从4个方面对"一带一路"专题数据库资源建设提出建议,包括知识产权、数据来源、小语种信息、资源共建共享等。⑤ 有研究探讨"一带一路"新型智库信息服务体系,指出国内智库中有关"一带一路"信息的支持服务还处在起步阶段,存在的问题有信息深度与推广普及不足、重收集轻利用。⑥ 有研究分析高校智库服务于"一带一路"倡议现状,认为中国高校相关智库朝着功能化和模块化研究的方向转变、加强智库的国际合作、优化人才结构和资金来源等。⑦

三、研究述评

通过对上述研究成果的总结梳理,发现国外研究中与"一带一路"经管数据库直接相关的成果较少,集中在用户信息需求、数据库建设标准、跨国/跨区域数据库资源建设、数据库建设的法律风险、"一带一路"的专题信息平台方面。关于"一带一路"经济管理领域信息平台的研究尚且缺乏。

国内与本研究主题相关的研究集中于"一带一路"数据库的建设需求、资源

---

① 吕思诗:《公共图书馆"一带一路"沿线国家电影产业数据库建设策略——以上海图书馆的实践为例》,载于《兰台内外》,2022年第34期,第67~69页。
② 司莉、刘莉:《我国"一带一路"专题数据库服务功能优化策略》,载于《图书馆论坛》2021年第9期,第29~36页。
③ 司莉、周璟:《"一带一路"多语种共享型数据库的跨语言检索功能分析与开发策略》,载于《图书情报工作》2021年第3期,第20~27页。
④ 严丹、马吟雪:《"一带一路"专题数据库的建设现状及开发策略研究》,载于《图书馆学研究》2017年第12期,第40~47页。
⑤ 李娟、张雪蕾、韩萌:《服务"一带一路"倡议的高校图书馆开放获取资源建设策略研究》,载于《当代图书馆》2018年第3期,第5页。
⑥ 赵益维、赵豪迈:《大数据背景下"一带一路"新型智库信息服务体系研究》,载于《电子政务》2017年第11期,第72~80页。
⑦ 林欣:《高校智库服务"一带一路"战略存在的问题与对策》,载于《黑龙江高教研究》2016年第9期,第32~35页。

建设、利益相关者、法律风险识别、数据库与平台建设现状5个方面。研究者针对目前的"一带一路"信息资源需求、现状、障碍等，提出了信息资源汇集、整合、组织等方面的策略。从目前已建成的40余个"一带一路"专题数据库来看，当前专题库的语种较单一，未能提供跨语言检索功能，且多为统计类数据库、指数类数据库和综合类数据库，涵盖整个经济管理领域的多语种数据库较为少见。总体上，当前国内外还未对"一带一路"沿线经济管理领域数据库建设进行系统研究，尚不能满足共建"一带一路"国家共享资源的迫切需求。鉴于此，本研究将理论探讨、实证调查与应用推广相结合，全面系统调研涉及"一带一路"的专题数据库建设现状及用户需求，探寻"一带一路"经管数据库建设的标准规范、资源建设、法律保障与数据库平台构建与实现，为共建"一带一路"国家相关利益主体实现经济管理资源的多语种、多源异构资源的跨语言检索以及共享服务提供依托。

第三节　研究内容与方法

一、研究内容

"一带一路"经管数据库汇聚多语种、多类型、多领域、多来源的经济管理资源，不仅能为政府决策、企业投资提供权威、高效的决策参考，为学术科研提供严谨、翔实的资料支撑，还能通过与共建"一带一路"国家的合作协同共建，实现共建国家经济管理信息的互联互通。本研究的主要内容有以下几个部分，研究内容框架如图1-1所示。

（1）绪论。阐述研究背景与意义、国内外研究现状、研究内容与方法。

（2）"一带一路"专题数据库建设现状及问题。对专题数据库建设主体、资源组织体系、资源类型和内容、数据库建设方式、检索及服务功能进行调研，在此基础上剖析专题数据库建设的问题。

（3）"一带一路"经管数据库建设的障碍分析。识别"一带一路"经管数据库建设的障碍因素，分析其障碍的理论框架，提出相关对策。

（4）"一带一路"经管数据库建设的需求分析。采用问卷调查与实地访谈等方法分别对政府用户、科研用户、企业用户的"一带一路"经管信息需求进行深入分析。

| 内容1 | · 专题数据库建设现状调研
· 专题数据库建设存在问题分析 | → | "一带一路"专题数据库建设现状及问题 | → | 现状与问题 |

| 内容2 | · 障碍因素识别与分析
· 障碍因素模型构建
· 障碍相关对策 | → | "一带一路"经管数据库建设的障碍分析 | → | 障碍因素与对策 |

| 内容3 | · 企业用户需求
· 政府用户需求
· 科研用户需求 | → | "一带一路"经管数据库建设的需求分析 | → | 多类型用户需求 |

| 内容4 | · 标准规范体系模型与框架
· 资源采选与评价标准体系
· 数据库元数据标准体系 | → | "一带一路"经管数据库建设的标准规范 | → | 标准规范体系 |

| 内容5 | · 数据库金融信息资源建设现状
· 多维资源建设体系
· 资源分类体系构建
· 资源组织策略 | → | "一带一路"经管数据库的资源建设体系 | → | 多维度资源建设与组织策略 |

| 内容6 | · 数据库建设中的法律风险识别
· 数据库建设中的法律风险分析
· 数据库建设中的法律风险应对 | → | "一带一路"经管数据库的法律风险识别与防范 | → | 法律风险与防范对策 |

| 内容7 | · 数据库平台建设总体思路
· 数据库平台的功能设计
· 数据库平台的安全保障
· 数据库平台的运维服务 | → | "一带一路"经管数据库平台构建与实现 | → | 数据库平台 |

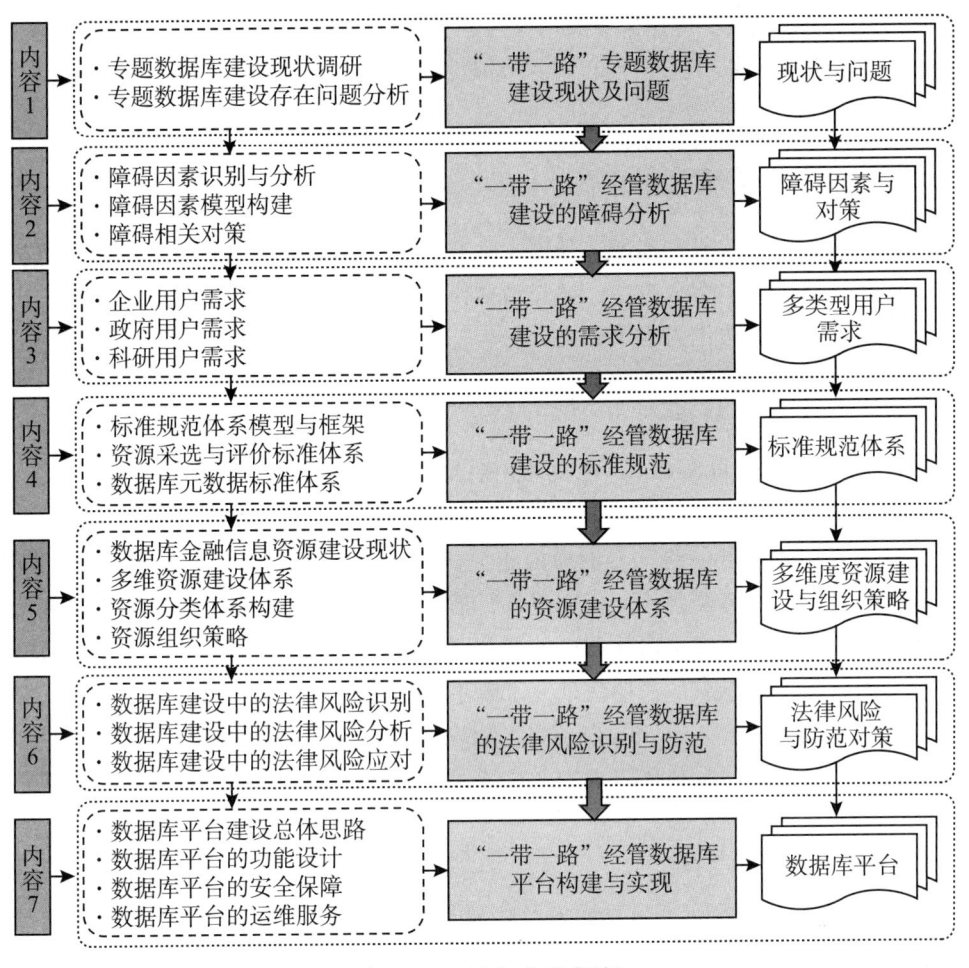

图 1-1 研究内容框架

（5）"一带一路"经管数据库建设的标准规范。采用文献调查法、案例分析法、对比分析法、专家访谈法，从标准规范体系模型与框架、资源采集标准与元数据标准体系 3 个层面剖析数据库建设的标准体系。

（6）"一带一路"经管数据库的资源建设体系。结合对"一带一路"专题数据库资源建设现状的调查，提出资源领域、资源来源、资源类型、语种和国别 5 个维度的"一带一路"经管数据库资源建设体系。在资源组织方面，构建经济管理信息的分类体系，提出基于"一带一路"研究与决策平台的资源组织策略。

（7）"一带一路"经管数据库的法律风险识别与防范。对数据库资源建设的法律风险进行识别，确定 41 项法律风险因素，并提出法律风险应对策略。

（8）"一带一路"经管数据库平台构建与实现。在剖析"一带一路"经管数据库的特点、建设目标、原则和架构基础上，提出前期准备、标准构建、资源收集、平台搭建、项目测试、应用服务数据库构建步骤。从界面、用户服务与用户管理3个方面对数据库服务功能进行设计，并对数据库安全保障与运行维护进行分析。

二、研究方法

根据研究目标和研究范围，采用文献调研法、网络调研法、问卷与深度访谈法、实地访谈法、案例分析法、解释结构模型法、专家研讨与德尔菲法、原型法和结构化系统开发法作为主要研究方法。

（一）文献调研法

以 CNKI、Web of Science、Elsevier Science Direct、Taylor & Francis、Emerald、Scopus 等中英文学术数据库为主要来源，对国内外"一带一路"资源建设、经管类信息资源和"一带一路"专题库的相关研究文献进行研读，并查找相关书籍、报刊资料进一步了解课题相关研究现状，形成对"一带一路"经管数据库研究的总体把握，以全面了解国内外相应领域的研究现状。同时，通过文献调研比较分析相关国家与国际组织的法律法规，了解不同法系、不同国家在法律制度上的相同与不同之处，获取共建"一带一路"国家关于数据库建设与服务的立法及立场态度，从而为法律冲突与风险识别、法律保障对策的提出提供文献资料的支撑。

（二）网络调研法

选取"一带一路"专题数据库及信息平台，对其资源建设现状展开网络调研，分析建设主体、资源组织体系、资源类型和内容、数据库建设方式、数据库检索功能、服务功能的实践进展，并挖掘当前数据库存在的问题，从而为后续的研究提供详细数据支撑。此外，通过对各类标准规范数据库及相关组织的网站进行调研，全面了解数据库的相关标准规范，为构建标准规范框架提供借鉴。同时获取有关数据库架构、数据集成、平台构建、界面设计、跨语言语义检索的实践经验，为后续研究奠定基础。

（三）问卷与深度访谈法

通过网络问卷与纸质问卷相结合，选取来自不同地区的政府人员、企业用户与科研用户，通过问卷与访谈方式，调查其对"一带一路"经济管理信息资源的需求及对已建的"一带一路"专题数据库的认知，具体涉及信息来源、资源类型、主题范围、国别区域与多语种资源等方面，全面调研对多语种、共享型经济管理数据库的需求、数据库建设与发展现状，为课题研究提供依据和支撑。

（四）实地访谈法

前往成都数联铭品大数据公司、国家信息中心等具有"一带一路"数据库建设经验的机构，以实地考察与访谈相结合的方式调研，对相关工作人员与负责人进行深度访谈，了解"一带一路"数据库建设的实践情况、经管类资源的共建共享现状，以及对数据库建设的观点与见解，从而更全面地评估数据库建设过程中可能面临的困难，同时，为用户需求、标准规范的分析与构建提供参考。

（五）案例分析法

选取涉及经管领域分类体系的"一带一路"专题数据库，从分类对象、分类维度、类目设置、类目结构、类名组合和分类标准的角度分析其经管资源分类现状，分析总结其资源建设特点和信息组织方式，借鉴其建设经验，为本数据库的经管信息资源分类奠定基础。同时，选取代表性较强国家的、特定领域的、特定法系的案例进行深入详细研究，进而为实现本课题整体法律冲突与风险的识别提供依据。系统梳理共建"一带一路"国家及联合国、欧盟、国际经济与贸易合作组织等在数据库建设与服务中涉及的著作权法、数据保护法、专利法、商标法、合同法、侵权责任法、反不正当竞争法和贸易法等法律法规，了解其立法及立场，为数据库建设与共享服务的开展提供法律支撑。

（六）解释结构模型法

解释结构模型法（Interpretative Structural Modeling Method，ISM方法）源于结构建模，在现代系统工程中应用广泛。其将极为复杂的对象称为"系统"，系统即是由相互作用且相互依赖的若干组成部分结合而成，具有特定功能的有机整体。[①] 本研究采用解释结构模型法，对数据库建设的障碍因素进行建模，以此探讨数据库障碍因素内涵与障碍因素成因，以及其之间的关系，在此基础上，提出相应的解决对策。

（七）专家研讨与德尔菲法

通过专家访谈法，对多语种、共享型经济管理数据库建设中的关键问题进行深入分析调查，总结与归纳经济管理资源的共建共享现状、多语种数据库的资源利用现状等，获取第一手资料与数据。并采用德尔菲法确定资源的选择与评价标

---

① 钱学森：《论系统工程》，上海交通大学出版社2007年版，第2~3页。

准、资源采集与组织策略、具体的资源建设路径等，指导后续数据库资源建设。

（八）原型法

原型法是指获取一组基本需求定义之后，采用高级软件工具可视化的开发环境，建立起对应于目标系统的最初版本。本研究采用 Axure RP、Balsamiq Mock-ups、Pencil Project 等工具进行数据库系统功能与界面设计，以便于后期数据库的建设与实现。

（九）结构化系统开发法

将系统开发过程进行划分，分为包括系统分析、程序设计、系统测试、运行及维护以及系统评估在内的 6 个阶段。采用结构化、模块化自顶向下地对系统进行分析和设计，注重在整体优化的前提下考虑具体的分析设计问题。

第四节 研究的创新性

本研究的前沿性和创新性体现在：

第一，揭示了不同用户对"一带一路"经济管理信息的需求特征。针对企业用户、政府用户与科研用户 3 类不同用户，围绕信息来源、资源类型、主题范围、国别区域与多语种经济管理信息资源需求进行深入调研，揭示需求特征，为数据库资源建设以及用户定制服务开展提供坚实的基础。

第二，提出了"一带一路"多语种、共享型经济管理数据库的多维度资源建设体系，包括领域、来源、类型、国别以及语种维度 5 大维度。相较其他"一带一路"专题数据库而言，数据类型更为多样、覆盖范围更为全面。

第三，构建了"一带一路"多语种、共享型经济管理数据库资源采集标准体系和资源分类体系，弥补了当前领域数据库建设、资源建设与组织缺乏统一规范的薄弱环节。

第四，归纳出由 7 个法律风险类别 32 项法律风险要素组成的跨国数据库资源建设法律风险要素体系，为"一带一路"专题数据库建设法律风险事前预警提供可行性策略。

第五，实现了数据库的跨语言检索功能，跨越了信息检索中的语言障碍。支持中文、英语、俄语、法语、阿拉伯语和西班牙语之间的跨语言检索。用户以其熟悉的语言构造检索式进行查询，即可检索出数据库中对应的其他语种资源。

第二章

"一带一路"专题数据库建设现状及问题

第一节 我国"一带一路"专题数据库建设现状调研

一、调查样本的选择

通过查阅文献、相关报道及检索院校图书馆订购的数据库资源，初步获取"一带一路"专题数据库相关信息，逐一登录数据库网站，最终将中国一带一路网、丝路科技知识服务系统和新华丝路数据库等33个专题库列为调查对象，时间跨度为2022年3月20日至4月10日，调研结果见表2-1。

表2-1 "一带一路"专题数据库建设的总体调研结果

序号	数据库/平台名称	资源组织方式	资源类型	建设主体	建设方式	页面语种
1	中国一带一路网	综合型	新闻、政策文件、报告、数据	国家信息中心	开放合作、免费共享	中/英/俄/法/阿/西

续表

序号	数据库/平台名称	资源组织方式	资源类型	建设主体	建设方式	页面语种
2	一带一路生态环保大数据服务平台	综合型	资讯、政策法规、数据	中国生态环境部	合作共建(联盟合作)、免费共享	中/英
3	税收服务"一带一路"	资源类型—主题型	新闻、政策法规、视频、图片、报告	国家税务总局	合作共建(技术合作)、免费共享	中
4	上海市与"一带一路"国家经贸合作信息服务平台	综合型	新闻、政策法规、数据	上海市电子商务促进中心	独家建设、免费共享	中/英
5	湖北省一带一路公共服务平台	功能—主题型	新闻、报告	湖北省信息中心	合作共建(技术合作)、免费共享	中
6	"一带一路"研究与决策平台	资源类型—主题型	新闻、政策法规、数据、报告	国务院发展研究中心信息网	合作共建(业务合作)、免费共享	中
7	"一带一路"物流综合服务平台	功能—主题型	资讯信息	郑州自贸片区管委会	合作建设(业务合作)、免费共享	中
8	一带一路冶金专题知识服务平台	资源类型—主题型	专利文献、数据、研究报告、新闻资讯	中国工程科技知识中心冶金分中心	合作共建(技术合作)、免费共享	中
9	"一带一路"共建国家标准信息平台	综合型	标准文献、新闻资讯	中国标准化研究院	开放共建、免费共享	中/英
10	"一带一路"大数据库"丝路信息网"	—	数据、论文、著作、研究报告、评论报道等	上海社会科学院与中国国际经济交流中心	合作共建(协议)、免费共享	中
11	丝路科技知识服务系统	资源类型—主题型	期刊、会议、图书、专利、报告、学位论文、视频等	西安交通大学	合作共建(联盟合作)、免费共享	中/英/俄/阿

续表

序号	数据库/平台名称	资源组织方式	资源类型	建设主体	建设方式	页面语种
12	北京大学"一带一路"数据分析平台	综合型	新闻、报告、会议、图表	北京大学	合作共建（项目合作）、免费共享	中
13	香港贸易发展局"一带一路"资讯网	功能—主题型	新闻资讯、政策法规、报告	香港贸易发展局与上海社会科学院合作	合作建设（协议）、免费共享	中（简繁体）/英
14	"一带一路"国家基础设施发展指数信息服务平台	综合型	指数、报告、资讯、数据	中国对外承包工程商会	合作共建（技术合作）、会员制共享	中
15	一带一路资源中心数据库（BRIRS）	—	期刊论文和研究报告	美国EBSCO公司	合作共建（业务合作）、付费使用	英/日/韩/德等30种
16	一带一路专题数据库（BRIC）	—	电子图书	iG出版集团	合作共建（业务合作）、付费使用	英
17	一带一路中国文献整合平台	主题—主题型	学术期刊、博硕论文、会议论文、报纸、年鉴、工具书等	中国知网	合作共建（项目合作）、付费使用	中
18	一带一路统计数据库	区域—主题型	数据	中经网数据有限公司	独家建设付费使用	中
19	一带一路国际行业数据中心	区域—主题型	数据、报告	欧睿国际有限公司	独家建设付费使用	英
20	一带一路工业和信息化产业资源平台	综合型	资讯、政策法规、报告、数据（图表）、图书等	工信部电子工业出版社	独家建设免费共享	中
21	一带一路产业地图资源平台	资源类型—主题型	数据、研究报告、政策法规	工信部电子工业出版社	独家建设付费使用	中

续表

序号	数据库/平台名称	资源组织方式	资源类型	建设主体	建设方式	页面语种
22	新华丝路一带一路综合信息服务平台	综合型	新闻、报告、数据、期刊维普和万方会议、学位论文	新华社中国经济信息社	合作建设（备忘录）、部分付费使用	中/英/意/泰
23	新华丝路数据库	资源类型—主题型	新闻、数据、论文、报告、视频等	新华社中国经济信息社	独家建设付费使用	中/英
24	色诺芬（SINO-FIN）一带一路专题库	综合型	数据	色诺芬信息技术有限责任公司	独家建设付费使用	中
25	区域研究数据库——带一路	资源类型—主题型	数据	北京金图公司	独家建设付费使用	中
26	清华控股"一带一路"	综合型	资讯、图片	清华控股集团	独家建设免费共享	中
27	Wind 一带一路数据库	资源类型—主题型	数据	万德信息技术股份有限公司	独家建设付费使用	中
28	RESSET 一带一路信息平台	资源类型—主题型	新闻、政策法规、报告和数据	锐思数据科技有限公司	独家建设部分付费使用	中
29	RESSET 一带一路数据库系列	区域—主题型	数据	锐思数据科技有限公司	独家建设付费使用	中（简繁体）/英
30	CSMAR "一带一路"研究数据库	主题—主题型	数据	国泰安信息技术有限公司	合作共建（合作数据）、付费使用	中

续表

序号	数据库/平台名称	资源组织方式	资源类型	建设主体	建设方式	页面语种
31	CNRDS 一带一路研究数据库-BRRD	区域—主题型	数据、部分论文摘要	上海经禾信息技术有限公司	合作共建（合作数据）、付费使用	中
32	"一带一路"数据库—国家前沿战略支撑平台	综合型	图书、新闻、数据（图片）	社会科学文献出版社	合作共建（业务合作）、部分付费使用	中（简繁体）
33	"一带一路"经济信息共享平台（BRInfo）	—	新闻资讯	新华丝路负责创建和运营	开放合作（倡议合作）、免费共享	英

注："—"表示因数据库无法访问或无法获取说明资料而无法确定资源组织方式。

总体来看，当前"一带一路"专题数据库建设已初具规模，呈现出建设主体多元、领域涉及广泛、资源类型多样的特征。以下将对数据库的具体建设情况进行详细分析。

二、资源类型和内容

（一）资源类型

"一带一路"数据库资源类型包括新闻资讯、政策法规、电子图书、期刊论文、学位论文、会议论文、统计数据、研究报告、标准文献和专利文献等多种。不同建设主体侧重的资源类型有明显差异。学术教育和政府机构构建的数据库相对更重视时事新闻、法律法规、标准文献、科研报告等类型资源，这几种资源类型更新较快，时效性较强，且开放共享程度较高，多数可供用户免费使用；信息服务提供商构建的数据库，侧重采集数据、论文、电子图书和专利文献等学术资源，更新相对较慢，学术性较强，但受限程度较高，一般需要授权才能访问。

（二）资源内容

对数据库的资源内容体系进行调查，剔除无法获取说明资料的数据库，共调查26个数据库的资源内容，将反映同一内容的栏目进行归一，如将专家观点、专家视点、记者观察、专家库、专家资源库等归为专家资源,将实践探索、实务、案例等归为案例信息。由此可将资源内容分为13个类别:新闻资讯、政策法规、统计数据、分析报告、国别信息、省域信息、企业信息、服务机构、园区信息、项目信息、案例信息、专家资源、专题资源。资源内容分布如图2-1所示。

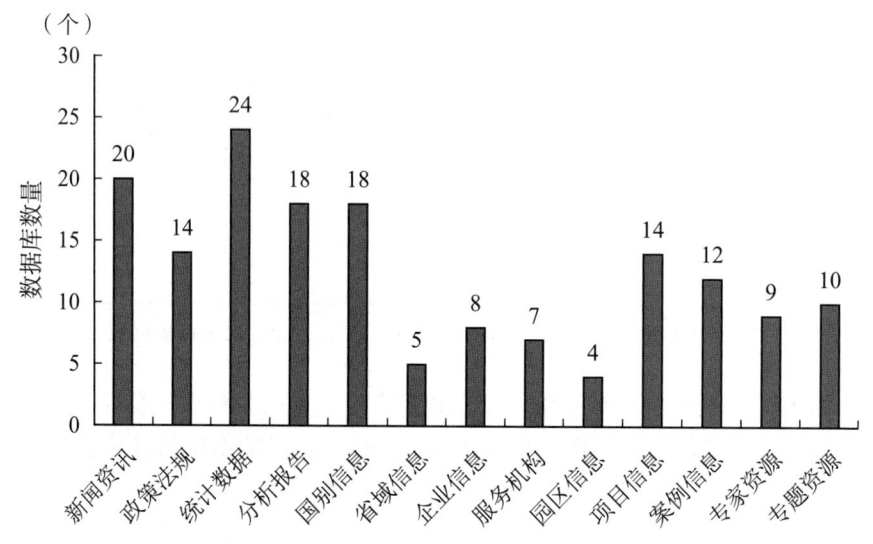

图2-1 数据库资源内容统计数量分布

不同的资源内容在数据库中的出现频次并不一致,其中"统计数据"的频次最高,出现频次为24次,是各类平台广泛关注的资源内容。排2~4位的依次为"新闻资讯"(20次)、"国别信息"(18次)和"分析报告"(18次),这类信息大多是了解共建"一带一路"内涵及规划布局所涉及的背景信息,如涉及国家区域的经济、社会、文化发展数据,商务部、外交部发布的风险评估报告等,而国内企业抱团出海、集群式"走出去"所需要的"企业信息"(8次)、"服务机构"(7次)和"园区信息"(4次)则相对匮乏。此外,部分数据库提供"专题资源"(10次),主要为各个平台特有的"专题栏目",如特色专题库、特色成果库和热点专题等。

(三)统计数据分布

由于部分数据库的数据类型是图表数据、资讯报道数据、标准数据、指数数据,故最终统计了20个数据库的数据类型,依据国家统计局的22个数据指标分类,详见图2-2。

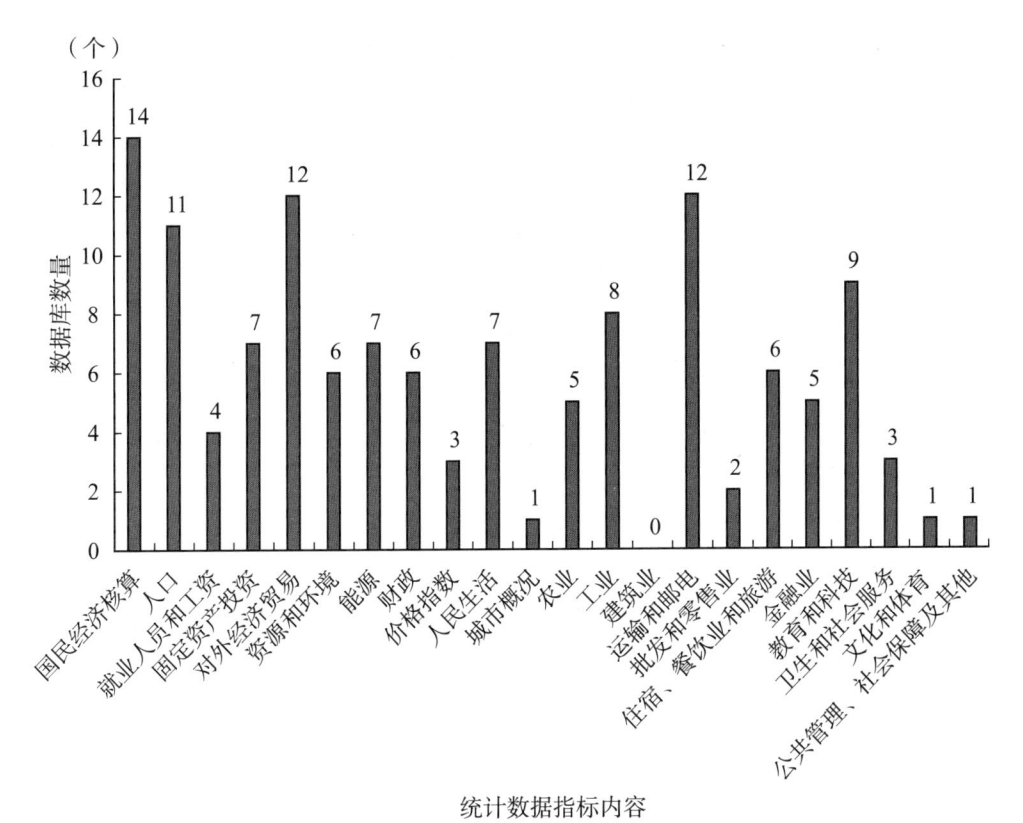

图 2-2 统计数据指标在数据库中的数量分布

可知出现频次较多的为"国民经济核算"数据，主要涉及国民生产总值、三次产业、居民消费水平及国际收支情况；其次是"对外经济贸易"和"运输和邮电"数据，频次并列第二位，"人口"数据位列第三。相反，城市概况、文化和体育、公共管理、社会保障及其他较少涉及。此外，对于超出国家统计局 22 个指标以外的数据，视为"一带一路"特色发展指标，如共建"一带一路"国家和地区有关环境评估和风险预测等方面的背景数据。

三、资源组织体系

通过直接访问数据库的一二级资源目录，发现 4 个数据库无法访问，其余 29 个"一带一路"数据库的资源组织方式可总结为 5 类。

（一）资源类型—主题型

采用"资源类型—主题型"的数据库共 9 个，占总样本的 31.0%。该方式类目设置清晰，方便用户按数据、新闻、报告等不同类型资源进行浏览和检索，适用于具有多种类型资源的数据库。此类数据库首先按资源类型将信息划分为若干子库或一级类目，再根据专题、领域、区域、国家等进行资源的细化组织。如新华丝路的一级类目按智讯、咨询、资讯、视讯、情报、案例、论文、报告、项目、数据和园区等资源类型进行设置，其中"资讯"又按"政治外交""营商环境""政策法规"等主题进行细化组织。

（二）区域—主题型

采用"区域—主题型"的数据库共 4 个，占总样本的 13.7%，该方式多适用于收录资源类型单一、只含统计数据的数据库，该种数据库的资源组织体系是：先根据共建"一带一路"国家或地区所属区域划分为若干子库或一级类目，再依据主题对区域资源进行细化组织。如"一带一路"统计数据库首先划分新亚欧大陆桥、中蒙俄、中国—中亚—西亚、中国—中南半岛、中巴、孟中印缅六大经济走廊和 21 世纪海上丝绸之路共七大线路，将沿线国家和省市所属线路划分子库，再围绕"一带一路"五大合作重点组织指标结构，结构清晰，并支持逐层浏览和查询。①

（三）功能—主题型

采用"功能—主题型"的数据库共 3 个，占总样本的 10.3%。此类数据库首先依据用户需求设置类目结构，再根据主题对满足特定功能的资源进行组织。如湖北省"一带一路"公共服务平台，搭建了"信息服务""资讯服务""政企服务""互动服务"四大服务板块，各板块再按相应的主题进行资源细分，此类平台相对于内容，更强调功能性和服务性。

（四）主题—主题型

采用"主题—主题型"的数据库共 2 个，占总样本的 7%。此类数据库所有类目均按主题进行划分。如 CSMAR"一带一路"研究数据库设置"沿线国家社会经济发展指标"和"一带一路特色指标"两个一级类目，其下又分"人口""国民经济核算""就业和投资"等。

---

① 《中经网一带一路统计数据库使用手册》，中国经济信息网，https：//ydyl.cei.cn/xml/introduction.pdf，2022 年 3 月 30 日。

（五）多维度综合型

多维度综合型是指资源组织没有单一的标准，而采用多种维度对资源进行归集。多维度综合型数据库有 11 个，占 38.0%。其方法是使用最多的资源组织方式，类目设置灵活、资源的可扩展性较强，适合大型平台对多区域、多领域、多类型资源的组织。如社会科学文献出版社设置资讯库、理论库、国家库、省域库、战略库、专题库、指数库、史话库和专家库 9 个子库，其子库划分并没有依据上述标准中的某一类进行，而是将区域国家、资源类型、主题等交叉组配。

四、检索功能

（一）跨语言信息检索支持

跨语言信息检索是指跨越语言实施检索过程，也即使用一种语言描述信息需求而能够检索到以其他语言表述的信息的一种检索模式。经调查统计，仅有占总量 28.6% 的数据库支持该检索模式。

（二）检索方法的设置

在首页设置的检索方式中，基本检索、高级检索和分类浏览方式使用最为广泛。大多数数据库平台设置分类浏览和基本检索两种检索方式（占 53.6%），28.6% 的数据库平台具有 3 种及以上的检索方法。

（三）检索字段的设置

根据调研结果，仅提供一站式检索方式而不区分不同的检索字段的数据库占总量的 39.3%；划分三个以下字段（包括标题、作者和关键词）的数据库占 35.7%；其余数据库则包括更多数量的检索字段，如中国知网的一带一路中国文献平台含有"篇名、作者、主题、全文、单位、摘要、分类号、关键词、文献来源、参考文献"10 个检索字段。

（四）检索结果的格式设置

在数据库中进行检索，返回结果通常有摘要、标题、发布时间等资源基本信息,学术数据库还可能展示文献作者、关键词、出版者等相关信息。除此之外,北京大学的一带一路数据库分析平台的返回结果,用户可根据个人需求决定是否要查看其详细内容;中国知网的一带一路中国文献整合平台还为用户提供可选择的结果显示选项,使用者可以根据自身偏好设置列表或摘要两种模式。

(五) 检索结果的排序设置

在检索返回结果的排序方面,64.3%的数据库平台以相关性、日期等较常见的排序标准作为默认顺序进行排列。具体来说,能够根据相关性排列的数据库占调研总数的28.6%,能够根据日期(如发布时间、出版时间、更新时间等)排列检索结果的数据库则更多,占总数的39.3%。

(六) 首页检索的结果处理设置

检索结果的处理主要有勾选结果、下载或导出结果、精炼结果、保存或收藏结果、对检索结果的统计分析等,大部分数据库在完成信息检索过程后没有设置这一功能,用户只能通过点击检索页面提供的各资源链接查看其详细内容,只有较少数的数据库可用于统计检索结果数量、记录检索所用时长、为用户推荐检索词等。

(七) 数据库的专项检索功能

数据库的专项检索设计主要包括结果显示、分面设计、操作设计三个方面,具体而言,数据库的专项查询内容以统计数据为主,与之相对应的检索结果以图表(如扇形图、折线图、柱状图等)显示居多;在数据库的分面设计方面,需要考虑的基本分面有地域、时间、指标等;操作设计是对用户可操作选项的设置,主要有更改显示设置、选择导出数据和图表、查询结果保存等。

五、服务功能

由于原来的33个数据库中部分数据库(如"一带一路"国家基础设施发展指数信息服务平台、Wind 一带一路数据库等)无法访问,检索新发布其他可访问的数据库,最终选定38个数据库作为服务功能调查对象。调查时间为2022年4月15日至5月20日,结果如表2-2所示。

表 2-2　"一带一路"专题数据库服务功能调查结果

所属部门	序号	数据库/服务平台	数据导航 分类导航	数据导航 可视化导航	数据获取 数据检索	数据获取 数据下载	分析功能 主题数据分析	分析功能 检索结果分析	数据服务 多语种服务	数据服务 个性化服务	数据服务 新媒体服务	交互功能 交流	交互功能 帮助
国家政府部门	1	中国一带一路网	√	√	√	√	√	√	√	√	√	√	√
	2	税收服务"一带一路"			√			√		√			
	3	一带一路生态环保大数据服务平台	√		√	√		√		√			
	4	"一带一路"研究与决策平台	√		√	√							√
	5	"走出去"一带一路服务平台	√		√								
地方政府部门	6	浙江一带一路网	√		√								
	7	江苏一带一路网	√		√								
	8	陕西一带一路网	√		√								
	9	湖北省一带一路公共服务平台	√		√								
	10	上海市与"一带一路"国家经贸合作信息服务平台	√	√	√				√				
	11	张家港走出去服务平台	√										
科研机构	12	西安交通大学丝路科技知识服务系统	√		√								√
	13	北京大学"一带一路"数据分析平台											
	14	一带一路"大数据库"丝路信息网	√										
	15	西安财经大学一带一路大数据平台											
	16	"一带一路"共建国家标准化信息平台	√										
	17	一带一路冶金专题知识服务平台											
新闻出版机构	18	新华丝路网	√		√	√			√	√	√	√	√
	19	新华丝路数据库											
	20	"一带一路"经济信息共享平台（BRInfo）	√		√	√			√			√	
	21	国别区域与全球治理数据平台											
	22	中国社会科学出版社一带一路数据库	√		√								
	23	一带一路工业和信息化产业资源平台	√										
	24	一带一路产业地图资源平台	√										
	25	一带一路投资与贸易法律服务平台	√						√				
	26	亚太日报一带一路服务平台	√		√				√				

续表

所属部门	序号	数据库/服务平台	数据导航 分类导航	数据导航 可视化导航	数据获取 数据检索	数据获取 数据下载	分析功能 主题数据分析	分析功能 检索结果分析	数据服务 多语种服务	数据服务 个性化服务	数据服务 新媒体服务	交互功能 交流	交互功能 帮助
商业公司	27	一带一路统计数据库	√	√	√	√	√						√
	28	一带一路资源中心数据库	√										
	29	一带一路中国文献整合平台	√	√	√								
	30	香港贸发局"一带一路"资讯网	√						√			√	
	31	CSMAR 一带一路研究数据库	√		√	√							
	32	色诺芬（SINOFIN）一带一路专题库	√		√								
	33	新文图信区域研究数据库——一带一路	√	√	√		√						
	34	清华控股"一带一路"	√										
	35	RESSET 一带一路信息平台	√		√	√							
	36	RESSET 一带一路数据库系列	√		√						√		√
	37	CNRDS "一带一路"研究数据库	√		√	√				√			
	38	金准"一带一路"国别经济数据平台	√										
		合计	38	17	32	26	15	17	15	8	9	12	13

在数据导航方面，有 38 个数据库（占 100%）提供分类导航服务，17 个（占 45%）提供可视化导航服务。在数据获取方面，32 个数据库（占 84%）具有数据检索功能，26 个（占 68%）提供数据下载服务。在数据分析方面，15 个（占 39%）具有主题数据分析功能，17 个（占 45%）具有检索结果分析功能。在数据服务方面，15 个（占 39%）提供多语种服务，8 个（占 21%）具有个性化服务功能，9 个（占 24%）通过新媒体开展服务。在互动与帮助功能方面，12 个（占 32%）具有交流互动功能，13 个（占 34%）具有帮助功能。"一带一路"专题数据库建设已取得一定进展，少数数据库已通过多类型、多渠道的服务方式全方位为用户提供服务，下文具体分析数据库的具体服务功能建设情况。

（一）数据导航功能

1. 分类导航

38个数据库均提供分类导航服务，其中71.1%的数据库可根据资源组织方式设置二级导航菜单。"一带一路"专题数据库的信息组织方式主要有资源类型—主题型、区域—主题型、功能—主题型、主题—主题型以及多维度综合型5种，其中多维度综合型是使用最多的二级分类导航方式。

2. 可视化导航

"一带一路"数据资源涉及的国家及区域多、时间跨度大，为使用户能够准确快速地定位到所需信息，17个数据库（占44.7%）设置可视化导航功能，包括采用地图、时间轴、主题词云图、知识图谱4种可视化方式。地图导航可以实现地区信息的准确查找，时间轴导航可以实现时间节点信息的快速查找。社会科学文献出版社"一带一路"数据库采用地图导航全景展示丝路沿线国家，用户点击地图上某个国家，便可了解该国的政治、经济、社会、文化等信息，用时间轴记录丝路大事记。主题词云图使热点话题更突出，如"一带一路"冶金专题知识服务平台的海外资讯模块通过词云图方式可视化呈现热点内容。知识图谱可以使搜索更有深度和广度，如西安交通大学"一带一路"专题库课程资源模块提供知识图谱可视化展示功能，用户可了解视频站点内容全貌，定位自己喜欢的课程视频。[1]

（二）数据获取功能

1. 数据检索

38个数据库中，32个数据库（占84.2%）设置数据检索功能，设置高级检索功能的占26.3%。一些数据库还设置其他检索方式。西安交通大学"一带一路"专题库设置知识图谱智能搜索功能，实现视频、文本等异构资源的高效管理与检索；色诺芬一带一路专题库设置扩展检索和关联检索功能。从检索结果看，检索结果处理主要有对资源的排序、筛选、聚类，为用户提供此类操作路径的数据库仅占总量的18.4%，而大部分数据库没有设置对检索结果进行处理的功能。此外，个别数据库还支持检索记录数统计、显示检索用时、相关检索等。数据库的专项检索设计主要包括结果显示、分面设计、操作设计三个方面。

2. 数据下载

38个数据库中，26个数据库（占68.4%）提供数据的免费下载服务。大部

---

[1] 《用户手册》，IKCEST丝路科技知识服务系统，http://silkroadst.ikcest.org/subjecthomepages/9023f40c-7b0f-4345-9a88-d781cd768342，2022年4月21日。

分政府部门、科研机构的数据库提供免费下载服务，其中有些仅设置下载部分数据的权限，如上海市与"一带一路"国家经贸合作信息服务平台中数据图表不可下载。部分出版社或商业机构数据库提供付费下载，如新华丝路网、色诺芬（SINOFIN）一带一路专题库、RESSET一带一路数据库等。

（三）数据分析功能

1. 主题数据分析

15 个数据库（占 39.5%）具有主题数据分析功能，通过对某一主题的数据进行统计分析，使用户了解该主题现状和发展趋势。如上海社会科学院丝路信息网建立分类统计数据库，对共建"一带一路"国家的产业、投资、贸易、金融、园区等数据通过折线图、柱状图、饼图等可视化方法进行呈现。

2. 检索结果分析

该功能可实时处理用户请求，允许用户随时更改分析数据的内容约束和限制条件。17 个数据库（占 44.7%）提供检索结果分析功能，15 个数据库（占 39.5%）可以对数据内容进行分析。如一带一路统计数据库提供多种分析工具，用户可以根据自身需求选择分析工具对检索数据的某一指标进行分析。[①] 一带一路资源中心数据库可对检索结果文献类型、来源期刊、学科分布等外在信息进行统计分析。

（四）数据服务功能

1. 多语种服务

"一带一路"涉及官方语言50多种，对多语种信息有迫切需求。据统计，有15 个数据库（占 39.5%）提供多语种服务，包括多语种转换界面、翻译服务、多语种资源同步服务。其中，34.2%提供多语言转换界面，21.1%支持中（简）、英转换，7.9%支持中（简/繁）、英转换，10.5%提供 4 种及以上语言转换。从多语种转换界面的实现方式来看，部分数据库只对题录元数据进行翻译，字段值及原文是原有的语言。在翻译服务方面，"一带一路"共建国家标准信息平台开发了翻译云平台，采用神经网络翻译技术和计算机辅助译后编辑技术，提供多种格式标准文本、标准化文件资料和其他领域资料的快速中英互译。[②] 湖北省一带一路公共服务平台联合传神—语翼 Woordee 多语言在线人工翻译平台，提供一站

[①] 《产品简介》，一带一路统计数据库，https://ydyl.cei.cn/xml/introduction.html，2022 年 4 月 22 日。
[②] 《"一带一路"共建国家标准信息平台启动》，新华社，https://www.gov.cn/xinwen/2019-04-23/content_5385500.htm，2022 年 4 月 22 日。

式全场景翻译服务。① 在多语种资源同步提供方面，西安交通大学"一带一路"专题库宏观经济数据模块提供中、英、俄、阿等语言类型的数据。

2. 个性化服务

个性化服务指为用户提供满足其个体需求的一种集成性信息服务。② 8 个数据库（占 21.1%）具有个性化服务功能，服务项目主要包括数据定制、产业研究、数据库产品等。如新华丝路网针对用户具体需求，提供新华丝路海外活动、新华丝路教育与培训、新华丝路产业研究等个性化服务。③ "一带一路"研究与决策平台可以针对用户的个性化需求，依托权威专家资源和专业研究团队，提供信息定制、宏观经济软件解决方案、课题研究等专项服务。④ 社会科学文献出版社"一带一路"数据库针对用户研究课题与投资方向，对内容资源进行深度整合，创建符合用户要求的个性化数据库产品。⑤

3. 新媒体服务

微信公众号是数据库使用最多的新媒体服务方式，部分数据库还提供多种新媒体服务，如中国一带一路网有 App、微信公众号、微博、知乎、抖音 5 种新媒体服务；"一带一路"生态环保大数据服务平台有 App、微信公众号 2 种；新华丝路网、"一带一路"产业地图资源平台可通过微博、微信公众号进行服务。而湖北省一带一路公共服务平台、"一带一路"工业和信息化产业资源平台仅通过微信公众号进行服务，新华丝路数据库仅通过 App 进行服务。

（五）互动与帮助功能

1. 交流互动

有 12 个数据库（占 31.6%）具有交流互动功能。实现交流功能的主要方式有互动留言、在线咨询、意见反馈、话题讨论等。湖北省一带一路公共服务平台通过咨询建议、话题讨论实现与用户交流，新华丝路数据库提供记者观察、推荐专家、研究机构 3 类咨询服务。

2. 用户帮助

有 13 个数据库（占 34.2%）具有帮助功能。如"一带一路"专题数据库主

---

① 《打造无障碍环境，助推企业"走出去"》，湖北省一带一路公共服务平台，https：//www. woordee. com/fgw，2022 年 4 月 22 日。
② 吴瑞丽、张玉祥：《开放存取期刊数据库的个性化服务功能研究》，载于《图书馆》2013 年第 5 期，第 95 页。
③ 《个性化服务》，新华丝路，https：//www. imsilkroad. com/individualization，2022 年 4 月 27 日。
④ "一带一路"研究与决策平台简介，http：//ydyl2. drcnet. com. cn/www/ydyl/introduce. aspx，2022 年 4 月 27 日。
⑤ 一带一路数据库简介，https：//www. ydylcn. com/gywm/294299. shtml? zas_rct = d6f558b25e41cc7e4b23fd1915a91dd4738625a6&zas_loginURL = https：//www. ydylcn. com/skwx_ydyl/ssologin，2022 年 4 月 27 日。

要通过常见问题解答 FAQ、用户使用手册以及帮助中心为用户提供帮助。新华丝路网提供一带一路问答、丝绸之路问答以及海上丝绸之路问答 3 种常见问答。"一带一路"经济信息共享平台（BRInfo）通过视频和文档的形式为用户提供 BRInfo 平台概述，指导用户登录和使用。

六、建设主体

"一带一路"专题数据库是收集和整合共建"一带一路"国家和地区的政治、经济、文化、教育与科技等各领域信息资源而搭建的信息服务平台。自 2013 年提出"一带一路"倡议以来，我国相关各部门单位陆续建立了多个与"一带一路"这一主题相关的数据库和操作平台，为"一带一路"相关信息的流动和互联互通作出了重要贡献。

从政府的角度来看，各级政府已经建立了多个相关数据库平台，其中包括综合性数据库和专业性数据库。如 2015 年国研网利用自身专业经验、信息基础设施优势，建立了"一带一路"研究和决策支持平台[①]，以期更好地响应"一带一路"倡议。2017 年，国家信息中心根据"一带一路"工作领导小组的相关指导，建立了中国一带一路网，进一步完善该专题的相关信息平台。2018 年，湖北省信息中心响应号召，建立了湖北省一带一路公共服务平台。[②] 同年，河南省郑州市自贸区管委会、郑州市国际陆港开发建设公司建立了"一带一路"物流综合服务平台。[③] 2019 年，在第二届"一带一路"国际合作高峰论坛上，"一带一路"生态环保大数据服务平台门户网站正式发布。[④]

从传媒的角度来看，中经网、人民日报、新华社等机构对信息服务、媒体合作、统计数据等板块尤为关注。2015 年，新华社发布"新华思路"信息服务平台和"新华丝路"数据库[⑤]；2017 年，中经网发布了收录共建"一带一路"国家、地区经济统计数据的"一带一路"统计数据库，从而为政府有关部门及科学研究机构提供有力的数据基础，为经济领域的各类政策发布、学术研究提供依据[⑥]。2019 年，新华社与"一带一路"沿线各国的新闻媒体、商业协会、信息机构等合作建立"一带一路"经济信息共享平台（BRInfo），以便各国实现信息互

[①] "一带一路"研究与决策平台，http：//ydyl. drcnet. com. cn/www/ydyl/index. aspx，2022 年 3 月 28 日。
[②] 湖北省一带一路公共服务平台，https：//www. hbydyl. gov. cn，2022 年 3 月 28 日。
[③] "一带一路"物流服务平台，http：//www. zz－zmt. com/index. php/zh，2022 年 3 月 28 日。
[④] "一带一路"生态环保大数据服务平台，http：//www. greenbr. org. cn，2023 年 7 月 25 日。
[⑤] "一带一路"经济信息共享平台，https：//breip. imsilkroad. com，2022 年 3 月 28 日。
[⑥] "一带一路"统计数据库，https：//ydyl. cei. cn，2022 年 3 月 28 日。

通、进行经济往来，最大程度地实现成员国家之间的互利共赢。

从出版和科研机构来看，社会科学文献出版社于 2015 年发布国家前沿战略支撑平台。依托中国社会科学院优越的学术资源和专业平台，该信息支撑平台设有"专家""指数""专题""史话""省域""理论""国家""资讯"八大资源库，以"列国志""皮书""一带一路"系列的信息资源为基础为使用者提供各类型数据资源。与此同时，北京大学信息管理系的科学评价与大数据应用实验室根据从新闻、科研等方面整合而来的共建"一带一路"国家经济、科技、军事、政治、文化、外交等方面相关资讯，构建数据分析平台。此后，又有多个出版社推出相关信息服务，如电子工业出版社分别于 2017 年和 2019 年构建了"一带一路"工业和信息化资源平台、"一带一路"产业地图资源平台。[①] 同时，中国标准化研究院也于 2019 年建成我国第一个翻译归纳共建"一带一路"各国标准文献的信息平台——"一带一路"共建国家标准信息平台[②]，该平台收录 35 个国家、5 个国际组织发布的标题题录并通过信息可视化方法展示其数量分布、技术特征；中国工程科技知识中心的冶金分中心推出"一带一路"冶金资源整合平台[③]，从而为冶金行业从业者提供市场透视、业务咨询、科技文献查询等专业化的信息服务。

从企业的角度来看，科技公司、信息咨询公司等机构积极参与"一带一路"数据库建设，我国及共建"一带一路"各国的相关企业已经开发了多个有助于科研机构、企业工作的营利性"一带一路"数据库。如 2016 年，美国 EBSCO 公司着眼于"一带一路"65 个沿线国家的经济、政治、文化状况，搜集包含政治、工程、建筑等超过 70 种学科主题的文献。[④] 2017 年，成都色诺芬信息技术有限公司搜集 72 个沿线国家、133 个较重要的贸易往来国家的各类型信息（国家概况、新闻资讯、政策法规、数据服务）。[⑤] 同年，北京聚源锐思数据科技有限公司聚合沿线国家的新闻、政策、法律、企业案例等多方面信息，发布 RESSET 一带一路信息平台。[⑥] 2018 年，国泰安统计 1960 年以来"一带一路"沿线各国的人口数目、就业情况、国民经济核算等经济发展领域的数据，开发了 CSMAR 一带一路研究数据库，该数据库还包含投资合作、国别合作、国际竞争力等具有特

---

① "一带一路"产业地图资源平台，https://ydylmap.phei.com.cn，2022 年 3 月 28 日。
② "一带一路"共建国家标准信息平台，http://www.ydylstandards.org.cn，2022 年 3 月 28 日。
③ 一带一路冶金专题知识服务平台，http://miobor.ckcest.cn，2022 年 3 月 28 日。
④ 一带一路资源中心，https://www.lib.whu.edu.cn/web/dzzy/detail.asp?q=IDN=WHU06405&s=detail&full=Y，2022 年 3 月 28 日。
⑤ Sinofin 一带一路专题库，http://www.ccerdata.cn/ydyl，2022 年 3 月 29 日。
⑥ RESSET 一带一路信息平台，http://res.resset.com/nydyl，2022 年 3 月 29 日。

色的指标。① 同年，中国知网整合"一带一路"的中外文信息资源，构建一带一路中国文献整合平台。②

除此之外，事业单位、公营机构等也对构建"一带一路"数据平台做出了一定有价值的探索。如上海市电子商务促进中心将共建"一带一路"国家的经济贸易合作数据从资讯、市场、数据、政策、风险防范、理论研究几个方面进行归纳总结，并利用信息可视化手段展示贸易合作伙伴之间的关系，构建了上海市"一带一路"国家经贸合作信息服务平台。③ 又如香港贸发局通过整合现有的"一带一路"数据，发布了"一带一路"资讯网，为企业寻找投资项目和服务供应商提供服务。④

七、建设方式

（一）数据库建设主体

数据库建设的主体主要有以下4类：

（1）信息服务提供商，以营利为目的的数据库商和出版商为主，一般实施付费模式，受限程度较高。在33个样本数据库中，此类主体构建的数据库共19个，占总样本的57.6%，如美国EBSCO公司、iG出版集团、欧睿国际有限公司、北京金图公司、锐思数据科技有限公司和中国知网等。

（2）政府部门，是指响应倡议、推动国家"一带一路"建设的相关政府部门为企业、机构社团和个人等参与"一带一路"建设提供信息服务和互动交流平台。此类主体构建的数据库为7个，占总样本的21.2%，如国家信息中心、国家税务总局、中国生态环境部等国家机构，湖北省信息中心、上海市电子商务促进中心等地方机构。

（3）教育、学术和科研机构，利用专业研究及团队合作优势，汇集整合外部资源，开展数据相关研究，并形成分析报告，此类主体构建的数据库有5个，占总样本的15.2%，如北京大学、西安交通大学、上海社会科学院、中国标准化研究院等机构。

（4）社会组织或行业组织，基于特定目的构建服务于政府和企业的数据库，

---

① CSMAR 一带一路研究数据库，http：//cndata.csmar.com，2022年3月29日。
② 一带一路中国文献整合平台，http：//gb.cnbar.cnki.net，2022年3月29日。
③ 上海市与"一带一路"国家经贸合作信息服务平台，http：//www.sh-beltandroad.net，2022年3月29日。
④ 香港贸发局"一带一路"资讯网，https：//beltandroad.hktdc.com/sc，2022年3月29日。

此类主体构建的数据库有2个，占总样本的6%，如香港贸易发展局和中国对外承包工程商会。其数据库访问一般采取会员机制，不同的会员级别具有不同的数据访问权限。

（二）数据库建设方式

数据库建设方式主要有以下3类：

1. 独家建设与运营

通常由一家机构独立完成数据库的建设和运营，在33个样本数据库中，采用此类方式的数据库有12个，约占总样本的36.4%，其中大多数为数据库商，凭借多年的资源累积和数据库建设专业经验，独立完成"一带一路"数据库的建设。

2. 合作建设和运营

是指由两个及两个以上机构联合构建和运营的数据库，采用此类方式的数据库有18个，约占总样本的54.5%。通过对其合作方式进行调研，发现有如下几种类型：

第一种类型为业务合作方式，指基于已有的业务合作网络进行"一带一路"数据库建设。采用此方式构建的数据库为5个，约占总样本的15.1%。如上海社会科学院已与全球90多家智库和学术机构建立了合作关系网络，其中近30家位处共建"一带一路"国家，为获取共建"一带一路"国家信息进行"丝路信息网"构建奠定了合作基础。①

第二种类型为技术合作方式，采取此方式构建的数据库有6个（占18.1%）。如湖北省一带一路公共服务平台由武汉世纪金桥安全技术有限公司提供技术支持。此外，国泰安信息技术有限公司也对外提供技术平台，与专业领域的数据库公司、相关领域的专家和学者进行数据合作，支持"一带一路"研究基础数据库的构建。

第三种类型为项目合作方式，指基于项目合作关系以及项目阶段成果进行数据库建设。采取此方式构建的数据库有2个（占6%）。如2014年中国知网与国家广电总局联合运作中英文丝路文献数据库多国合作项目，旨在联合丝路相关国家共同开发出版中英文丝路文献数据库，2018年中国知网整合了项目的先期阶段性成果，构建了一带一路中国文献整合平台。②

---

① 《倾注智力丝路建设》，上海社科院，http://www.shekebao.com.cn/shekebao/n440/n452/u1ai12184.html，2022年3月22日。

② 《同方知网"中英文丝路文献数据库多国合作项目"》，清华控股，http://zt.thholding.com.cn/index/show/contentid/29.html，2022年3月22日。

第四种类型为协议/备忘录合作方式，指通过两家或多家机构签订双边或多边合作协议，达成数据库共建共享合作意愿。采取此方式构建的数据库有3个（占9%）。如中国经济信息社与泰国商业信息平台——Business Today，由此以泰语形式呈现"一带一路"相关信息。①

第五种类型为联盟合作方式，指通过联盟约束机制，促进合作伙伴间在数据库共建共享方面的共识、合作和一致行动，采取此方式构建的数据库有2个，约占总样本的6%。如中国生态环境部着手建设生态环保大数据服务平台和"一带一路"绿色发展国际联盟，通过联盟合作伙伴关系促进国际平台的共同搭建和维护，从而实现信息的共享。②

3. 开放式建设和运营

该方式秉承开放和包容理念，通过多机构合作参与数据库的建设。采用此类建设方式的数据库有3个，约占总样本33个数据库的9%。如国家信息中心明确指出："充分秉持开放合作思想，欢迎各地方、沿线国家共同参与官网建设。"③由新华社牵头发起和推动的"一带一路"经济信息共享网络，在成员之间实行经济信息内容共建和免费共享机制，目前已吸引来自26个国家的30多家机构参与经济信息共享平台的共建和共享工作。④

在3种数据库建设方式中，采用合作方式建设的数据库数量最多，其次为独家建设的数据库，这两种是较为常见的方式，但合作范围和参与主体有限，且多限于国内机构的合作，国外合作力度不足。开放式建设和运营方式强调跨国家、跨区域、跨领域的多方主体共同参与，但目前实施程度有限。

第二节 "一带一路"专题数据库建设存在的问题分析

根据对"一带一路"专题数据库建设情况进行系统梳理与全面分析，发现现有的专题数据库主要存在以下问题。

---

① 《中经社携手泰国商业信息平台助推"一带一路"经济信息在泰传播》，新华丝路，https://www.imsilkroad.com/news/p/388648.html，2022年3月22日。

② 《环保部：生态环保大数据服务平台建设启动，助力"一带一路"国家绿色发展》，人民网，http://env.people.com.cn/n1/2017/0720/c1010-29418704.html，2022年3月22日。

③ 《中国推进"一带一路"建设官方网站：中国一带一路网》，中国一带一路网，https://www.yidaiyilu.gov.cn/sy/gxwm/5059.htm，2022年3月22日。

④ 《打通经济信息通道共享"一带一路"机遇——写在"一带一路"经济信息共享网络成立之际》，新华社，https://baijiahao.baidu.com/s?id=1637456210870345414&wfr=spider&for=pc，2022年3月23日。

一、数据库服务功能存在的问题

(一) 数据资源定位的准确性有待提高

在多维资源组织中,分级导航可以精确地定位所需信息,但现有的"一带一路"专题数据库最多采用二级导航方式,其类目维度有待进一步细化。可视化导航方式能更加生动形象地展现资源特征,既可增加数据表示的视觉效果,又能提高用户体验。虽然地图、时间轴、主题词云图以及知识图谱等可视化导航方式已在部分"一带一路"专题数据库中得到了应用,但应用的数据库数量较少,形式较单一。

(二) 数据检索功能与数据获取途径有待优化

大多数数据库检索功能较为简单,上述调查发现,38个"一带一路"专题数据库中仅有26.3%的数据库提供高级检索功能,15.8%的数据库未设置检索窗口。数据可下载率也不高,部分数据库未提供数据下载功能,因此在数据库建设时,应注重数据获取功能的开发与完善。

(三) 数据统计分析服务有待完善

"一带一路"相关信息具有不连续、不系统、碎片化等特点,急需将动态资讯与结构化数据有机关联,进行深度信息挖掘和分析。[1] 但当前提供数据统计分析服务的数据库较少,上述调查发现,仅有39.5%的数据库具有主题统计分析功能,44.7%的数据库可以对检索结果进行统计分析,且多是将某一主题的数据以图表方式呈现,以展现该主题的发展趋势,而没能更加深入地对具体指标进行分析。

(四) 数据服务形式与服务内容有待扩展

数据服务功能是"一带一路"专题数据库的重要服务模块,也是对"一带一路"数据库特色的重要体现。虽然部分数据库提供3种以上服务功能,但仍存在一些问题,如提供的语言种类有限,且提供翻译服务、实现多语种资源同步提供的数据库有限;新媒体服务方式较单一,大部分数据库仅使用微信、微博、

---

[1] 赵豪迈、赵益维:《"一带一路"新型智库信息资源建设研究》,载于《情报探索》2020年第2期,第64页。

App 中的一种或两种进行服务；提供个性化服务的数据库数量也较少。

（五）互动沟通功能有待加强

目前数据库提供的互动交流服务大多采用留言方式，缺乏实时在线交流功能，大部分通过用户使用指南、常见问答为用户提供帮助，缺少智能问答功能。因此，"一带一路"专题数据库要加强互动交流功能，尤其要注重交互的实时性。

二、资源组织体系存在的问题

（一）资源领域划分不一

许多数据库或平台根据自身特点划分资源所属领域。如"一带一路"研究与决策平台将经济社会发展数据指标分为 18 个领域，即国民经济核算、人口与就业、贸易、贫困、外债、私营部门、官方发展援助、旅游、公共部门、社会保障执行情况、国际收支账户、政府财政、货币金融、基础设施、教育、卫生、能源生产和使用、环境。RESSET 宏观经济数据库涵盖经济、投资、人口、就业等领域，数据内容涵盖国民经济核算、人口、就业人员和职工工资、固定资产投资、国内贸易、经济景气指数、人民生活、城市概况等 27 个数据模块。国研网宏观经济数据库依据经济类别有宏观经济、国民经济核算、固定资产投资、产品产量、工业统计、对外贸易、金融统计、人口就业、价格统计、财政税收、居民生活等 15 个模块。可见，各数据库依据不同标准与方式划分与组织数据库资源，标准与资源涵盖不一，给用户检索不同数据库同一类型资源带来不便。因此，需在现有分类标准的基础上，结合经济管理数据资源的特点来划分数据库资源所属领域，以便于数据库建设与用户使用。

（二）资源来源渠道较单一

现有数据库资源多源于我国或我国具体机构内部的"一带一路"信息资源，较少从共建"一带一路"国家采集相关信息，资源来源渠道较单一。如"一带一路"数据库由社会科学文献出版社支持，依托于自身出版社资源进行了全文图书资源建设；"一带一路"统计数据库由中经网数据有限公司支持，依托于数据库自身资源进行统计数据资源建设；新华丝路由新华网支持，依托于新华网遍布全球的新闻信息网络建设的资讯、报告、项目、案例、数据等资源；EBSCO 一带一路全文数据库由美国 EBSCO 公司支持，依托于其小语种全文期刊文献资源。

"一带一路"涉及众多国家和地区,海量、多样的信息资源散布于各个沿线国家的多个部门、组织或机构中,为保证"一带一路"经管数据库资源的完整性和丰富度,需要收集与整理不同国家、不同机构与组织的经济管理数据资源。

(三)资源类型不够丰富

调查发现24家"一带一路"专题数据库提供数据资源,有20家数据库提供海内外新闻报道、学术动态等资讯,有18家数据库可提供国别形势、行业发展、营商报告、投资指南等资源,有14家数据库提供政策法规资源,有7家数据库提供论文资源。而著作、报纸、年鉴、工具书、专利文献等资源提供较少,仅"一带一路"大数据库、"丝路信息网"提供著作资源,一带一路中国文献整合平台提供报纸、年鉴、工具书资源,一带一路冶金专题知识服务平台提供专利文献资源。可见,"一带一路"专题数据库主要提供数据、资讯、报告、政策法规等类型资源,而论文、著作、报纸、年鉴和工具书等资源覆盖率低。

(四)共建"一带一路"国家较少参与专题库资源建设

中国作为"一带一路"构想的发起国家,也是"一带一路"建设的先行者,信息资源建设是其中的一个重要方面,现有的相关数据库大多由我国境内的组织机构建立与维护。其建设方式主要有独家建设、合作共建和开放式共建,如"一带一路"统计数据库、新华丝路数据库、Wind一带一路数据库、一带一路工业和信息化产业资源平台等采用独家建设的方式;"一带一路"大数据库、"丝路信息网"、"一带一路"研究与决策平台、北京大学"一带一路"数据分析平台、"一带一路"国家基础设施发展指数信息服务平台等采用合作共建的方式;"一带一路"共建国家标准信息平台、中国一带一路网、"一带一路"经济信息共享平台(BRInfo)等采用开放式共建的方式。

国外专门针对"一带一路"研究的信息资源库尚不多见,相对比较全面完善的有美国EBSCO公司开发的"一带一路"全文数据库,其收录了"一带一路"相关65国的重要人物、文化以及经济发展等重点研究资源。[①] 总体来看,共建国家较少参与"一带一路"专题数据库资源建设。

(五)资源组织方式不一

现有的数据库在资源组织方式上有所差异,不同数据库根据其自身的功能定

---

① 严丹、马吟雪:《"一带一路"专题数据库的建设现状及开发策略研究》,载于《图书馆学研究》2017年第12期,第44页。

位、用户需求等选择不同的资源组织方式，将同一类型资源划分到不同领域下，给用户在不同数据库中检索同一类型资源带来不便，不利于数据库资源的充分利用，与此同时增加了用户的检索成本。调查结果显示，"多维度综合型"是目前使用最多的资源组织方式，该方式类目设置灵活、资源的可扩展性较强，适合大型平台对多区域、多领域、多类型资源的组织策略。"一带一路"数据库涉及的领域范围广、资源类型多样，且需要同时满足政府、企业、科研用户等不同群体的信息需求，因此宜采用多维度资源组织方式，对内容进行多角度、多层次揭示，方便用户根据个人意向和偏好选择搜索途径，从而高效快捷地获取所需资源。

三、数据库建设合作存在的问题

部分主体采用多种合作方式推进数据库的建设，但合作范围和参与主体有限，多限于国内相关机构，与国外合作十分有限。对于倡导跨国家、跨区域、跨领域的多方主体共同参与的开放式建设和运营方式，目前实施程度有限，限制了资源整合和共享的范围。宜加强国外共建共享合作机制研究，形成内外联动的数据库建设合作体系，才能让信息共享赋能各方优势互补和惠益共享。可以依托国际组织和机构，协调不同国家和地区的数据合作。此外，还需加强国际合作机制研究，进一步推动数据库的共建共享。例如在"一带一路"经济信息网络的建设理念中，倡导网络成员主动上传、提供自己所拥有的经济信息，同时为其提供可开放获取的信息资源和便利的操作平台，最终建立起完善的共建共享机制，这种机制对于激发成员机构进行信息共享也具有推动作用。

四、语言功能存在的问题

在已调研的数据库中，收录多语种资源、提供多语种服务的数据库相对较少，仅有少量跨国数据库收集了多种小语种资源，尚不能满足国内外用户的需求。页面功能设计方面，提供多语种界面的数据库数量较少，且绝大多数支持中文，并且仅转换了资源的题录元数据，未实现资源的跨语言翻译和展示，尚未出现支持跨语言检索功能的"一带一路"专题数据库。

第三章

"一带一路"经管数据库建设的障碍分析

第一节 数据库建设障碍因素识别与分析

一、障碍因素识别

"一带一路"的倡导与建设有助于沿线各国的经济增长、贸易发展以及文化合作与交流,也使得沿线各国用户对各类信息具有需求,与"一带一路"发展建设相关数据库及信息平台应运而生。构建"一带一路"多语种、共享型经济管理数据库具有工程量大、牵涉内容复杂的特征,构建工作难免会受到一些不利因素的影响,这些具有不利影响的因素即为本部分要研究的障碍因素。

本研究采用文献调研检索 CNKI、Web of Science、Taylor & Francis 等中外文数据库,获取当前障碍因素相关研究,为分析影响数据库建成的障碍因素奠定基础。最后,本研究分析所获原始文献中的相关概念,组建小组开展研讨,提取出障碍因素,运用解释结构模型法(ISM)进行分析与完善,最终得出影响建设"一带一路"相关数据库的障碍因素。

(一)文献调研

本研究通过分析检索获取的文献得到建设"一带一路"经管类数据库过程中

涉及的障碍因素。部分代表性概念如表 3-1 所示。

表 3-1　　　　　　　　　部分代表性概念示例

原始文献	概念提取
"一带一路"下的中欧合作需要一大批高素质、高能力的专业化人才，要求参与"一带一路"建设的人才，要对与欧洲各国开展合作的语言、法律法规、当地情况、合作前景等有较为深刻的了解。目前来看，中国国内仍缺乏指引"一带一路"中欧合作的专业化高素养人才[1]	国内缺乏指引"一带一路"合作的专业化高素养人才
印度尼西亚对"一带一路"倡议的认知非常有限，在那些对"一带一路"倡议有所认识的群体中，不同的利益群体内部，如政府层面、普通民众和知识分子，对"一带一路"倡议的反应均呈现两极化[2]	印度尼西亚对"一带一路"倡议的认知非常有限
我国在与共建"一带一路"国家的对外交流中面临着文化冲突所带来的实际问题[3]	"一带一路"交流面临文化冲突带来的问题
共建"一带一路"国家的官方语言涉及面广，涵盖九大语系的不同语族和语支，语言众多带来的问题是选择和使用的复杂性。这种复杂性难以避免，也是"一带一路"国家面临的现实问题之一[4]	共建"一带一路"国家语言涉及面广，选择与使用复杂
对海量数据而言，语言预处理主要依靠机器翻译，但当前机器翻译的质量并不理想，特别是对小语种而言。语言问题成为数据采集，乃至日后分析挖掘利用的最大障碍[5]	语言问题是数据采集与分析挖掘利用的最大障碍
充足的资金是信息资源共享得以成功的根本保障。通过对世界各国的信息资源共享的案例进行分析不难发现，因资金问题而被迫夭折的项目比比皆是[6]	许多信息资源共享项目因资金问题夭折
"一带一路"涉及不同国家和地区，我国在数据库版权保护方面采用"选择或编排"标准，但其他国家采用的标准并不一定相同，在跨国数据访问中存在着法律适用风险[7]	"一带一路"数据库跨国数据访问存在法律适用风险
共建"一带一路"国家在信息采集、加工、存储、传递等环节所使用的标准规范千差万别，标准不统一就无法将分散在各个国家、各个地区的数据信息集聚起来，并通过融合、重组或聚合等方式形成一个规范有序、格式统一的整体[8]	共建"一带一路"国家信息采集、加工、存储、传递等标准千差万别，标准不统一就无法整合数据

共建"一带一路"国家多语种、共享型经济管理数据库建设研究

续表

原始文献	概念提取
"一带一路"倡议以实现"五通"为目标,这需要有海量的信息支持,事实上,这些信息呈离散、多元、异构状分布,信息收集需要经过大量人工清洗工作,而信息的供给又要满足碎片化和个性化需求,这些都成为"一带一路"信息服务的难题[9]	信息收集需要大量人工清洗,信息供给需要满足碎片化、个性化需求都是"一带一路"信息服务的难题
……	……

资料来源:1. 曹颖:《"一带一路"倡议下中欧合作的前景与障碍分析》,外交学院,2017 年,第 30~35 页。2. 潘玥、常小竹:《印尼对"一带一路"的认知、反应及中国的应对建议》,载于《现代国际关系》2017 年第 5 期,第 50~56、66 页。3. 陈祥雨、陈美华:《建设"一带一路"沿线国家语言文化禁忌多媒体数据库》,载于《外语研究》2017 年第 5 期,第 3~7、114 页。4. 王辉、王亚蓝:《"一带一路"沿线国家语言状况》,载于《语言战略研究》2016 年第 2 期,第 13~19 页。5. 于施洋、杨道玲、王璟璇、傅娟:《"一带一路"数据资源归集体系建设》,载于《电子政务》2017 年第 1 期,第 8~14 页。6. 李家清、刘军:《区域信息资源共享障碍研究》,载于《图书馆学研究》2010 年第 3 期,第 37~40 页。7. 黄海瑛:《云环境下的"一带一路"语言数据版权风险》,载于《图书馆论坛》2018 年第 7 期,第 40~46 页。8. 丁波涛:《"一带一路"沿线国家信息资源整合模式——基于国际组织和跨国企业经验的研究》,载于《情报杂志》2017 年第 9 期,第 160~164 页。9. 任玮玮:《新华丝路综合信息平台的实践探索》,载于《中国记者》2019 年第 5 期,第 32~35 页。

(二) 建立实施 ISM 的小组

基于前期文献网络调研获取的资料与数据,参照建设数据库的标准程序,本节从人才队伍建设、面向用户及其需求调研、资源采选与标准化、数据库平台构建与运营等维度分析"一带一路"经管类数据库建设过程中的障碍因素。

本节将采用 ISM 方法拆分和阐释"一带一路"经管数据库建立过程中涉及的障碍因素,分析各类型要素的概念与含义,剖析要素间关联,为数据库建设实践提供指导与依据。前文从文献资料中提取与揭示了数据库建成过程的障碍初始概念,基于此纳入 6 位相关研究领域的科研人员与业界专家,组建成立实施 ISM 的小组,在关键问题上达成共识,即探究共建"一带一路"国家经管类数据库建设过程中的障碍因素,综合专家小组的研讨结果与文献概念分析,最终得出障碍因素。

ISM 方法的实施过程包含以下 7 个步骤:(1)组建专家小组;(2)明确关键研究问题;(3)选取影响关键问题的因素并构建系统;(4)列出各类因素的相关程度;(5)基于各类因素的相关度,建立邻接矩阵与可达矩阵;(6)拆分可达矩阵，并据此构建结构模型；（7）参照结构模型构建相应的解释结构模型。

最终基于人才队伍建设、面向用户及其需求调研、资源采选与组织分类、数据库平台构建与运营这四个维度提出共 16 个障碍因素，具体概念如表 3-2 所示。

表 3-2　共建"一带一路"国家经管类数据库的障碍因素分析

障碍因素	基本内涵
团队技术与经验不足	团队缺乏相关领域人才
	团队缺乏相关经验，与合作方沟通成本较高
存在"一带一路"倡议认知差异	因意识形态差异与国家间竞争激烈等原因，部分国家不认同"一带一路"倡议
	由于宣传不足，部分国家对"一带一路"倡议存在认知误解
信息需求差异较大	由于国情差异，共建国家对相关信息需求差异较大
	不同类型用户（政府、科研、企业等）对相关信息需求差异较大
经济与信息化水平差异较大	受经济发展程度等因素影响，共建国家信息化水平差异较大
政策与资金支持力度不足	共建国家出台的针对共建"一带一路"的扶持政策力度不足
	对"一带一路"相关项目投入的资金不足，或较不均衡
语言文化环境差异较大	共建国家语言文化差异较大，数据库建设难以贴近当地用户习惯
资源分布不均	资源语种分布不均，小语种资源相对较少
	国家间资源分布不均，部分国家公开数据可能存在缺失情况
	不同类型资源分布不均
资源选取困难	共建国家语种繁多，选取难度较大
	经济管理类资源涵盖面较广，选取难度较大
数据内容质量难以保证	信息来源复杂，难以确保其内容质量，需要对数据进一步清洗
数据格式混乱	不同国家、机构来源的数据格式混乱，对资源组织造成困难
数据库标准制定困难	部分共建国家缺少较为成熟的数据标准，我国缺乏统一数据标准，如元数据标准等，数据库标准制定存在一定困难
多语言处理困难	存在多语种显示与翻译、跨语言信息检索等技术难题
法律风险	数据库建设过程中可能产生法律纠纷
	数据库提供服务过程中可能产生法律纠纷

续表

障碍因素	基本内涵
合作方共建意愿较弱	合作方在上传与审核等共建方式上积极性不强
建设与运维成本较高	在面对海量数据的情况下,数据库的建设与运维人力、资金等成本较高
缺乏营收途径	数据库相对缺乏稳定而持久的营收途径

二、障碍因素分析

本部分在综合文献调研结果与小组讨论意见的基础上,对上文梳理数据库建设障碍得出的障碍因素进行分析整理,为下一步模型的建立做准备。

(一) 专业人才队伍

建设运转高效的数据库需要专业人才和团队的支持,在数据库建设准备阶段,必须组建专业的工作团队。而"一带一路"沿线经管类数据库建设涉及多种学科领域,如经济管理、公共管理、计算机科学、数据库、多语种资源等,更加需要复合型专业人才。此外,数据库建设过程中还需要与其他类型专业机构、相关组织及专业队伍如云计算平台、深度学习及外文翻译等专业人才的协同、分工与沟通,从而保障科学高效地建成数据库,顺利应对各类技术困难。

(二) 用户信息需求

通过调研文献与专家小组研讨,发现此维度存在以下障碍:

1. 对于"一带一路"倡议的观念不同

观念不同主要表现为各方对于"一带一路"倡议的认知存在差异。参与国的意识形态、治理观念、竞争理念各不相同,有部分国家因此产生了对此倡议的歪曲与误解,仅认为其具有政治属性,而并未关注到此倡议所具有的经济利益,未了解此过程中建设的一系列重要的项目,也未意识到此倡议促进沿线各个国家合作共赢与共同进步的积极作用。同时,此因素作为合作面临的外部环境也会阻碍"一带一路"合作项目的开展。

2. 信息资源的需求不同

国际局势多变,共建"一带一路"国家具有不同的政治经济及文化情况,这使得其与我国的经济贸易现状差异较大,各方所产生的信息需求也不同。共建"一带一路"国家的经济政治状况、信息技术水平、地理环境、社会文化状况、基础设施、重点发展产业等皆是影响信息需求的重要因素。

不同国家、不同类型的用户对"一带一路"相关经济信息的需求是不同的。因此，数据库的建设要建立在研究不同国家、不同类型用户需求的基础上，这就需要充分了解各国的情况，并加强与不同类型用户的沟通，如企业、研究人员、政府机构等。如果未进行现实需求调研与分析，数据库建设团队就无法科学地选择和组织资源，设计数据库功能。

3. 经济发展水平与数字化程度差别大

共建"一带一路"国家众多，经济发展水平差异大，其在基础设施建设和数字化水平方面也有很大差异。国际电信联盟 2022 年统计显示，约有 53 亿人，即世界人口的 66% 可使用互联网，欧洲、独联体国家和美洲国家中 80% ~ 90% 的人口能够使用互联网，阿拉伯国家和亚太国家约有 2/3 的人口（分别为 70% 和 64%）可使用互联网，而非洲的平均水平仅为人口的 40%[①]，差异明显，各国面临的技术环境也不同，由此推断，数据库的运行状况和用户使用的习惯和需求也不同，这些都会对数据库的建设造成一定的阻碍。

4. 政策缺乏与资金有限

当前各国关系错综复杂，"一带一路"倡议作为中国提出的"中国方案"，难以避免地遭到国际社会中的政治误解和攻击，而即使是参与其中的国家，对"一带一路"国家经管类数据库建设的政策支持及资金投放程度、关注方向和支持程度也存在差别，致使推广数据库的难度加大。如前文所述，一些国家对"一带一路"倡议认识不同，由于复杂的经济和政治缘由，"一带一路"倡议合作面临的国际反应不一。

5. 语言环境与文化氛围不同

除经济水平外，各个国家的文化水平也不尽相同，尤其是其语言文字、宗教文化习俗、禁忌等方面差异较大。研究显示，"一带一路"沿线的共 65 个国家之中存在 53 个官方用语[②]，尤其是其中有很多少数民族语言，加剧了语言沟通的复杂程度。因此在建设数据库资源与提供相应服务时也需要考量此类情况，在详尽调研各国国情基础上优化数据库信息服务水平。

（三）资源采选与分类组织

本部分主要从"资源分布的不均衡""选取资源的难度大""资源质量待保

---

① ITU：*Measuring digital development*：*facts and figures* 2022，2023 - 01 - 15，https：//www.itu.int/itu-d/reports/statistics/facts-figures-2022/.

② 王辉、王亚蓝：《"一带一路"沿线国家语言状况》，载于《语言战略研究》2016 年第 2 期，第 13 ~ 19 页。

障""数据格式难统一""数据库标准缺乏"五个维度进行探究。

1. 资源分布的不均衡

共建"一带一路"国家多属于发展中国家,各自的基建与数字设施水平不一,数据公开制度与标准未成型,某种程度上会导致其官方的统计数据与信息缺乏权威可信度,从而加剧全面收集信息资源的难度,各国教育水平差异也会影响相关学术资源的发布。此种分布不均将加剧数据库建设难度,增大资源组织难度,阻碍数据库建设。

2. 选取资源的难度大

目前存在大量的经管类信息与数据资源,采用何种标准选取资源也属于数据库建设的一大障碍。主要有 3 方面困难:一是资源划分与归类困难,这需要制定标准并实施采集;二是选取的资源语种难以确定,需综合访问需求、技术成本、专业能力等多因素来确定;三是确定可信的数据采集源,需要保障多样性的同时尽量获取可信赖、高质量的数据资源。

3. 资源质量待保障

数据内容具有资源类型多样性,包括大量共建"一带一路"国家政府部门机构的信息、企业金融信息、科研报告、咨讯新闻等,以迎合多类用户需求,但这些来源的复杂性加剧了资源质量保障的难度,需要花费更多人力资源、资金资源鉴别资源的权威性与准确性,加剧了资源建设的难度。

4. 数据格式难统一

数据库建设资源来源广泛,"一带一路"沿线有 65 个国家具有不同的资源,数据资源所属领域多元,涉及金融、工业、企业等多领域,包含多种语言,如汉语、英语、俄语、阿拉伯语等,数据类型繁多,涉及文字、图片视频、语音等。因此资源对应的格式也具有多样化特征,加剧了后期资源组织的难度。

5. 数据库标准缺乏

为实现数据库资源的有序存储与访问,应制定统一标准规范来保障数据资源的选择、评价与组织工作顺利进行。但实践中面临着复杂多样的数据资源,我国及共建国家也缺乏统一的数据库存储标准与规范,不利于数据库资源共建共享,阻碍了后续资源建设与数据库运行。

(四) 数据库平台构建与运营

1. 多语种资源加工难度大

语言问题是数据采集、分析、挖掘利用的最大障碍。[①] 多语种资源处理主要

---

① 于施洋、杨道玲、王璟璇:《"一带一路"数据资源归集体系建设》,载于《电子政务》2017 年第 1 期,第 8~14 页。

涉及多语言界面展示与翻译、跨语言信息检索等技术与方法，目前可选择的共建国家语种有50多种，除去常见的中文、英文、法文等，还涉及很多小语种资源，增加了资源采选与处理的难度。同时，在资源存储之后，多语种资源的利用也存在困难，需要具有多语言背景的专业运维人员、充足资金支撑来维持多语种资源运营。

2. 法律问题

资源建设过程中涉及诸多法律风险，从多处获取和存储资源，如在网络资源的获取与存储时，数据的爬取、下载、转引都可能面临知识产权风险。提供数据服务时，也可能带来软件著作版权等问题。

3. 协作建设意识不足

数据库建设需要多方合作与多主体参与。由于共建国家面临不同的经济政治环境，用户需求也各异，其参与资源共建共享的意愿有限。存在着国内外合作程度有限、自主动力缺失[①]、资源配置有限、信息集聚与共享水平不足、多元合作不足、信息条块分割等问题[②]。

4. 平台建成、运营、维护成本高

数据库平台建设需要兼顾平台架构与资源建设，建成之后需要监测、维护与更新数据，开展资源存取、信息咨询等业务，这都需要充足的人力资源、资金支持、技术支撑，使得运维成本较高。

第二节　数据库建设障碍因素模型构建

通过分析前文提出的数据库建设的障碍因素，继续利用ISM方法[③]开展分析，专家小组通过研讨共同建立模型，并分析其关联以指导后续数据库建立。

一、障碍因素模型要素提取

本研究组成了ISM专家小组，成员共有10位，对所获取的数据库建设障碍

[①] 赵益维、赵豪迈：《大数据背景下"一带一路"新型智库信息服务体系研究》，载于《电子政务》2017年第11期，第72~80页。

[②] 鱼震海、舒展：《"一带一路"倡议下推进我国信息化建设的问题与对策》，载于《理论导刊》2019年第3期，第108~113页。

[③] 常玉、刘显东、杨莉：《应用解释结构模型（ISM）分析高新技术企业技术创新能力》，载于《科研管理》2003年第2期，第41~48页。

因素进行了梳理、研讨和分析,筛选提出了关键问题与导致因素,并对各个障碍因素进行了编号,见表3-3。

表3-3　　　　　　　　数据库建设障碍因素

关键问题				
S0:共建"一带一路"国家多语种、共享型经济管理数据库建设障碍				
编号	导致因素		编号	导致因素
S1	团队技术与经验不足		S9	数据内容质量难以保证
S2	存在"一带一路"倡议认知差异		S10	数据格式混乱
S3	信息需求差异较大		S11	数据库标准制定困难
S4	经济与信息化水平差异较大		S12	多语言处理困难
S5	政策与资金支持力度不足		S13	法律风险
S6	语言文化环境差异较大		S14	合作方共建意愿较弱
S7	资源分布不均		S15	建设与运维成本较高
S8	资源选取困难				

二、要素间关系确定

本节基于已纳入的障碍因素,分析其间关联,根据结果绘制障碍因素关联表,构建邻接矩阵,识别和确定模型内的因素层级,得出最高级要素,奠定模型构建的基础。

三、要素关联表建立

通过小组成员的讨论可得障碍因素关联表,反映各障碍因素之间相互影响的关系。如表3-4所示,纵列因素为S_i,横行因素为$S_j(i, j=0, 1, \cdots, 15)$,若$S_i$对$S_j$有影响,则表格中记为"1",若$S_i$对$S_j$无影响,则表格中记为"0",其中,若$S_i$与$S_j$相互影响,则保留小组讨论所认为影响大的一方。若$i=j$,则表格中同样记为"1"。

表 3-4　　　　　　　　　建设障碍因素关联表

因素	S0	S1	S2	S3	S4	S5	S6	S7	S8	S9	S10	S11	S12	S13	S14	S15
S0	1	0	0	0	0	0	0	0	0	0	0	0	0	0	0	0
S1	1	1	0	0	0	0	0	0	1	0	0	1	1	0	0	0
S2	1	0	1	0	0	1	0	0	0	0	0	0	0	0	1	0
S3	1	0	0	1	0	0	0	0	1	0	0	0	0	0	0	0
S4	1	0	0	1	1	0	1	0	0	0	1	1	0	0	1	0
S5																
S6	1	0	0	1	0	0	1	1	1	0	0	0	1	0	0	0
S7	1	0	0	0	0	0	1	1	0	0	0	0	0	0	0	0
S8																
S9	1	0	0	0	0	0	0	0	1	0	0	0	0	0	0	1
S10	1	0	0	0	0	0	0	0	0	0	1	1	0	0	0	1
S11																
S12	1	0	0	0	0	0	0	0	0	0	0	0	1	0	0	0
S13															1	
S14	1	0	0	0	0	0	0	0	0	0	0	0	0	0	1	1
S15	1	0	0	0	0	0	0	0	0	0	0	0	0	0	0	1

四、邻接矩阵与可达矩阵构建

本节根据表 3-4 构建了邻接矩阵 A（见图 3-1），其中，因素之间若存在相互关联与影响则其对应值等于"1"，若无关联则等于"0"，此矩阵显示了各个障碍因素之间的关联结果。

基于矩阵 A，本研究通过布尔代数运算得到可达矩阵 R。可达矩阵指的是用矩阵形式来描述有向连接图各节点之间经过一定长度的通路后可达到的程度。数据库建设障碍可达矩阵表示从一个障碍因素到另一个障碍因素是否存在联系的通道。数据库建设障碍因素的可达矩阵是在邻接矩阵 A 的基础上加上单位矩阵 I（注：单位矩阵 I 是指主对角线上的元素都为 1，其余元素全为 0 的 n 阶矩阵），并根据布尔运算规则（0+0=0，0+1=1，0×0=0，0×1=0，1×1=1）运算，直到 $(A+I)^{k+1} = (A+I)^k \neq (A+I)^{k-1}$ 时为止。通过运算可知，当 k=2 时上式成立，同时得到数据库建设障碍因素的可达矩阵 $R = (A+I)^2$，矩阵如图 3-2 所示。

$$A = \begin{bmatrix}
 & S0 & S1 & S2 & S3 & S4 & S5 & S6 & S7 & S8 & S9 & S10 & S11 & S12 & S13 & S14 & S15 \\
S0 & 1 & 0 & 0 & 0 & 0 & 0 & 0 & 0 & 0 & 0 & 0 & 0 & 0 & 0 & 0 & 0 \\
S1 & 1 & 1 & 0 & 0 & 0 & 0 & 0 & 0 & 1 & 0 & 0 & 1 & 1 & 0 & 0 & 0 \\
S2 & 1 & 0 & 1 & 0 & 0 & 1 & 0 & 0 & 0 & 0 & 0 & 0 & 0 & 0 & 1 & 0 \\
S3 & 1 & 0 & 0 & 1 & 0 & 1 & 0 & 0 & 1 & 0 & 0 & 0 & 0 & 0 & 0 & 0 \\
S4 & 1 & 0 & 0 & 1 & 1 & 1 & 0 & 1 & 0 & 0 & 1 & 1 & 0 & 0 & 1 & 0 \\
S5 & 1 & 0 & 0 & 0 & 0 & 1 & 0 & 0 & 0 & 0 & 0 & 0 & 0 & 0 & 0 & 0 \\
S6 & 1 & 0 & 0 & 1 & 0 & 0 & 1 & 1 & 0 & 0 & 0 & 1 & 0 & 0 & 0 & 0 \\
S7 & 1 & 0 & 0 & 0 & 0 & 0 & 1 & 1 & 0 & 0 & 0 & 0 & 0 & 0 & 0 & 0 \\
S8 & 1 & 0 & 0 & 0 & 0 & 0 & 0 & 0 & 1 & 0 & 0 & 0 & 0 & 0 & 0 & 0 \\
S9 & 1 & 0 & 0 & 0 & 0 & 0 & 0 & 0 & 0 & 1 & 0 & 0 & 0 & 0 & 0 & 1 \\
S10 & 1 & 0 & 0 & 0 & 0 & 0 & 0 & 0 & 0 & 1 & 1 & 0 & 0 & 0 & 0 & 1 \\
S11 & 1 & 0 & 0 & 0 & 0 & 0 & 0 & 0 & 0 & 0 & 1 & 0 & 0 & 0 & 0 & 0 \\
S12 & 1 & 0 & 0 & 0 & 0 & 0 & 0 & 0 & 0 & 0 & 0 & 1 & 1 & 0 & 0 & 0 \\
S13 & 1 & 0 & 0 & 0 & 0 & 0 & 0 & 0 & 0 & 0 & 0 & 0 & 0 & 1 & 0 & 1 \\
S14 & 1 & 0 & 0 & 0 & 0 & 0 & 0 & 0 & 0 & 0 & 0 & 0 & 0 & 0 & 1 & 0 \\
S15 & 1 & 0 & 0 & 0 & 0 & 0 & 0 & 0 & 0 & 0 & 0 & 0 & 0 & 0 & 0 & 1 \\
\end{bmatrix}$$

图 3-1　数据库建设障碍因素邻接矩阵 A

$$R = \begin{bmatrix}
 & S0 & S1 & S2 & S3 & S4 & S5 & S6 & S7 & S8 & S9 & S10 & S11 & S12 & S13 & S14 & S15 \\
S0 & 1 & 0 & 0 & 0 & 0 & 0 & 0 & 0 & 0 & 0 & 0 & 0 & 0 & 0 & 0 & 0 \\
S1 & 1 & 1 & 0 & 0 & 0 & 0 & 0 & 0 & 1 & 0 & 0 & 1 & 1 & 0 & 0 & 0 \\
S2 & 1 & 0 & 1 & 0 & 0 & 1 & 0 & 0 & 0 & 0 & 0 & 0 & 0 & 0 & 1 & 1 \\
S3 & 1 & 0 & 0 & 1 & 0 & 1 & 0 & 0 & 1 & 0 & 0 & 0 & 0 & 0 & 0 & 0 \\
S4 & 1 & 0 & 0 & 1 & 1 & 1 & 0 & 1 & 1 & 0 & 1 & 1 & 0 & 0 & 1 & 1 \\
S5 & 1 & 0 & 0 & 0 & 0 & 1 & 0 & 0 & 0 & 0 & 0 & 0 & 0 & 0 & 0 & 0 \\
S6 & 1 & 0 & 0 & 1 & 0 & 1 & 1 & 1 & 1 & 0 & 0 & 1 & 0 & 0 & 0 & 0 \\
S7 & 1 & 0 & 0 & 0 & 0 & 0 & 1 & 1 & 0 & 0 & 0 & 0 & 0 & 0 & 0 & 0 \\
S8 & 1 & 0 & 0 & 0 & 0 & 0 & 0 & 0 & 1 & 0 & 0 & 0 & 0 & 0 & 0 & 0 \\
S9 & 1 & 0 & 0 & 0 & 0 & 0 & 0 & 0 & 0 & 1 & 0 & 0 & 0 & 0 & 0 & 1 \\
S10 & 1 & 0 & 0 & 0 & 0 & 0 & 0 & 0 & 0 & 1 & 1 & 0 & 0 & 0 & 0 & 1 \\
S11 & 1 & 0 & 0 & 0 & 0 & 0 & 0 & 0 & 0 & 0 & 1 & 1 & 0 & 0 & 0 & 0 \\
S12 & 1 & 0 & 0 & 0 & 0 & 0 & 0 & 0 & 0 & 0 & 0 & 1 & 1 & 0 & 0 & 0 \\
S13 & 1 & 0 & 0 & 0 & 0 & 0 & 0 & 0 & 0 & 0 & 0 & 0 & 0 & 1 & 0 & 1 \\
S14 & 1 & 0 & 0 & 0 & 0 & 0 & 0 & 0 & 0 & 0 & 0 & 0 & 0 & 0 & 1 & 1 \\
S15 & 1 & 0 & 0 & 0 & 0 & 0 & 0 & 0 & 0 & 0 & 0 & 0 & 0 & 0 & 0 & 1 \\
\end{bmatrix}$$

图 3-2　数据库建设障碍因素可达矩阵 R

假设共有 Si(i=0,1,…,15) 个要素,其中因素 Si 包含的可达集集成了推动达成目标的所有要素,可以使用 R(Si) 指代,主要包括 R 矩阵中 Si 行中的值为"1"的列的所有要素,因素 Si 的前因集集成了能达成 Si 的要素,使用 A(Si) 表示,包含矩阵 A 中的矩阵要素等于 1 的全部 Si 列的因素。其中的可达集 R(Si) 仅具有其自身包括的要素,但前因集包括要素 Si 本身及其含有的下一级别的要素。

当满足 R(Si) = R(Si)∩A(Si) 条件时,最高级要素集是 R(Si)。通过列举所有要素包含的可达集与前因集,分析出第一层包含的所有要素,得到最高级要素集,再在可达矩阵 R 中剔除最高级别要素所包含的行与列,进一步在矩阵之中确定新的最高层级的要素,从而分析出第二层要素,重复此步骤多次,使得矩阵中所有剩余的要素皆为所属层级的最高级别,基于更低层级的可达集与前因集建立结构模型。所包含的第一级别的可达集和前因集见表 3-5。

表 3-5　　　　　　　　第一级的可达集与前因集

Si	R(Si)	A(Si)	R∩A
S0	0	0、1、2、3、4、5、6、7、8、9、10、11、12、13、14、15	0
S1	0、1、8、11、12	1	1
S2	0、2、5、14、15	2	2
S3	0、3、5、8	3、4	3
S4	0、3、4、5、7、8、10、11、14、15	4	4
S5	0、5	2、3、4、5、6	5
S6	0、3、5、6、7、8、12	6	6
S7	0、7	4、6、7	7
S8	0、8	1、3、4、6、7、8	8
S9	0、9	9	9
S10	0、10、11	4、10	10
S11	0、11	1、4、10、11	11
S12	0、12	1、6、12	12
S13	0、13、15	13	13
S14	0、14、15	2、4、14	14
S15	0、15	2、4、9、10、13、14、15	15

从表 3-5 中得出，当 R(S0)∩A(S0) = R(S0) 时，第一级别的最高元素等于 0，从而可知第一层要素集合则为{S0}，剔除其所对应的行与列，则得到第二级的可达集与前因集，见表 3-6。

表 3-6　　　　　　　第二级的可达集与前因集

Si	R(Si)	A(Si)	R∩A
S1	1、8、11、12	1	1
S2	2、5、14、15	2	2
S3	3、5、8	3、4	3
S4	3、4、5、7、8、10、11、14、15	4	4
S5	5	2、3、4、5、6	5
S6	3、5、6、7、8、12	6	6
S7	7	4、6、7	7
S8	8	1、3、4、6、7、8	8
S9	9	9	9
S10	10、11	4、10	10
S11	11	1、4、10、11	11
S12	12	1、6、12	12
S13	13、15	13	13
S14	14、15	2、4、14	14
S15	15	2、4、9、10、13、14、15	15

由表 3-6 可见，R(S5)∩A(S5) = R(S5)，R(S7)∩A(S7) = R(S7)，R(S8)∩A(S8) = R(S8)，R(S9)∩A(S9) = R(S9)，R(S11)∩A(S11) = R(S11)，R(S12)∩A(S12) = R(S12)，R(S15)∩A(S15) = R(S15)，因此，第二级别的最高级元素的值分别等于 5、7、8、9、11、12、15，从而可知{S5，S7，S8，S9，S11，S12，S15}是第二层要素集合，剔除相应的行列因素则可得第三级的可达集与前因集，具体见表 3-7。

表 3-7　　　　　　　第三级的可达集与前因集

Si	R(Si)	A(Si)	R∩A
S1	1	1	1

续表

Si	R(Si)	A(Si)	R∩A
S2	2、14	2	2
S3	3	3、4	3
S4	3、4、10、14	4	4
S6	3、6	6	6
S10	10	4、10	10
S13	13	13	13
S14	14	2、4、14	14

分析表 3-7 得出，R(S1)∩A(S1) = R(S1)，R(S3)∩A(S3) = R(S3)，R(S10)∩A(S10) = R(S10)，R(S13)∩A(S13) = R(S13)，R(S14)∩A(S14) = R(S14)，从而可分析出其第三级别的最高级别元素分别等于 1、3、10、13、14，{S1，S3，S10，S13，S14} 则为第三层要素的集合，剔除其所属的行与列的值，得到下一级的可达集与前因集，见表 3-8。

表 3-8　　　　　　　　第四级的可达集与前因集

Si	R(Si)	A(Si)	R∩A
S2	2	2	2
S4	4	4	4
S6	6	6	6

鉴于此层级中的 R(Si)∩A(Si) 均等于 R(Si)，可认为本级别包含的 3 个要素皆属于最底层，也即{S2，S4，S6} 是最底层要素的集合。因此，本研究构建的障碍因素模型中的要素可分为 4 个级别。

五、最终障碍因素模型建立

本部分根据上一节对障碍因素划分的矩阵内要素的层级与关系结构，构建解释结构模型（见图 3-3）。

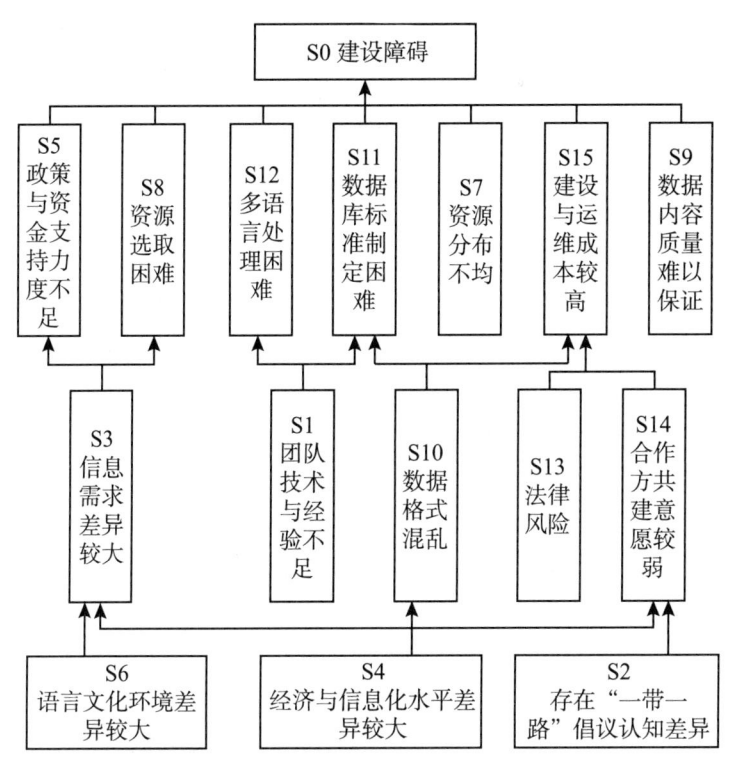

图 3-3　解释结构模型

六、解释结构模型分析

本部分将分析模型的层级、结构和含义,以梳理其影响关系。该解释结构模型共分为四个层级,如表 3-9 所示。

表 3-9　　　　　　　　　解释结构模型内容

层级	障碍因素
第一层级	S0 关键问题:共建"一带一路"国家多语种、共享型经济管理数据库建设障碍
第二层级	S5 政策与资金支持力度不足、S7 资源分布不均、S8 资源选取困难、S9 数据内容质量难以保证、S11 数据库标准制定困难、S12 多语言处理困难、S15 建设与运维成本较高
第三层级	S1 团队技术与经验不足、S3 信息需求差异较大、S10 数据格式混乱、S13 法律风险、S14 合作方共建意愿较弱
第四层级	S2 存在"一带一路"倡议认知差异、S4 经济与信息化水平差异较大、S6 语言文化环境差异较大

该解释结构模型初步展示了"一带一路"数据库建设障碍因素的部分层级关系，但同时，该模型仍未清晰展示非相邻层级和相同层级因素之间的直接关系，也可以发现，目前模型中因素之间互相的影响关系是单向的，难以体现因素间的相互影响关系。

（一）第四层级要素分析

第四层级中主要为外部因素，即"一带一路"数据库建设的宏观环境因素，包含经济、政治与文化三个方面。

可以发现，共建"一带一路"国家经济与信息化水平存在显著差异，尤其是部分发展中国家受限于其网络基础设施落后，信息化和网络化水平较低，会对数据库建设过程中涉及的物理设施、系统搭建、资源采集和组织产生较大的障碍，进而会影响合作方的共建意愿。语言文化环境差异较大会影响多语种资源的采集、用户的多语言信息需求和利用行为，以及对数据库建设工作的信任程度，有可能降低合作意愿。

对"一带一路"倡议的认知差异目前仍然存在。由于意识形态差异、推广宣传不足等，导致少数共建国家对"一带一路"倡议存在不认同与不了解。如东盟国家在欢迎并参与的同时，也出现了一些"疑虑""反复"，或存在缩减规模与成本等行为，对于"一带一路"数据库建设合作参与意愿较弱。

（二）第三层级要素分析

第三层级所包含的5个要素中，外部因素包括信息需求差异较大、合作方共建意愿较弱、法律风险、数据格式混乱。团队技术与经验不足则属于内部因素。第三层级的因素和其他因素互相影响。

通过分析要素间关系发现，信息需求差异较大、团队技术与经验不足这两个因素将导致数据库资源采集和选择难度增加。其中，信息资源的语种通常倾向于各共建国家常用语言，为更好地满足共建国家用户对不同语种、类型、内容的经济信息资源的复杂需求，处理多语种的信息资源并将其合理规范组织，需要依赖数据库建设团队的技术与经验，如果团队的技术与经验不足，会使解决这一障碍变得更为困难。

合作方共建意愿较弱、法律风险以及数据格式混乱这3个要素增加了数据整合、清洗和标准化的工作量，提高了数据库建设与运维的人力、时间、资金和技术成本，降低了数据库建设的效率。尤其是数据格式混乱会导致数据库存储困难，增加数据库共建共享的难度。由于各信息资源类型不一，来自不同国家、不同组织，缺乏统一的数据标准，难以用现有的成熟的数据标准进行规范，从而给数据库建设增加障碍。

（三）第二层级要素分析

第二层的 7 个要素中，资源分布不均、数据内容质量难以保证、政策与资金支持力度不足属于外部因素，而资源选取困难、多语言处理困难、建设与运维成本较高、数据库标准制定困难 4 个要素，则是被外部因素影响而产生的障碍因素。第二层级的各因素对其他要素的直接影响相对第一层级来说较弱。其中，政策与资金支持力度不足、数据内容质量难以保证将直接影响数据库长期稳定运行，随之影响数据库资源的采集和选择以及标准的制定，并带来建设与运维成本较高的问题，数据库往往会难以为继。

第三节 解决数据库建设障碍的相关对策

本部分在文献调研的基础上，邀请 15 位专家学者，借助电话、邮件等进行访谈，通过对这些专家的深度访谈，提出解决数据库建设障碍的对策。

一、第四层级障碍解决对策

作为解释结构模型的最底层要素，"认知差异""经济与信息化水平差异""语言文化环境差异"这 3 个障碍因素对其他障碍因素的影响最大。同时，由于本层障碍因素会直接或间接地对第三层级与第二层级的障碍要素产生影响，故而制定解决本层次的合理对策，会对减少第三层级与第二层级障碍对数据库建设造成的影响起到一定积极作用。

（一）调研共建国家国情，了解各国经济文化社会差异

从"S4 经济与信息化水平差异较大"与"S6 语言文化环境差异较大"这两个障碍因素可以得知，共建"一带一路"国家间的国情存在较大差异，给数据库建设人员带来如下启示：共建"一带一路"国家多语种、共享型经济管理数据库建设的全过程，要深入调研共建"一带一路"国家的经济、政治、文化、历史、社会等各方面的国情，主要包括以下几个方面：基本情况，如地理位置、人口、政体、自然资源等；经济发展情况，如 GDP、基础设施建设、信息化程度、金融

环境等；语言环境，如官方语言及所属语系、其他常用语言等；文化环境，如民族、宗教文化习俗、文化禁忌等；其他相关信息，如当地外贸相关的法律法规与税收政策等。

（二）加强国际宣传，打破刻板印象

"S2存在'一带一路'倡议认知差异"这一障碍因素主要反映的是其他国家存在的对"一带一路"倡议的认知问题，为了打破其他国家对"一带一路"的刻板印象与误解，增进相互理解，需要各国媒体在国际上采用恰当的方式宣传和推广"一带一路"倡议的内涵、优势及其带来的相关合作。

"一带一路"专题数据库的建设依靠"一带一路"倡议在国际上，特别是共建国家的影响力。"一带一路"倡议提出后的几年来，随着"中国方案"逐渐被国际社会所接受，不同声音的出现也难以避免。一方面，由于国家间国家利益的激烈竞争和意识形态的差异，难以让所有国家接受"一带一路"倡议；另一方面，我国对"一带一路"倡议的宣传力度依旧不足，仅仅对周边发展中国家宣传较多，导致一些国家对"一带一路"倡议仍存在认知层面的误解。

我国媒体积极开展对外交流，给外媒留下正面良好的印象，应针对"一带一路"倡议的内涵、意义、关键项目着重宣传，并尊重宣传过程中存在的文化差异性，如使用英语、俄语等共建国家所使用的语种；也可以使用国内外各类社交媒体平台，采用亲民、互动的方式增进了解，同时要积极回复一些国外媒体和公众质疑，用事实和证据反驳部分外媒对"一带一路"倡议的误读与抹黑，如针对一些舆论质疑"一带一路"倡议是"债务陷阱"的说法，援引来自巴基斯坦黎明新闻电视台和来自《巴基斯坦日报》的观点，提及"一带一路"时，认为中巴经济走廊是多个项目的整合，"中国坚持走全球化路线，而'一带一路'倡议正是为这一目的服务"[①]。中巴经济走廊于2013年启动，2015年，中巴两国政府签署50多项合作协议，确定了以中巴经济走廊建设为中心，瓜达尔港、能源、基础设施建设、产业合作为四大重点的"1+4"合作布局，走廊建设大幅提升了全巴道路的通达性，"拉合尔到卡拉奇的行车距离从20多个小时缩减到12个小时以内，这是一个巨大的变化"。一批批项目开工、建成、投入运行，随着萨希瓦尔、卡西姆港、胡布燃煤电站以"中国速度"建成投入商运，巴电力紧缺局面从2017年开始大幅改善；卡洛特水电站、大沃风电项目、巴哈瓦尔普尔光伏电站等一批可再生能源项目丰富了巴能源结构；塔尔煤田一和二区块煤电一体化项目

---

① 《外媒列事实支持中方驳斥抹黑"一带一路"言论》，https://www.yidaiyilu.gov.cn/p/81161.html，2025年2月16日。

投入商运助力巴能源燃料自给自足。中巴经济走廊,互利共赢典范,以生动雄辩的案例事实讲述"一带一路"好故事,打破刻板印象,使更多人深刻了解"一带一路"倡议,为"一带一路"相关合作的开展扫清障碍。"中国坚持走全球化路线,而'一带一路'倡议正是为这一目的服务。"

二、第三层级障碍解决对策

第三层级的障碍因素处于第四与第二层级之间,不仅受第四层级要素影响,同时也影响第二层级因素,故而要在提出解决第四层级障碍的对策基础上,提出第三层级的障碍因素解决对策,以期减弱本层级与第二层级障碍因素对数据库建设造成的负面影响。第三层级障碍因素共有"S1 团队技术与经验不足""S3 信息需求差异较大""S10 数据格式混乱""S13 法律风险""S14 合作方共建意愿较弱"5 个障碍因素。本部分将针对这些障碍因素提出对策。

(一) 组建人才团队,学习相关经验

"S1 团队技术与经验不足"主要体现出数据库建设在人才和技术方面存在障碍,针对这一问题,一方面,需要组织面向数据库建设人员的培训和实训,加强对数据库建设需求的沟通,对现有的"一带一路"相关数据库及经济管理数据库等进行调研学习,了解其目前的建设与运行情况。另一方面,要广泛吸纳数据库建设相关的具有多种技术背景的复合型人才,组建数据库建设团队,如后端开发人才,包括数据库的搭建、硬件设施的应用相关人才;数据中台人才,包括数据存储、清洗和整合相关人才;前端设计人才,包括多语言界面设计等方面人才;提供数据库专业增值服务的人才,如提供参考咨询、制作调研报告的经管类专业人员;负责多语言处理的小语种人才等。

(二) 调研用户需求,制订相应方案

"S3 信息需求差异巨大"受 S4 与 S6 影响,即受各国国情差异影响,为了突破这一障碍,需要数据库建设人员在充分了解共建国家国情的基础上,继续对不同国家、不同类型的用户需求进行深入调研,并根据用户的不同需求,制订和调整数据库建设方案。

本研究拟建设的"一带一路"相关数据库是需求导向的,即要求充分调研共建"一带一路"国家各类用户的信息需求后再开展建库工作。因此,数据库建设团队成员深入调研各类型用户的信息需求,例如,部分企业用户反映目前已有的

信息来源难以满足日益多样的信息需求，因此数据库建设团队应根据企业用户在情报分析、项目咨询上的个性化需求，收集相关资源，提供相关服务。

（三）了解相关法律，及时预警风险

"S13 法律风险"主要反映了法律方面的建设障碍，"一带一路"数据库建设和服务的过程中都可能面临各种法律风险，其中以知识产权风险为主，对此数据库建设方应对各国相关法律有深入了解，通过对比我国和共建国家的法律差异和适用性，及时发现并分析数据库可能存在的法律风险。同时组建或聘请专业法务团队，尤其是具有小语种背景的法律人才，制定相应的风险预案，尽可能降低因法律纠纷而产生的各项损失，加强风险评估和预警。

三、第二层级障碍解决对策

第二层级中的障碍因素直接面向数据库建设的关键问题，需要在上文对策的基础上，进一步对这些障碍因素提出一定对策。第二层共有"S5 政策与资金支持力度不足""S7 资源分布不均""S8 资源选取困难""S9 数据内容质量难以保证""S11 数据库标准制定困难""S12 多语言处理困难""S15 建设与运维成本较高"7 个障碍因素。其中，"S8 资源选取困难"与"S11 数据库标准制定困难"均受第三层级中的要素影响，与第三层级要素密切相关，故而应广泛吸纳人才、虚心学习经验，积极开展合作，在此基础上立足于用户需求，合理地选取与组织资源。针对本层障碍因素提出的对策如下。

（一）积极开展合作，提高建设效率

"S12 多语言处理困难"与"S15 建设与运维成本较高"反映了在技术和成本上的建设障碍，其中 S12 受 S1 影响，故而针对这一障碍，需要在吸纳人才与学习经验的基础上，构建有效的合作关系。

数据库建设与运维涉及成本问题，由于要处理海量且多样的数据，需要投入大量的技术、人力与资金成本，为了能够更高效地建设数据库，并降低服务成本，数据库建设团队应积极与相关团队外包或合作，在构建数据库等个性化较强的工作方面，可以与数据库建设企业进行合作，而面对重复性劳动，则应该选择外包。此外，还需要根据需求等情况选择数据库的支持语种，从而在控制成本的基础上，尽可能满足大多数用户需求。

（二）合理采选资源，制定数据标准规范

"S7 资源分布不均""S9 数据内容质量难以保证""S8 资源选取困难""S11 数据库标准制定困难"这些障碍因素对数据库资源类型、资源内容质量带来一定的影响。因此，"一带一路"数据库的建设需科学合理地采集和选择数据库信息资源，并制定相关数据标准规范体系。

在信息资源采选方面，应拓宽信息资源采集和选择来源，从各国官方媒体、统计部门数据、业务数据等来源收集资源，提高数据库资源的多样性和全面性。注意数据库采选资源的时候要充分考虑小语种的适用性，在实际条件允许的情况下，着眼于现实需求，增加联合国通用语种的资源。

在信息资源质量方面，丰富数据库信息资源来源的同时也需考虑数据内容的权威性与准确性，需要依靠专业人员对数据进行清洗、整合与标记，或进行多语言翻译和校对，提高数据质量。

在信息资源标准方面，数据库建设过程中需要根据现行的相关标准制定科学合理的数据库建设标准体系，如元数据标准、数据库系统标准、资源采选标准等，并统一数据格式，以提高数据库的实用性、可用性与易读性，明确并简化资源上传流程，构建共享模式和奖励保障机制，便于数据库共建共享。

（三）加大资金支持力度，关注相关政策

"S5 政策与资金支持力度不足"为与数据库建设资金相关的障碍，针对这个障碍，数据库建设应关注我国与共建国家的相关政策和资金扶持，保证共建"一带一路"国家数据库的建设和长期稳定运行。

数据库在提供基础服务之外，还应该提供部分增值服务，如定期发布研究报告、咨询报告，为企业提供定制化的情报分析服务、参考咨询服务和"走出去"规划服务，通过优质的服务扩大数据库知名度，提升数据库口碑，并提升数据库商业价值，促进数据库良性、可持续运营。

另外，数据库建设还需要多加关注我国与共建国家所出台的相关政策，这同样有助于充分了解"一带一路"合作现状与共建国家国情，促使数据库建设人员根据当前形势合理调整数据库建设方案。

第四章

"一带一路"经管数据库建设的需求分析

根据图书馆、情报与文献学名词审定委员会的定义,用户需求指用户对各种信息及相关服务的要求。① "一带一路"专题数据库所面向的用户群体主要有企业用户、科研用户、政府用户与普通用户4类,以下主要对前三类用户展开问卷调查和深度访谈,分析具体的"一带一路"经济管理信息需求。

第一节 企业用户的需求分析

一、基于网络调研的企业用户需求

用户信息需求转变到表达状态需要先经历客观状态与认知状态,在表达状态条件下,其信息需求涵盖了对检索工具、系统及网络的需求,以及对信息服务的需求,还可能进一步转变成对信息的需求以及对实物的信息需求。② 本节对用户

---

① 图书馆、情报与文献学名词审定委员会:《图书馆·情报与文献学名词》,科学出版社2019年版,第115页。
② 胡昌平、柯平、王翠萍:《信息服务与用户研究》,科学技术文献出版社2005年版,第37页。

信息需求的分析主要集中于表达状态下的需求。本节主要收集和分析的对象是用户在网络论坛或留言板上有关"一带一路"的相关咨询或讨论信息。

（一）数据获取和处理

通过检索和爬取商务部网站上的公众留言板块和经管之家互动问答论坛中用户针对"一带一路"信息需求的有关留言，对获得的数据进行清洗和筛选，从而得到企业用户需求分析的基础数据。

1. 商务部网站公众留言板块

中华人民共和国商务部作为国家设立的主管国内外贸易与国际经济合作的机构，其主要职责包括"（一）拟订国内外贸易和国际经济合作的发展战略、政策……（十二）负责对外经济合作工作，拟订并执行对外经济合作政策……"等[1]，与"一带一路"、经济管理、企业这三个关键词都有着非常密切的联系。留言板块是商务部网站对外交流的窗口，开展咨询类和评价类2种业务，本书关注的是咨询类业务，包含外贸咨询、外资咨询、内贸咨询、两岸投资咨询和合作及援外等。

其公众留言板块的入口路径之一为"走出去"公共服务平台首页—在线办事及咨询—首次业务办理—办事咨询，入口路径之二为商务部首页—公众留言。通过留言板块提供的检索功能，在检索栏中输入关键词"一带一路"，默认对所有站点进行查询，可以得到该网站用户的相关留言（见图4-1）。同时，借助爬虫工具获取在标题或描述中包含关键词"一带一路"的用户留言，再初步筛选其中重复或无关的留言，从39条相关留言得到28条精确留言。

2. 经管之家互动问答平台

经管之家原身为人大经济论坛，是中国经管教育、经管教师及学子的常用网络平台，其互动问答平台是在国内具有一定影响力的经管专业论坛。经管之家互动问答平台又名经管爱问，位于经管之家首页一级目录。通过平台提供的站内检索功能，输入关键词"一带一路"进行检索，点击问答栏进一步缩小检索范围，能够获得用户在论坛中有关"一带一路"的提问和讨论，其检索结果如图4-2所示。借助爬虫工具抓取在标题或描述中包含关键词"一带一路"的50条相关提问，经过初步筛选后共留下47条相关提问。

---

[1]《商务部主要职责》中华人民共和国商务部，http://www.mofcom.gov.cn/mofcom/zhize.html，2022年5月1日。

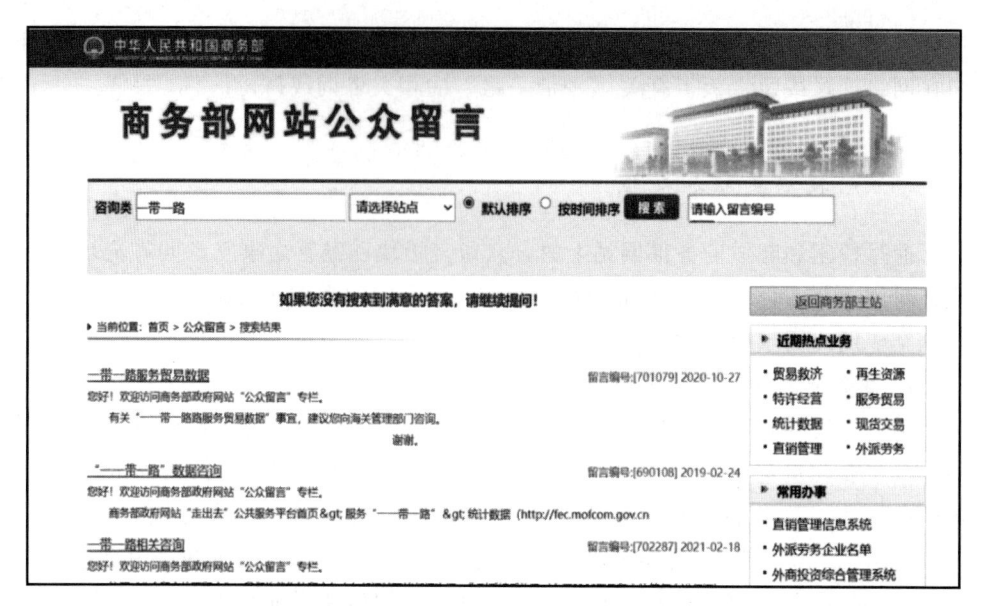

图 4-1　商务部网站公众留言板块界面

资料来源：《一带一路搜索结果》，商务部网站公众留言，https：//gzlynew. mofcom. gov. cn/gzlynew/servlet/SearchServlet？OP＝searchText，2022 年 5 月 1 日。

图 4-2　经管之家互动问答平台截图

资料来源：《一带一路搜索问题》，经管爱问——经管之家互动问答平台，https：//ask. pinggu. org/？question/search/％D2％BB％B4％F8％D2％BB％C2％B7. html，2022 年 5 月 15 日。

(二) 数据初步处理

通过清洗和对齐数据、分辨和筛选用户以及总结和归类内容3个步骤，对此前在平台中获得的75条用户需求数据进行处理。

首先，清洗和对齐利用爬虫工具获得的用户需求数据，需要保留留言用户、留言时间、留言标题、问题描述这些主要字段。对留言时间字段进行梳理，发现平台用户留言时间集中在2015年3月至2020年3月，横跨5年时间。其次，通过留言用户字段，辅以问题描述字段，对用户群体进行辨别。商务部公众留言板块允许用户进行匿名提问，无法通过用户名称对其身份进行判断，因此先采用排除法将含有"做研究""课题需要"和"论文撰写需要"的留言剔除，选出企业用户的留言，最终得到51条企业用户留言。最后，将企业用户留言从两个维度（信息需求类型与需求资源主题类型）进行归类，相关留言与其分类结果见表4-1。

表4-1　　　　企业用户网络平台信息需求表达统计

序号	需求主要内容	信息需求类型	需求资源主题	信息来源	留言时间
1	共建"一带一路"国家名单	信息资源	地域信息	商务部网站	2015-03-10
2	共建"一带一路"国家名单	信息资源	地域信息	商务部网站	2015-11-12
3	装饰布企业从绍兴出口到阿联酋的利好政策	信息资源	政策法规	商务部网站	2016-05-17
4	与中国签订"一带一路"合作协议的国家名单	信息资源	地域信息	商务部网站	2016-07-17
5	已签署"一带一路"协议的国家名单	信息资源	地域信息	商务部网站	2016-09-02
6	最新的"境外经贸合作园区"名单	信息资源	园区信息	商务部网站	2016-10-31
7	我国对"一带一路"国家投资的行业分布情况及具体的统计数据	信息资源	统计数据行业信息	商务部网站	2017-01-05
8	共建"一带一路"国家名单	信息资源	地域信息	商务部网站	2017-04-10
9	山东省"一带一路"建设实施方案190个境外优先推进项目的具体名单和推进情况介绍	信息资源	项目信息	商务部网站	2018-07-25
10	2018年中国对共建"一带一路"国家进出口总额	信息资源	项目信息	商务部网站	2019-03-11

续表

序号	需求主要内容	信息需求类型	需求资源主题	信息来源	留言时间
11	中国"一带一路"贸易投资发展研究报告	信息资源	研究报告	商务部网站	2019-03-19
12	关于在"一带一路"地区和国家对我国境外投资企业进行体系认证和培训服务,国家相应的补贴政策	信息资源	政策法规	商务部网站	2019-04-09
13	我国与共建"一带一路"国家签署的双边投资协议	信息资源	政策法规	商务部网站	2019-04-12
14	近些年"一带一路"服务外包的数据	信息资源	统计数据	商务部网站	2019-05-12
15	2018年中国"一带一路"的所有国家进出口货物的具体数据	信息资源	统计数据	商务部网站	2019-09-06
16	中国对东盟国家历年直接投资流量具体到行业分布情况的数据	信息资源	统计数据 行业信息	商务部网站	2019-10-07
17	"一带一路"平台建设补贴或国际型经济科技交流补贴政策和相关标准	信息资源	政策法规	商务部网站	2019-10-20
18	企业去"一带一路"相关国家参加大型展会的补贴标准和相关政策	信息资源	政策法规	商务部网站	2019-10-30
19	近年来"一带一路"农产品贸易的相关数据与资料	信息资源	统计数据	商务部网站	2019-12-26
20	中国政府和企业开发建设的在商务部备案的海外园区统计数据	信息资源	园区信息	商务部网站	2020-02-06
21	近期"一带一路"的建设规划	信息资源	政策法规	经管之家	2015-09-29
22	"一带一路"的64个港口	信息资源	地域信息	经管之家	2015-11-24
23	"一带一路"下我国的跨国公司财报数据	信息资源	统计数据	经管之家	2015-12-09
24	我国与共建"一带一路"国家跨境电商数据	信息资源	统计数据	经管之家	2016-04-17
25	"一带一路"相关投资失败案例	信息资源	实践案例	经管之家	2017-03-02
26	中国与"一带一路"国家制造业进出口数据	信息资源	统计数据	经管之家	2017-03-23
27	"一带一路"国家服务贸易数据	信息资源	统计数据	经管之家	2017-04-26

续表

序号	需求主要内容	信息需求类型	需求资源主题	信息来源	留言时间
28	2015年和2016年中国对共建"一带一路"国家的对外直接投资额	信息资源	统计数据	经管之家	2017-06-05
29	2015年至2016年"一带一路"战略规划热点研究与商业健康保险投资潜力研究预测报告	信息资源	研究报告	经管之家	2017-09-06
30	"一带一路"对各国的影响以及对国内的影响指标与数据	信息资源	统计数据	经管之家	2017-09-20
31	中国汽车产业在共建"一带一路"国家出口和投资的数据	信息资源	统计数据	经管之家	2017-10-28
32	河北钢铁自2013年以来出口到共建"一带一路"国家的数据	信息资源	统计数据	经管之家	2017-11-16
33	共建"一带一路"国家废水的数据	信息资源	统计数据	经管之家	2017-12-06
34	"一带一路"全面的大数据	信息资源	统计数据	经管之家	2017-12-18
35	中国对共建"一带一路"国家基础设施建设的数据	信息资源	统计数据	经管之家	2018-01-12
36	共建"一带一路"国家跨境电商数据	信息资源	统计数据	经管之家	2018-04-05
37	黑吉辽对共建"一带一路"国家投资数据	信息资源	统计数据	经管之家	2018-04-25
38	"一带一路"农产品贸易的数据	信息资源	统计数据	经管之家	2018-06-29
39	"一带一路"对世界经济的影响	信息资源	统计数据	经管之家	2018-10-01
40	中国在共建"一带一路"国家专利布局情况	信息资源	知识产权	经管之家	2018-10-08
41	参与"一带一路"建设的企业名单	信息资源	企业信息	经管之家	2018-12-01
42	中、日与"一带一路"国家的进出口额	信息资源	统计数据	经管之家	2019-03-06
43	"一带一路"文化产品出口结构、出口额及其他相关数据	信息资源	统计数据	经管之家	2019-03-11
44	2017年中国与共建"一带一路"国家的贸易互补指数	信息资源	统计数据	经管之家	2019-03-27
45	湖北对共建"一带一路"国家的进出口贸易额	信息资源	统计数据	经管之家	2019-05-23

续表

序号	需求主要内容	信息需求类型	需求资源主题	信息来源	留言时间
46	2016年至2018年"一带一路"沿线各国具体国别合作度	信息资源	统计数据	经管之家	2020-03-15
47	搭建平台为中国企业在"一带一路"区域上寻找商机	信息服务	—	商务部网站	2017-07-06
48	建立平台,显示共建国家都有什么类型的企业,并可与之进行交流互动,寻找商机	信息服务	—	商务部网站	2017-11-22
49	申请"一带一路"一路国家级重点农业投资项目的流程	信息服务	—	商务部网站	2019-04-20
50	"一带一路"Shapefile文件共享	信息服务	—	经管之家	2016-06-04
51	"一带一路"节点城市的Shapefile文件共享	信息服务	—	经管之家	2017-10-16

(三) 调研结果分析

由表4-1可知两个平台企业用户的需求类型分布情况,其中有46条留言的信息需求类型为信息资源,在所有留言中占比达到90%,是数量最多的信息需求,其余占比为10%的信息需求类型是信息服务,有5条留言涉及此类信息需求。

对留言主题进行辨别,将企业用户信息需求分为10个类型,分别是地域信息、政策法规、园区信息、统计数据、行业信息、项目信息、研究报告、实践案例、知识产权和企业信息,总结得出企业用户信息资源需求表达的主题分布和所占比例情况(见图4-3),可以看出对统计数据的需求占比最大,有57%,其他需求类型占比均不超过20%。

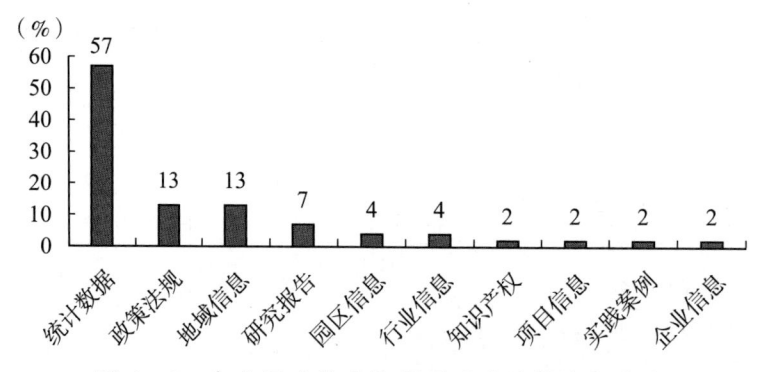

图4-3 企业用户信息资源需求表达的主题分布

将企业用户信息需求表达的主题与"一带一路"专题数据库中资源主题分布进行比对,能够得出目前用户信息需求在两者之间的匹配程度。如图4-4所示,最受企业用户关注的信息资源类型是统计数据,同时此类数据也是在"一带一路"专题数据库中最为常见的资源类型,企业用户对地域信息、政策法规和研究报告的需求程度和专题数据库常见资源主题类型分布比例一致。然而,在现有"一带一路"专题库中还缺乏企业用户比较关注的行业信息和园区信息,由此可发现当前"一带一路"专题数据库中,企业用户群体较为个性化的资源主题需求覆盖率较低。

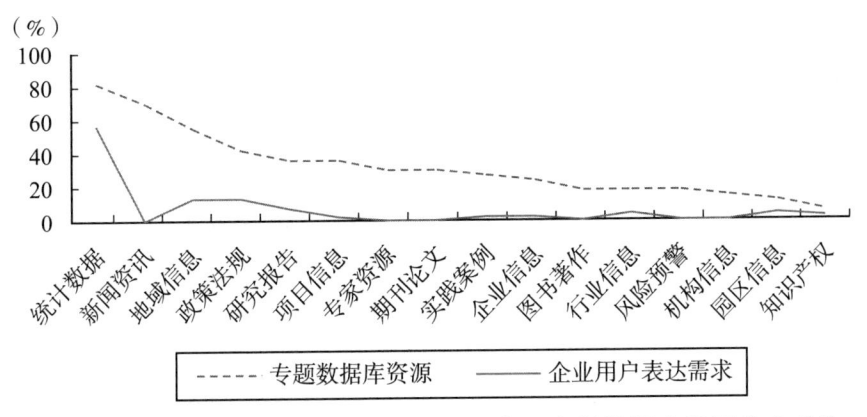

图4-4 企业用户表达需求与"一带一路"专题数据库资源分布对比

利用python对企业用户最需要的统计数据资源作进一步分析,发现统计数据相关需求词频从高到低依次为进出口(额)、投资(额)、贸易(额)、产品、指标、电商、行业、企业、园区等,可见此类统计数据是企业用户最为关注的。

企业用户对于信息服务的需求主要体现在信息平台建设、项目申报协助和文件共享,其中信息平台建设需求本质上是企业用户对于相关信息资源的需求,即企业用户希望"一带一路"相关平台能为其提供商业和商机信息,并促进企业用户间的交流和互动。企业用户还希望得到有关项目申报的服务,帮助其获得"一带一路"项目申报相关流程文件或申报指导。

二、基于访谈的企业用户需求

本部分通过半结构化访谈的形式对共建"一带一路"国家多语种、共享型经济管理数据库的潜在企业用户进行访谈。

（一）访谈目的及内容

本部分通过访谈了解企业用户的认识状态需求，从而为"一带一路"经管数据库寻求合理的建设定位，使得建成后的数据库能够最大限度地满足企业用户的需求。企业所属行业、所在区域、机构类型、企业规模，以及个人岗位、职业的不同，都会影响用户需求。从企业角度，访谈对象应来自不同的行业与地区，并重点关注有关"一带一路"相关项目合作的企业；从个人角度，优先选择20～30岁的用户作为访谈对象并尽量平衡性别比例，还要求访谈对象所在岗位类型的多样。由此，最终选取了23位访谈对象，其基本信息如表4-2所示。

表4-2　　　　　　　　受访企业用户基本信息

编号	性别	年龄	职业	所属企业类型	所处行业	所在地
1	男	26	土木工程师	国有企业	建筑业	安徽
2	男	24	通信工程师	国有企业	交通运输、仓储和邮政业	北京
3	男	24	记者	国有企业	文化、体育和娱乐行业/信息传输、软件和信息技术服务业	北京
4	男	25	职工	国有企业	交通运输、仓储和邮政业	福建
5	男	25	职工	国有企业	交通运输、仓储和邮政业	贵州
6	女	22	境外电商翻译	私营企业	批发和零售业	深圳
7	男	25	技术人员	国有企业	交通运输、仓储和邮政业	河南
8	男	24	技术人员	国有企业	建筑业	湖北
9	男	25	工程师	国有企业	电力、热力、燃气及水生产和供应业	北京
10	男	30	工程师	私营企业	建筑业	江苏
11	男	24	培训老师	私营企业	文化、体育和娱乐业	四川
12	女	23	产品经理	国有企业	信息传输、软件和信息技术服务业	北京
13	男	26	咨询设计师	国有企业	电力、热力、燃气及水生产和供应业	江苏
14	男	24	铁路通信工	国有企业	交通运输、仓储和邮政业	内蒙古
15	男	26	工程师	国有企业	建筑业	四川
16	男	25	人力资源	国有企业	制造业/信息传输、软件和信息技术服务业	山东
17	女	27	产品经理	私营企业	信息传输、软件和信息技术服务业	上海
18	男	23	产品经理	私营企业	信息传输、软件和信息技术服务业	深圳

续表

编号	性别	年龄	职业	所属企业类型	所处行业	所在地
19	女	24	人力资源	私营企业	房地产业	四川
20	女	24	互联网运营	私营企业	文化、体育和娱乐业	四川
21	女	24	硬件开发工程师	私营企业	信息传输、软件和信息技术服务业	重庆
22	女	24	运营	外商投资企业	批发和零售业	新加坡
23	男	24	软件工程师	外商投资企业	信息传输、软件和信息技术服务业/批发和零售业	美国

企业用户访谈流程如图4-5所示,共由4部分组成,分别是访谈对象基本信息、认知现状、信息需求和其他补充信息。具体访谈大纲见附录3。访谈对象基本信息包括个人信息与企业信息,个体信息有年龄和职业等,企业信息有企业所属行业、类型、规模和所属区域。

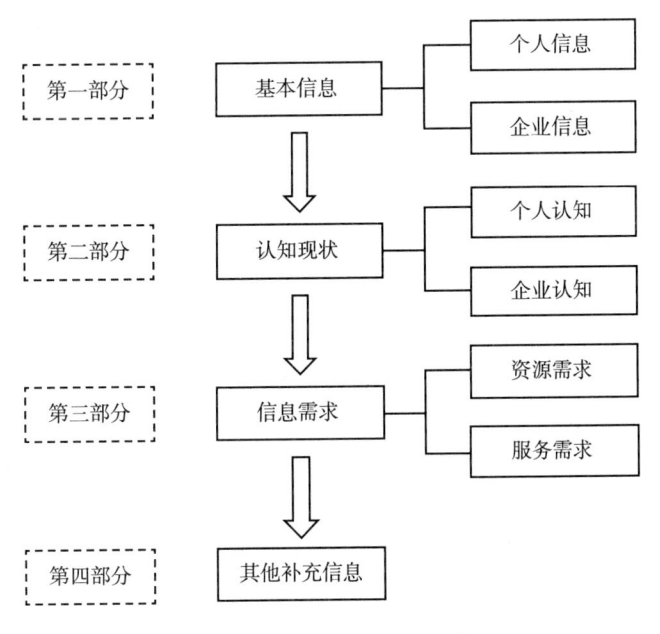

图4-5 企业用户访谈流程

访谈对象认知现状分为个人认知和企业认知两个部分,通过个人认知了解访谈对象对"一带一路"相关信息的认知程度,通过企业认知了解访谈对象就职企业是否有"一带一路"相关信息需求或项目合作经历。本次访谈的重点是企业用户的信息需求，分为资源需求和服务需求两个部分，既调研用户的信息需求偏好，又探究用户对信息资源质量和信息服务水平的要求和期待，从而为建设数据库资源和服务体系提供需求参考和实践方向的指导。第四部分探究用户的付费意愿。

（二）访谈对象的基本信息

在本次访谈的全部对象中，从性别分布来看，共有 7 名女性和 16 名男性，性别比为 1∶2；从年龄分布来看，平均 25 岁；从工作年限来看，各工作时长在 1~6 年不等；从工作岗位来看，技术类和非技术类岗位各占一半，比例均衡。

从访谈人员就职的企业类型来看，有 13 名受访者就职于国有企业，约占 50%，8 名受访者就职于私营企业，约占 33%，其余 2 名受访者就职于外资企业。从就职企业所属行业来看，这些受访者所在企业集中于 8 个行业，其中有 8 个就职企业属于信息传输、软件和信息技术服务业，5 个就职企业属于交通运输、仓储和邮政业，4 个就职企业属于建筑业，3 个就职企业属于文化、体育和娱乐业，3 个就职企业属于批发和零售业，2 个就职企业属于电力、热力、燃气及水生产和供应业，1 个就职企业属于制造业，还有 1 个就职企业属于房地产业。值得注意的是，一些规模较大的企业，其经营领域通常较为广泛，涉及多个行业，因此，上述根据单一行业统计的数量要多于整体的数量，其中有 4 家就职企业涉及多行业经营，包括信息传输、软件和信息技术服务业。

从就职企业所属地域来看，各企业的组织架构庞大，业务涉及广泛，办公地点分布在各地，因此本次统计的是访谈对象就职企业的总部所在地区。在全部 23 个企业中，2 家外资企业的总部分别位于美国和新加坡，并在中国及其他多个国家设立分支机构；其余 21 家企业的总部位于中国境内，涉及 13 个省级行政区，并且有部分企业开设了位于海外的分支机构，涉及共建"一带一路"的委内瑞拉和一些欧洲国家。

从就职企业规模来看，有 16 家企业是大型企业，具有 1 000 人以上的规模，有 2 家企业是中小型企业，具有 500~999 人的规模，有 4 家企业的规模在 100~499 人，其余 1 家企业的规模是 50~99 人，本次调查样本不涉及微型企业（50 人以下规模）。

访谈对象对"一带一路"相关信息的认知程度和访谈对象就职企业是否有"一带一路"相关信息需求或项目合作经历的情况如表 4-3 所示。企业用户访谈对象均了解"一带一路"相关内容，有近三成的访谈对象明确表示其就职企业对"一带一路"相关信息有需求，想要增进对共建"一带一路"国家政策法规、市场准入标准、行业开放程度以及其网络建设状况等信息的了解。超过 30% 的访谈对象表示其就职企业曾经或正在参与"一带一路"沿线合作项目,其中国有企业占比最高。根据上述调研,国有企业的访谈对象普遍对"一带一路"的概念含义和相关项目较为了解,有一些甚至参与了相关项目工作,且国有企业对"一带一路"相关项目的合作意向更积极,合作经历更丰富。

表4-3　　　　　　　　访谈对象所属企业认知现状统计

编号	对"一带一路"了解程度	"一带一路"信息需求	"一带一路"项目经历	合作意向
1	大概了解含义	√	√	√
2	大概了解含义	×	√	√
3	了解相关项目	○	○	○
4	了解相关项目	×	×	○
5	了解大概含义	√	×	√
6	了解相关项目	○	○	○
7	了解大概含义	○	○	○
8	了解大概含义	√	√	√
9	了解大概含义	√	√	√
10	了解相关项目	○	○	○
11	了解相关项目	√	√	√
12	了解大概含义	√	√	√
13	了解大概含义	○	○	○
14	参与过相关项目	√	√	√
15	了解相关项目	√	√	√
16	了解大概含义	○	○	○
17	仅听说过	○	○	○
18	了解大概含义	√	√	○
19	仅听说过	×	×	○
20	了解大概含义	×	×	○
21	了解大概含义	×	×	○
22	了解大概含义	○	○	○
23	了解大概含义	×	×	×

注:"√"表示"有","×"表示"没有","○"表示受访者"不清楚"。

(三) 企业用户的共性信息需求分析

企业用户的信息需求从信息资源与信息服务两个维度展开。大部分用户使用数据库的目的是获得信息资源，因此，了解和掌握用户对信息资源的主题、格式及质量的需求对数据库资源建设有着重要的参考作用。信息服务是数据库为用户提供的无形产品，是信息资源的重要补充，因此，了解和掌握用户对信息服务的方式和质量的需求同样对数据库功能建设有着一定的参考价值。

1. 企业用户对信息资源类型的需求

接近七成的受访用户认为文本和图表类型资源最为重要，说明文本类型资源在企业工作中是最普遍、最习惯和最容易被接受的信息形式，同时它也被公认为最基本的资源格式，而对图表资源的青睐意味着用户偏好可视化的表达形式。

相比较而言，音频资源受用户关注最少，且通常优先选用视频资源，音频资源的信息容量和搭载能力远不如视频资源。访谈对象 2 表示自己最在意视频格式的信息资源，认为这类资源容易理解，能够在最短时间内捕捉最丰富的信息内容。

2. 企业用户对信息资源主题的需求

访谈显示，最受关注的资源是政策法规和统计数据，例如，访谈对象 11 希望通过了解合作国家的相关情况和政策以便更好地进行合作沟通，推进项目的进展，并最大限度地在政策允许范围内扩大项目影响，实现项目效果。同时，企业用户也表达了在新闻资讯、风险预警、实践案例、项目/行业/企业信息等方面的一些需求。

访谈对象 1 来自建筑行业，最关注的是海外建筑市场对外开放与否，因为这决定了其所在企业在国际市场上是否具有参与竞争的机会。此外，几乎没有受访者关注图书著作和期刊论文。其原因主要有两个，一是图书和期刊从投稿到出版经历的时间长，而商业市场瞬息万变，对信息时效性的要求高；二是企业用户获取学术资源的渠道有限，获取难度大，一定程度上削弱了企业用户对该类型资源的兴趣。

3. 企业用户对信息资源语种的需求

访谈对象所属企业的"一带一路"合作项目包括菲律宾、巴基斯坦、孟加拉国、沙特阿拉伯和俄罗斯等合作对象，这些国家使用的语言多样且复杂，涉及英语、乌尔都语、他加禄语、孟加拉语、阿拉伯语和俄语等。访谈对象 14 在巴基斯坦参与了"一带一路"项目的建设，乌尔都语和英语是巴基斯坦的官方语言，在项目期间与当地工程师和工人的口头及书面交流均以英语为主。如遇非英语国家，中国企业在项目合作时就不得不聘请专业翻译人员辅助工作。

4. 企业用户对信息资源质量的需求

不同领域对信息质量的评估指标有所不同，专家学者对信息质量的划分标准也不完全一致。本研究参考具有代表性的由巴卢和帕泽（Ballou and Pazer）提出的信息质量划分方法①，结合"一带一路"专题数据库的数据特征，从权威性、完整性、一致性和及时性 4 个表现形式来显化信息质量，访谈用户对其的看法。结果显示，企业用户对信息资源的权威性、及时性和完整性均有不同程度的要求，其中，13 位访谈对象认为资源质量最重要的方面是其权威性。

5. 企业用户对信息服务形式的需求

调查显示，企业用户期待数据库提供各种形式的信息服务。其中，几乎所有用户都表达了对下载数据和可视化信息的需求，一些用户希望数据库拥有跨语言检索、可定制报告和订阅信息的功能。同时还有一些用户希望平台能够提供应用程序接口（API），使得企业可以根据自己的需求进行深度的数据分析和再开发。对比之下，企业用户对留言互动等社交功能的需求明显较少，仅有少部分用户表达了互动的需求，希望通过互动实现企业协作并促进企业合作。

6. 企业用户对信息服务质量的需求

用户对信息服务的基本要求包括信息资源开发广泛性、服务充分性、服务及时性、服务精炼性、信息提供与传递准确性、服务收费合理性。② 本研究基于这 6 个方面对企业用户进行访谈，发现企业用户普遍对信息服务质量的要求比较高，大多数访谈对象对信息准确性、服务及时性以及服务充分性有着较高期待。比较而言，企业用户对服务收费是否合理不是特别关注，这与其所在企业本身的财力相关。

7. 企业用户付费意愿

近一半的访谈对象表示如有需求，企业愿意为数据库付费。据另外 6 位访谈对象反映，其所在企业只能接受数据库部分功能收费。由此可见，如果数据库中的信息对于企业用户群体具有切实的商业价值，通常愿意付费。

（四）企业用户的差异性信息需求分析

除了共性的信息需求外，不同的企业用户对数据库信息需求也表现出一定的差异化特征。

1. 不同机构类型企业用户的需求差异

在信息资源方面，不同机构类型的企业用户有不同主题的资源需求。总体而言，私有企业对风险预警信息的关注度高于国有及外资企业，这与企业自身的风险承受能力有关，与大型国有企业和外资企业相比，私有企业大多尚未达到一定

---

① Donald P. B, Harold L. P. Modeling data and process quality in multi-input, multi-output information systems. *Management Science*, 1985, 31 (2): 150 – 162.
② 胡昌平、黄晓梅、贾君枝：《信息服务管理》，科学管理出版社 2003 年版，第 135~136 页。

规模，业务范围较为单一，故而抗风险程度较低。在信息服务方面，不同机构类型的企业有不同期望需求。国有企业对跨语言检索的需求更大，因为国有企业拥有丰富的对外合作项目，项目成员需要通过跨语言检索来查阅沿线合作国家的相关信息；私有企业则希望数据库提供 API 接口，并通过对数据的二次开发为企业创造价值；而外资企业则希望数据库提供个性化服务。

2. 不同规模企业用户的需求差异

访谈对象所属企业主要为大型企业，规模在 1 000 人以上。在资源主题方面，中小型企业比大型企业更关注知识产权信息；在数据质量方面，大型企业比中小型企业更看重资源的权威性；在信息服务质量方面，中小型企业比大型企业更关注信息服务的及时性；除此之外，大型企业的付费意愿明显比中小型企业高。

三、企业用户信息需求满足策略

本书力求将共建"一带一路"国家多语种、共享型经济管理数据库打造成为一个以用户需求为服务出发点的"一带一路"特色数据库。首先开展对企业用户信息需求的调查，形成对企业用户需求状态层次的清晰认知，提出满足用户信息需求的相关策略。

（一）用户分类分级策略

数据库只有通过用户使用才能体现它的价值，用户是数据库最重要的外部主体，在数据库的消费和利用中起着关键作用，明确用户对象及其服务策略对于构建数据库至关重要。

1. 构建用户画像

用户画像是真实用户群体的数据虚拟代表[1]，是数据库最为典型的用户，是一群具有相似背景、兴趣、需求和行为的群体及其利用数据库时可能呈现的共同特征的集合。用户画像有 7 个基本条件：基本性、真实性、目标性、独特性、移情性、应用性与数量。[2] 可从用户的专业背景、知识获取习惯、兴趣偏好、特长任务等方面构制用户画像标签。[3] 基于以上结论，共建"一带一路"国家多语

---

[1] 刘海鸥、孙晶晶、苏妍嫄等：《国内外用户画像研究综述》，载于《情报理论与实践》2018 年第 11 期，第 155～160 页。

[2] Travis D. E-commerce Usability: Tools and Techniques to Perfect the on-line Experience. CRC Press, 2002: 18.

[3] 曾建勋：《精准服务需要用户画像》，载于《数字图书馆论坛》2017 年第 12 期，第 1 页。

种、共享型经济管理数据库的用户可分为4类：政府机构人员、企业员工、高校和科研院所等科研人员、共建"一带一路"国家的社会组织和公众。

创建数据库时，可以根据不同的用户画像制定对应的服务策略。企业用户可以根据企业类型、行业和规模进行细分。构建起数据库服务对象的用户画像，有助于对不同类型用户的服务进行精细化调整，更好地满足用户需求，提升数据库服务价值。

2. 关注核心用户的主要需求

共建"一带一路"国家多语种、共享型经济管理数据库具有广泛的服务对象，在考虑成本效益的情况下，服务内容的设置很难做到面面俱到。根据二八定律，20%的核心用户集中提出80%的需求，而80%的用户需求集中在20%的主要需求中。因此，需要在对用户群体进行多维度分类后，以核心用户的基本需求为中心，用有限的成本实现数据库收益的最大化。

3. 兼顾少数用户的个性化需求

在满足重点用户主要需求的同时还要考虑长尾效应。长尾效应用于补充二八定律，除主要用户和需求外，还需要关注特定用户群体和特定个体的个性化需求。依据长尾效应，小部分用户的利用价值因缺乏支持和关注而被长期忽视。实际上，如果能够将这部分用户的需求加以关注和支持，能够促使对数据库资源的进一步开发和利用，释放更多的消费价值。

为了满足用户的长期需求，不仅要做好用户细分，还要打通与用户的沟通渠道，降低沟通门槛，提供一个能够与用户对话的平台。

（二）用户信息需求满足策略

数据库采用的需求满足策略，主要是针对用户感知和表征的客观需求，即能够被用户充分认知并正确表达的客观信息需求，在这种情况下，数据库提供的信息资源和信息服务也能更有效地满足用户的需求。[①] 通过以上分析，就如何满足企业用户在信息资源和信息服务以及其他方面的需求提出如下建议。

1. 满足用户信息资源需求

目前，企业用户的需求表达主要体现在对信息资源的需求上，而能否满足表达需求会直接影响用户使用数据库的满意度。因此，有必要着力打造共建"一带一路"国家多语种、共享型经济管理数据库的信息资源建设体系。基于以上企业用户需求状态层次的调研，发现其对资源质量也有较高程度的认知，因此，不仅

---

① 邓胜利、孙高岭：《面向推荐服务的用户信息需求转化模型构建》，载于《情报理论与实践》2009年第6期，第14～17页。

要满足用户表达的资源主题需求，还要关注资源的质量。

（1）规范资源采集流程，广泛采集资源。

由于企业用户具有多样化的行业背景和资源需求，因此需要建立一套规范的信息采集流程。

在资源主题方面，除了包含企业用户在诸如统计数据、地域信息、研究报告、政策法规、园区信息、知识产权、实践案例和行业、项目、企业信息等方面的表达需求外，还应包括诸如新闻资讯、风险预警等方面认知需求的资源主题。在满足用户表达需求，使其认知需求向实际需求转变的同时，数据库还应支持知识服务和信息营销等信息服务方式，对于用户未表达或未意识的客观需求，数据库也应在资源建设的基础上，采取知识服务、信息营销等信息服务方式，方便用户使用这些资源。

"一带一路"多来源信息资源体系构建框架的资源包括4个来源：官方一手资源、新闻媒体资源、学术研究资源与专题性资源[①]；"一带一路"数据资源归集体系有6个数据来源：业务数据、国内统计数据、国内互联网数据、海外统计数据、海外互联网数据和其他数据[②]。共建"一带一路"国家多语种、共享型经济管理数据库对资源的采集可以参考上述来源渠道，结合自身数据库的特征，可以参考的来源有各国及国际官方宏观信息发布、各国及国际官方媒体报道、各国及国际有关"一带一路"统计数据以及经管数据库特色资源。

（2）制定资源选择与评价标准，保障资源权威性。

企业用户资源需求广泛且对资源质量的期待度较高。因此，有必要建立基于信息采集的资源评价和发布的标准规范，以确保资源的质量。对不同来源、不同类型的资源，多语种资源和多学科资源均建立起全面细致的评价体系，确保及时从相关权威渠道获得全面完整的信息。

筛选资源来源的重要标准之一是保证资源的权威性。所构建数据库权威的资源来源包括国际及沿线各国官方发布的宏观信息、各国及国际官方媒体报道、各国及国际的"一带一路"统计数据和经管数据库特色资源。评估资源时，应重点关注各类官方资源，其次是特色数据库资源。来自非正式和非专业渠道的信息必须确保其准确性。

2. 满足企业用户信息服务需求

信息资源与信息服务密不可分，信息资源可以通过有效的信息服务充分体现

[①] 严丹、李明炎：《高校"一带一路"研究的信息需求和资源支撑体系构建》，载于《图书馆建设》2018年第8期，第54～61页。

[②] 于施洋、杨道玲、王璟璇等：《"一带一路"数据资源归集体系建设》，载于《电子政务》2017年第1期，第8～14页。

资源价值，而信息服务的主要内容是信息资源的传递和利用。因此，无论是直接满足用户对信息服务的需求，还是更好地满足用户对信息资源的需求，都离不开数据库信息服务功能体系的科学合理建构。

（1）分阶段建设信息服务功能。

数据库服务对象群体庞大，资源范围广泛，涉及多语种及沿线多个国家，需要跨越语言障碍，实施难度大。因此，可以使用迭代思维来规划实现数据库功能和创建数据库服务的步骤，分阶段安排工作。构建数据库的第一步，是要将用户表达状态下的需求作为功能实现的主要目标，使数据库满足用户的基本期望，实现数据库的初步可用性。根据调研数据库和访谈用户的结果，第一阶段主要实现的信息服务方式是下载数据或文件和信息可视化功能，下一阶段可考虑定制报告、订阅信息、开放程序接口等优先程度较低的认知状态下的客观需求。

少数或未被用户意识到或表达的潜在客观需求可以在后期实现，如留言互动和评论功能。在构建下一阶段时，上一阶段运行功能的用户使用数据也可用于完善用户画像并改进现有功能。服务功能的逐步构建有利于建设者与使用者之间形成良好的互动和沟通氛围，从而相互促进。

（2）持续高质量维护和运营。

上述研究表明，用户对于信息服务质量有较高的要求，重视信息提供和传递的准确性、及时性、可靠性和充分性。除了建立良好的服务体系外，还需要持续地维护和运营，以确保服务质量与可持续发展。这需要加强人力资源的建设和培训，尤其是咨询信息和定制报告等服务，可能还需要配备相应的专家进行指导。

另外，在信息服务过程中，可以不断发现用户尚未表达的隐性需求，如客观需求和意识需求。隐性的用户需求也可以转化为表达状态，这要求数据库建设者经过一定的调研，将隐性的用户需求加入数据库功能需求池中，并通过适当的阶段规划实施工作。

3. 满足企业用户其他需求

（1）面向多语种用户群，建设跨语言检索功能。

上述数据库调研和用户访谈表明，现有的"一带一路"专题数据库以国内用户为主。但"一带一路"建设过程涉及沿线众多国家及不同语种，不同用户之间需要进行跨语言的合作交流，单一语言数据库难以满足用户的跨语言检索需要。要建设覆盖共建"一带一路"国家所有语言的数据库资源，是难以实现的。因此，跨语言检索功能是值得付诸实践的，这是数据库国际化的必然选择。数据库开发者可以通过创建自己的翻译系统或与翻译公司合作，将翻译功能集成到数据库中，或者借鉴新华丝路的建设，以中英文数据库界面为基础，并根据合作伙伴的需要创建不同语言的页面，实现多边合作。

(2) 广泛宣传加强引流，提高数据库知名度。

用户访谈结果显示，多数企业用户对"一带一路"专题数据库的了解程度较低。如中国一带一路网，由于其建设定位和服务内容性质，大部分用户只在有相关信息需求时才会访问官方网站，因此该门户网站的页面访问量要比面向生活的功能型数据库网站低得多。虽然数据库的功能定位和内容特征这些明确的前提无法改变，但仍可以在数据库宣传方面做出合理的努力，共建"一带一路"国家多语种、共享型经济管理数据库可通过相关信息服务平台开展推广工作，针对商务部网站和经管之家论坛这类企业用户较为关注的、与数据库拥有相似服务对象的平台进行引流。只有当用户了解并有权限访问数据库时，数据库的资源才能被充分利用，数据库的价值才能得以体现。

第二节 政府用户的需求分析

本部分选取国内"一带一路"重点省份（市）的部分政府工作人员为代表，调查其对"一带一路"经济管理信息资源的需求与对已建的"一带一路"专题数据库的看法，根据调查结果归纳总结政府用户"一带一路"经济管理数据信息需求。

一、基于问卷的政府用户需求

本研究主要通过政府用户"一带一路"经济管理信息资源需求的问卷调查（见附录4）获取相关数据。调查问卷的结构如图4-6所示。

关于问卷题目的设置，职位类别参照《中华人民共和国公务员法》第三章第十六条规定，设置了综合管理类、专业技术类、行政执法类以及其他职位类别选项[①]；政府部门行业性质一题，参照《国民经济行业分类 GB/T 4754 - 2017》选择综合事务管理机构、对外事务管理机构、公共安全管理机构、社会事务管理机构、经济事务管理机构、行政监督检查机构作为选项[②]。由于计划定向发放问卷至"一带一路"重点省份（市），本研究在划分调查对象工作地区时也涵盖了西

[①] 《中华人民共和国公务员法》，中国人大网，http://www.npc.gov.cn/zgrdw/npc/lfzt/rlyw/2018 - 12/29/content2071578.htm，2022年4月30日。

[②] 《2017年国民经济行业分类（GB/T 4754 - 2017）》，国家统计局，http://www.stats.gov.cn/tjsj/tjbz/201709/t20170929_1539288.html，2022年4月30日。

北 6 省、东北 3 省、西南 3 省、沿海 5 省以及内陆地区。

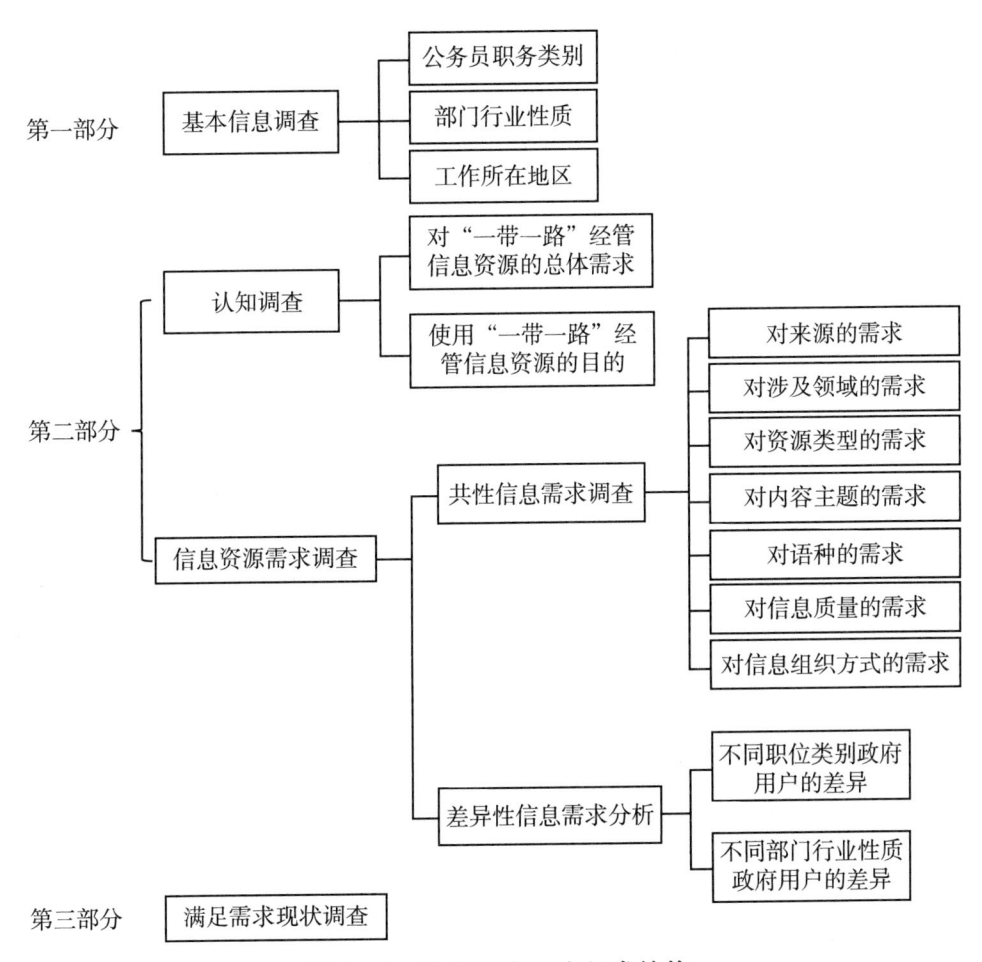

图 4-6 政府用户调查问卷结构

（一）调查情况分析

1. 调查对象基本情况

在分发调查问卷期间，共回收问卷 212 份，剔除 9 份无效问卷，最终获得 203 份有效答卷。在参与问卷调查的调查对象中，分别有综合管理类 49 人（占 24.14%），专业技术类 65 人（占 32.02%），行政执法类 21 人（占 10.34%），还有 68 人（占 33.5%）属于其他职位类别。

在部门行业性质方面，来自社会事务管理机构的调查对象最多，有 62 人，约占 1/3；其次是来自综合事务管理机构的调查对象，有 54 人，约占 1/4；来自其他行业性质部门的调查对象比例较为均衡，占比均在 5%~10%。

从工作地区来看，来自东北三省（黑龙江、吉林、辽宁等）与来自沿海五省（市）（上海、福建、广东、浙江、海南）的调查对象最多，分别为 73 人（占 35.96%）与 63 人（占 30.54%）；来自内陆地区（重庆）的调查对象次之，为 45 人（占 22.17%）；而来自西北 6 省（新疆、陕西、甘肃、宁夏、青海、内蒙古等）以及来自西南 3 省（广西、云南、西藏等）的调查对象则较少，仅为 16 人（占 7.88%）与 7 人（占 3.45%）。

对调查对象基本情况交叉分析，发现除缺少西南地区的行政执法类与综合事务管理机构人员、西北地区的公共安全管理机构人员，以及内陆地区的对外事务管理机构人员外，本问卷调查的调查对象基本涵盖各个"一带一路"重点省份（市）地理分区的不同行业职能部门的工作人员，这体现出本次调查的数据具有一定代表性与广泛性。

2. 调查对象认知情况

在 203 位调查对象中，151 位对于"一带一路"经济管理信息资源表现出中等及以上的需要程度；仅有 20 位调查对象选择了完全不需要。这体现出政府用户对于"一带一路"经济管理信息资源需求的普遍认同。但在需求程度上，调查对象中有约 1/3 选择了"一般需要"，选择"比较需要"与"非常需要"的调查对象数量相对于需求程度较低的选择并未拉开差距。这体现出政府用户对于"一带一路"信息的使用意愿与认知程度尚待进一步开发。

3. 调查对象信息资源使用目的

在获取并使用"一带一路"经管信息资源的目的方面（见图 4-7），基于不同政府职能部门与工作职位的差异，调查对象对信息资源的使用目的各不相同。值得注意的是，超过一半的调查对象主要用于支持政策规划制定，同时也有近一半的调查对象选择"支持经济金融决策"。

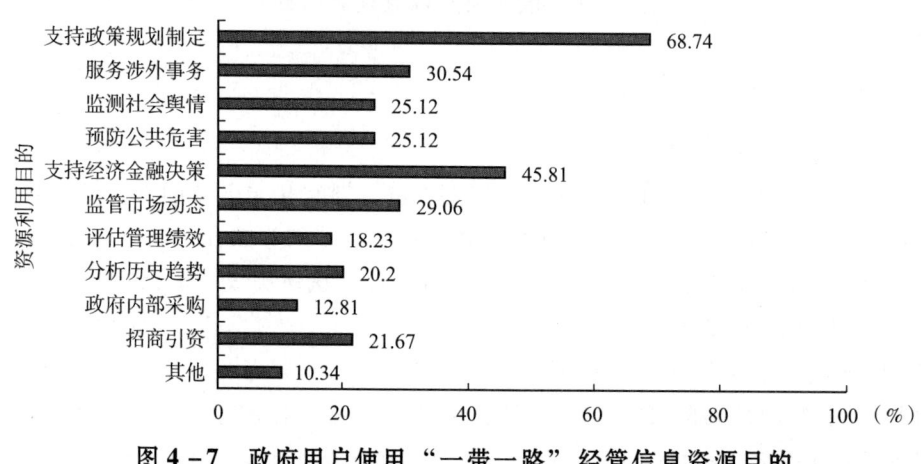

资源利用目的	百分比
支持政策规划制定	68.74
服务涉外事务	30.54
监测社会舆情	25.12
预防公共危害	25.12
支持经济金融决策	45.81
监管市场动态	29.06
评估管理绩效	18.23
分析历史趋势	20.2
政府内部采购	12.81
招商引资	21.67
其他	10.34

图 4-7 政府用户使用"一带一路"经管信息资源目的

（二）政府用户的共性信息需求分析

1. 政府用户对信息资源来源的需求

信息资源来源的确定是数据库信息选择与采集的基础。如图 4-8 所示，政府用户偏好国内信息来源，且最重视来自我国各级政府的信息资源。在所设置的 7 个主要 "一带一路" 经管信息来源中，来自我国各级政府信息的被重视程度远高于其他来源，高达 80.3% 的调查对象选择该来源。一方面，这是由于政府本身具备权威地位，往往是第一手信息的发布者与官方解读者，避免了多次传播可能造成的信息失真；另一方面，来自政府的信息有政府的公权力与体制内外的多重监督，其信息的可靠性具有一定保证；同时，信息来源与政府用户同源，也大大增加了政府用户对于我国各级政府来源信息的信任程度。

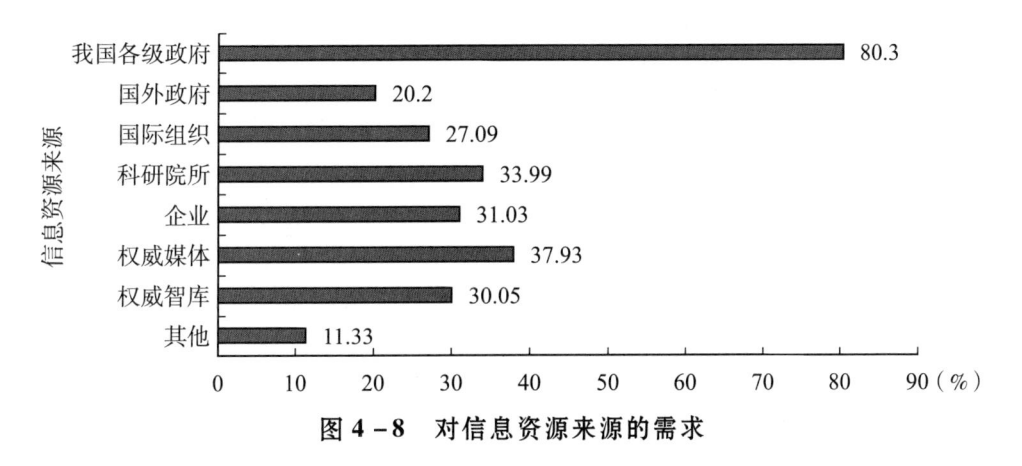

信息资源来源	比例(%)
我国各级政府	80.3
国外政府	20.2
国际组织	27.09
科研院所	33.99
企业	31.03
权威媒体	37.93
权威智库	30.05
其他	11.33

图 4-8　对信息资源来源的需求

总体而言，政府用户更信任来自国内的信息资源，如来自国内的科研院校、权威媒体、企业与权威智库等的信息资源，而对来源于国外的数据来源信任度较低，如国际组织与国外政府来源。这可能是由于当前国际关系并不明朗，为避免国外反华势力对数据的操纵，如近年来一些反华势力炮制的所谓"新疆数据项目""维吾尔过渡期司法数据库"等。政府用户更倾向有明确出处可考的资源，以及若出现谬误便于其进行查纠与追责的国内数据来源。

2. 政府用户对信息资源领域的需求

目前对于经管资源领域的分类方法尚无一致的观点。本研究选取宏观、微观与部门经济作为"一带一路"经管信息资源领域划分的标准，对政府用户的信息需求进行调查。其中，宏观经济领域信息包含共建"一带一路"国家的经济总量、增长与波动和人民生活情况；微观经济领域信息指单个企业或组织的基本信息、生产经营和财务状况；部门经济领域信息包含具体到部门的生产总值、增长情况和内外投资等。结果显示，宏观经济领域信息更被政府用户需要。110位调查对象（占54.19%）选择宏观经济信息，而微观经济信息与部门信息各占29.06%与16.75%。这可能是因为政府用户在获取"一带一路"经管信息资源进行决策时更注重从整体上把握经济变动情况。

3. 政府用户对信息资源类型的需求

选取新闻资讯、政策法规、统计数据、研究报告、电子图书、期刊论文、学位论文、会议论文、标准文献、专利文献10项作为信息资源类型划分的指标对政府用户的信息资源类型需求进行调查。调查结果如图4-9所示。

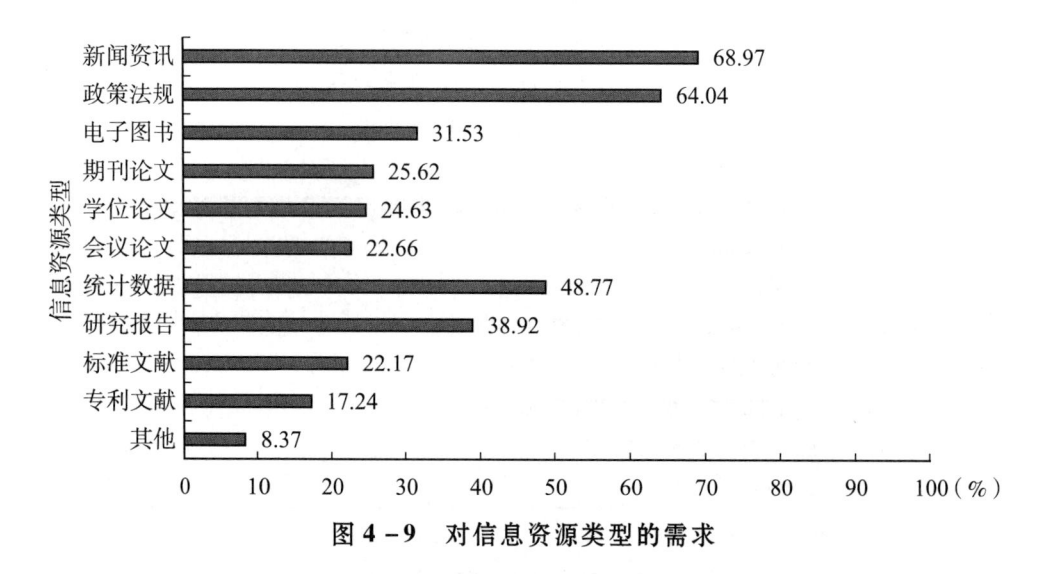

信息资源类型	百分比 (%)
新闻资讯	68.97
政策法规	64.04
电子图书	31.53
期刊论文	25.62
学位论文	24.63
会议论文	22.66
统计数据	48.77
研究报告	38.92
标准文献	22.17
专利文献	17.24
其他	8.37

图4-9 对信息资源类型的需求

新闻资讯、政策法规、统计数据、研究报告的资源类型所占比例较高，分别为68.97%、64.04%、48.77%与38.92%，而选择各类型学术论文与标准、专利文献的相对较少。这可能是因为新闻资讯、政策法规等类型的信息资源通常有权威机构为其部署，可靠性有一定保证，故而也是政府用户在决策时经常直接引用的数据信息。

4. 政府用户对信息资源主题的需求

选取新闻资讯、政策法规、统计数据、分析报告、国别信息、省域信息、企业信息、服务机构、园区信息、项目信息、案例信息、专家资源、专题资源13项作为指标对政府用户的信息资源内容主题需求进行调查。调查结果如图4-10所示，可见政府用户的内容主题需求较为多元化。

可以发现，政府用户对新闻资讯、政策法规、统计数据与分析报告的需求度较高，这是因为政府用户在推进"一带一路"建设中，首先需要依照国家层面或上级部署，并参考相近地区经验进行政策规划；其次"一带一路"涉及各国家和地区之间的交流与合作，国家和地区指南与新闻资讯信息便于政府用户了解涉及地区情况，制定相应接洽方针；最后，统计数据与分析报告能够使政府用户直观地了解"一带一路"倡议提出以来某一特定区域与特定领域的体量变化，为后续的政策制定奠定基础。

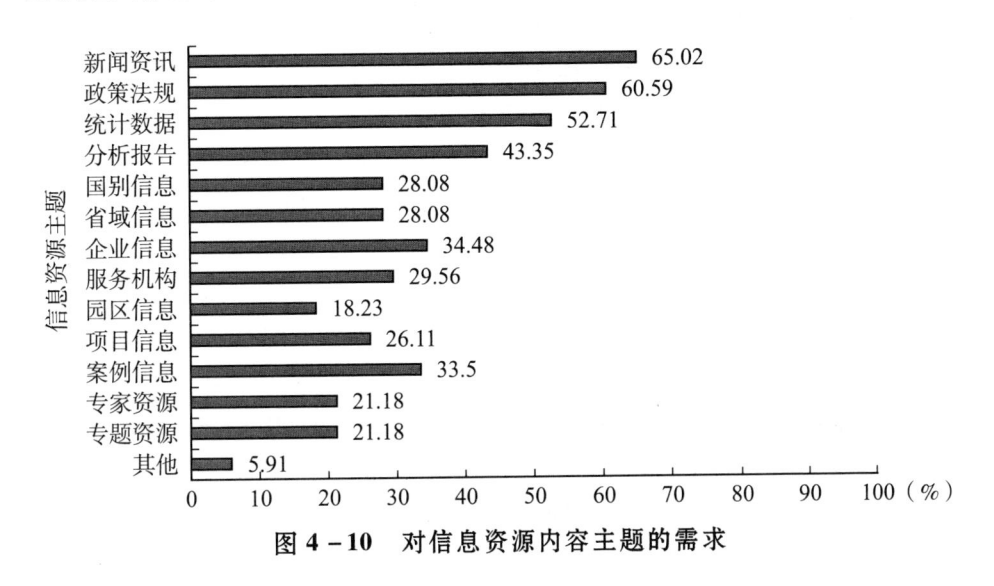

信息资源主题	百分比(%)
新闻资讯	65.02
政策法规	60.59
统计数据	52.71
分析报告	43.35
国别信息	28.08
省域信息	28.08
企业信息	34.48
服务机构	29.56
园区信息	18.23
项目信息	26.11
案例信息	33.5
专家资源	21.18
专题资源	21.18
其他	5.91

图 4-10　对信息资源内容主题的需求

5. 政府用户对信息资源语种的需求

共建"一带一路"国家拥有超过 60 种官方语言。参照联合国 6 种主要官方语言与共建"一带一路"国家中较多使用的官方语言，将汉语、英语、俄语、法语、日语、阿拉伯语、意大利语等 10 种语言列为选项对政府用户的信息资源语种需求进行调查。结果显示，政府用户更需要汉语、英语语种的信息资源（见图 4-11）。

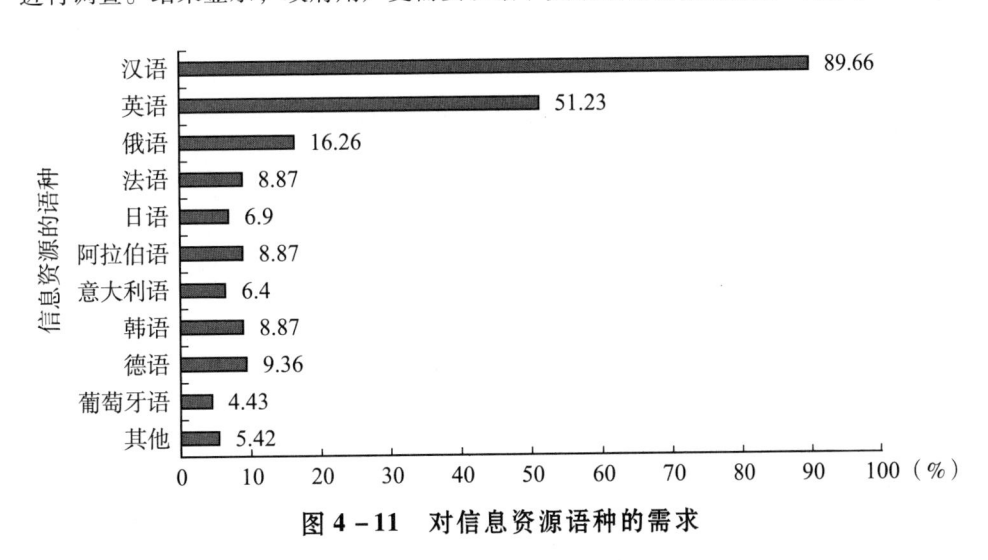

信息资源的语种	百分比(%)
汉语	89.66
英语	51.23
俄语	16.26
法语	8.87
日语	6.9
阿拉伯语	8.87
意大利语	6.4
韩语	8.87
德语	9.36
葡萄牙语	4.43
其他	5.42

图 4-11　对信息资源语种的需求

从调查结果来看,汉语与英语的需求程度远远超出其他语言。这是因为汉语作为调查对象的母语,是其在生活和工作中使用最为频繁的语言。而英语作为世界语言,被各国广泛认同,已长久地在国际交流中广泛使用,以英语为语种的数字信息资源数量巨大。"一带一路"倡议推进建设可能涉及大量外交事务与各国标准一体化工作推进需要,英语自然也成为重要的选择。

6. 政府用户对信息资源质量的需求

当前对于信息质量维度的划分有着不同的观点,其中较为经典的是由巴卢和帕泽提出的准确性(accuracy)、完整性(completeness)、一致性(consistency)和及时性(time-liness)四个维度。[①] 贝弗利(Beverly)将信息质量的评价维度划分为健全的信息(sound information)、可信赖的信息(dependable information)、有用的信息(useful information)和可用的信息(usable information)。[②] 莫祝英等强调内容的真实权威性和收录的及时性,提出了完整性、权威性、及时性和检索结果质量四个维度。[③]

本研究选取巴卢和帕泽的四维度作为选项,对政府用户的信息资源质量需求进行调查。其中,准确性指信息资源与客观事实完全吻合;完整性指信息资源包含所有相关数据;一致性侧重于数据格式上的一致性;及时性则指数据的效用在使用期内。结果显示,政府用户极为重视信息资源的准确性(见图4-12)。

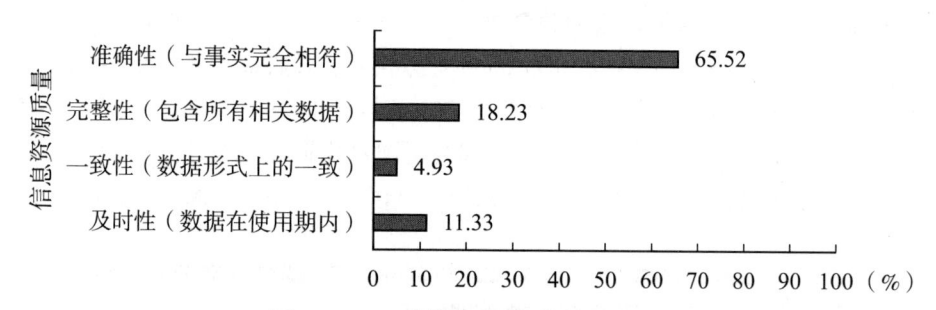

信息资源质量
- 准确性(与事实完全相符) 65.52
- 完整性(包含所有相关数据) 18.23
- 一致性(数据形式上的一致) 4.93
- 及时性(数据在使用期内) 11.33

0 10 20 30 40 50 60 70 80 90 100(%)

图 4-12 对信息资源质量的需求

根据调查结果,选择"准确性"的调查对象超过半数,选择"完整性"与"及时性"的调查对象分别占约 1/5 与 1/10,而选择"一致性"的最少。政府用户高度重视信息资源的准确性,正与前文政府用户在信息资源来源、信息资源类

[①] Donald P. B, Harold L. P. Modeling data and process quality in multi-input, multi-output information systems. *Management Science*, 1985, 31 (2): 150-162.

[②] Kahn B K, Strong D M, Wang R Y. Information quality benchmarks: product and service performance. *Commun. ACM*, 2002, 45 (4): 184-192.

[③] 莫祖英、马费成:《数据库信息资源内容质量用户满意度模型及实证研究》,载于《中国图书馆学报》2013 年第 2 期,第 85~97 页。

型上的选择相对应。准确、可靠的信息是政府用户作出正确决策、制定符合现实需要政策规划的依据。另外，对"一致性"的需求程度最低，在一定程度上表明政府用户更加重视信息资源的内容而非形式。

7. 政府用户对信息资源组织方式的需求

信息资源组织方式需求指用户希望"一带一路"经管数据库以何种方式对选择与采集的信息资源进行展现。本研究从资源领域、资源类型、资源主题、语种、字母顺序、国别区域、日期时间 7 个选项对政府用户信息资源组织方式需求进行调查，结果见图 4-13。

资源组织方式	百分比
按资源领域划分	69.46
按资源类型划分	43.35
按资源主题划分	37.44
按语种划分	15.76
按字母顺序划分	14.29
按国别区域划分	24.14
按日期时间划分	18.72
其他	5.42

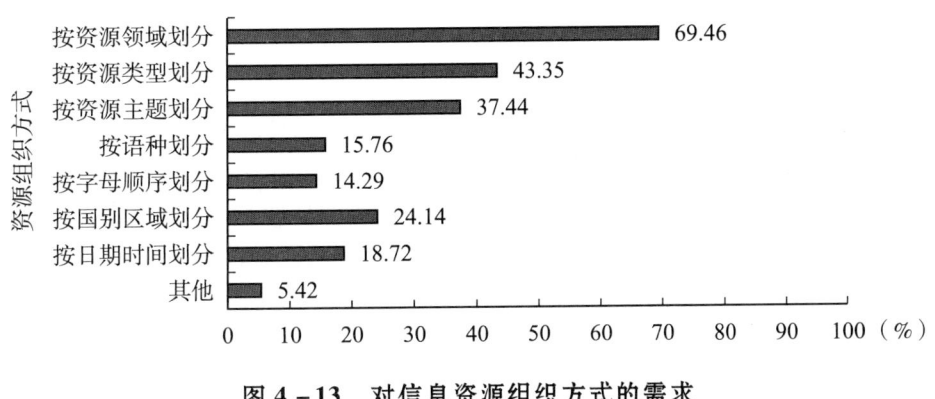

图 4-13 对信息资源组织方式的需求

结果显示，政府用户希望信息资源按照资源领域、类型和主题划分。政府用户对按资源领域划分的需求程度远高于其他方式，占到约七成；其次是按资源类型与主题进行划分；而按语种和字母顺序进行划分的需求则较低。其原因可能是政府用户获取"一带一路"经管信息主要是为了满足特定领域与主题的工作需要。由于数据库中数据资源庞大，资源领域、类型和主题的信息组织方式能够有效展现信息资源的核心特点，便于政府用户获得所需信息；而仅仅是语种或是字母顺序的组织方式，检索效率较低，对于便捷快速获得所需信息资源的帮助较为有限。

（三）政府用户差异性信息需求分析

在上文中，本研究对政府用户群体共性的"一带一路"经济管理信息资源需求进行了分析。但受不同职位类别、工作单位行业性质与工作所在区域的影响，政府用户的信息需求也体现出差异性。基于对调查对象基本情况的调查结果，本研究对政府用户"一带一路"经管信息资源需求进行横向比较，以发现不同职位类别和部门行业性质方面的差异。

1. 不同职位类别政府用户的需求差异

相比于综合管理类和行政执法类职位的政府用户，专业技术类的政府用户有很大不同，如在信息资源的来源方面，专业技术类政府用户的需求更为多样化，对国际组织、科研院校、企业和权威媒体的需求比例均高于另两类职位；在信息资源的类型方面，专业技术类政府用户对于学术文献（期刊论文、学位论文、会议论文）的重视程度也高于另两类职位。这和专业技术类政府用户的工作职能有很大关系，政府用户中的职能部门一般没有直接的科研需求，而专业技术类政府工作者在其工作中更需要关注技术前沿，而以上来源的信息资源与学术信息资源正是技术迭代更新的重要推动力量与表现形式。

2. 不同部门行业性质政府用户的需求差异

不同部门行业性质也对政府用户的信息需求产生了差异化影响，如在信息资源的来源方面，对外事务管理机构的政府用户更注重国外政府信息；公共安全管理机构与社会事务管理机构的用户可能出于对舆情的关注，更为注重来自权威媒体的信息；而经济事务管理机构的用户对于企业来源信息的关注程度较高。在信息资源的主体方面，社会事务管理机构、经济事务管理机构与行政监督检查机构的政府用户对政策法规的需求更大；同时经济事务管理机构与行政监督检查机构的用户对企业信息的关注度也更高。

二、政府用户需求满足策略

（一）扩展信息资源来源，增强资源学术性与行业性

针对当前"一带一路"专题数据库学术性专业性信息资源无法满足政府用户需求的问题，应当扩展信息资源采集来源，增强资源的学术性与行业性。

1. 注重学术型信息资源的采集

学术型信息资源，主要指与学术研究相关的"一带一路"信息资源，包括科研、教育与文化等方面的信息。从信息来源上看，需采集来自专业学术机构（学会、协会、研究所等）网站、高等院校网站、各类信息媒体网站、"一带一路"沿线各地图书馆的数字化馆藏等；从信息资源类型看，主要体现为电子图书、期刊论文、学位论文、会议论文、研究报告等。

"一带一路"经管数据库在选择与采集信息资源时，应当将以上信息资源来源与信息资源类型纳入采集计划。然而，学术型信息资源往往具有更为突出的知识产权特质，需要使用者对知识付费。建设者一方面应当与学术信息资源来源主体谋求合作共建，以允许其在"一带一路"经管数据库建成后作为会员用户获取

信息以换取信息使用权；另一方面也应采用网络开放学术资源，从提供各类科学信息的学科综合网站（如中国经济信息网、中国法律网、中国新闻网）、提供学科某一专业领域信息的网站（如中国期货网等）以及学科专业论坛（如青年经济论坛、公共财政论坛等）采集信息。但考虑到政府用户对于信息准确性的高度重视，建设者尤其需要对网络开放学术信息资源进行审慎的筛选。

2. 重视行业型信息资源的采集

行业型信息资源，是指在某一专业领域内进行社会经济活动所产生和使用的信息资源，具有一定的专业性，分散在行业内且分散管理，并具有交互实用的特点。从"一带一路"信息资源涉及领域上看，主要涉及微观经济信息与部门经济信息；从信息资源内容主题上看，涉及企业信息、服务机构、园区信息、项目信息、案例信息等。而这些信息资源，正是当前"一带一路"专题数据库提供相对较少，且满足政府用户信息资源需求程度相对较低的。

由于行业型信息资源分布较为分散，数据库建设者应当谋求与相关政府职能部门的合作。凭借政府自身地位与权威，这些职能部门，如国家统计局、工业和信息化部、知识产权局等天然地拥有系统化、综合化的产业信息资源，而这类信息资源在信息质量上也能够充分满足政府用户对信息准确性、完整性、一致性与及时性的需求。

（二）注重多语种信息资源建设

针对当前"一带一路"专题数据库在多语种信息资源上无法满足政府用户信息需求的问题，应当注重多语种信息资源建设。而多语种信息资源建设的关键点，一方面在于多语种信息资源的采集获取，另一方面则在于跨语言信息检索的实现。

1. 加强多语种信息资源采集

一方面，"一带一路"经管数据库建设者应当通过翻译器或翻译软件对其他语种的信息资源进行翻译和识别，然后利用人工手动对信息资源的主题和质量进行甄别和取舍，进而实现多语种信息资源的整合。在翻译机与软件的选取上，既要重视其支持语种的多样性，更应将语言互译的准确度放到重中之重。

另一方面，加强与"一带一路"沿线小语种国家的合作交流，通过与其相关机构和工作人员的合作关系，扩展信息采集渠道。同时，也应将国际组织与其他国家网站提供的多语种信息资源在人工甄别筛选的基础上纳入信息采集计划。

2. 加强跨语言信息检索技术攻关

目前已建的"一带一路"专题数据库中，从不同语种页面所包含的信息资源看，大多只对资源的题录元数据进行了语种转换，还缺乏对"一带一路"经济管理信息资源的跨语言翻译和展示。

因此，应当进一步加强对跨语言信息检索技术、智能翻译技术、经济管理语料库等方面的调研，整合各学科领域专家学者进行联合攻关研究，实现"一带一路"经济管理信息资源跨语种的翻译和检索功能，即用一种提问语言检索出用另一种语言书写的信息，也就是跨越语言界限进行检索，从而突破政府用户获取其他语种信息资源面临的语言障碍。

（三）采用多维度资源组织方式

针对当前"一带一路"专题数据库信息资源组织方式不一致的问题，应当采用多维度综合型的资源组织方式，多维度呈现信息资源。

1. 参照多重列类，多维度揭示资源

"多重列类"原是指在编列分类法条目时，按照多种标准进行划分的方法。一般同时采用多个分类标准，并在其下建立若干个平行子目系列，各个系列的内容之间存在交叉。

由于"一带一路"经管数据库涉及的领域范围广阔，信息资源类型较为多样，且需要同时满足政府、企业、科研用户等不同群体的"一带一路"经济管理信息资源需求，在建设"一带一路"经济管理信息资源时，应当参考多重列类的分类方式，多视角、多层次与全方位地对数据库资源进行立体梳理和分类呈现，使政府用户能够根据自身需求和偏好选择信息浏览途径，以较少的时间与人力成本获取所需的信息资源。

2. 采用可视化资源导航方式

可视化导航方式可以更加生动而形象地展现出资源的特征，在增强数据呈现视觉效果的同时，改善用户体验。

一方面，将可视化资源导航方式与多重列类资源划分体系结合，利用可视化工具展现不同列类下属种关联的层次结构，使政府用户可通过节点的展示与连接获取具体领域资源；另一方面，为便于政府用户对信息资源进行定位，"一带一路"经管数据库可以基于信息涉及的区域范围绘制导航地图，基于信息资源的时间跨度绘制时间轴，基于主题热度绘制词云图等，全方位展现"一带一路"经济管理信息资源。

（四）面向不同类型政府用户提供个性化信息资源

针对当前"一带一路"专题数据库的信息资源呈现未体现用户内部差异性的问题，本研究认为，"一带一路"经管数据库应当个性化服务，面向不同类型政府用户差异性提供信息资源。

当政府用户初次登录使用"一带一路"经管数据库时,数据库应当借鉴视频网站的用户服务方式,对其期待与关注的信息资源来源、类型、领域、内容主题、语种等进行需求调查,并在后续按照政府用户所提交的调查结果个性化地提供与呈现"一带一路"经济管理信息资源,同时也允许政府用户在后期对需求修改,从而使得不同类型的政府用户能获得个性化的信息资源,如专业技术类政府用户能更充分地获得来自国际组织、科研院校、企业和权威媒体的信息,同时在其用户界面中,学术文献占所有文献的比例也相对较高;而对外事务管理机构的政府用户能够更多获取来自国外政府的信息;经济事务管理机构的用户也能获得更多企业来源的信息。

第三节 科研用户的需求分析

本研究的科研用户指利用各种信息资源开展"一带一路"经济管理主题研究活动的个人或团体,包括个体研究人员、高校科研团队、国内外智库等。科研用户需求指进行研究活动的个人或团体对于"一带一路"经济管理领域信息内容的需求,具体包括对信息来源、资源类型、主题范围、国别区域与多语种资源的需求。本部分主要根据科研成果及专家访谈分析科研用户信息需求的特点。

一、基于研究成果分析的科研用户需求

(一)样本的选择与内容

国家社会科学基金(简称"社科基金")项目的立项课题在一定程度上可较为客观地反映时下研究热点,以及在相关研究领域中的现实信息需求。[①] 故而选取社科基金相关研究成果进行内容分析,以把握当前研究人员的经济信息需求。首先,在国家社科基金项目数据库中,以"一带一路""丝绸之路"为关键词,将学科分类限定在"理论经济"和"应用经济",时间范围限定在 2013~2021 年,共得到相关研究项目 240 项。其次,以上述得到的项目名称作为基金检索项,在知网中得到 58 个项目的研究成果,共 202 篇文献(截至 2021 年 9 月 7

---

① 严丹、李明炎:《高校"一带一路"研究的信息需求和资源支撑体系构建》,载于《图书馆建设》2018 年第 8 期,第 54~61 页。

日),作为本研究的调研样本。将发文量达到 4 篇及以上的基金项目及其成果数列于表 4-4。

表 4-4　"一带一路"国家社科基金项目及项目成果数

项目名称	所属单位	成果数（篇）	项目名称	所属单位	成果数（篇）
基于互联网的丝绸之路经济带金融合作机制研究	陕西科技大学	45	"一带一路"背景下新疆现代物流业发展战略研究	新疆教育学院	5
丝绸之路经济带高等教育区域合作发展战略研究	西华师范大学	17	"一带一路"倡议下新疆企业投资中亚市场进入方式选择研究	新疆财经大学	5
丝绸之路经济带我国西北段城市群综合承载力研究	石河子大学	12	新丝绸之路经济带背景下中国新疆与中亚能源合作研究	新疆大学	4
丝绸之路经济带多维轨道交通对新型城镇化的时空形态演进优化研究	兰州交通大学	10	丝绸之路经济带建设背景下新疆产业结构升级路径研究	新疆财经大学	4
丝绸之路经济带中国西北段金融集聚和金融中心建设研究	石河子大学	8	"一带一路"视阈下"万里茶道"旅游品牌的共商共建共享机制研究	内蒙古大学	4
"一带一路"沿线国物流节点安全预警系统建设研究	曲靖师范学院	7	"一带一路"中我国面向东盟的地缘经济开放战略优化研究	广西大学	4
"一带一路"倡议的国际文化认同及其经济影响研究	黑龙江科技大学	7	"丝绸之路经济带"战略框架下新疆产业分工与区域竞争力研究	石河子大学	4
丝绸之路陕甘川毗邻区非物质文化遗产旅游开发及其生态保护研究	陇南师范高等专科学校	7	新丝绸之路视域下西部生态文化保护与旅游发展互动机制研究	西北大学	4
"一带一路"倡议与中国参与全球经济治理问题研究	南通大学	6			

共建"一带一路"国家多语种、共享型经济管理数据库建设研究

在文本处理上，因社科基金项目类别分为青年项目、一般项目、重点项目、西部项目，故分别以"A""B""C""D"表示，分别以"X""Y"表示"理论经济"和"应用经济"两类学科，最后以"立项时间＋项目类别＋经济领域＋序号"的形式为每一个项目编码，如 2019 年立项的理论经济的青年项目"'一带一路'倡议下中国对外投资合作对沿线国家政府债务削减效应研究"，编码为"2019AX01"。该项目下发表的论文按顺序标号并以"—"与项目号隔开，其对应的分析文本以小写英文字母表示，如 2014 年立项的"'丝绸之路经济带'战略框架下新疆产业分工与区域竞争力研究"项目下第一篇的 2 个资源引用记录，编码分别为"2014CX01—01a"与"2014CX01—01b"等。

根据研究者对信息需求和对学术经济信息资源的分类[①][②]，本研究将经济信息分为知识理论型、消息动态型、数据事实型、文献资料型四类，重点分析调查样本对这四类经济资源的引用情况。在标注上，根据已有文献对引用行为、信息需求的分析维度[③]，确定分析指标为数据来源、资源类型、主题范围和国别区域四大类，在此基础上，总结出科研用户的需求特点。

（二）基于成果内容的科研用户资源利用行为与需求

经编码分析后，共获得 723 条资源引用记录。以下将从信息来源、资源类型、主题范围、国别区域信息 4 个子维度展开，对科研用户"一带一路"经济信息资源利用行为及其反映的信息需求进行分析。

1. 对信息资源来源的需求

从 723 条引用记录中抽取信息来源 690 条，信息资源来源分数据库、网站和线下来源 3 大类，其中以数据库的引用量为最大（见表 4－5）。调查样本中明确标注资源来源的引用出处包括文中语句提及、数据标注、文后参考文献等，如"据《国际金融报》资料显示""据零壹研究院数据中心初步统计""来自联合国商品贸易（UNcomtrade）数据库中 2008 年、2015 年产品贸易数据"，提取到的数据来源分别是《国际金融报》、零壹研究院、联合国商品贸易（UNcomtrade）数据库与凤凰财经网，分别归属"媒体网站""科研数据库""国际组织数据库"。按此步骤对所有样本进行分析，最后统计结果见表 4－5 所示，来自数据库的资源有 482 条（占 69.9%），其中商业公司的资源为 175 条、国际组织数据库的资源为 166 条、科研机构数据库 95 条、政府机构数据库 46 条。来自网站资源

---

① 胡昌平、胡潜、邓胜利：《信息服务与用户》，武汉大学出版社 2015 年版，第 128~129 页。
② 李树青：《Internet 经济信息资源检索》，南京大学出版社 2010 年版，第 12 页。
③ 邵荣、徐雯、丁晓芹：《科研用户对产业经济信息资源的需求分析——以中国科学院科研用户为例》，载于《数字图书馆论坛》2015 年第 10 期，第 41~46 页。

共199条，占28.8%。来自线下调研等方式的有9条。

表4-5　　　　　　　　经济信息资源来源分类统计

类别	信息来源	频次	总计（比例）	类别	信息来源	频次	总计（比例）
数据库	商业数据库	175	482（69.9%）	网站	政府及直属单位官网	96	199（28.8%）
	国际组织数据库	166			商业性质网站	42	
					企业、会议、论坛官网	37	
	科研机构数据库	95			国际组织官网	14	
					媒体网站	10	
	政府机构数据库	46		线下	访谈问卷	3	9（1.3%）
					走访调查	2	
					文档、文献资料	2	
					其他	2	

在商业数据库引用方面，国泰安CSMAR中国财经数据库是科研用户高频使用的数据库，是国内目前规模最大、信息最精准的经济数据库，由股票、基金、债券、金融衍生产品、上市公司、经济、行业、高频数据8大系列构成，其中，引用最多的为企业相关数据。在对国际组织数据库的引用上，联合国的数据库利用率最高，其拥有很多子数据库，包括条约宣言、欧洲、北美、中亚等区域性统计数据、会议与活动等。其信息类型多样，包括全文、书目、术语、多媒体等。[①]其中商品贸易数据库[②]引用频次最高。WorldBank的引用量较大，它是国际三大金融机构之一，其全球治理指标数据库（WGI）、世界发展指标数据库（WDI）利用率较高，较多引用其中的宏观经济发展数据。

在网站的引用上，对政府网站的引用量最多，主要包括对国内外政府机构及其直属事业单位的引用。主要引用其经济政策法规、统计数据、战略规划、标准规范、人口地理等基础数据、年度报告等。如引用国家统计局、商务部、国家发展和改革委员会发布的数据，由国家信息中心发布的《"一带一路"大数据报告》的引用频率也较高。其次是各部门发布的新闻动态。对于商业性质网站，巨潮资讯网和网贷之家的引用频次较高，其中的公司财务数据、排名数据、案例及新闻是主要的引用类型。而企业、会议、论坛官网是指行业协会、基金会、理事

---

① 联合国数据库，https://www.un.org/en/library/page/databases，2023年8月10日。
② 联合国商品贸易数据库，https://comtradeplus.un.org，2023年8月12日。

会、企业建立的官网,如雷士照明、万科、中国汽车工业协会等,其中的数据、案例、新闻动态与概况是科研用户主要引用的信息来源。而在引用媒体网站方面,则以新闻动态、案例、数据、概况信息为主,且覆盖微信公众号等新媒体形式。在线下来源的信息方面较少,主要引用各类调查数据,如引用通过实地调查、访谈问卷、查阅文档等方式获取的相关信息。

总的来说,用户利用的"一带一路"经济信息资源来源广泛。国际组织和商业公司建立的数据库是主要来源,其他资源大量分散在政府机构、图情机构、科研中心、媒体等。

2. 对信息资源类型的需求

根据前期文献调研结果,将资源类型分为数据事实、文本资料、理论方法、动态信息4类,并从723条资源引用记录中提取出1 062个不同类型(见表4-6)。

表4-6 科研用户对信息资源类型的需求

大类	子类	频次	小计(比例)	大类	子类	频次	小计(比例)
数据事实	统计数据	521	572 (53.9%)	理论方法	基础理论与概念	96	172 (16.2%)
	项目案例	31			模型、方法、指标	76	
	概况实情	20					
文本资料	年鉴报告	147	267 (25.1%)	动态信息	国内政经动态	40	51 (4.8%)
	政策法规	47			国外政经动态	11	
	战略规划	45					
	标准规范	28					

由表4-6可知,科研用户对数据事实类、文本资料类需求较大,尤其是统计数据,引用频次达521条(占数据事实类资源的91%)。统计数据既包括人口、地理、交通、环境和资源等基础型数据,如国土面积、铁路里程等,还包括调查数据、分析数据等研究型数据。统计数据主要分为统计指标和统计指数两大类。其中,统计指标包括统计的时间、地点、使用的指标值、值数的单位等内容,能够体现特定时期内社会整体状况的数值概念与具体数量。统计指数是一种表明社会经济现象动态的相对数,是数值按照一定的编制方法,经过一系列公式运算后的产物,具有相对性、综合性、平均性、代表性,可反映特定现象或因素的影响幅度、变动幅度及趋势。① 科研用户更偏重贸易、金融等统计指标。国民

---

① 《"指数"与"相对数"》,国家统计局,http://www.stats.gov.cn/tjzs/tjcd/200205/t20020523_25322.html,2022年5月11日。

经济核算的引用频次最高，对外经济贸易数据的引用也较多，主要涉及进出口、对外直接投资、贸易结构方面。对能源、资源与环境的引用量较高，包括排污量、环境援助与治理经费、资源重复利用率等，体现科研用户在追求提高发展水平的同时关注生态平衡和环境保护，这也符合党的十九大提到的绿色发展方向。①此外，对科学技术中研发投入（R&D）的引用量也较高，可见，科研用户关注"一带一路"倡议下研发科技对企业、行业、国家的推动力量。

对文本资料类的引用，年鉴报告和政策法规的引用也占很大比例，分别占文本资料的55%与18%。年鉴是一种汇辑一年内的重要时事、文献和统计资料，按年度连续出版的信息密集型工具书。科研人员主要引用的类型为我国一些省市的统计年鉴，涵盖工业、投资、金融、能源、人口与就业、环境、科技、教育等诸多方面。报告则作为对各类信息进行综合分析后撰写而成的研究成果，其类型包括统计公报、研究报告、工作报告、发展报告、评估报告、国别报告等，其中引用最多的是统计公报。报告发布者涉及众多类型，如由国家政府部门发布的行业发展报告、企业发布的年报和国际组织、智库团队发布的研报，以及咨询公司行业报告及券商行业分析报告等。其中，引用的研究报告多是国家政府部门发布的行业发展报告、企业发布的年报和智库团队发布的研报，引用频次最高的是由国家信息中心发布的《"一带一路"大数据报告》。此外，科研人员所引用的政策法规、战略规划、标准规范具有权威性、约束性和指导性，多由政府机构及其下属事业单位、行业协会、国际组织发布。

在理论方法的引用中，涉及基础理论与概念、模型、方法、指标的引用量较大。被高频引用的基础理论包括因子分析、灰色理论、信息熵理论、新新贸易理论、金融发展理论、新经济地理等。所引用的模型或方法主要用于经济指标的选取与测算，高频使用的模型及方法包括回归模型（尤其是VAR向量自回归模型）、空间模型（尤其是空间滞后模型SLM）、引力模型、TOPSIS模型、G－L指数（用于测算某时期内贸易商品的产业内贸易水平）、TM指数（即边际产业内贸易质量水平指数）等。对动态信息的引用相对较少，多以国家层面、国内动态为主，财经类报纸是主要载体，如《第一财经日报》《国际金融报》等，对《光明日报》《人民日报》等权威性报纸的引用频次也较高。

3. 对信息资源主题范围的需求

基于共建"一带一路"国家经管类数据库资源分类体系②并对其进行补充修

---

① 《十九大报告：生态文明建设和绿色发展的路线图》，https://guancha.gmw.cn/2017－10/24/content26592293.htm，2022年5月11日。

② 司莉、刘尧、周璟：《"一带一路"沿线国家经济管理类数据库资源分类体系构建》，载于《图书馆论坛》2021年第9期，第44~50页。

改，将所提取的 1 047 条主题按该分类体系进行归类，选取频次大于 10 的经济主题，将其列于表 4 - 7。由统计可见，科研人员的引用资源以宏观经济类为主，部门经济次之，微观经济的引用相对较少。

表 4 - 7　　　　　　　　所需的主题统计

一级类目（编码）	二级类目（编码）	频次	合计	一级类目（编码）	二级类目（编码）	频次	合计
宏观经济（A）	对外贸易（A19）	154	528	部门经济（C）	工业、电商等综合性部门（C27）	69	296
	国民经济核算（A12）	142			交通运输、仓储和邮政业（C17）	65	
	教育与科技等（A18）	76			农、林、牧、渔业（C11）	59	
	投资（A17）	75			水利、环境和公共设施管理业（C24）	47	
	人口（A11）	24			信息传输、软件和信息技术服务业（C19）	30	
	就业和工资（A13）	20			旅游业（C26）	22	
	价格（A14）	13			金融业（C21）	16	
	财政（A16）	13			电力、热力燃气及水生产和供应业（C14）	16	
	人民生活（A15）	11			制造业（C13）	12	
微观经济（B）	投资融资（B15）	41	160				
	资产负债（B14）	40					
	基本信息（B11）	27					
	科技创新（B19）	19					
	经营与销售（B13）	18					
	生产管理（B12）	15					

在宏观经济中，对外贸易、国民经济核算、教育与科技等、投资主题的引用量较大，按引用频次由高往低排列，其引用频次分别是 154、142、76 与 75 次。对外贸易中，对于进出口规模及产品结构的引用是较多的主题，反映了近年来国家间经贸交流与合作进展情况。① 另外，对外贸易子主题引用较多的还有货币、对外承包工程、贸易依存度等。在国民经济核算中，引用较多的是生产总值，涉及不同国家、省区的人均 GDP、GDP 年增长率与人均年增长率等。GDP 既是各种研究模型和指数的基础数据，也是衡量一个国家或地区总体经济状况的关键。对教育的引用主题聚焦在受教育水平、高等教育、留学生、教育经费等，在对科

---

① 马广奇、秦亚敏：《互联网时代丝路金融合作的影响因素与推进建议》，载于《广西财经学院学报》2020 年第 3 期，第 55~66 页。

技的引用主题方面，主要在研发科技经费（R&D）投入、专利、知识产权等方面。在投资的引用主题下，对外直接投资（OFDI）的引用量最大。

在部门经济中，科研人员对工业、电商等综合性部门引用量最大（69次），依次是交通运输、仓储和邮政业（65次）与农、林、牧、渔业（59次）。而对工业、电商综合性部门的引用主题聚焦在工业方面，包括工业产值、工业品、绿色工业等。对交通运输、仓储和邮政业的引用主题主要涉及交通运输方面，如引用涉及中欧班列、货运、航空、港口、铁路等。而对农、林、牧、渔业的引用主题主要涉及了农业方面，包括农产品、农耕面积、农民创业园等。科研用户对微观经济主题的引用量较少，主要围绕企业，对其投资融资（41次）、资产负债（40次）等主题的引用量相对较大，包括贷款、质押、固定资产、无形资产等。

4. 对国别区域资源的需求

"一带一路"倡议下，截至2022年1月18日，中国已与147个国家、32个国际组织签署200多份共建"一带一路"合作文件。通过对引用信息的所属国家区域进行提取分析发现，大部分引用信息集中在共建"一带一路"国家（见图4-14）。

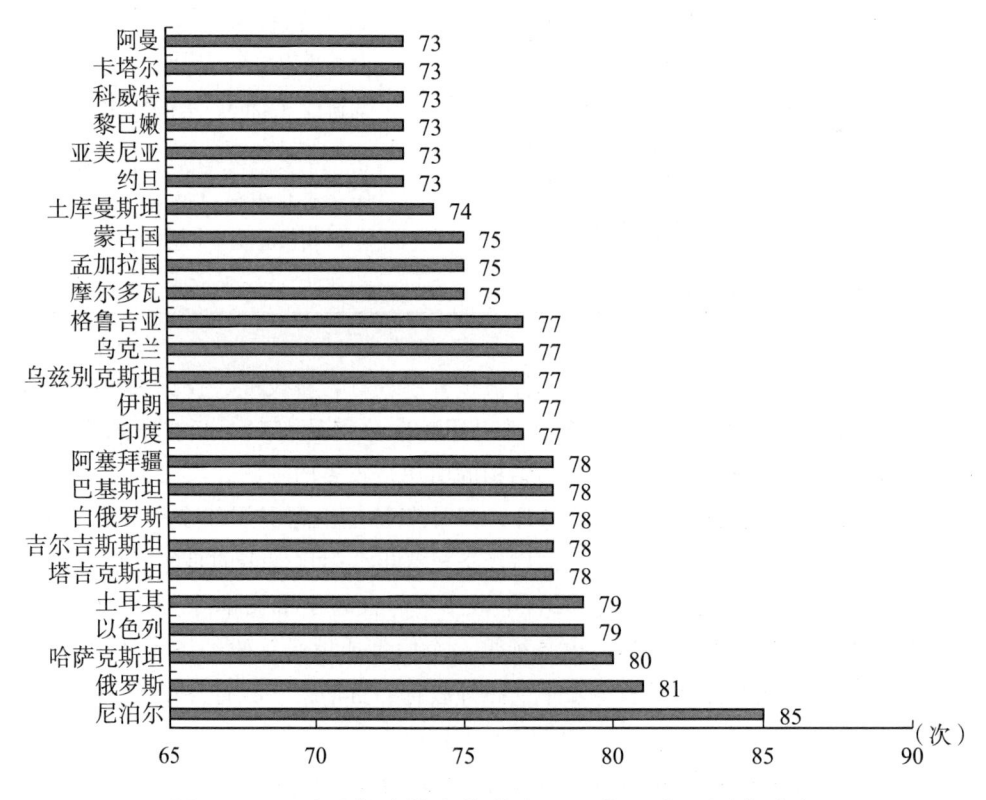

国家	引用次数
阿曼	73
卡塔尔	73
科威特	73
黎巴嫩	73
亚美尼亚	73
约旦	73
土库曼斯坦	74
蒙古国	75
孟加拉国	75
摩尔多瓦	75
格鲁吉亚	77
乌克兰	77
乌兹别克斯坦	77
伊朗	77
印度	77
阿塞拜疆	78
巴基斯坦	78
白俄罗斯	78
吉尔吉斯斯坦	78
塔吉克斯坦	78
土耳其	79
以色列	79
哈萨克斯坦	80
俄罗斯	81
尼泊尔	85

图4-14 引用频次较高的共建"一带一路"国家分布

在共建"一带一路"国家中,尼泊尔、俄罗斯、哈萨克斯坦、以色列、土耳其、塔吉克斯坦、吉尔吉斯斯坦、白俄罗斯、巴基斯坦、阿塞拜疆、印度、伊朗、乌兹别克斯坦、乌克兰、格鲁吉亚的引用频次较高。通常将多个共建国家作为一组研究对象,横向比较其贸易往来、投资水平、信息化水平、经济建设现状。

二、基于访谈的科研用户需求

(一)访谈目的及内容

以上是从对信息引用行为分析的角度,了解科研用户"一带一路"经济信息资源的需求特点。虽然这种引用文本分析的方式在一定程度上能够揭示科研用户显性且重要的信息需求,但用户实际查阅的经济信息量远大于引用文本本身,所以仅对用户信息利用现状调查,其客观数据不便于分析背后的主观动因和现存问题。因而,本部分旨在通过对科研人员的深入访谈,获得更全面的信息需求。本次访谈主要是为了探讨科研用户对信息内容的需求及背后原因、需求满足程度等。根据访谈目的,结合上一节编码分析的维度,将访谈提纲分为概念界定和被访者基本信息、信息来源、资源类型、主题范围、国别区域与多语种资源、需求满足程度3部分(见表4-8)。访谈提纲见附录5。

表4-8 访谈提纲

访谈主题	主要内容
信息来源	(1)您会从哪儿查找或获取到不同类型的信息资源?为什么会选择它们?您对信息资源选取有哪些标准或要求?
资源类型	(2)您在科研过程中需要的经济信息资源都有什么类型?
主题范围	(3)您的研究方向是什么?在科研过程中需要的经济信息资源都有什么主题?
国别区域与多语种资源	(4)您在科研过程中需要来自不同国别或区域的经济信息资源吗?具体是什么内容呢?对多语种资源有什么需求?
需求满足程度	(5)您目前使用的"一带一路"数据库或平台有哪些?能否满足您科研过程中的信息需求?

本研究共邀请20位科研用户作为访谈对象,这些科学用户截至访谈结束,

已从事与"一带一路"相关科研任务1~3年,包括9位博士研究生和11位硕士研究生。访谈时间是2021年1~2月,因受到新冠疫情影响,采用微信通话为主的访谈方式,访谈时长每次不少于20分钟。经受访者同意后,利用科大讯飞等工具,对其访谈内容进行录音记录和整理,每次访谈结束后,根据受访者回应情况及时调整访谈提纲。所遴选的访谈对象具有一定的代表性,在性别、学科专业、所属高校上分布较为均衡(见表4-9)。

表4-9　　　　　　　　访谈对象基本情况

基本信息		数值	百分比(%)
性别	男	8	40
	女	12	60
受教育程度	博士研究生	9	45
	硕士研究生	11	55
学科专业	金融学	5	25
	国际贸易学	4	20
	工商管理	4	20
	会计学	3	15
	产业经济学	2	10
	区域贸易学	2	10
所属高校	北京大学	2	10
	复旦大学	3	15
	南开大学	2	10
	郑州大学	5	25
	中南财经政法大学	4	20
	安徽财经大学	4	20

(二) 访谈内容编码

1. 资料编码

将录音后的访谈内容转化为文本,共获得2万~3万字的资料内容。20位访谈用户分别以"P01—P20"组成概念单元。然后,以编组与合并的方式将初始概念总结归入上级概念,部分分析结果见表4-10。最后,从信息来源、资源类型、主题范围、国别区域与多语种资源、信息需求的满足程度5个方面进行分析,得出相应的结论。

表 4-10　　　　　　　　　　访谈内容编码分析

范畴	上级概念	初始概念	访谈记录示例
信息来源	线上来源	统计数据库	P01-004 最常用的还是数据库，像中经网的、国泰安数据库，我用得挺多，内容挺全的；P02-004 我会从学校购买的经济管理方面的数据库中查找，非常方便
		社交媒体	P12-020 我会从师门群里分享的微信推送中获得信息，一般都有专家观点、热点新闻，这种有评论；P14-019 领域内的专家的微博、学术社交网络，有一些会发朋友圈，我都在关注
		学术搜索引擎	P11-023 喜欢用谷歌学术查文献，它能方便地搜索英文文献，还能导出引用文件
	线下来源	参加会议	P13-010 我经常参加学术会议，不同的会议议题和大家的讨论让我收获颇丰，但"一带一路"主题的会议确实不多
		咨询专家	P12-010 我比较关注学院的会议，每年来的经济学专家很多，我从专家交谈中能获得很多信息，思路就顺畅了
		同门交流	P09-009 每次开师门例会，总能从师兄师姐、同门之间获得很多有价值的经济信息资源，主要是经验性的知识和最新的理论探讨
	来源重在权威	权威性	P05-016 我应该会选择那些提供明确出处的信息资源，看来源是否是权威机构
		可获取性、完整性、时效性	P10-019 对于政策类资源，希望及时获取到数据库补充的最新政策
		平稳性、统计口径的一致性、可溯源性、可操作性等	P01-005 我觉得可溯源很重要，论文的一切引用都必须有来源，否则就没法用
资源类型	数据事实类	结构化原始数据	P01-010 对于统计数据，我想要原始数据，或者可以查到源头，但又希望是以一种规范化的形式、结构化的数据呈现；P04-003 经过初步整合的统计数据我比较需要

续表

范畴	上级概念	初始概念	访谈记录示例
资源类型	知识理论类	研究方法整合	P10-015 我比较重视研究方法的选取和利用,所以特别希望研究方法集中起来,最好做成研究方法目录索引,比如我们常用的回归分析等
		基础概念归集	P11-015 我已经写过几篇相关论文,每次要找很久的概念,希望像有关"一带一路"、丝绸之路经济带、已签约国家和地区、"五通"等的基础知识可以归集并及时更新
	研究工具类	研究工具下载	P11-014 常用的研究工具也是我特别需要的,可现在网页广告太多,查找和下载浪费我很长时间
		研究工具分类	P012-013 希望能有网站把数据分析、可视化工具进行分类收集,最好附带使用说明
	学术信息类	研究专家	P09-013 要是可以将有影响力的专家及其著作论文等归集起来,就好了
		学术会议	P10-016 刚接触到一个新的研究主题,我想了解最近开的相关学术会议和大家都在讨论的议题
		征稿指南	P05-016 想题目和投稿的时候就特别希望可以有平台把与"一带一路"相关的会议征稿主题、期刊选题指南提供给我
		研究成果	P12-016 我知道有很多"一带一路"相关智库和研究团队,他们产出了大量研究成果,对我研究思路启发很有帮助,但挨个去相关网站上查找好麻烦
主题范围	前沿动态	研究方向	P02-009 我需要的资源大多是研究报告、统计数据,还有大量的学术文献,主题就是国际经济合作方面的,也是我们研究的大概方向;P02-015 选它们主要还是和我的研究方向契合度高
		社会热点	P13-017 我会将自己的论文结合时下热点去探究,比如新冠疫情期间的跨国运输项目、基建项目发挥的重要作用
	贸易指标	进出口、生产总值	P03-002 对进出口、生产总值之类的贸易数据比较关注
	金融指标	货币、汇率	P04-007 比较需要金融方面的数据,汇率变动之类的
	……	……	……

续表

范畴	上级概念	初始概念	访谈记录示例
国别区域与多语种	国别信息	中国、欧亚、中亚国家	P20-024 我研究的是中国—欧亚经济联盟自由贸易协定（FTA）创建问题，因此不仅需要欧亚国家的经济概况，更需要丰富的贸易数据和研究文献，但塞浦路斯、亚美尼亚等这些中小国家并没有原版资料或翻译版
	区域信息	西南边境地区、瓜达尔港	P19-035 我们师门研究的是中巴经济走廊背景下瓜达尔港物流发展，以英文文献为主，国内针对性信息很少
	多语种资源	缺乏小语种原版与翻译	P18-030 对于中小国家的文献资源比较需要，最好是翻译后的版本
满足现状	难以满足需求	资源整合程度不足	P19-036 对经济小专题资源的整合程度能加深就好了，希望能实现不同类型资源的跳转和内容上的关联资源
		希望资源独特	P04-033 希望能有自己的特色资源；P06-041 资源不要总是和别的平台大量重复

2. 效度验证

质性研究同样重视对效度的检验。本研究通过描述型效度与解释型效度来检验效度。其中描述型效度指对所研究事物的描述准确度，而解释型效度指科研人员对所研究对象赋予意义的确切程度，需要研究者站在受访者的视角分析和理解问题。[①]

（三）访谈结果

1. 对信息资源来源的需求

研究人员数据获取方式主要可分为线上和线下两种途径。统计数据库、微博/微信等社交媒体、学术搜索引擎是线上获取资源的主要方式，咨询专家、参加会议、同门交流是线下获取信息资源的主要方式。其中，统计数据的高频来源是由专业的数据库商、国际组织、政府机构建立的数据库，主要原因是其资源权威、全面、系统，且数据导出格式丰富，如"P12-009：选择国泰安 CSMAR 数据库，是因为它对中国上市企业的相关信息梳理得很系统，方便我个性化地导出所需数据，而且导出格式丰富，能提高我数据搜集的效率" "P13-012：我经常使用 Dealogic，它在并购交易方面的数据最全面、最权威、最准确"。可见，用户最看重数据库的数据质量和领域内的专业度。而对于另一大信息类型——论文

[①] 陈向明：《质的研究方法与社会科学研究》，教育科学出版社2000年版，第389~395页。

和研究报告资源,主要通过学术搜索引擎获取,尤其是谷歌学术。进一步询问原因发现,用户对异构资源在内容、形式、语言的整合需求强烈,对外文资源需求强烈。如"P11-023:喜欢用谷歌学术查文献,它能方便搜索英文文献,还能导出引用文件""P19-019:选择搜索引擎是因为搜索结果广泛,不局限于某个数据库和形式"等。

在来源选取标准方面,权威性、可获取性、完整性、时效性是用户更看重的资源属性。大部分受访者的首选权威性,具体表现在对国际组织、政府机构以及权威数据库的信息需求上。可获取性、完整性、时效性也是信息选取时重要的参考依据,完整性要求数据避免出现严重缺失,且数据提供稳定;时效性对政策、新闻类信息更为重要,如"P10-019:对于政策类资源,希望及时获取到数据库补充的最新政策"。此外,对于平稳性、可溯源性、可操作性、代表性、丰富性也有少部分受访者提及,平稳性希望免受数据极端值的影响,或当时市场价格等外界因素的影响;统一口径的一致性是指统计数据选取范围的一致,所采用的统计标准指标一致;可溯源性指可追溯信息资源的源头,如"P01-005:我觉得可溯源很重要,论文的一切引用都必须有来源,否则就没法用"。

2. 对信息资源类型的需求

访谈发现用户所需的经济资源类型主要是统计数据、论文报告类文献资源,其次是国家层面新闻的需求。同时,又补充了对统计数据原始化(或可溯源)、结构化的要求。大部分受访者明确表示对一次信息的需求更大,更依赖原始数据资料,但期待数据库将原始资料整理为结构化数据,便于其导出与分析。由于科研任务的多样性与科研主题的复杂性,用户对知识理论类资源也有一定需求,在不同情境下需要提供经过整合的研究方法与基础概念,包括术语概念、标准规范、理论模型、评估指标、文摘片段和全文等多个层次类型。如"P08-020:我特别想要一个相关术语概念集合,每次进行概念辨析,都要查找一遍,太费时间了""P07-018:感觉在处理数据的过程中,每次都对分类标准需求强烈"。此外,用户对学术信息类信息的需求不容忽视,包括对领域内研究专家及观点、动态的需求,学术会议基本信息及相关输出观点,会议与期刊等与"一带一路"相关的征稿指南,智库与研究机构等的研究成果。

3. 对信息资源主题范围的需求

本研究通过访谈获取用户的研究方向,如对"P01-008:我的毕业论文题目是中国企业在'一带一路'沿线国家的跨境并购活动对企业价值的影响"提取主题词为"跨境并购""中国企业""企业价值",并结合"P01-009:关键词有'一带一路'、跨境并购、事件研究法、双重差分",可确定其主题范围为"跨境并购、事件研究法、双重差分、中国企业、企业价值"。按前文对样本文献关键词的概念提取，将访谈内容归结为以下几类（见表4－11）。

表4－11　　　　　　　　访谈用户的研究主题设计

主题	范围	频次	主题	范围	频次
投资	对外投资项目、海外并购、对外农业投资、OFDI模式、跨境并购、城市贸易	6	交通运输	国际物流、区域空间效应、中欧班列、空间优化	3
贸易	农产品贸易、跨境贸易、跨境粮食	6	货币金融	金融系统、全球价值链、人民币、人民币国际化、货币选择	4
企业	中国企业、企业价值、跨国企业	6	其他	城市贸易、产业转移、产品分工、会计基础设施、政策统筹等	5
经济合作	金融合作、农业合作、产能合作	3			

由表4－11可知，投资与贸易是热门研究方向，企业是重点研究视角，经济合作、交通运输、货币金融也是关注较多的主题。通过对用户访谈可知，其对统计指标的需求以贸易与金融类为主，这些都与前文对研究成果的内容分析得出的结论基本一致。此外，科研用户注重将自己的研究方向与时代热点、社会需求相结合，因而研究主题具有较强应用性，如"P13－017：我会将自己的论文结合时下热点去探究，比如新冠疫情期间的跨国运输项目、基建项目发挥的重要作用"。

4. 对国别区域与多语种信息资源的需求

通过访谈发现，用户既对欧亚、中亚国家的国别信息有需求，也对我国西南边境地区、中巴经济走廊背景下瓜达尔港的区域信息有需求。而且均强调引进小语种文献资源的原版或翻译版，及深入国别与区域的具体经济领域信息，如贸易数据、协约、物流运输等，如"P20－024：我研究的是中国—欧亚经济联盟自由贸易协定（FTA）创建问题，因此不仅需要欧亚国家的经济概况，更需要丰富的贸易数据和研究文献，但塞浦路斯、亚美尼亚等这些中小国家并没有原版资料或翻译版"。

5. 科研用户对数据库建设的期望

多数受访者表示很少使用"一带一路"专题库，仅提到"一带一路"研究与决策平台、中国一带一路网以及"一带一路"数据库。他们认为自身的信息需求未完全得到满足的原因在于：一是有关"一带一路"的经济信息资源不够全面，二是小语种资源等外文文献、数据太少。如"P19－034：'一带一路'相关的数据还不够全面，没有我需要的跨国企业并购的信息""P16－032：其他语种的原版资料或翻译都太少了，我获取这些资源太费劲了，还要找外语学院的同学帮忙"。可见，当前"一带一路"资源建设现状并不能使科研用户满意，亟待根据其需求进行优化升级。

在对拟构建的数据库建议方面，本研究将访谈内容归为三类：一是希望数据库具有独特的资源内容，如"P01-024：希望有不同于已有数据库的独特资源"；二是希望资源可以开放获取，如"P02-023：如果数据库资源免费获取就好了"；三是可以加强资源整合平台，实现一站式获取，如"P14-037：希望能整合多语种信息资源，最好还附带翻译插件""P20-042：最好能提供平台外的相关资源链接""P19-036：对经济小专题资源的整合程度能加深就好了，希望能实现不同类型资源的跳转和内容上的关联资源"。

（四）科研用户的共性信息需求

1. 来源广泛，注重权威性与时效性

通过前文的研究成果和访谈内容的分析可知，科研用户所需的经济管理资源来源广泛，国际组织和商业公司建立的数据库是主要来源。用户访谈表明，从个人角度出发还有丰富的线上线下来源，如通过观测、实验、调研等方式从线下采集数据或利用编程技术从线上爬取数据。同时，在采集数据的质量上，访谈用户强调对来源权威性的重视，而可获取性、完整性、时效性也是选取资源时的重要评估指标。

2. 类别多样，重视特色资源

伴随"一带一路"总体布局建设的推进，我国科研人员的研究维度和对象不断多样化和具体化，其需求的信息类型也不断丰富。科研用户对数据事实类、文本资料类的需求与利用更大，对知识理论类、消息动态类也有一定需求，具体包括统计数据、基础理论及概念、项目案例、模型方法、概况实情、标准规范、论文专著、研究报告、政策法规、国内政经动态、国外政经动态 11 类资源。此外，科研用户还对领域内研究专家及观点、学术动态、学术会议、"一带一路"相关的征稿指南、智库与研究机构等学术信息也有需求。

3. 主题需求注重热点前沿

在主题范围上，科研用户对贸易、金融、能源、交通运输、生态环境、科学技术等研究主题的信息需求较高。此外，注重将自己的研究方向与时代热点、社会需求相结合，因而研究主题具有较强应用性，如"P13-017：我会将自己的论文结合时下热点去探究，比如新冠疫情期间的跨国运输项目、基建项目发挥的重要作用"。总之，科研用户善于将自身研究方向与学术热点、社会热点相衔接，因而其需求的主题具有较强的动态性、时代性与应用性。

4. 关注"一带一路"区域信息和多语种资源

"一带一路"经济管理主题下的多国、多区域研究成为关注热点,除我国外,一些共建国家通常作为一组研究对象,可对其贸易往来、投资水平、信息化水平、经济建设进行对比研究,因而对共建国家的多语种资源的需求较大。可见,科研用户对重要区域信息、多国多语种资源的引进和翻译需求较为强烈,尤其强调的是中小国家的多语种文献资源。

三、科研用户信息需求满足策略

(一)增强采集来源学术专业性,加强信息源监测

1. 增加对学术型专业数据库的采集

目前存在信息来源学术专业性不足的问题,缺乏对商业公司以及国内外组织建立的专业性较强的经济数据库的采集。因而,有必要将采集源头向学术型数据库倾斜。

若"一带一路"数据库的建设主体拥有雄厚的资金支持和强大的资源基础,比如图书馆或科研机构,就可以利用已购经济管理类数据库或"一带一路"专题数据库进行定向挖掘,采集相关经管类资源。有研究表明,已购买或正在试用"一带一路"专题数据库的图书馆仅占调研对象的47.1%[1],且多为综合性主题,因而,可适当增加对相关经济专题"一带一路"数据库的购买。在采购数据库的过程中要充分调研科研用户需求并提供试用,及时收集反馈。可采购前文中提到的高频数据库,如国泰安数据库、Wind金融数据库、中经网统计数据库、中国知网中国经济与社会发展统计数据库、色诺芬数据库等。选择经济管理类数据库如Bloomberg彭博数据库、WRDS沃顿商学院数据库、Reuters路透数据库等高质量经济类专业数据库。

而对于资金和资源较为缺乏的建设主体而言,一是可以与其他机构联合采购,同区域之间可以加强与财经类高校或双一流高校合作,节省数据库购置经费。二是利用学术开放获取资源。学术开放获取资源是指任何用户均可免费获取且不受许可限制的数字化的学术资源[2],如DOAJ、DOAB、机构知识库等[3],可

---

[1] 司莉、何依:《我国图书馆"一带一路"资源建设和服务发展现状调查》,载于《图书馆论坛》2021年第9期,第20~28页。

[2] 黄金霞、王昉、张建勇:《开放资源的组织和再利用》,载于《图书情报工作》2016年第17期,第116~121页。

[3] 李娟、张雪蕾、韩萌等:《服务"一带一路"倡议的高校图书馆开放获取资源建设策略研究》,载于《当代图书馆》2018年第3期,第62页。

利用定向网站爬取或提供链接导航等形式，充分利用高质量的学术开放获取资源。此外，采集部分线下信息源。线下资源也可作为增强信息源学术性、专业性的重要方式，如一些行业协会、驻外企业、跨境园区、会展公司、投资咨询公司、跨国银行甚至大使馆、研究专家等都可能成为重要的线下信息来源[①]，还可通过访谈、手稿和传感器等物理设备采集其显性与隐性的专业性经济信息资源。

2. 动态更新信息源和社交媒体采集

对信息来源需求的满足现状分析中，发现了采集数据时效性不足的问题，一方面，可以从加强对信息源的监测来解决，在数据录入时就尽量以数据目录或数据接口（API）的形式存入数据，加强对采集到的互联网资源的监测，据此即时调整数据动态，保证时效性和数据质量。动态更新专题网站资源内容，利用系统检测开放获取资源获取权限的变化，并随时进行充实与调整。[②]

另一方面，可关注微博、微信公众号、Twitter、Instagram、Facebook 等国内外社交媒体。由于其更新及时，传播迅速，可对其公开资源进行定向、实时采集，以提高数据的时效性。社交媒体不仅成为科研工作人员用于获取学术信息、个人提升和训练、知识散播的一种个人化的资源，同时也逐渐成为一种专业化的资源。[③]而对于专业性媒体资源，还可考虑"慧科新闻检索分析数据库"与"Factiva 全球多语种新闻数据库"等。

（二）加强知识理论资源与工具型资源采集

1. 加强对知识理论类资源的采集

根据长尾理论，在信息资源建设领域，可兼顾利用率高与利用率低的信息资源建设，同时满足主体用户与尾部用户的信息需求；在资源服务方面，既能满足处于曲线头部的核心用户对信息资源服务的需求，也能够满足处于曲线尾部的用户长尾对信息资源服务的需求。[④] 除了应满足处于曲线头部的科研用户对"一带一路"相关的数据事实类和文献资料类的信息需求，还应关注处于曲线尾部的用户长尾对基础理论及概念、数据模型、研究方法、标准规范等这类知识理论类资源的需求。大量的"尾部"需求所产生的影响甚至有可能会超过"头部"需求，

---

① 丁波涛：《基于数据银行的"一带一路"信息资源整合研究》，载于《情报理论与实践》2018 年第 12 期，第 89 页。

② 李娟：《特色数字资源服务与"一带一路"建设——以西安交通大学丝路科技知识服务系统为例》，载于《大学图书情报学刊》2019 年第 4 期，第 84 页。

③ Seaman J. Tinti‑Kane H. *Social Media for Teaching and Learning*. Babson Survey Research Group，2013：1‑34.

④ 潘燕桃：《二八定律与长尾理论在信息资源建设与服务的应用》，载于《山东图书馆学刊》2016 年第 3 期，第 7~10 页。

目前这部分资源的建设还难以满足科研用户需求，因而有必要重视对此类资源的采集。

一方面，从用户需求角度出发采集相关资源。可参考前文中用户高频引用的知识理论资源为采集方向，或采用问卷与访谈相结合的方式，获取科研用户对知识理论资源的信息需求，从而确定高频利用的经济理论、高频使用的数据模型与指数、标准规范，以及常用的研究方法、征稿指南等，继而进行定题采集。另一方面，可从资源角度出发，利用信息抽取技术，对"一带一路"数据库拥有的大量文献信息进行指定实体、关系、事件等事实信息的抽取与再组织，从而形成知识表达单元。[1] 最后，采用知识图谱、术语表、名录、关系图、领域本体等多种形式将这些知识理论类资源呈现出来，使数据库向知识库发展，更能满足科研用户对高质量信息和知识单元的需求。[2]

2. 加强对项目案例与研究工具类的采集

针对项目案例、研究工具等工具型资源建设难以满足科研用户需求的问题，采取如下采集策略。

对项目案例的采集可从两方面进行，一是关注企业官网、新闻资讯中包含的项目案例，定期进行主题识别与提取。二是可从针对案例进行研究的论文、图书、报告等文献资源中，对其中涉及的项目案例进行识别与提取，还需重点关注年鉴、论文集等汇编性资料。对于研究工具类资源的采集，主要包括数据采集、分析、管理、可视化工具，以及文献管理工具以及学术翻译工具等，要结合"一带一路"科研用户的需求，不仅要提供此类工具的官方下载链接，还需实时对虚拟链接进行检测，降低死链率，还要提供附有演示视频与示例的使用说明。

（三）关注与"一带一路"密切相关的热点话题与动态信息

首先，可从海外动态、部委高层、地方政府不同维度的新闻资讯中寻找其讨论的共同经济话题，亦可从多学科、多领域研究中寻找其讨论的热门事件话题。如 2019 年 4 月 26 日，第二届"一带一路"国际合作高峰论坛开幕式在北京举行，论坛达成 6 大类 283 项务实成果，成为推动"一带一路"建设从"大写意"迈向"工笔画"的里程碑。2019 年 4 月 25 日，在北京成立了"一带一路"能源合作伙伴关系[3]，国内外新闻均展开讨论，形成热点话题，因而可从合作国家、

---

[1] Cowie J, Lehnert W. Information extraction. *Communications of the ACM*, 1996, 39（1）: 80 – 91.

[2] 马雨萌、王昉、黄金霞等:《基于文献知识抽取的专题知识库构建研究——以中药活血化瘀专题知识库为例》，载于《情报学报》2019 年第 5 期，第 482~491 页。

[3]《"一带一路"能源合作伙伴关系在京成立》，新华网, http: //www.xinhuanet.com/world/2019-04/25/c_1124417011.htm? baike, 2021 年 3 月 31 日。

合作项目、部长会议等维度加强能源主题资源的深入采集。

其次，可增加对科研立项、学术会议、前沿理论等学术资源的采集，从而获悉科研热点话题。可从权威的项目数据库或新闻公告中获取科研立项信息，如海研全球科研项目数据库就可作为采集来源，可利用其洞察全球研究前沿，对比分析国内外及区域间的科研现状及开展的项目异同。[①] 学术会议的信息包含研究领域、主办方、语种、开会地址与时间等在内，信息来源分散且不稳定，可以考虑从相关联盟入手。围绕"一带一路"的相关联盟数量众多，如东盟等国家级联盟、"一带一路"国际图书馆联盟等文献情报机构联盟、新丝绸之路大学联盟等学术科研机构联盟等。通过对相关联盟网站信息的查询与筛选，实时动态地获取权威的会议信息。[②] 前沿理论的信息源除传统的期刊文献资源外，还可考虑智库团队发布的专家观点、研究报告、专著等科研成果。智库作为科研的中坚力量和领头羊，其研究成果和理论创新性强，影响力较大。围绕"一带一路"经济管理研究主题的智库团队众多，如宏观经济研究院、经济交流中心、"一带一路"百人谈及中国人民大学团队建立的重阳金融研究院等[③]，其出版的智库报告内容充实、类型丰富，有助于为"一带一路"建设高质量发展提供支撑[④]。由中共中央对外联络部牵头成立的"一带一路"智库合作联盟，成员包括国务院发展研究中心、中国社会科学院及复旦大学[⑤]，是学术研究的讨论前沿，成为国内外相关科研人员关注的焦点。

（四）合作共建国别区域信息，引进小语种资源

1. 多主体合作共建国别区域信息

针对目前"一带一路"国别信息重复建设严重且建设质量不高，造成资源浪费的问题，从系统论的视角出发，建议采用多主体合作共建的方式，共同打造国别区域信息共享平台，有效把握局部与局部之间、整体与局部之间、整体与外部之间的信息交换与有机联系。

就合作主体而言，目前调研的四大"一带一路"专题库代表了四类建设主体，它们各有优势。互联网、大数据商业公司（如国研网）对开源数据具有强大

---

① 海研全球科研项目数据库，http：//www.hiresearch.cn，2021年3月9日。
② 李娟：《特色数字资源服务与"一带一路"建设——以西安交通大学丝路科技知识服务系统为例》，载于《大学图书情报学刊》2019年第4期，第82页。
③ 国家信息中心：《"一带一路"建设发展报告（2022）》，商务印书馆2018年版，第34页。
④ 《"一带一路"领域最具影响力的智库及专家排名》，http：//politics.rmlt.com.cn/2017/1016/499567.shtml，2021年2月10日。
⑤ 《"一带一路"智库合作联盟章程与宣言公布》，http：//www.china.com.cn/opinion/think/2015-04/09/content_35274394.htm，2021年2月10日。

的信息爬取、集成、分析与管理能力，图情机构（如西安交通大学图书馆）、出版机构（如社会科学文献出版社）具有强大的资源储备与组织能力，政府机构（如国家信息中心）具有权威性、领导能力和对外交流能力。因而，建议在政府机构主导下，以大数据公司为建设主体，联合图情机构、出版机构、新闻媒体机构等，共建共享"一带一路"国别区域信息，从而避免重复建设导致的资源浪费。

在大数据环境下，打造国别区域信息共享平台要构建"一带一路"国别省域资源的统一标准规范体系，可依托云计算分布式处理、分布式数据库和云存储、虚拟化技术搭建数据库群、服务平台群[1]，同时可利用区块链技术加强信息安全，还要建立完善的利益平衡机制、激励机制和协作机制[2]，实现"一带一路"国别省域信息的统一建设和共同利用。针对多平台同质化的国别信息，可由数据公司将各库资源进行提炼与统一；针对共同缺乏的区域、重点省市信息，可以集中力量、统筹规划，发挥各地联合机构的地域优势和机构特色合作共建，如西安财经大学图书馆、内蒙古财经大学图书馆就可充分利用陕西、内蒙古两大地理位置优势和自身财经类高校的学科优势，积极挖掘馆内丰富的当地经济管理资源和省域经济概况信息，但目前两馆分别仅建有丝绸之路记事专题库[3]和草原丝绸之路文库[4]。

2. 纳入共建"一带一路"国家的多语种资源

"一带一路"倡议扩大了跨国合作领域，国际学术交流也不断深入，"一带一路"经济管理信息资源建设应覆盖共建国家主要语种，需要特别重视中小国家语种原版资料的引进和开发，尤其是处于重要地理位置的国家、地区与城市，如前文用户需求分析部分提到的瓜达尔港等港口城市、"一带一路"的产业承接区、转型发展区、开放门户区等重要发展区域以及东盟、中国—欧亚经济联盟等"一带一路"相关国际经济联盟所覆盖的区域。

一方面可采购小语种的纸质文献和电子资源，另一方面可联合外语学院、外交部、东盟研究所等，发挥专业教师、科研人员、研究生以及留学生等多类型专业人才的语言优势，下载、获取、翻译与整合各类开放资源，主要源自政府在线服务平台、机构知识库、学科专题库等渠道。这些平台的开放资源主要涵盖各国现状、治理战略、外交政策、经济贸易、地理人口等宏观信息，对于某些经济专

---

[1] 张展：《"一带一路"信息服务平台建设探析》，载于《辽宁经济》2015年第7期，第26~27页。
[2] 韦楠华、吴高：《公共数字文化资源共建共享现状、障碍及对策研究》，载于《图书馆建设》2018年第9期，第18~26页。
[3] 丝绸之路考察纪事专题，http：//lib.xaufe.edu.cn/info/1018/2527.htm，2021年4月20日。
[4] 内蒙古财经大学图书馆，https：//www.imufe.edu.cn/library/，2021年4月20日。

题，也可通过其国家部门、研究院所等获得开源信息。由于这些信息资源类型多样，来源各不相同，且多为对象国的语言，因而可以机器自动抓取和人工筛选精炼相结合的模式开展各类信息资源的提取。[①]

此外，也可考虑引进 RESSET "一带一路"专题数据库，其对金融领域采集内容丰富，且信息可信赖性较强[②]，还可参考已经整合了现有多个小语种资源的由 EBSCO 公司开发的"一带一路全文数据库"[③]。总之，要大力加强对小语种文献资源的引进，这不仅有利于保障国内外科研人员的资源需求，还有利于促进"一带一路"研究方面的跨国交流与发展。

第四节 用户金融信息资源需求与满意度调查

一、用户金融信息资源需求调查

金融信息能够形成金融市场预期、引导资本流动、影响经济决策。[④] 加强金融信息资源建设至关重要。共建"一带一路"国家多语种、共享型经济管理数据库的用户主要有政府用户、企业用户、科研用户三类。满足用户需求是信息服务的出发点，了解用户需求及其特点有利于提高服务质量，从而更好地进行信息资源建设。[⑤] 本次调查的主要目的是了解金融业的投资机构、研究机构、学术机构、监管部门机构等不同类型客户的需求。

（一）调查对象及内容

本部分主要采用问卷调查的形式对用户的"一带一路"金融信息需求进行分

[①] 严丹、李明炎：《高校"一带一路"研究的信息需求和资源支撑体系构建》，载于《图书馆建设》2018 年第 8 期，第 58 页。

[②] RESSET "一带一路"数据库系列，http://www.resset.cn/ydyl，2021 年 3 月 9 日。

[③] 严丹、马吟雪：《"一带一路"专题数据库的建设现状及开发策略研究》，载于《图书馆学研究》2017 年第 12 期，第 42~43 页。

[④] 中华人民共和国国家互联网信息办公室：《助力金融风险防范 推进金融科技与金融信息服务健康发展》，http://www.cac.gov.cn/2019-01/15/c_1123990992.htm，2022 年 6 月 10 日。

[⑤] 赖院根、丹英、王星：《基于流通数据的信息资源建设方法研究》，载于《图书情报知识》2012 年第 3 期，第 87~93 页。

析。调查的内容包括用户的基本信息、对"一带一路"的基本认知情况、用户的多语种金融信息资源需求、使用现有"一带一路"专题数据库和经济管理数据库的满意度等（问卷提纲见附录8）。

（二）调查结果分析

1. 调查对象的基本情况

本次调查共收到130份答复，其中126份为有效答复，问卷回收率为96.92%，说明调查数据具有一定的代表性。有效问卷样本中男性53人，女性73人，占比分别为42.06%和57.94%，女性比例略大于男性。关于调查对象的年龄分布，18~25岁的调查对象占70.63%，26~35岁占23.02%，36~45岁占5.56%。关于调查对象的学历分布，硕士77人，占比61.11%，本科31人，占比24.6%，博士16人，占比12.7%。关于调查对象的专业背景分布，80.16%为社会科学管理学和经济学类，其次是人文科学（12.70%），少数为自然科学类和工程科学类，其学科专业比例分布如图4-15所示。关于调查对象的类型，科研用户96人（76.19%），政府用户10人（7.94%），企业用户19人（15.08%）。

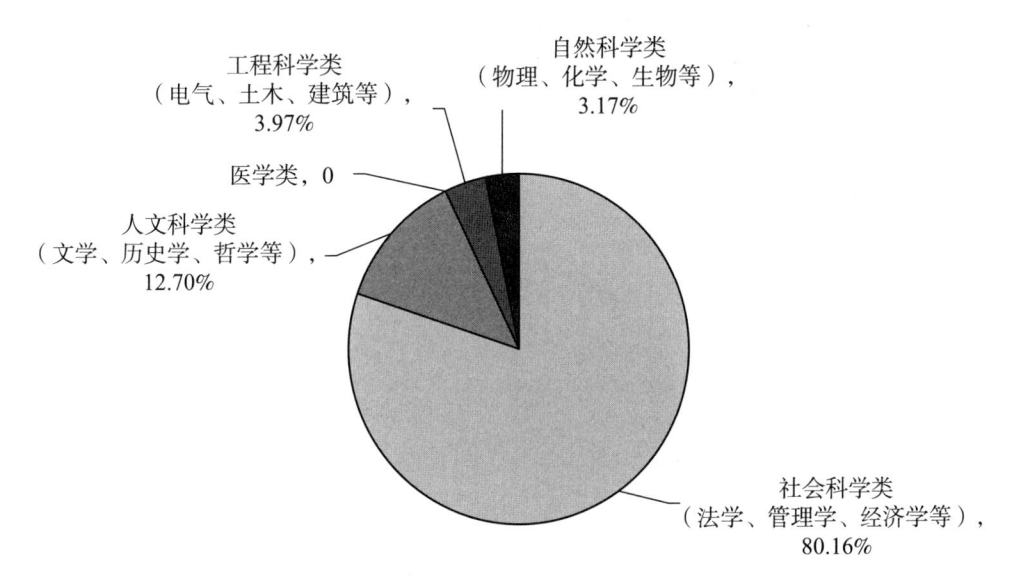

图 4-15 调查样本专业分布

2. 对"一带一路"的认知情况

调查对象对"一带一路"的了解程度如图4-16所示。约89%的调查对象表示对"一带一路"很了解或基本了解，只有约11%的调查对象表示不太了解和不了解。

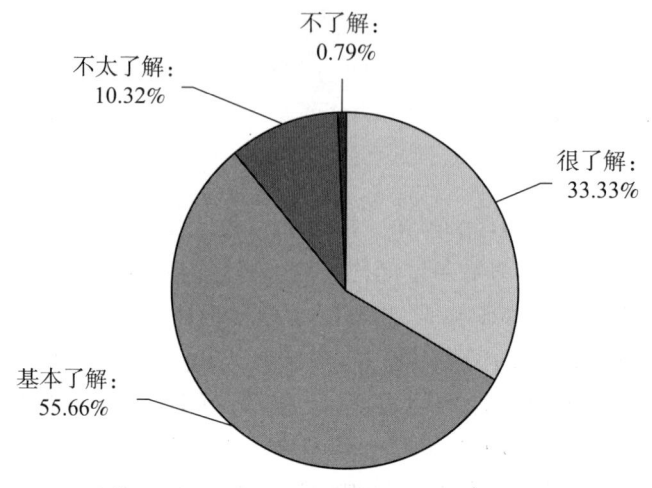

图 4-16 对"一带一路"的了解程度

不了解：0.79%
不太了解：10.32%
很了解：33.33%
基本了解：55.66%

3. 不同类型用户的共性需求分析

（1）需求程度。

调查对象对"一带一路"信息资源和金融信息资源需求程度分别如图 4-17 和图 4-18 所示。其中，约 84% 的人表示需要或很需要"一带一路"信息资源，约 26% 的人表示不太需要或不需要；约 85% 的人表示需要或很需要金融信息资源，约 25% 的人表示不太需要或不需要。

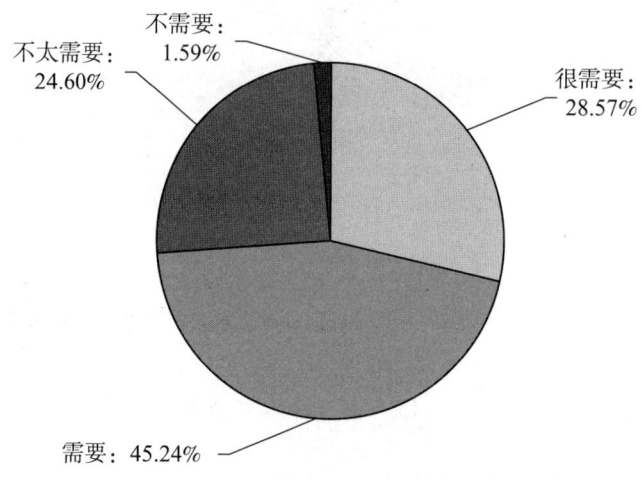

不需要：1.59%
不太需要：24.60%
很需要：28.57%
需要：45.24%

图 4-17 对"一带一路"信息资源的需求程度

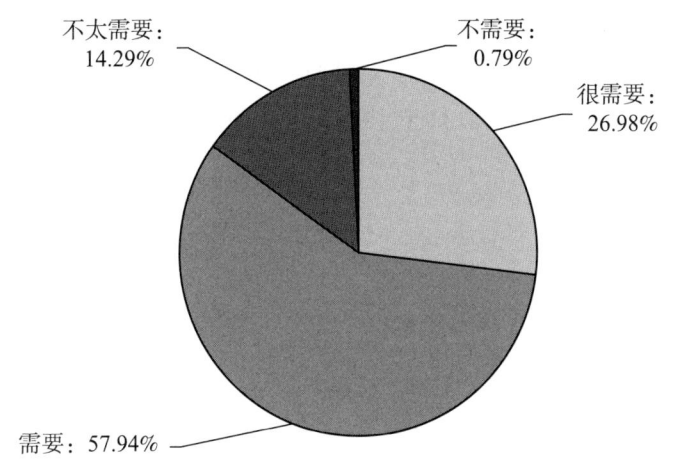

图 4-18 对金融信息资源的需求程度

此外，在数据库多语种的需求方面，调查对象打分平均分值为 7.28 分（满分 10 分），分值较高，可见用户对数据库的多语种建设期望较高。因此，有必要进行"一带一路"信息资源和金融信息资源的建设来满足用户需求，同时也要加强数据库的多语种建设。

（2）信息资源使用目的。

调查样本显示，用户对"一带一路"金融信息资源的使用目的主要是掌握市场动态（占 73.02%）、科学研究需要（占 64.29%）、投资决策参考（占 57.94%），其次是历史趋势分析，政策制定需要和竞争对手信息占比最小。具体统计结果见图 4-19。

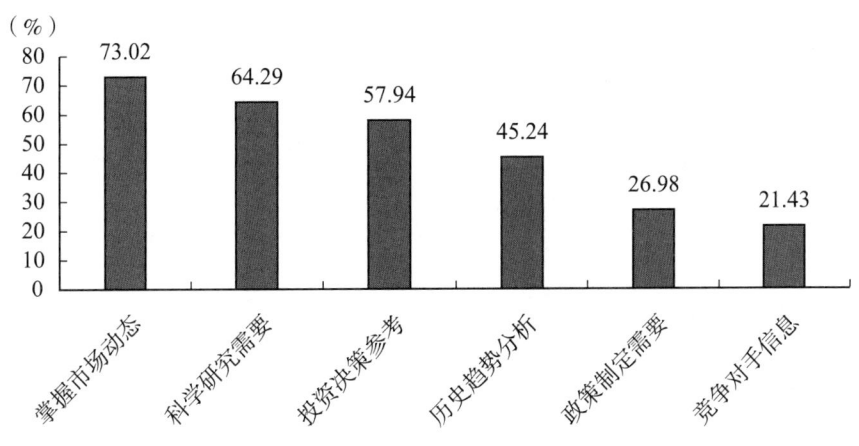

图 4-19 金融信息的使用目的

（3）按内容划分的需求类别。

调查对象的金融信息资源偏好类型如图4-20所示，可以发现用户所需的资源类型前三是统计数据（84.13%）、新闻动态（66.67%）、政策法规（61.11%）。

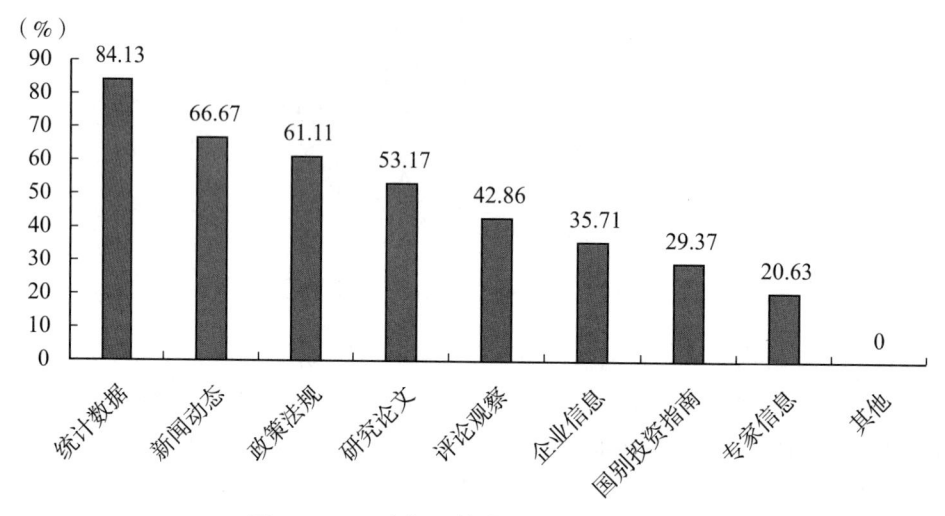

图4-20 对金融信息资源类型的需求

（4）信息资源质量需求。

在信息资源的质量上，91.27%的用户看重信息资源的权威性，61.11%的用户看重资源的时效性，41.27%的用户看重资源的完整性。统计结果如图4-21所示。

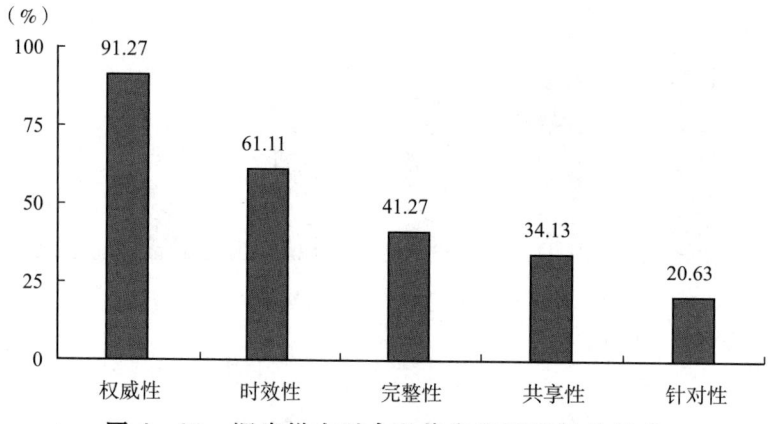

图4-21 调查样本对金融信息资源质量的需求

（5）信息组织需求。

调查发现，多数用户希望按资源类型（86.51%）或行业（67.46%）组织信息，少数选择按资源主题（30.95%）和国别区域（30.16%）组织信息，个别用户认为应按时间（3.97%）组织信息。

4. 不同类型用户的金融信息需求分析

（1）政府用户的金融信息需求。

政府用户使用金融信息的出发点主要是政策制定依据（100%）、掌握市场动态（80%）、历史趋势分析（80%），其不同的需求统计结果如图4-22所示。

需求目的	百分比
政策制定依据	100
掌握市场动态	80
历史趋势分析	80
投资决策参考	70
科学研究需要	20

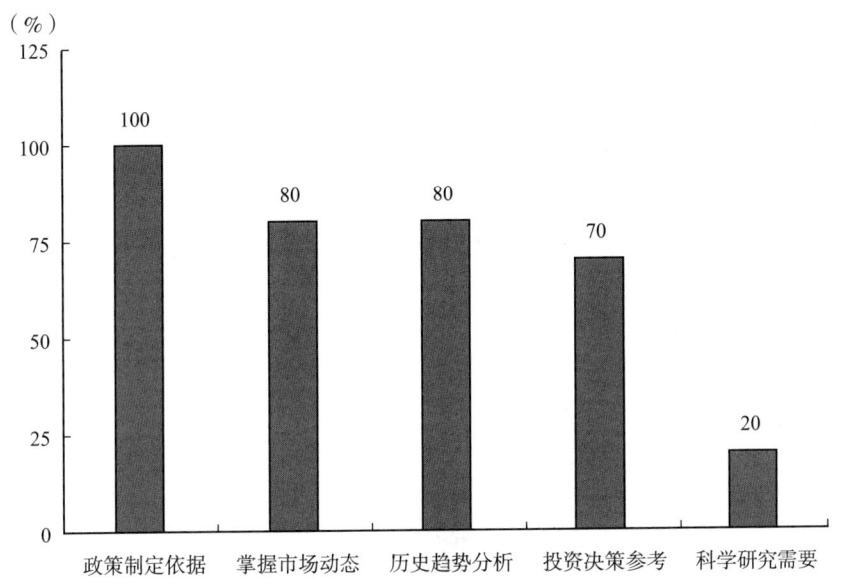

图4-22 政府用户对金融信息资源的需求目的

在信息资源类型方面，政府用户所需最多的是政策法规、评论观察和统计数据，其次是新闻动态和国别投资指南，对于研究论文、企业信息、专家信息的需求相对较小，政府用户对不同类型的金融信息资源需求统计结果见图4-23。

（2）企业用户的金融信息需求。

企业用户的金融信息需求主要是投资决策参考（94.74%）、掌握市场动态（78.95%）、竞争对手信息（57.89%），较少企业用户选择历史趋势分析、科学研究需要及政策制定依据，其对金融信息资源的不同需求类型统计结果如图4-24所示。

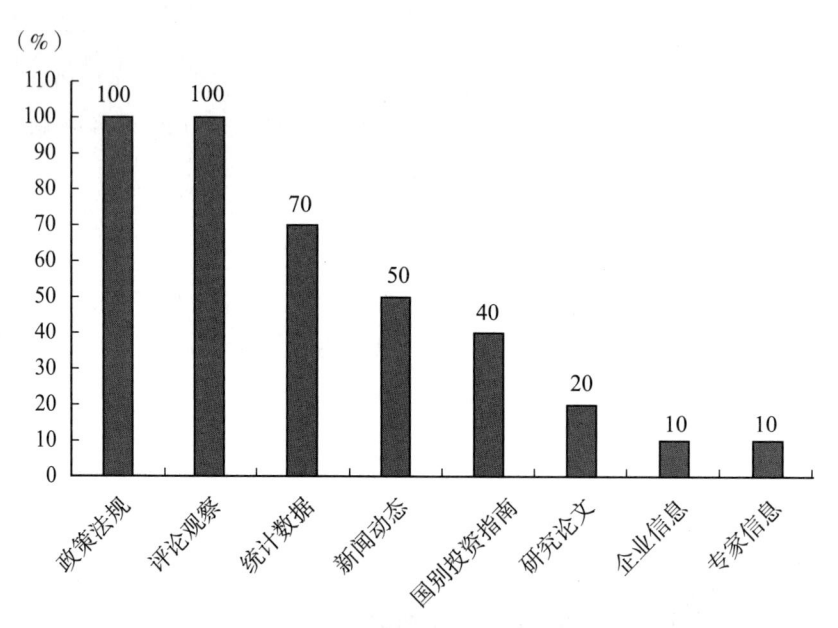

图 4-23 政府用户对金融信息资源类型的需求

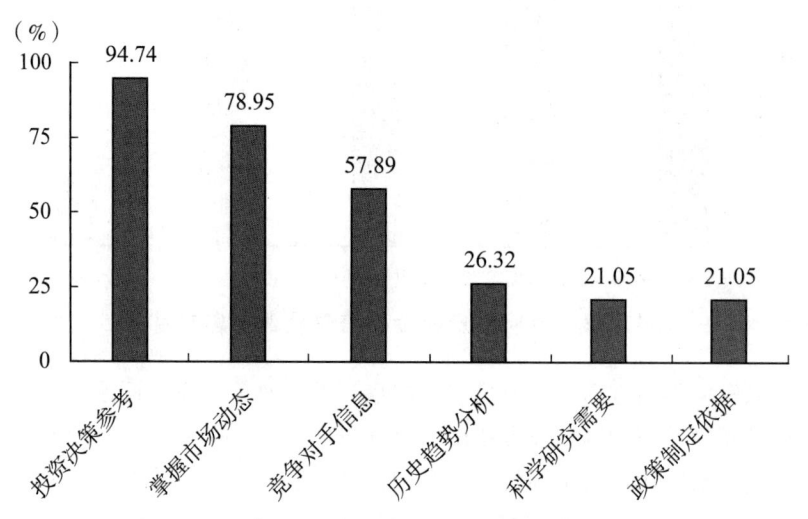

图 4-24 企业用户对金融信息资源的需求目的

企业用户信息资源类型的需求有统计数据（89.47%）、新闻动态（84.21%）、企业信息（73.68%）、国别投资指南（52.63%），具体见图4-25。

（3）科研用户的金融信息需求。

对于科研用户而言，使用"一带一路"金融信息资源主要是满足科学研究需要（78.13%）、掌握市场动态（70.83%）、投资决策参考（50.00%），其所需的信息资源类型主要是统计数据（84.38%）、研究论文（66.67%）、新闻动态

（64.58%）以及政策法规（61.46%）。其不同的金融信息资源需求类型占比和对不同类型的金融信息资源需求统计见图 4-26 和图 4-27。

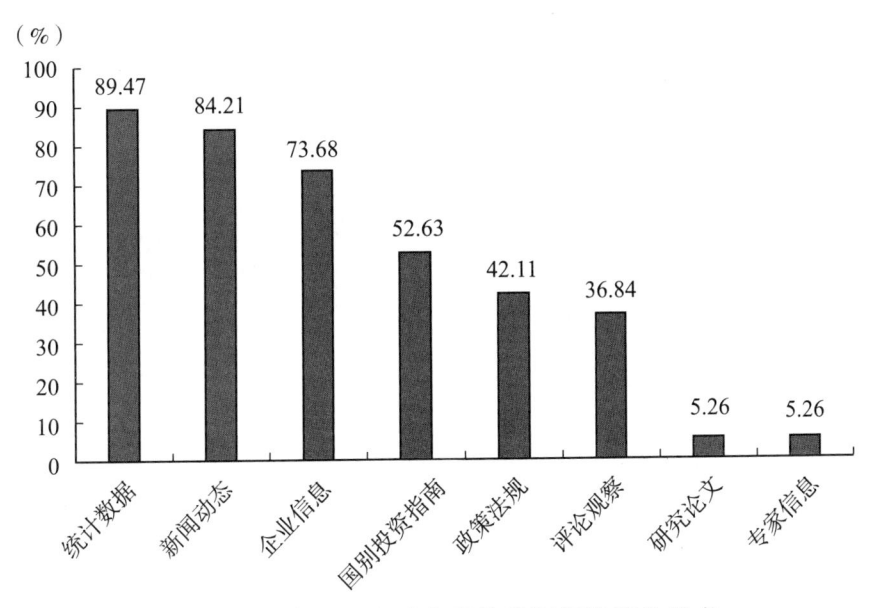

图 4-25 企业用户对金融信息资源类型的需求

类型	百分比
统计数据	89.47
新闻动态	84.21
企业信息	73.68
国别投资指南	52.63
政策法规	42.11
评论观察	36.84
研究论文	5.26
专家信息	5.26

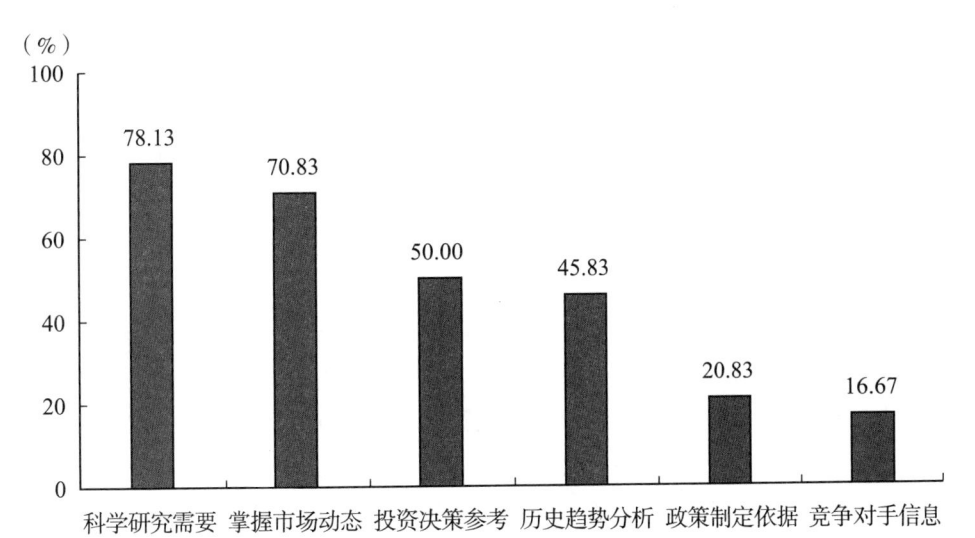

图 4-26 科研用户对金融信息资源的需求目的

目的	百分比
科学研究需要	78.13
掌握市场动态	70.83
投资决策参考	50.00
历史趋势分析	45.83
政策制定依据	20.83
竞争对手信息	16.67

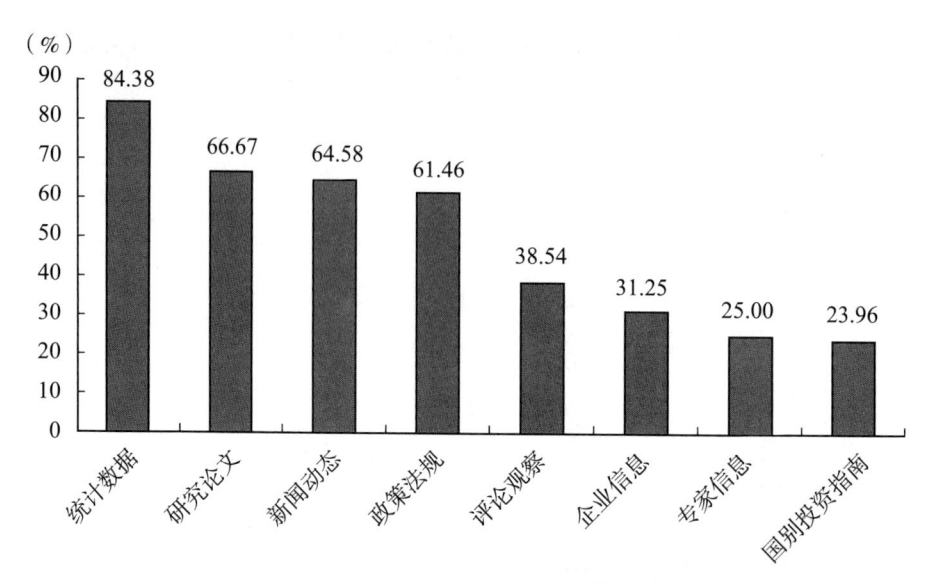

```
(%)
90   84.38
80
70        66.67
60              64.58
50                    61.46
40                          38.54
30                                31.25
20                                      25.00  23.96
10
 0
   统计数据 研究论文 新闻动态 政策法规 评论观察 企业信息 专家信息 国别投资指南
```

图4-27 科研用户对金融信息资源类型的需求

5. 需求总结

结合CEIC、新华丝路、汤森路透等较成熟的金融信息服务平台的客户群体及服务产品介绍[①][②]，可得到"一带一路"经管数据库的用户金融信息需求，如图4-28所示。

社会科学文献出版社"一带一路"数据库项目组对党政智库、高校智库、企业及行业智库等用户的调查与访谈结果显示，虽用户需求内容的差异大，但也有同一性，即普遍对内容专业性和信息时效性要求高。党政用户对共建"一带一路"国家政策、人口社会发展信息和经济指标数据需求度高；企业用户更为关注其所在行业的项目信息、投资分析报告[③]；科研用户则对其研究方向的数据和相关研究成果需求度高。

本次调查结果与社会科学文献出版社的调查结果相似，用户普遍对信息资源的权威性、可靠性和信息时效性要求较高。政府用户对政策法规、评论观察和统计数据需求度高，企业用户关注市场统计数据、新闻动态、企业信息、投资指南和竞争对手信息等，科研用户则更需要统计数据、研究论文、新闻动态和相关的政策法规建设。各类用户所需的金融信息资源类型包括金融新闻资讯、金融统计

---

① 《我们的客户》，CEIC数据库，https://www.ceicdata.com/zh-hans/about-us/our-users，2022年6月12日。
② 《产品与服务》，汤森路透中国，https://www.thomsonreuters.cn/zh.html，2022年6月12日。
③ 刘姝：《"一带一路"数字资源建设现状及发展策略》，载于《文献与数据学报》2020年第4期，第103~110页。

数据、金融研究与评论、金融政策法规、国别和地区投资指南、企业信息、贸易园区信息等。由于互联网使用的普及，用户同时从传统渠道和互联网获取信息，视频、语音也都成为金融资讯的传播方式。①

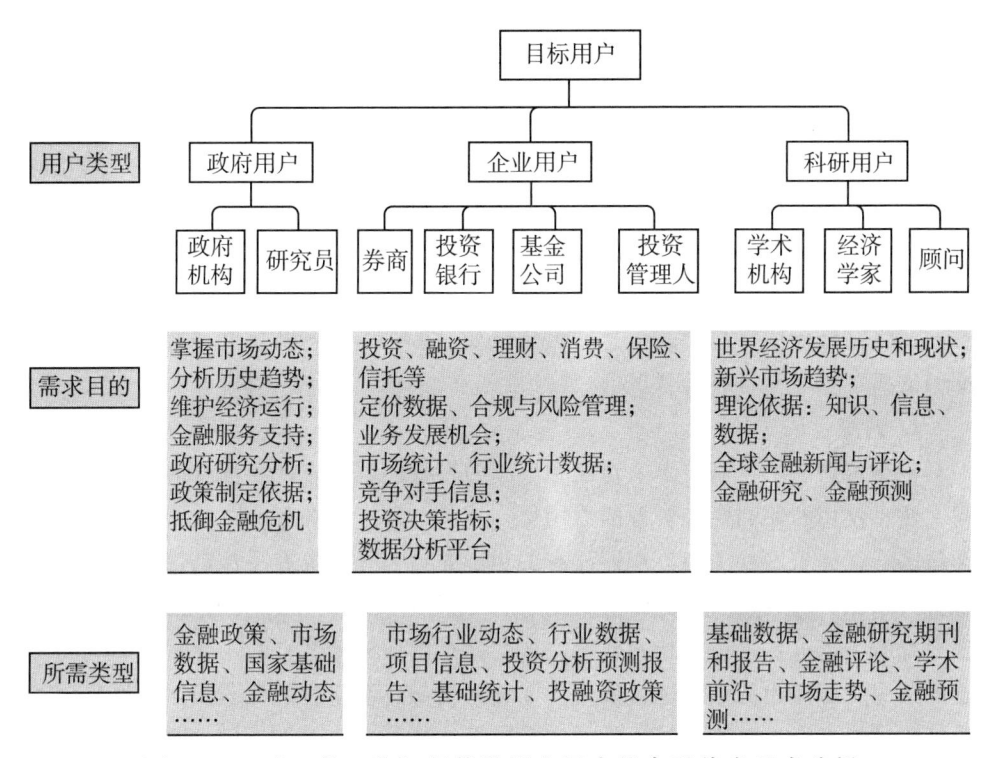

图 4-28 "一带一路"经管数据库用户的金融信息需求分析

用户类型	政府用户		企业用户				科研用户		
	政府机构	研究员	券商	投资银行	基金公司	投资管理人	学术机构	经济学家	顾问
需求目的	掌握市场动态；分析历史趋势；维护经济运行；金融服务支持；政府研究分析；政策制定依据；抵御金融危机		投资、融资、理财、消费、保险、信托等定价数据、合规与风险管理；业务发展机会；市场统计、行业统计数据；竞争对手信息；投资决策指标；数据分析平台				世界经济发展历史和现状；新兴市场趋势；理论依据：知识、信息、数据；全球金融新闻与评论；金融研究、金融预测		
所需类型	金融政策、市场数据、国家基础信息、金融动态……		市场行业动态、行业数据、项目信息、投资分析预测报告、基础统计、投融资政策……				基础数据、金融研究期刊和报告、金融评论、学术前沿、市场走势、金融预测……		

所以，为满足各类用户的不同需求，"一带一路"经管数据库金融信息资源建设的资源载体应该主要是机读型和视听型，建设的内容主要有金融新闻资讯、统计数据、学术资源、政策法规信息资源、国别投资指南、园区信息、金融机构信息等，资源类型有图书、资讯、数据、期刊论文、学术论文、研究报告、政策法规等。在资源建设上，应加强多语种资源建设满足用户的多语言信息资源需求，注重信息资源质量，确保金融信息资源的来源权威性、内容的专业性和时效性。

---

① 彭绪庶、张琪：《金融信息资讯服务的发展特征与趋势》，载于《网络传播》2017 年第 6 期，第 87~89 页。

二、"一带一路"数据库金融信息资源满意度调查

(一) 问卷调查设计

顾客满意度和消费者行为研究领域的重要学者,尤其在顾客满意度理论方面有突出贡献的奥利弗认为:顾客满意度取决于顾客对产品或服务的感知效果与其期望的对比。[①] 用户满意度指用户在使用数据库之后,与其期望相比较后形成的满意或不满意的态度。本部分特指用户根据近三个月的使用情况而形成的综合满意度,旨在分析用户对金融信息资源建设某一指标的用户满意度、相对于需求和期望的满意程度、总体满意度。

1. 调查目的

根据调查结果,用户普遍对信息资源的权威性、可靠性和信息时效性要求较高,注重使用的便利性和资源的易用性,且各类用户需求不一,所需的信息资源类型多样,涵盖的种类各不相同,有关注历史趋势分析也有关注前沿动态,故信息资源时间跨度也较大。对现有的数据库满足用户期望和需求进行满意度调查,需要综合考虑这些指标。构建科学完善的满意度指标体系有利于评估用户对目前金融信息资源建设的满意度,发现当前金融信息资源建设的优点及不足,从而为数据库建设者提供更加有针对性的资源建设建议。一般而言,用户满意度指标体系的构建需要遵循整体性、针对性、准确性、代表性、可比性、可操作性、可量化、稳定性等原则。[②]

2. 满意度指标构建

文献调研发现目前并没有标准的数字资源建设用户满意度指标体系。关于数据库用户满意度评价的研究中,主要有两大类指标,一是对数据库资源质量的评估,二是对数据库服务的评估。参考已有研究提出的用户满意度测量模型及其他信息资源评估文献[③],结合共建"一带一路"国家、多语种共享型经济管理数据库的特点和金融领域资源建设的特殊需求,考虑信息资源来源、主题、多语种、

[①] Oliver, Richard L. A cognitive model of the antecedents and consequences of satisfaction decisions. *Journal of Marketing Research*, 1980, 17 (4): 460–469.

[②] 周莉斌:《基于用户满意度角度的学术数据库评价体系的研究》,上海社会科学院,2019年,第22页。

[③] 莫祖英、马费成:《数据库信息资源内容质量用户满意度模型及实证研究》,载于《中国图书馆学报》2013年第2期,第85~97页。

共建共享、信息资源组织方式、金融信息资源集成度等因素，初步构建"一带一路"多语种金融信息资源建设用户满意度指标体系，具体包括：

（1）关于总体、需求和期望的满意度；

（2）关于信息资源内容的满意度，包括资源类型、总量和时间三类[①]；

（3）关于信息资源质量的满意度，指标包括权威性、新颖性、相关性、完整性、准确性和覆盖面；

（4）关于金融信息组织体系的满意度，指标分为类目规范、易获取性、易用性和集成性[②]；

（5）关于多语种金融信息资源建设的满意度，指当前金融资源的语言种类和数量能满足用户需求的程度。

3. 调查问卷设计

由于满意度主要依赖于用户的主观判断，难以严格定量分析，本部分主要采取李克特量表（Likert scale）对当前数据库中金融信息资源建设满足用户需求情况进行调查，每一指标分"很满意""满意""一般""不满意""很不满意"五类，分别标记为5、4、3、2、1。具体的问卷调查提纲见附录5。

（二）调查结果分析

共计回收126份有效问卷，由于其中93名用户表示需要"一带一路"金融信息资源且使用过相关数据库，因此主要分析这93名用户的满意度情况，统计汇总情况见表4-12。

表4-12　　　　　　　　用户对各指标的满意度数据汇总

维度	指标	很不满意	不满意	一般	满意	很满意	平均值
总体满意度	总体满意度	0 (0.00%)	5 (5.38%)	10 (10.75%)	56 (60.22%)	22 (23.66%)	4.02
	满足金融信息资源需求	0 (0.00%)	3 (3.23%)	10 (10.75%)	60 (64.52%)	20 (21.51%)	4.04
	满足金融信息资源建设期望	0 (0.00%)	6 (6.45%)	7 (7.53%)	59 (63.44%)	21 (22.58%)	4.02

---

① 徐丽芳、徐志武、章萌：《科学网信息用户价值及其满意度研究》，载于《出版科学》2017年第6期，第82~88页。

② 孙佳：《网络信息组织用户满意度评价指标体系研究》，郑州大学，2019年，第24页。

续表

维度	指标	很不满意	不满意	一般	满意	很满意	平均值
信息资源数量满意度	类型多样	0 (0.00%)	0 (0.00%)	5 (5.38%)	58 (62.37%)	30 (32.26%)	4.27
	总量够大	0 (0.00%)	2 (2.15%)	10 (10.75%)	60 (64.52%)	21 (22.58%)	4.08
	时间跨度长	0 (0.00%)	0 (0.00%)	2 (2.15%)	80 (86.02%)	11 (11.83%)	4.10
信息资源质量满意度	权威性	0 (0.00%)	1 (1.08%)	8 (8.60%)	67 (72.04%)	16 (17.20%)	4.02
	时效性	2 (2.15%)	2 (2.15%)	13 (13.98%)	55 (59.14%)	21 (22.58%)	3.98
	相关性	1 (1.08%)	2 (2.15%)	10 (10.75%)	70 (75.27%)	10 (10.75%)	3.92
	完整性	0 (0.00%)	3 (3.23%)	7 (7.53%)	64 (68.82%)	19 (20.43%)	4.06
	准确性	0 (0.00%)	0 (0.00%)	8 (8.60%)	50 (53.76%)	35 (37.63%)	4.29
	覆盖面	3 (3.23%)	5 (5.38%)	13 (13.98%)	48 (51.61%)	24 (25.81%)	3.91
	资源特色	0 (0.00%)	0 (0.00%)	8 (8.60%)	70 (75.27%)	15 (16.13%)	4.08
金融信息组织	类目规范	6 (6.45%)	9 (9.68%)	22 (23.66%)	41 (44.09%)	15 (16.13%)	3.54
	易获取性	1 (1.08%)	2 (2.15%)	5 (5.38%)	80 (86.02%)	5 (5.38%)	3.92
	易用性	1 (1.08%)	2 (2.15%)	7 (7.53%)	77 (82.80%)	6 (6.45%)	3.91
	金融资源集成	10 (10.75%)	16 (17.20%)	41 (44.09%)	21 (22.58%)	5 (5.38%)	2.95
多语种资源建设	—	5 (5.38%)	11 (11.83%)	25 (26.88%)	45 (48.39%)	7 (7.53%)	3.41

总体满意度以及相对于需求和期望的满意度平均值均在4左右，表示目前数据库的金融信息资源建设基本能满足大部分用户的信息需求和期望。但是其中有约16%的用户表示"一般"或"不满意"，约14%的用户在满足需求和期望时选择"一般"或"不满意"，说明目前数据库的金融信息资源建设在某一方面还没有满足其需求或期望，仍需在这些方面进一步完善。具体来说，当前金融信息用户满意度存在如下特点。

1. 信息资源数量满意度较高

信息资源数量各指标的平均满意度较高，其中金融信息资源类型的满意度最高，说明当前数据库提供多样化的金融资源，可满足用户需求。87%的用户对目前数据库中的资源总量感到"满意"或"很满意"，97%以上的用户认为目前的金融信息资源时间跨度长，既可以支撑金融历史发展分析，又能帮助其掌握最新动态。

2. 信息资源质量满意度不一

在资源的权威性、完整性和准确性及特色资源建设上，用户满意度较高；但是在时效性、相关性、覆盖面方面，用户满意度较低。说明目前金融资源建设的资源来源权威、数据准确，但是用户浏览和检索到的信息相关性较低，且用户认为金融资源的行业覆盖面较窄，获取信息的时效性有待加强，与用户需求不完全匹配。与现状调查结果一致，即当前一些"一带一路"专题数据库数据资源更新频率较低。

3. 金融信息组织满意度较低

资源组织方面，类目规范这一指标中，16%的用户表示"不满意"或"很不满意"，23.66%的用户表示"一般"，说明在资源类目设置方面，还存在不合理的地方，无法满足部分用户快速准确检索信息资源的需求。资源易获取性和资源易用性这一指标也与资源组织有一定关联，数据库资源组织与信息描述越合理，资源就越容易被用户发现利用，而在这两个指标中，部分用户选择了"一般"或"不满意"。在金融资源集成上，较多用户选择"很不满意""不满意"或"一般"，选择"满意"或"很满意"的用户较少，说明在金融信息资源集成上，目前的数据库中资源主题或类目没有设置或设置不规范、不统一，不便于金融用户使用。

4. 多语种资源建设满意度较低

调查显示，只有55.91%的用户选择对当前多语种资源建设"满意"或"很满意"。根据需求调查结果，用户对多语种资源建设较为看重，但实际上当前支持多语种界面的数据库较少，数据库中的多语种资源较少，基本不具有跨语言检索功能。可见，当前多语种资源的建设与跨语言检索功能还不能满足用户对小语种资源的需求。

第五章

"一带一路"经管数据库建设的标准规范

第一节 标准规范体系模型与框架

标准化是专题库建设过程中的重要环节。标准规范是人文社科专题库建设的首要问题和深度开发利用的前提[1]，也是跨国信息资源整合的基础[2]。但当前"一带一路"专题库在建设过程中面临规范化管理不足的问题。一方面，各专题库资源采集标准尚未确定、组织方式各不相同[3]；另一方面，共建"一带一路"国家在信息采集、加工、存储、交换等环节所使用的标准差异较大[3]，不利于共建国家信息的融合和服务体系的建立。经管专题库建设是一项庞大复杂的系统工程，涉及沿线多个国家和部门，涉及语种众多，亟须通过标准规范进行统筹协调；目前已建成的专题库中尚未采用统一标准，其建库目的、数据来源和服务对象各异，为资源整合与用户的统一检索带来不便。因此下文对经管专题库的标准体系的模型及框架进行探讨，旨在提升专题资源建设效率，进而增进沟通与经济

---

[1] 李阳、孙建军：《人文社科专题数据库建设规范化管理的若干问题》，载于《现代情报》2019年第12期，第4~10页。

[2] 丁波涛：《"一带一路"沿线国家信息资源整合模式——基于国际组织和跨国企业经验的研究》，载于《情报杂志》2017年第9期，第160~164页。

[3] 司莉、陈辰、周璟：《"一带一路"专题数据库建设调查与发展分析》，载于《图书情报工作》2021年第3期，第4~12页。

合作，推动"一带一路"向高质量方向发展。

一、标准体系研究现状

（一）专题库标准体系建设研究

目前提出的专题库标准体系主要基于以下几种思路：①基于业务板块的构建思路，主要从专题库的架构角度，针对标准体系所面临的业务要求如技术、管理、服务等方面建立标准。如国家科技管理信息系统标准体系框架由总体、信息资源、应用服务、支撑技术、基础设施和管理类标准构成[1]；档案数据库建设标准体系综合考虑技术、管理、工作和专业等不同性质标准[2]；环境影响评价基础数据库标准规范体系设置数据资源、数据库、共享交换和应用服务4大类12小类[3]；基层医疗卫生信息系统的标准体系由基础类、数据类、技术类、安全与隐私类和管理类标准构成[4]；教育宏观决策数据库标准体系由基础、数据、技术和管理标准构成[5]；②基于数据处理过程的构建思路，聚焦专题库的数据描述、组织、规范控制等处理过程构建标准体系。如"一带一路"新型智库信息资源标准规范体系由信息处理、唯一标识符和元数据标准等组成[6]；"一带一路"沿线多语种、共享型经济管理数据库元数据标准体系包括数据结构、数据值、数据内容数据格式和技术交换标准[7]；专题档案资源库采用国际国内通用数据著录标准、数据格式标准、数据标引标准、规范控制标准对资源进行系统化、逻辑化的组织[8]；古籍书目数据库标准规范包含著录标准、分类标准和用字规范等方面[9]；

---

[1] 梁冰、王莉：《关于国家科技管理信息系统标准体系建设的思考》，载于《情报学报》2016年第9期，第911~916页。

[2] 钱毅：《档案数据库标准体系的构建》，载于《北京档案》2007年第5期，第24~25、30页。

[3] 赵晓宏、丁峰、李时蓓等：《环评基础数据库建设与展望》，载于《环境影响评价》2014年第4期，第33~35页。

[4] 赵霞、李小华、周毅等：《基层医疗卫生信息系统标准体系研究》，载于《医学信息学杂志》2018年第8期，第47~50、57页。

[5] 王加祥：《教育宏观决策大数据库标准体系构建研究》，载于《信息记录材料》2021年第3期，第152~154页。

[6] 赵豪迈：《"一带一路"新型智库信息工程建设概述》，载于《电子政务》2017年第5期，第85~100页。

[7] 王雨娃、司莉：《"一带一路"沿线多语种、共享型经济管理数据库元数据标准体系建设研究》，载于《图书馆学研究》2021年第3期，第44~53页。

[8] 王上铭：《专题档案资源库建设研究》，南京大学，2015年，第12页。

[9] 周琳洁：《我国古籍书目数据库建设标准规范探讨》，载于《图书馆建设》2010年第2期，第47~50页。

CALIS 重点学科网络资源导航库制定的相关标准规范包括资源选择标准、元数据规范、著录规则、资源类型控制标准[1]。

（二）经管类数据标准的建设

国际经济行业组织的数据标准建设多集中于元数据、质量控制和发布环节。国际货币基金组织（IMF）发布的《通用数据传播标准》和《专用数据传播标准》提出从数据覆盖范围、频率和时效、公众可得性以及真实性和质量 4 方面进行规范[2]。世界银行的《信息分类和控制政策》《银行指南：发展数据采集与存储》与《信息获取政策》[3]对数据的采集、组织、存储和利用等流程进行控制；经济合作与发展组织（OECD）制定的《统计数据质量准则》[4]、《统计数据和元数据交换（SDMX）》[5]和《数据集和表格的发布标准》[6]等分别对其经济数据的质量、元数据和发布进行规范化控制；英国数据存档（UKDA）通过制定编目指南、元数据标准、馆藏发展政策、数据处理标准和保存标准对其从英国经济与社会研究委员会（ESRC）和国家统计局获取的经济数据进行管理[7]；欧盟统计局发布了统计数据质量控制标准框架和元数据标准，并对国际贸易和农业经济等领域数据的收集、编码、发布进行规范[8]。

有研究对审计与银行的数据标准进行探讨。如审计信息化标准体系包括基础、信息处理和基础支撑 3 大类，并按业务和主体维度对部分标准进行细分[9]；银行数据标准管理体系包括组织建设、体系规划、监督检查与维护等[10]。

现有研究中提出的专题库标准体系能为本研究提出的框架在整体结构上提供

---

[1] 张惠君、张春红、萧德洪等：《"CALIS 重点学科网络资源导航库"标准与规范述评》，载于《大学图书馆学报》2006 年第 3 期，第 28~32 页。

[2] International Monetary Fund's Dissemination Standards Bulletin Board. 2023 – 04 – 03, https://dsbb.imf.org/.

[3] The World Bank: Policy and Procedure Framework. 2023 – 04 – 03, https://policies.worldbank.org/en/policies#2.

[4] OECD: Quality Framework for OECD Statistical Activities. 2023 – 03 – 14, http://www.oecd.org/sdd/qualityframeworkforoecd – statisticalactivities.htm.

[5] OECD: Statistical Data and Metadata eXchange (SDMX). 2023 – 03 – 14, http://www.oecd.org/sdd/.

[6] OECD: Publishing Standards for Datasets and Data Tables. 2023 – 03 – 14, http://www.oecd.org/statistics/statisticalmanualsand – guidelinesbytopic.htm.

[7] UKDA: Standards and procedures. 2023 – 04 – 03, https://www.data – archive.ac.uk/managing – data/standards – and – procedures/.

[8] Eurostat: Quality Overview. 2023 – 04 – 03, https://ec.europa.eu/eurostat/web/quality/overview.

[9] 倪敏、吕天阳、周维培：《审计信息化标准体系探讨》，载于《审计研究》2020 年第 3 期，第 3~11 页。

[10] 徐涛：《浅谈银行业数据标准管理框架体系》，载于《金融经济》2017 年第 18 期，第 129~130 页。

参考，但尚未涉及"一带一路"和经管领域；对于经管类数据标准建设研究，主要集中在元数据、质量控制方面，但多是基于工作经验提出，缺乏顶层设计和理论指导，未能覆盖数据的整个生命周期。因此，本研究基于霍尔的三维结构理论①，从适用范围、主题类型和数据流程维度构建标准体系模型和框架，再结合标准化部门和国际经济行业组织的标准文件，对经管专题库数据流程中各环节的标准内容进行解析。

二、标准规范体系模型

标准体系模型的构建是确保经管专题库建设有序推进、提高资源质量的基础性工作。以国家标准为指导，借鉴霍尔三维结构理论、总体架构（EA）方法和信息生命周期理论，从适用范围、主题类别和数据流程三个维度，建立标准体系的三维模型，为"一带一路"经管专题库标准体系框架的构建建立基础。

（一）理论基础

1. 霍尔三维结构理论

霍尔三维结构理论由美国系统工程专家霍尔提出，它将系统工程的过程分散到三维空间结构中，即6个阶段（时间维）、7个步骤（逻辑维）和专业知识（知识维）；结合3个维度可准确定位工程进度，进行计划、组织和控制。② 该理论被应用于全球范围的大型复杂系统的规划、组织及管理，在标准体系构建过程中已得到较多应用。③ 借鉴该理论，本研究将标准分列为3个维度。

2. 总体架构方法论

总体架构（Enterprise Architecture，EA）是在信息系统设计与实施的实践基础上发展而来的方法，描述了业务、信息、应用和技术互动的整体构想。美国国家标准与技术研究院等提出5层EA模型，包括技术基础设施层、数据描述层、系统与应用层、信息流及其关系与业务流程层。④ 该理论已成为普遍采用的复杂

---

①② Hall A D. Three-dimensional morphology of systems engineering. *IEEE Transactions on Systems Science and Cybernetics*，1969，5（2）：156–160.

③ 经渊、郑建明：《我国城镇信息化建设管理标准规范体系研究》，载于《图书情报工作》2016年第19期，第59~65页。

④ 郭路生、刘春年：《大数据环境下基于EA的政府应急信息资源规划研究》，载于《情报杂志》2016年第6期，第171~176页。

系统设计与实施的理论和工具[①]，用于整体架构和顶层设计，为标准体系模型的主题类型维的设计提供支撑。

3. 信息生命周期理论

信息生命周期指信息从生成到失去价值的整个时间区间[②]，不同时期的信息可能在格式、目的、价值和使用上经历多种转换。英国数据档案项目联盟提出的DDI 3.0生命周期模型要素包括数据收集、处理、存档、发布、发现、分析和再利用。[③] 该理论为理解和开展数据管理提供了框架，能够识别数据的演变阶段和使用人员的特定需求，确定建库过程中的标准化任务，是标准体系模型的数据流程维的理论基础。

（二）标准体系的三维模型

本研究立足上述理论，构建了经管专题库标准体系模型（见图5-1）。具体而言，依据霍尔三维结构确定模型的结构，即适用范围、数据流程和主题类别三维；而总体架构方法论和信息生命周期理论分别用于主题类别和数据流程维标准的划分。

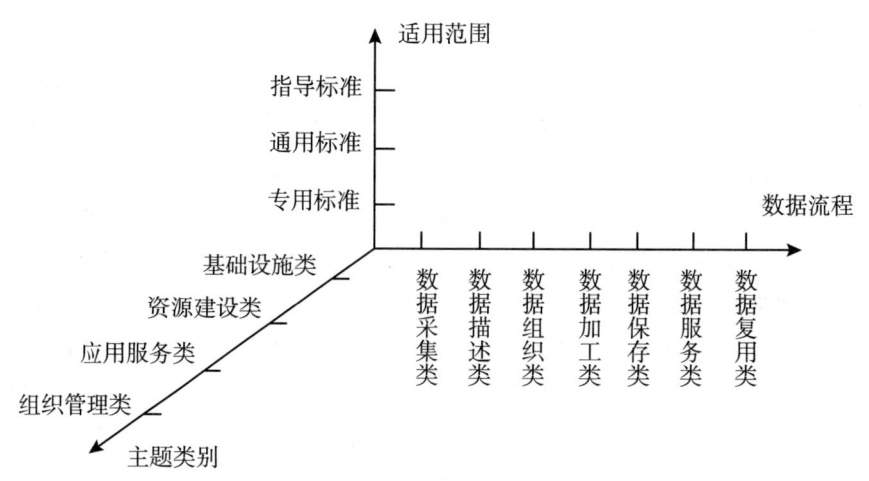

图5-1 经管专题库标准体系三维模型

[①] 王璟璇、于施洋、杨道玲等：《电子政务顶层设计：国外实践评述》，载于《电子政务》2011年第8期，第8~18页。

[②] 马费成、望俊成：《信息生命周期研究述评（I）：价值视角》，载于《情报学报》2010年第5期，第939~947页。

[③] 李伟绵、崔宇红：《研究数据管理生命周期模型及在服务评估中的应用》，载于《情报理论与实践》2015年第9期，第38~41页。

1. 适用范围维标准

国家标准《标准体系构建原则和要求（GB/T 13016-2018）》指出应立足个性标准，提取共性技术要求作为上层的共性标准[①]，说明标准体系应被划分为适用于共性、个性的层次结构，由指导、通用和专用3个层次组成[②]。因此，本研究结合霍尔三维结构的逻辑维，将适用范围维标准划分为指导、通用和专用标准。

2. 主题类别维标准

数据库的建设是一个系统工程，其业务活动涉及数据处理、数据应用、基础设施和运行管理等多个环节，是标准规范体系构建所面向的业务需求，需从信息系统整体架构的角度对其进行梳理。参考 EA 模型，将主题类别维划分为基础设施、资源建设、应用服务和运行管理类标准。

3. 数据流程维标准

专题库的建设涵盖数据从产生到消亡的全过程，以数据生命周期为视角，结合 DDI 3.0 生命周期模型的要素，对建库中的数据处理进行阶段化管理，建立数据采集、描述、组织、加工、保存、服务和复用标准。

三、标准规范体系框架

（一）框架构建

立足三维模型，从适用范围、主题类型和数据流程3个维度出发，构建由顶层设计、主体结构到内容体系三大要素体系的经管专题库标准体系结构框架（见图5-2）。其中，顶层设计是经管专题库标准在适用范围维度上的体现，不仅从全局统领标准化建设，还能对四个主题结构提供指导；主题类型维构成了标准体系的主体结构，既是适用范围维中指导标准的具体实践，也是通用标准的具体展开，从基础设施、资源建设、应用服务和组织管理层面提出了标准体系的建设思路；作为经管专题库在建设初期的主要标准化任务，主题类型维的资源建设和应用服务标准在数据流程维中被分别具体化为资源采选、元数据、分类编码、内容加工、长期保存标准和数据服务规范、开放共享标准，是标准体系的核心内容。

[①]《标准体系构建原则和要求：GB/T 13016-2018》，国家标准全文公开平台，http://www.gb688.cn/bzgk/gb/newGbInfo?hcno=219125F2B4E7CDE300615BEFA8D0EE71，2023年4月3日。

[②] 王卷乐、赵晓宏、马胜男等：《环境影响评价基础数据库标准规范体系研究》，载于《环境科学与管理》2011年第8期，第168~173页。

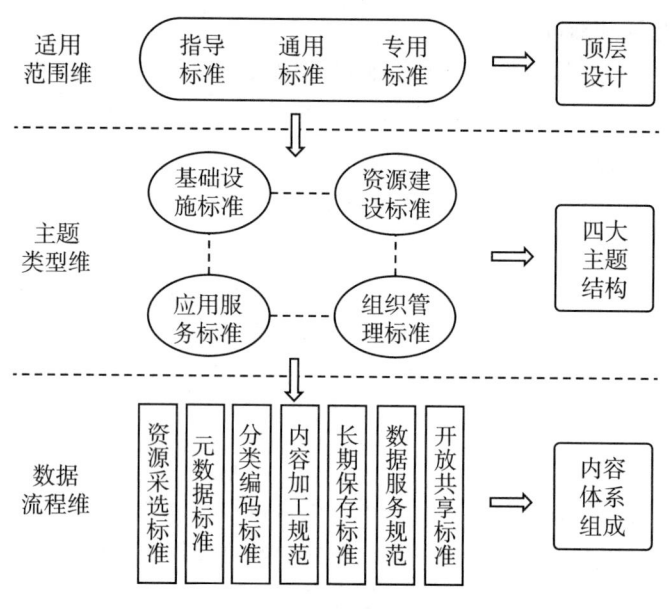

图 5-2 标准体系的结构框架

1. 适用范围维标准的构成

（1）指导标准。

指导标准是指与标准的制定、应用和理解等方面相关的标准，国家科技管理信息系统标准体系中包含基本术语和标准化指南[1]；科学数据共享工程标准体系中包括标准体系及参考模型、标准化指南、概念与术语、标准一致性测试。本研究中的指导标准包括经济管理与数据库术语、标准体系参考模型、规范性引用文件和专题库标准化建设实施指南。

（2）通用标准。

通用标准是对特定的流程和事件提出要求或提供标准化的执行方法，包括数据描述类、数据产品与生产类、数据管理类、数据服务类、应用系统建设类标准[2]；如 "一带一路" 智库信息标准规范体系中的通用标准包括技术标准、管理标准、服务标准[3]。本研究通用标准包括基础设施类、资源建设类、应用服务类和运行管理类，即主题类型维的四大主体结构。

---

[1] 梁冰、王莉：《关于国家科技管理信息系统标准体系建设的思考》，载于《情报学报》2016 年第 9 期，第 911~916 页。

[2] 王卷乐、赵晓宏、马胜男等：《环境影响评价基础数据库标准规范体系研究》，载于《环境科学与管理》2011 年第 8 期，第 168~173 页。

[3] 赵豪迈：《"一带一路"新型智库信息工程建设概述》，载于《电子政务》2017 年第 5 期，第 85~100 页。

（3）专用标准。

专用标准是根据通用标准制定以满足特定领域数据资源建设需求的标准。具有领域特点的信息资源需要制定相应的专用标准，且应遵循或继承通用标准。① 例如，企业投资项目和科研立项是"一带一路"信息资源体系的重要内容，在收集、整合多源异构的项目信息、建立"一带一路"项目库过程中，可基于通用标准，制定针对项目信息的采选、描述、组织、多语言处理和整合标准。

2. 主题范围维标准的构成

该维度从以下四方面展开。

（1）基础设施标准。

基础设施标准针对经管专题库的硬件和网络制定，国家标准《数据中心基础设施施工及验收规范（GB 50462－2015）》将其划分为综合布线与网络系统、安全防范系统、配电系统等②；国家科技管理信息系统标准体系中包括信息安全、网络基础设施、计算机及存储系统、机房及配套设施①。本研究基础设施标准包括基础设施施工及验收规范、系统建设通用技术要求、信息安全标准和网站建设规范。

（2）资源建设标准。

资源建设标准是数据库规范化管理的核心，对数据采集、创建与描述等相关要素进行规范。例如，中国科学院数据云标准体系将其划分为数据采集与整理、元数据与元模型、数据管理、数据服务标准③；审计信息处理类标准包括数据采集、预处理、存储与管理、分析标准④。结合信息生命周期理论，本研究将资源建设标准划分为资源采选、元数据、分类与编码内容加工和长期保存规范。

（3）应用服务标准。

应用服务标准针对经管专题库的服务对象、内容、方式、绩效、宣传与引导、监督预评价方面进行规范。国家科技管理信息系统中将应用服务标准划分为支持互联互通的基本接口、统一认证与业务集成标准，以及数据管理和移动端应用服务规范；中国科学院数据应用环境建设与服务标准规范框架中应用服务标准包括服务的对象类型、方式与要求、数据交换格式以及数据的共享分类分级政策。本书将应用服务标准划分为数据服务规范和开放共享办法，与资源建设类标准共同作为数据流程维标准的内容。

---

① 梁冰、王莉：《关于国家科技管理信息系统标准体系建设的思考》，载于《情报学报》2016 年第 9 期，第 911~916 页。

② 《上海市智能建筑建设协会数据中心基础设施施工及验收规范 GB 50462－2015》，http://www.eastib.com/view-161-1.html，2023 年 4 月 3 日。

③ 《中国科学院数据云支撑体系——标准规范》，http://www.csdb.cn/datacenter，2023 年 4 月 3 日。

④ 倪敏、吕天阳、周维培：《审计信息化标准体系探讨》，载于《审计研究》2020 年第 3 期，第 3~11 页。

(4) 组织管理标准。

组织管理标准为信息系统建设和服务提供管理手段与措施，是保证信息系统高效运作的重要保障，由运维管理、数据评估、数据资产管理等构成。① 如中国科学院数据云的数据管理标准包含数据质量管理规范、数据质量评测方法与指标体系和数据加工增值管理办法等。② 由于经管专题库数据由多渠道采集而来，可能存在知识产权风险，因此本研究的管理标准除数据质量评估与控制外还有知识产权管理规范。

3. 数据流程维标准的构成

数据流程维标准是经管专题库标准的内容体系，也是专题库建设初期的主要标准化任务。具体包括资源采选、元数据、分类与编码、内容加工、数据服务和开放共享标准。详细内容见以下"（二）内容体系"部分。

（二）内容体系

经管专题库标准内容体系主要包含资源与服务 2 个体系，其中资源标准体系需基于经管专题库资源建设的过程，明确资源的生命周期，结合已有的标准文件，建设资源采选标准、元数据标准、分类与编码标准、内容加工规范和长期保存标准。服务标准体系则包含数据服务规范和开放共享标准，对其主客体、内容、流程与评估进行规范。具体包含以下几个方面。

1. 资源建设标准体系

（1）资源采选标准。

资源采选标准是数据库资源建设的核心问题。为确定"一带一路"经管资源采选指标，本研究收集了数字资源和经管信息的采选标准，如表 5-1 所示。数字资源的采选标准在考虑用户需求、成本效益和用户服务方面，与经管专题库具有共性，且已有标准化组织和图书馆联盟的实践经验。

表 5-1　　　　　数字资源/经管信息采选标准

标准名称	发布机构	数据标准细则
《建立良好数字馆藏的指导框架》	美国信息标准化组织（NISO）	符合馆藏建设目标；访问限制；知识产权；长期保存；资源来源
《电子资源原则政策说明》	美国俄亥俄公共图书馆信息网络	获取方式；资源内容；资源成本；资源来源；访问限制

---

① 张飞、景亚萍、朱平等：《食品安全大数据标准体系建设研究》，载于《食品科学》2020 年第 13 期，第 318～325 页。

② 《中国科学院数据云支撑体系——标准规范》，http://www.csdb.cn/datacenter，2023 年 4 月 3 日。

续表

标准名称	发布机构	数据标准细则
《馆藏发展政策》	英国数据档案（UDA）	相关性；科学或历史价值；新颖性；独特性；可用性；丢失风险；经济效益
《商业性电子资源的选择与揭示：问题与实践》	数字图书馆联盟（DLF）	资源内容；技术条件；数据使用；访问限制和商业因素；服务因素
《统计活动指导原则》	联合国统计活动协调委员会（CCSA）	统计数据向所有公众开放；需按标准流程产生；通过质量保证框架；经过定义、分类和元数据描述；来源可靠；保护个人隐私；与统计计划和标准相协调
《统计数据质量维度和统计活动的规划与评估程序》	OECD	相关性；可靠性；及时性；易用性；可解释性；连贯性；资源成本
《数据质量评估框架》	IMF	完整性；方法合理性；准确性；可靠性；可维护性；可访问性

结合调研结果，确定经管专题库资源采选的维度：①契合度，主要考察资源内容是否与"一带一路"和经济管理相关，是否能够满足政府、科研和企业用户的决策与研究需求；②质量，即完整性、准确性和时效性等，主要从资源的时空跨度、记录与元数据是否完整、资源来源是否权威、更新时间和频率等方面进行评估；③成本，主要考虑资源的价格、维护成本、人均使用量等；④风险，主要考虑许可协议中是否保证资源版权的合法性、是否规定版权纠纷发生时适用的法律和解决方式、是否制定用户隐私保护条例等。

（2）元数据标准。

沿线不同国家、机构的异构元数据不利于信息的整合与访问，需统一元数据标准。根据课题组前期研究①，经管专题库元数据标准应包括：①数据结构标准，主要记录资源的类型和内容等信息，其中数据集核心元数据为标识符、标题、主题、关键词、摘要、语种、时空范围、更新频率、责任者、权限、许可、格式、URL、关联资源和数据结构；②数据值标准，用于规范元素中所出现的人名、地名、专业词汇等；③数据内容标准，用于规范数据值的格式和语法规则，包括元数据著录指南、编目规则，以及针对具体元素的编码规范；④数据格式和技术交

---

① 王雨娃、司莉：《"一带一路"沿线多语种、共享型经济管理数据库元数据标准体系建设研究》，载于《图书馆学研究》2021年第3期，第44~53页。

换标准,是上述元数据标准的机读格式表述,规范其多语言处理与置标过程。如表 5-2 所示。

表 5-2　　　　　　　元数据标准框架及其可参考标准

一级标准	二级标准	可参考的现行标准
数据结构标准	数据集核心元数据标准 政策法规类信息元数据标准 新闻报道类信息元数据标准 音视频图像类信息元数据标准	《GB/T 26816-2011 信息资源核心元数据》《GB/T 21063.3-2007 政务信息资源目录体系 第3部分:核心元数据》《GB/T 20093-2013 中文新闻信息分类与代码》《DA/T 63-2017 录音录像类电子档案元数据方案》
数据值标准	关键词/主题词受控词表 多语种经济术语对照词表 多语种地理名称对照词典	《中国分类主题词表》《联合国教科文组织叙词表(UNESCO Thesaurus)》《阿汉工商管理与经济贸易词典》《GB/T 2659-2000 世界各国和地区名称代码》《GB/T 2260 中华人民共和国行政区划代码》
数据内容标准	元数据著录指南 日期/时间表示规范	《国家图书馆元数据应用总则规范汇编》《GB/T 7408-2005 数据元和交换格式 信息交换 日期和时间表示法(idt ISO8601:2000)》
数据格式和技术交换标准	多语言信息处理规范 多语言计算机自动翻译规范 元数据置标语言规范	《GB/T 24639-2009 元数据的 XML Schema 置标规则》《GB/T 20092-2013 中文新闻信息置标语言》

(3) 分类与编码标准。

要实现信息被不同用户和多种应用系统共享,就需要信息有被学界公认的定义和表示法。其定义被学界一致认可依赖于信息分类,其表示法被学界公认则依靠于信息编码。[①] 在经管专题库分类和编码时,相关要求参考《信息分类和编码的基本原则与方法》,内容结构参考《数字资源知识组织分类标准规范》[②]。所得经管专题库分类与编码标准具体包括:①基本原则,包括科学性、系统性、兼容性、可扩延性以及综合实用性。②分类体系架构,包含主表、复分表、分类与代

[①] 《GB/T 7027-2002 信息分类和编码的基本原则与方法》,中国标准化研究院,https://www.nssi.org.cn/cssn/js/pdfjs/web/preview.jsp?a100=GB/T%207027-2002,2023 年 4 月 3 日。

[②] 《第一部分 数字资源知识组织分类标准规范》,国家公共文化数字支撑平台数字资源标准规范,https://haidian2.hanyastar.com.cn/book/01531483136153.pdf,2023 年 4 月 3 日。

码表。其中，主表、分类与代码表包含宏观、部门和微观经济 3 个基本大类、33 个二级类目、245 个三级类目；6 个复分表，揭示了信息的时空、语种、类型和来源。① ③编码规则，规范代码的类型、特征、表现形式、编号方法，确保编码的正确性、稳定性和可读性。如表 5 - 3 所示。

表 5 - 3　　　　　　信息分类与编码标准框架及其可参考标准

一级标准	二级标准	可参考的现行标准
基本原则	—	《信息分类和编码的基本原则与方法（GB/T 7027 - 2002）》
分类体系架构	主表 分类与代码表 复分表	《国民经济行业分类（GB/T 4754 - 2017）》《经济类型分类与代码（GB/T 2402 - 2000）》； 国家统计局《中国统计年鉴》； 中国信息经济网
编码规则	标记制度 标记符号	《中国图书馆分类法》《信息分类和编码的基本原则与方法（GB/T 7027 - 2002）》《国家公共文化数字支撑平台数字资源标准规范 第一部分 数字资源知识组织分类标准规范》

(4) 内容加工规范。

内容加工指将大量分散、凌乱、无序的内容资源进行整理、浓缩、提炼，并按逻辑顺序加以编排，使之系统化的过程②，即对资源进行校对、清洗、编码和标识，以供描述和标记。本书将内容加工规范划分为以下三个方面。

数据质量控制标准。数据质量是指数据的特性满足明确的和隐含的要求的程度。③ "一带一路" 经管数据具有多源异构性，需对其数据结构和格式不一致、关联性差、数据软件不兼容、数据重复、内容错误、缺失、更新和传输有误等质量问题进行评估、发现和修正。

数据字符编码标准。数据字符编码是网络传输数字资源的基本通信技术和规范④，用于规范经管专题库对资源的编码描述。目前已有广泛使用的标准规范，

---

① 司莉、刘尧、周璟：《"一带一路"沿线国家经济管理类数据库资源分类体系构建》，载于《图书馆论坛》2021 年第 9 期，第 44 ~ 50 页。

② 中国标准化研究院：《GB/T 38548.1 - 2020 内容资源数字化加工 第 1 部分：术语》，https://www.gbbz.net/text/Interpret/94115a6a6e3179f3.html。

③ 中国标准化研究院：《GB/T 36344 - 2018 信息技术数据质量评价指标》，https://max.book118.com/html/2018/0701/7010162001001136.shtm。

④ 刘振：《数字资源长期保存的标准体系研究》，载于《情报理论与实践》2016 年第 7 期，第 45 ~ 49 页。

可直接选用。

数字对象唯一标识符标准。数字对象唯一标识符是为任意类型的对象提供永久性唯一标识[1]，其标准规范了标识符的语法、描述和解析功能，以及对标识符名称进行注册和管理的基本原则。

不同类型的资源加工操作指南。鉴于经管专题库的资源包括文本、音视频和图像等多种形式，可参考《内容资源数字化加工（GB/T 38548）》和图书馆资源数字化标准，针对各类型资源建立加工指南，对其内容标记、资源格式体系、加工级别、技术参数和加工流程进行规范，具体如表5-4所示。

表5-4　　　　　　　　内容加工规范框架及其可参考标准

标准名称	可参考的现行标准
质量控制标准	《内容资源数字化加工 第5部分：质量控制（GB/T 38548.5-2020）》、《信息技术 数据质量评价指标（GB/T 36344-2018）》、《数据质量模型（ISO/IEC 25012）》、IMF《通用性数据质量评估框架》、欧盟统计局《质量保证框架》、OECD《统计数据的质量准则》
数据字符编码标准	《信息技术 通用多八位编码字符集（GB/T 13000-2010）》《信息技术：通用编码字符集（ISO/IEC 10646：2020）》
数字资源唯一标识符规范	《信息与文献 数字对象唯一标识符系统（GB/T 36369-2018）》《国家公共文化数字支撑平台 数字资源唯一标识符规范》《国家图书馆数字资源唯一标识符规范和应用指南》
不同类型资源加工操作指南	《内容资源数字化加工 第3部分：加工规格（GB/T 38548.3-2020）》《图书馆馆藏资源数字化加工规范 第2、3、4、5部分：文本资源（GB/T 31219.2-2014）、图像资源（GB/T 31219.3-2014）、音频资源（GB/T 31219.4-2014）、视频资源（GB/T 31219.5-2014）》《信息与文献 引文数据库数据加工规则（GB/T 36067-2018）》《国家公共文化数字支撑平台 数字资源加工格式规范》

（5）长期保存标准。

"一带一路"信息资源体量较大，仅"一带一路"研究与决策平台就收录超过401万条数据、21万篇文献和4.8万篇报告[2]；然而载体老化、技术过时等因素使数字资源生命周期较短，标准缺失不利于数字资源的长期保存和获取[3]。在

---

[1] 中国标准化研究院：《GB/T 36369-2018 信息与文献 数字对象唯一标识符系统》，https://www.doc88.com/p-3595050518712.html。

[2] "一带一路"研究与决策平台，http://ydyl.drcnet.com.cn/#/，2023年4月3日。

[3] 聂云霞：《国家层面数字资源长期保存策略研究》，武汉大学，2014年，第58页。

参照长期保存参考模型和框架、信息与文件保存相关标准的基础上，本研究认为经管专题库资源长期保存标准包括管理标准和技术标准。

管理标准针对数据资源和元数据定义了保存环境的基本功能、实施主体及其职责范围等；技术标准包含存储规范和系统标准，前者明确了长期保存中资源传输和存储的技术标准、数据格式和载体要求，后者规定了长期保存系统的运行及其互操作所需达到的技术要求，如表5－5所示。

表5－5　　　　　　长期保存标准框架及其可参考标准

一级标准	二级标准	可参考的现行标准
管理标准	数据资源长期保存标准	《文件管理——电子文件长期保存要求（ISO/PDTR 26102）》《开放档案信息系统（OAIS）—参考模型（ISO 14721：2012）》《基于文件的电子信息的长期保存（GB/Z 23283－2009）》《国家图书馆数字资源长期保存规范》
管理标准	元数据长期保存标准	《保存元数据实施战略》（Preservation Metadata Implementation Strategies，PREMIS）、《元数据编码和传输标准（Metadata Encoding and Transmission Standard，METS）》、《国家数字图书馆长期保存元数据标准规范应用指南》
技术标准	存储规范	《数字内容对象存储、复用与交换规范（GB/T 38371－2020）》《文档管理应用——光盘存储技术、管理和标准（ISO/TR10255：2009）》《基于XML的电子文件封装规范（DA/T 48－2009）》《版式电子文件长期保存格式需求（DA/T 47－2009）》《电子文件归档光盘技术要求和应用规范（DA/T 38－2008）》
技术标准	系统标准	《信息与文献——文件管理——需求（ISO/CD 13391）》《电子文件管理系统通用需求（GB/T 29194－2012）》

2. 应用服务标准体系

（1）数据服务范围。

服务规范用于规定服务应满足的要求以确保其适用性。[①] 基于《服务业组织标准化工作指南（GB/T 24421）》的一级标准，结合经管信息、政务信息、新闻资讯和科学数据服务标准，本研究将经管专题库标准分为：①服务通用标准，即对服务术语和服务分类进行规范。为保障标准的适应性，服务分类标准可参考"一带一路"专题库的功能模块[②]，并结合中国科学院《数据服务指导性规范》

[①] 中国标准化研究院：《GB/T 20000.1－2014 标准化工作指南 第1部分：标准化和相关活动的通用术语》，https://www.nssi.org.cn/nssi/front/87611380.html。

[②] 司莉、刘莉：《我国"一带一路"专题数据库服务功能优化策略》，载于《图书馆论坛》2021年第9期，第29~36页。

确定导航、检索、数据下载、分析、多语种服务、个性化服务和新媒体服务7类服务。②服务提供标准。参考服务要求标准和服务标准编写通则，对7类服务的环节、人员、功能、合同和安全进行规定。③服务评价标准。根据国家标准从服务组织、人员、环境、环节、信息、满意度、效果等指标对服务进行评价，以确定服务提升措施。具体如表5-6所示。

表5-6　　　　　　　数据服务标准框架及其可参考标准

一级标准	二级标准	可参考的现行标准
服务通用标准	服务术语标准	《服务标准化工作指南（GB/T 15624-2011）》《服务标准编写通则（GB/T 28222-2011）》《服务业组织标准化工作指南 第2部分：标准体系（GB/T 24421.2-2009）》
	服务分类标准	《信息技术服务 分类与代码（GB/T 29264-2012）》《基于云计算的电子政务公共平台服务规范 第1部分：服务分类与编码（GB/T 34079.1-2021）》
服务提供标准	服务流程标准	《信息技术服务 服务基本要求（GB/T 37961-2019）》《政务服务平台基本功能规范（GB/T39047-2020）》《基于云计算的电子政务公共平台服务规范（GB/T34079）》《新闻出版 知识服务 知识资源建设与服务工作指南（GB/T 38382-2019）》《中国科学院数据应用环境建设与服务 数据服务指导性规范》
	服务功能标准	
	服务人员标准	《信息技术服务 从业人员能力评价要求（GB/T 37696-2019）》
	服务安全标准	《信息安全技术 金融信息服务安全规范（GB/T 36618-2018）》《信息技术服务 服务安全要求（GB/T 39770-2021）》
服务评价标准	—	《服务质量评价通则（GB/T 36733-2018）》《信息技术服务 质量评价指标体系（GB/T 33850-2017）》《信息技术服务 服务管理 第2部分：实施指南（GB/T 36074.2-2018）》

（2）开放共享标准。

提供共享服务是经管专题库建设的终极目标。参考政务数据开放共享、中科院科学数据共享工程标准的结构，本研究将资源开放共享标准划分为以下三个部分。

共享服务标准。主要对共享主体、内容和方式进行规定，统筹协调数据内容、整合过程。根据课题组前期研究，需对共享主体在资源整合、人员配置、经费使用等方面进行规范化控制；确定共享方式，明确与政府部门、商业和科研机构、国际组织和联盟机构之间的业务、技术、项目和协议等合作形式；规范共享数据的内容、格式和载体等。

共享保障标准。指为保障数据开放共享的实施所建立的数据描述与组织标准、网络与平台要求、管理与评估标准。

开放共享评估标准。借鉴政务数据和科学数据的相关标准,从数据资源、平台设施、安全保障、管理评价和应用成效角度,对共享效果和开放程度进行评估,并对评估原则、指标体系和方法进行规定。

第二节 资源采选标准体系

资源建设作为建设共建"一带一路"国家经管数据库的重要内容,是深化共建"一带一路"国家经济发展与合作,实现"经济大融合、发展大联动、成果大共享"的主要路径之一。共建"一带一路"国家的经济管理类资源具有多种特征,包括资源来源广泛、资源语种多样、资源格式复杂、资源所处时空的差异。因此,建立一套齐备的资源采选与评价标准体系,对实现共建国家数据资源的共建共享有着重要意义。本部分以实证研究为基础,利用信息生命周期理论为开展相关数据管理提供框架,以成本效益原则为指导评估效益以帮助制定决策;采用文献调查、案例分析、对比分析、专家访谈4种研究方法,参考联合国为统一世界各国产业分类而制定的《所有经济活动的国际标准产业分类》、我国关于社会经济活动分类的国家标准《国民经济行业分类(GB/T 4754 – 2017)》,从而对共建"一带一路"国家经管数据库建设涉及的行业领域进行划分,针对不同的资源类型,提出一套兼具代表性与适用性的"一带一路"经管数据库资源采选及评价标准体系(以下简称"标准体系")。

一、适用于数据库的现行资源选择标准分析

为确定"一带一路"经管数据库资源选择标准,厘清经济管理类数据库资源的从属关系是首要的。电子资源又称为电子信息资源,也称为数字资源,指的是以数字化形式存储的、需要通过计算机访问的文献资源,具体包含免费的电子出版物、数据库以及印刷版文献的数字化产物等。从概念上看,数据库资源与电子资源有共同性。因此,本部分通过分析国内外具有代表性的电子及网络资源的选择标准或采选指南,在对数字资源选择标准进行总体把握的基础上,综合分析"一带一路"政策需求和建设愿景,从实践价值角度制定"一带一路"经济管理

数据库资源的选择标准。

(一) 资源选择标准的基本内容

共建"一带一路"国家多语种经济管理数据库需要满足共建国家甚至更广地域的用户群体的需求,其资源选择标准也需要随着用户需求的变化而更新。目前,国内外尚未有完备的"一带一路"经济管理数据库相关体系,也缺乏有指导性的"一带一路"经管类数据库资源选择标准。因此,本研究利用网络调查法和文献调查法确定具有代表性和参考性的实践案例,参考该机构或平台现有的电子资源或网络资源选择标准,归纳出适用于"一带一路"经济管理数据库资源的电子资源或网络资源的选择标准。本研究选取国内外 15 个具有代表性的协会、联盟及图书馆等相关组织或机构的数字资源选择标准、规范、指南或报告等文件作为研究样本,具体分析其数字资源选择的内容和特点,总结出数字资源选择指标,如表 5-7 所示。

表 5-7　　　　　数字资源选择标准细则一览

机构名称	标准或报告名称	资源选择标准细则
中国高等教育文献保障系统（CALIS）	《CALIS 重点学科网络资源导航库资源选择与评估标准》[1]	①资源内容：适用性、权威性、实用性、准确性、前沿性、独特性、客观性；②资源形式：使用便捷性、规范性、美观性、稳定性、影响力；③资源时效；④专家综合意见
全国高等学校图书情报工作委员会（以下简称"全国高校图工委"）	《普通高等学校图书馆电子文献发展政策编制指南》[2]	①资源价值：内容权威性、学科覆盖面、准确性、及时性、回溯期；②资源需求：读者需求、学科与知识相关性、资源价格；③电子资源类型：二次文献数据库、电子期刊、电子图书、全文数据库（内容稳定性、独家性、时滞性）、其他类型资源
学术电子资讯资源共享联盟	《CONCERT 电子资源选择政策》[3]	①符合会员单位需求量；②资源内容质量；③涉及领域范围；④学科均衡性；⑤资源购置成本
国家图书馆	《国家图书馆文献采选条例》[4]	①电子资源占资源采集体系的比例；②电子文献经费占文献总经费的比例；③电子出版物的内容质量、可存取性、潜在利用价值、设备配套；④网络资源的获取与保存方法；⑤资源采选数量、范围和流程规范（包括国内外电子图书、期刊、报纸、书目、全文数据库、视听型资源）；⑥网络资源的参考性和学术性

续表

机构名称	标准或报告名称	资源选择标准细则
中国科学院国家科学数字图书馆	《国家科学数字图书馆数字资源采购的技术要求》[5]	①资源内容；②资源长期保存性；③资源可利用性
香港大学图书馆	《电子资源馆藏发展政策》[6]	①资源涵盖学科范围；②资源内容；③资源稳定性；④资源提供商的支持；⑤资源价格以及相关因素；⑥使用许可协议
信息资源电子获取委员会（EAR）	《CSU电子信息资源采访规则》[7]	①电子文献资源类型（包括文献目录与摘要、全文书刊、报刊、文献、统计数据、图表、图像资源）；②电子资源采购方式；③符合知识产权规范；④资源供应商选择；⑤信息资源采选费用；⑥长期保存资源的可获得性、永久使用性、使用便捷程度
图书馆共同体国际联盟（ICOLC）	《关于选择和购买电子资源的说明》[8]	①信息可存取性；②资源价格最优策略（如重新制定电子产品相关成本，取消电子期刊协议中的"禁止取消纸本"条款、电子印刷出版物分别定价等）；③价格模型以及购买模式；④电子资源的长期保存与使用；⑤电子期刊使用的便利性
数字图书馆联盟（DLF）	《商业性电子资源的选择与揭示：问题与实践》[9]	①全面性、回溯期、更新频率；②可访问性、可检索性、及时性；③可导航、可链接；④技术因素：硬件和软件需求、存储空间需求、浏览器兼容性、是否需要插件、身份认证；⑤许可证及商业因素：访问限制、永久访问权；⑥服务因素；⑦宣传材料、推广能力、馆员培训等
美国信息标准化组织（NISO）	《数字藏品建设指导原则》[10]	①数字资源符合馆藏建设；②资源质量权威性、明确性、完整性；③符合知识产权规范；④资源存储格式；⑤资源来源可信赖性
俄亥俄公共图书馆信息网络（OPLIN）	《电子资源选择政策声明》[11]	①资源获取方式；②资源内容；③资源价格；④资源授权许可协议条款；⑤资源供应商
美国加州大学图书馆	《数字信息获取和许可原则》[12]	①数字资源建设政策；②数字资源内容：学科资源平衡、形式多样、兼具指导性工具与研究性工具；③满足各校区不同需求；④数字资源选择顺序；⑤数字资源的及时性、完整性、便捷性、全面性、可长期保存；⑥数字资源的选择权；⑦接受用户评价

续表

机构名称	标准或报告名称	资源选择标准细则
麻省理工学院图书馆	《网络资源发展政策》[13]	①电子资源内容支持教学与研究使命；②资源价格；③信息资源组织界面的有效性；④资源载体（印刷版、电子版）和访问方式符合用户需求
新奥尔良大学图书馆	《数字资源采集政策》[14]	①符合用户需求；②资源学科覆盖面；③资源重复的处理；④资源成本；⑤资源易用性；⑥资源的长期保存；⑦统计数据可供用户使用
澳大利亚国家图书馆	《电子资源选择和获取指南》[15]	①电子资源符合馆藏发展政策；②资源成本效益；③资源提供商与出版商选择；④资源可用性；⑤资源的可长期保存性、及时性、多格式、完整性、连续性、支持远程获取和停止订购后获取

资料来源：1. 张惠君、张春红、萧德洪等：《"CALIS 重点学科网络资源导航库"标准与规范述评》，载于《大学图书馆学报》2006 年第 3 期，第 29～33 页。2. 教育部高等学校图书情报工作指导委员会：《普通高等学校图书馆电子文献发展政策编制指南》，2019 - 06 - 25，http：//www. scal. edu. cn/gczn/201311050919。3. 《CONCERT 电子资源选择政策》，2019 - 10 - 03，http：//info. zjei. net/content/tsghy_0111/article01. doc。4. 汪东波、赵晓虹：《完善文献采选政策，建设国家总书库——〈国家图书馆文献采选条例〉修订概述》，载于《国家图书馆学刊》2004 年第 1 期，第 7～11、22 页。5. 张晓林、宛玲、徐引篪等：《国家科学数字图书馆数字资源采购的技术要求》，载于《中国图书馆学报》2004 年第 4 期，第 14～19 页。6. Hongkong University Library. Electronic Resources Collection Development Policy. 2019 - 09 - 20，http：//lib. hku. hk/cd/policies/erp. html. 7. Electronie Access to Information Resources Committee of California State University[EB/OL]. [2019 - 09 - 02]. Principles for CSU acquisition of electronie information resources. 8. International Coalition of Library Consortia. Statement of current perspective and preferred practices for selection and purchase of electronic information（Update No. 2，pricing and economics）. 2020 - 06 - 01，http：//www. Library. yale. edu/consortia/2004currentpractices. htm. 9. Jewell T D. Selection and presentation of commercially available electronic resources：Issues and practices. 2020 - 05 - 21，http：//www. clir. org/pubs/reports/pub99/contents. html. 10. NISO Framework Working Group. A Framework of Guidance for Building Good Digital Collections. 2019 - 09 - 02，http：//www. niso. org/publications/rp/framework3. pdf. 11. Ohio Public Library Information Network. OPLIN Electronic Resources Selection Policy Statement. 2019 - 10 - 13，http：//www. oplin. org/content/oplin - electronic - resources - selection - policy - statement. 12. University of California Libraries Collection Development Committee. Principles for Acquiring and Licensing Information in Digital Fornats. 2020 - 02 - 01，http：//www. indiana. edu/libsalc/policies/ucaa. html. 13. MIT Libraries. Towards a Networked Resources Policy. 2020 - 02 - 08，http：//macfadden. mit. edu：9500/networked/policy. html. 14. University of New Orleans Library. Electronie Resources Collection Development Policy. 2020 - 08 - 20，http：//library. uno. edu/about/policy//ele. pol. html. 15. National Library of Australia. Collection Development Policy. 2010 - 10 - 13，http：//www. nla. gov. au/policy/cdp/documents/CDP. pdf.

据表 5-7 的归纳，同时结合对相关文献的分析，将所调查电子信息资源或网络资源的选择标准概括为以下几个方面。

1. 资源内容与类型

数据库电子信息资源或网络资源的选择服务于数据库的长续运营，因此需要重点关注和考察资源内容的选择和资源类型的确定。表 5-7 中的调查对象均将电子信息资源或网络资源的内容作为采选的重点考察因素。如《CALIS 重点学科网络资源导航库资源选择与评估标准》①，在采选资源时对于资源内容的考察和评估的权重设置高达 50%，足见其对于资源内容的重视程度。调查样本在选择数字资源时表现出如下两个特点：①所采选的资源内容需与本机构的发展目标相契合。以中国科学院国家科学数字图书馆为例，其在数字资源采购时明确指出需坚持以采购总体原则为指导，以服务自身发展为目标；美国信息标准化组织也将其数字资源采选实践符合馆藏建设目标作为首要考虑因素。②所采选的资源内容需与本机构的用户需求相符合。如我国台湾的学术电子资讯资源共享联盟将会员用户的高需求数字资源置于采选实践的高优先级；美国加州大学图书馆的数字资源采选为满足不同校区的科研需求，让师生参与数字资源的采选顺序决策以及对采选的数字资源进行评价。有研究表明，应该将衡量电子资源内容与目标用户适合程度放在首要位置②；也有研究提出用户对于数字资源的实际反馈是数据库在做资源采选时需要首要考虑的因素③。

数字资源类型的多样性是协会或机构数字资源采选时考察的另一重点因素。如 CALIS 导航库在采选数字资源时，除评估其资源内容与发展目标和用户需求的契合度外，还将资源类型的评估作为重要考察因素，设置权重达到 20%。为使得其所采选的数字资源方便用户使用，CALIS 规定应考虑格式规范、存取稳定、美观实用的数字资源类型；全国高校图工委划分了所需采选电子资源的具体类型，包括电子期刊、电子图书等；加州州立大学信息资源电子获取委员会在其电子资源采选原则中明确指出，所采选的基础电子文献资源类型应包括文献目录与摘要、全文书刊、报刊以及数据文献、统计数据、图表、图像资源等。

2. 资源质量

在国际图联 2005 年世界图书馆和信息大会上，多纳·希德主席在讲话中指出，高质量且可靠的信息应当具有时效性和权威性，应该是准确客观的、与用户

---

① 张惠君、张春红、萧德洪等：《"CALIS 重点学科网络资源导航库"标准与规范述评》，载于《大学图书馆学报》2006 年第 3 期，第 29~33 页。
② 黄镝：《图书馆电子资源的引进与管理》，载于《图书馆学研究》2001 年第 6 期，第 69~72、81 页。
③ Kupferberg N, Hartel L J. Evaluation of five fulltext drug databases by pharmacy students, faculty, and librarians: Do the groups agree. *Journal of the Medical Library Association*, 2004, 92 (1): 66-71.

需求有直接联系的。① 图书馆共同体国际联盟将高权威性和高准确性作为其数字资源选择的重要标准，主要目的在于保证用户能够长效获取高质量数字学术信息；美国信息标准化组织在《数字藏品建设指导原则》（A Framework of Guidance for Building Good Digital Collections）② 中，从资源的权威性、明确性、完整性等角度评估其质量，从而确定资源采选范围；麻省理工学院图书馆所存储的数字资源注重资源的权威性和准确性；我国国家图书馆有选择性地采用具有资料性和学术参考性的数字资源；我国台湾学术电子资讯资源共享联盟有专门的学术资源发展委员会，该委员会根据数字资源采选细则的要求，在采选数字资源信息时着重评估信息资源的权威性和准确性。

除考虑资源的权威与准确程度之外，当前电子信息资源或网络资源的采选也需要注重其时效性。在 CALIS 的网络资源采选标准中，资源时效性的参考权重占比为 10%。《普通高等学校图书馆电子文献发展政策编制指南》③ 判断资源价值的标准之一是及时性；数字图书馆联盟的《商业性电子资源的选择与揭示：问题与实践》④ 规定采选资源应考虑其更新内容的频率，同时还应注意资源的及时性所带来的增值空间。

3. 资源成本

资源成本包括资源价格、资源涨价幅度、软硬件购置成本的合理程度、资源和设备维护成本等。资源采购模式有购买、订阅、按次付费、租用，资源定价模式有按库订购、按刊订购、按批量文章订购、按文章订购等。资源供应商应支持灵活的采购和定价模式以便选择。

香港大学图书馆的电子资源选择指南指出获取数字资源的过程中需要关注和考察资源的价格；国际图联优先考虑价格优惠的数字资源。俄亥俄公共图书馆信息网络的主要衡量标准包括资源的获取方式、资源内容特征、资源授权和许可等协议条款，涉及资源采集、资源处理、资源分析三个环节。在资源的处理和分析过程中，其成本消耗取决于资源数量、资源类型、资源载体等相关因素。在资源传播与利用中的过程中会产生资源维护成本，需要考虑各类型资源的更新和修复成本，另外资源长期保存所带来的成本消耗也需纳入考虑，还需要注意不同类型

---

① Donna Scheeder. Information quality standards: navigating the seas of misinformation. 2023 - 04 - 03, http://www.ifla.org/IV/ifla71/papers/192e - Scheeder. pdf.

② NISO Framework Working Group. A framework of Guidance for Building Good Digital Collections. 2023 - 04 - 04, http://www.niso.org/publications/rp/framework3. pdf.

③ 教育部高等学校图书情报工作指导委员会：《普通高等学校图书馆电子文献发展政策编制指南》，2023 年 4 月 4 日，http://www.scal.edu.cn/gczn/201311050919。

④ Jewell T D. Selection and presentation of commercially available electronic resources: Issues and practices. 2023 - 04 - 03, http://www.clir.org/pubs/reports/pub99/contents. html.

不同体量的资源存储设备所涉及的成本。①

4. 资源管理

资源管理指资源供应商提供的资源利用相关的支持服务和管理服务，NISO 强调数字馆藏资源采选应注重资源全生命周期的管理②；国家科学数字图书馆提出资源提供者必须提供培训服务，支持资源互操作和集成③。

5. 资源风险

调研发现资源风险在现有资源标准细则中有较高的出现频率。数字资源的风险管控是确保其免受经济、技术、政策、管理等方面的风险，确保资源长期可获取与利用。对学者们的相关观点进行总结归纳，可将资源风险标准总结为以下几个方面。

（1）合约风险：当许可使用协议的合约终止前后，拥有相同的数字资源永久使用权利。④

（2）丢失风险：始终拥有自由保存信息资源与使用备份数据的权利。

（3）版权风险：开展数字资源的采集、存档、管理和开发利用等法律允许范围内的行为被资源提供方应支持。⑤

（二）现行数据库资源采选标准的特征与不足

1. 现行数据库资源采选标准的特点

在对调查的协会或机构的电子资源采选细则进行分析后，总结出数据库适用的现行资源采选标准特点如下。

（1）与自身发展目标相匹配。

作为样本调查的机构，其使命与任务、目标用户各有不同，但都坚持数字资源采选实践与自身的发展目标以及策略相匹配。如澳大利亚国家图书馆强制性资源选择标准"电子资源符合馆藏发展政策"；美国加州州立大学图书馆规定"数字资源须遵循传统的馆藏发展政策"；亚利桑那健康科学图书馆将向用户提供符

---

① 任红娟：《高校图书馆电子资源成本效益分析构成要素略论》，载于《图书馆理论与实践》2008年第6期，第101~103页。

② National Information Standards Organization. A Framework of Guidance for Building Good Gigital Collections. 2020-03-09, https://www.niso.org/sites/default/files/2017-08/framework3.pdf.

③ 张晓林、宛玲、徐引篪等：《国家科学数字图书馆数字资源采购的技术要求》，载于《中国图书馆学报》2004年第4期，第16~21页。

④ 徐速、王金玲、王静芬：《DRAA引进数字资源的长期保存与利用研究》，载于《大学图书馆学报》2019年第6期，第70~77页。

⑤ 朱如龙：《高校图书馆数字资源长期保存的著作权问题研究》，载于《图书情报工作》2019年第7期，第23~29页。

合图书馆使命的电子资源作为其电子资源建设主要目的之一。①

（2）资源采选维度相对一致。

在数字资源建设实践的发展过程中，业界对电子信息资源或网络资源采选标准形成了较为一致的认识。通过对样本所选协会或机构的数字资源采选标准的分析，得出以下结论：资源内容与自身发展目标相匹配、资源类型满足目标用户需求、保证数字资源的高质量、节约成本和资源可长期保存这5个方面已经成为众多机构在数字资源采选过程中考虑的主要维度。

（3）采选标准侧重点存在差异。

不同机构有着不同的职能，在信息资源采选实践中的业务侧重点也各有不同。图书馆电子资源的选择以符合馆藏资源的采购原则为首要关注点，如我国《国家图书馆文献采选条例》明确规定"网络资源的采选原则是：国内域名中，凡属于馆藏范围内的直接在网络上出版的电子图书、电子期刊、电子报纸以及各类书目、全文数据库等全面采选。国外域名中，参照国外印刷型文献和特藏专藏文献、视听文献、电子出版物的采选原则进行采选"。针对联盟等机构而言，数字资源的采选主要参考用户需求，例如我国台湾学术电子资讯资源共享联盟强调数字资源"优先选择会员单位需求量大者"；美国信息标准化组织"以用户需求为导向"。从样本案例的具体分析来看，不同类型数据库拥有各自不同的使命，因而侧重不同方面的数字资源采选。

2. 现行数据库资源采选标准的不足

（1）缺乏统一且明确的资源选择理论指导。

目前尚缺乏统一且明确的数字资源采选指导章程，例如如何评估和判断资源内容与用户需求及发展目标的契合度，考量资源类型对于数据库建设和用户需求的适用性和适配性，控制需消耗的资源成本，选择合适的资源来源机构等。围绕上述共性问题构建出资源采选的基本体系，可以帮助简化数据库资源采选流程，同时也可以规范资源的采选行为。1998年3月，ICOLC发布了《关于当前电子资源选择与购买及首选策略的声明》，讨论了数字资源采购过程中遇到的问题、随环境变化的需求、联盟及其成员馆的首选方案，为图书馆数字资源的采选实践提供了一定的理论指导。②

---

① Arizona Health Sciences Library Collection Development Policy. 2023－03－04，http：//www.ahsl.arizona.edu/policies/cdpolicy.cfm.

② International Coalition of Library Consortia. Statement of Current Perspective and Preferred Practices for Selection and Purchase of Electronic Information. 2023－03－01，http：//www.Library.yaleedu/consortia/2001currentpractices.htm.

（2）未区分不同资源采选标准的重要程度。

不同类型主体的电子资源采选标准有不同的侧重点，本研究考察样本包括联盟、协会、图书馆的电子资源采选标准，由调查结果来看，尚未见到对不同采选标准重要程度的区分。根据分析归纳出两个原因：一是由于数字资源类型具有复杂性，目前尚未有针对性的资源选择理论体系；二是因为还无法了解到现有数字资源选择标准中不同因素的权重。CALIS 从信息资源的内容、形式、时效性以及专家意见四个方面出发，初步设置了较为明确的权重比例，但还没有更细致的划分。总体看来，当前标准尚不能有效区分不同资源采选标准的重要性。

（3）缺乏对多语种资源选择的指导。

"一带一路"背景下，沿线各国经济资源有丰富的种类、海量的数据，资源语种众多。截至 2023 年 6 月，有 152 个国家签署了"一带一路"倡议，涉及不同语种的官方语言 50 余种。① 由此可见，采选多语种资源应作为"一带一路"经管数据库的一个重点考虑因素。此外，不同语种间翻译的标准不同会导致内容表达存在偏差，对沿线各国经济管理类资源的实际利用产生一定程度的影响。现行数字资源采选标准缺乏多语种资源采选标准，不足以支撑"一带一路"经管数据库的多语种资源建设。

二、数据库资源选择标准的维度设计

建立资源采选标准体系是数据库满足目标用户对高质量资源需求的保障。在社会学研究方法中，维度指的是概念具体的方面或具体层面。② 本研究从数据库资源采选标准体系出发开展维度设计，首先将标准体系划分出多个层面，再将每个层面细分为具体的资源采选指标。同时考察标准体系的一级维度设计是否具有合理性、各维度所包含的二级采选指标是否全面、设计完成的标准体系是否具有实际可操作性，此外还需综合考虑其层次布局是否具有结构性，这些考察点直接关系到资源采选工作的质量和效率。

本研究采用对比分析法与文献调查法，通过调查国内外现存的电子信息资源采选标准和现有相关研究文献，将数字资源采选的主要考虑层面归纳为：资源特征、资源质量、资源成本、资源来源机构与资源长期保存。在具体设计"一带一路"经管数据库资源采选标准时，以"一带一路"经管数据库建设需求和其他

---

① 《为共建"一带一路"提供更优国际人才支撑》，http://www.jyb.cn/rmtzcg/xwy/wzxw/202310/t20231010_2111101249.html，2020 年 2 月 8 日。

② 巴比：《社会研究方法》，清华大学出版社 2020 年版，第 121 页。

经济管理数据库建设现状为现实基础，结合现存电子信息资源采选标准，从资源契合程度、信息资源质量、资源成本、资源管理以及资源风险五个层面，探索"一带一路"经管数据库的资源采选标准。

（一）资源契合维度

资源契合主要指资源主题或学科、用户需求、语种和类型等方面的契合程度，如 Intute 学科信息导航项目对学科覆盖、用户定位、类型、地域语种等提出了要求，美国国会图书馆网络档案项目提出需重点考虑各学科代表性的、满足研究人员当前或未来信息需求的、特定格式和语言的网络资源。资源契合维度包含以下4个二级指标。

1. 契合"一带一路"经济管理主题

作为数据库资源建设的初始环节，数字资源采选需要与数据库的发展现状和总体战略保持一致性。具体来说，数据库的资源采选要切合数据库的发展需求，符合数据库的建设任务和社会使命，采选流通顺、质量高的数字资源作为数据库长效运营的基础。应立足于"一带一路"实践以及经济学、管理学、金融学的相关理论知识，涵盖宏观经济、微观经济和部门经济3大类，服务于"一带一路"沿线各个国家经济交流与合作。

2. 契合用户需求

应满足现实用户复杂多样的信息需求，关注政府用户、科研用户和企业用户的决策、研究等现有和潜在需求。"一带一路"经管数据库关联到类型多样的研究主体，包含科研人员、高校教职人员、事业单位人员、图书馆馆员、企业研究人员，多类型主体带来多样化的信息需求。经济管理数据库资源的选择取决于"一带一路"经济管理数据库所服务的目标用户及其具体需求，以用户需求为导向是现行数字资源采选实践的一大突出特征。故此，数据库资源采选需求与数据库目标用户需求相契合是十分必要的。

在考察"一带一路"经管数据库用户群体时，要同时考虑现实用户和虚拟用户、活跃用户和潜在用户、留存用户和流失用户等，且需要明确用户群、明晰用户需求、收集用户的反馈，从而明确数据库资源选择的有效性。

3. 契合资源语种特色

应关注和引进多语种资源，特别是官方原版资料；尽可能地收录共建"一带一路"国家主要语种的信息资源是"一带一路"经管数据库资源采选标准体系的重要标准。已有相关数据库进行了多语言资源整合的初步尝试，例如"中国一带一路网"拥有中、英、法、西、俄、阿拉伯6种语言资源；数据库资源"The Belt and Road Initiative Reference Source"中，英语语种的资源占50%，小语种资源占 30%，但是与预期目标仍有较大差距，不能充分满足共建"一带一路"国家的多语种资源需求。

"一带一路"经管数据库在资源采选过程中应充分考虑自身的多语种资源需求，在数据库资源采选过程中除积极发掘和整合现有的多语种资源外，也应注重小语种原版及一手资料的引进与开发，在建设数据库时配置不同语种的信息资源。另外，发挥人才优势，建设多语种人才队伍，从共建"一带一路"国家的官网上获取所需的高质量开放资源，将其整合进数据库资源体系中。

4. 契合资源类型要求

应满足采选资源类型结构，重点采选经济管理类政策法规、统计数据、指数数据、新闻资讯、期刊论文等类型资源，兼顾经济管理类研究与科技报告、年鉴、重要工具书、专利文献、标准等类型资源。"一带一路"经管资源呈现出繁复多样的特点，具体包括经济管理相关的政策法规、领域内统计数据、经济指数相关数据、研究文献与科技报告、期刊论文、专利文献、标准、产品资料、媒体资讯、一带一路相关音视频等资源类型。

（二）信息资源质量维度

信息资源质量简称"信息质量"，是对用户信息检索结果显见或隐含的固有特征、系统功能以及服务性能的主观特征、信息需求满足程度的衡量标准，是一项评价信息资源对用户信息需求匹配程度的指标。

信息资源质量的评价需要考察经管数据库的定义、特征，并结合反映用户信息需求满足程度的评价维度及测度指标。目前国内外专家已经根据信息质量的不同评价维度制定了多种评估信息质量的方法，如张嘉妮将信息质量概括为信息的真实性、可靠性、精确性、完整性四项具体因素[1]；雅各布、马尔沙克（Jacob Marschak）提出信息质量是客观对象准确程度的反映[2]；有研究将信息资源质量评价指标划分为准确性、时效性、可理解性、权威性、用户反馈、合理数据数量、良好声誉、客观性、相关性、可靠性、增值性、有用性、完整性、一致性、安全性、可获取性16项指标[3]；理查德（Richard Y. Wang）构建了一个涵盖内在信息质量、语义信息质量、功能信息质量、可获取性四个层面的信息资源质量评估框架，其中，内在信息质量分为客观性、准确性、权威性、可信性四项指标，语义信息质量分为信息的数量、完整性、相关性、附加值、时效性五项具体指

---

[1] 张嘉妮：《移动端短视频内容质量评价指标的研究》，华中科技大学，2019年，第32页。
[2] Marschak J. Economics of information systems. *Journal of the American Statistical Association*，1971，333 (66)：192 – 219.
[3] 李沛良：《社会研究的统计应用》，社会科学文献出版社2000年版。

标，功能信息质量分为可解释性和持续性，可获取性分为可获取性和安全存取[①]。

综合分析以上专家的信息质量评估标准发现，完整性、准确性、时效性和权威性是专家们在评定信息资源的质量水平时较为常见的评价指标，可见这几个维度对于数据库信息资源建设的重要意义，在构建专题数据库时，应着重考虑收录符合通用价值标准的信息资源，以确保资源具有良好的效用价值，满足用户多样化的信息需求。

1. 完整性

完整性包括信息资源内容的广度和深度。从广度上，要准确表达一种思想或描述一个事物，不能缺少任何信息内容单元[②]；从深度上，有价值的信息资源是深度分析的结果，其隐含知识越多，完整性越好[③]。《数据质量评价标准》（GB/T 36344－2018）提出的完整性指标包括元素完整性和记录完整性。[④] 李等（Lee et al.）认为完整的信息应包含全部的必要价值。[⑤] 伯恩斯坦姆（Bernstam）提出应考察附加信息完整性，如提供完整的参考文献和信息来源介绍。[⑥] 完整性指标包括资源的时间跨度、资源的空间跨度、元素完整性、记录完整性、文献全文率、附加信息完整性、用户对资源价值的感知7个三级指标。

2. 准确性

准确的信息是指信息的精准性和可靠性。这就要求其与客观事实保持一致，与理论或实践相一致，即无差错程度。准确性是评判信息的重要维度。若缺乏明确的判据，则难以判断其准确性。伊丽莎白（Elizabeth E. Kirk）认为"准确性"应涵盖以下方面：①详细解释资料的研究方法或整合方法，系统性和完整性兼备；②资源反映的研究主题与获取方式相适应；③资源来源的可追溯性；④资源的背景信息可追溯；⑤资源中的描述信息符合规范。[⑦]

---

① Wang, Richard Y, Strong et al. Beyond Accuracy: what data quality means to data consumers. *Journal of Management Information Systems*, 1996, 112 (4): 5－33.

② 马费成、赖茂生：《信息资源管理（第三版）》，高等教育出版社2018年版，第16页。

③ 查先进、陈明红：《信息资源质量评估研究》，载于《中国图书馆学报》2010年第2期，第46~55页。

④ 中国国家标准化管理委员会：《GB/T 36344－2018 信息技术数据质量评价指标》，2021－03－30，http：//www.gb688.cn/bzgk/gb/newGbInfo? hcno = D12140EDFD3967960F51BD1A05645FE7。

⑤ Lee Y W, Strong D M, Kahn B K et al. AIMQ: a methodology for information quality assessment. *Information & management*, 2002, 40 (2): 133－146.

⑥ Bernstam E V, Sagaram S, Walji M et al. Usability of quality measures for online health information: can commonly used technical quality criteria be reliably assessed. *International Journal of Medical Informatics*, 2005, 74 (7－8): 675－683.

⑦ Elizabeth E, Kirk. Evaluation information found on the Internet. 2022－10－25, https：//library.georgetown.edu/tutorials/research－guides/evaluating－internet－content.

3. 时效性

本研究从文献中综述资源的时效性含义。吉姆·卡保恩（Jim Kapoun）认为创建更新日期、资源内容的新颖性以及连接是否有效是确认其时效性的重要指标[1]；也有学者认为及时发布、定期更新、响应用户需求是提升资源有效性的重要方式，但也有学者将信息资源的发布与更新日期作为信息时效性最重要的评估指标。例如博韦（Bovee）认为，大多数信息失去效用的重要原因是未能及时更新；但特定的信息资源可能不需要定期更新。[2] 因此对于资源采选而言，更新日期、发布日期都是需要着重考虑的因素。

4. 权威性

根据《韦氏大词典及英语同义词字典》，"权威性"是指：①具有相关工作经验并能提供帮助的专业人士；②能产生影响力或指导实践的专家。资源的权威性与来源机构、生产者的学术或行业地位、领域成就有必然的联系。刘博指出，发行方的权威性是考虑资源来源可靠与否的重要指标。[3] 解一涵等人发现，形成在线商品评论的影响因素是评论来源的权威性。[4] 作为数据库采选的主要对象，信息资源是否受到领域专家的高度评价也是资源权威性的重要指标。例如，苏（Soo Y. Rieh）指出资源的作者、来源机构、相关研究文献内容以及类型均与资源的权威性息息相关。[5] 资源权威性需要从信息来源及其契合度进行了解与测评。此外，机构声誉、同行评议、专家意见均可作为衡量的标准。

（三）资源成本维度

共建"一带一路"国家经济管理数据库本质上是依托各国政府机构建设的开放共享型数据库，具有明显的公益性质。资源成本维度包括获取与维护成本和永久保存与访问2个二级指标。

1. 获取与维护成本

获取与维护成本是指资源入库时的成本，即购入资源的单价、为特定资源提

---

[1] Jim Kapoun. Teaching undergrads Web evaluation: A guide for library instruction. *College & Research Libraries*, 1998, 59 (7): 522-523.

[2] Matthew Wamsley Bovee. Information quality: a conceptual framework and empirical validation. Lawrence: University of Kansas, 2004.

[3] 刘博：《电子文献资源的稳定性与权威性研究——以史学写作为例》，载于《江汉学术》2013年第6期，第86~93页。

[4] 解一涵、林萍、王晓梅：《基于信息质量视角的在线商品评论有效性研究分析》，载于《电子商务》2020年第1期，第51~52、67页。

[5] Rieh S Y. Judgment of Information Quality and Cognitive Authority in the Web, 2010, 53 (2): 145-161.

供检索系统产生的软件费用、资源维护成本等。此外,被高频率使用的资源其使用成本可能因资源总投入过高而提高,还有一些也可以考虑持续收录进数据库的资源,如使用率高并且使用成本可接受的资源和使用率低但成本不高却被一定用户需要的资源。此外,不应直接剔除使用率低且成本高的资源,而应综合考量和分析现状原因,并对比同类型资源,明确此类资源是否为用户所需,再决定是否剔除。此举对数据库采选高性价比的资源有利,能够降低资源成本,同时增加其他品种的资源,以此满足用户信息需求,提高服务效益。

除了考虑直接利用效益——资源使用成本外,数据库在选择资源时还要从用户的角度出发,考虑社会效益和经济效益,这是数字资源利用所带来的间接效益。这部分利益虽然无法具体衡量,但其作为资源成本效益的组成部分,对资源选择过程具有理论指导作用。

2. 永久保存与访问

数据库资源的永久保存与访问包括长期可存储和长期可获取 2 种含义。对数字资源进行保存,既要保存原始数据信息,又要保存数据信息的格式、结构和类型;既要确保长期可利用数字信息,还要确保其真实性、完整性和准确性。数字资源的长期保存能够在较长时间段内保护数字信息免受因意外损坏、存储介质退化和软硬件过时等因素造成的信息缺失,保障用户可持续地获取信息。①

(四) 资源管理维度

资源管理指资源供应商提供的资源利用相关的支持服务和管理服务,NISO 强调数字馆藏资源采选应注重数字资源整个生命周期内的资源管理②;国家科学数字图书馆提出资源提供者必须提供培训服务,支持资源互操作和集成③。资源管理维度包括支持开放存取、协助资源集成、提供售后服务 3 个二级指标。

1. 支持开放存取

应支持本数据库免费获取该数字资源,且允许本数据库的用户阅读、下载、拷贝、传递、打印、检索、链接该数字资源。④

2. 协助资源集成

应支持本数据库对采购的数字资源进行集成,遵循开放标准规范,支持多种

---

① 张智雄:《数字资源长期保存技术的研究与实践》,国家图书馆出版社 2015 年版,第 333~350 页。
② National Information Standards Organization. A framework of guidance for building good digital collections. 2020 – 03 – 09,https://www.niso.org/sites/default/files/2017 – 08/framework3.pdf.
③ 张晓林、宛玲、徐引篪等:《国家科学数字图书馆数字资源采购的技术要求》,载于《中国图书馆学报》2004 年第 4 期,第 16~21 页。
④ Machine-assisted Reference Section. Criteria for selection of MARS best reference websites. 2021 – 04 – 02,http://www.ala.org/rusa/sections/mars/marspubs/marsbestrefcriteria.

数字资源之间的开放链接服务，促进对本地和远程资源的有效发现和传递。

3. 提供售后服务

应提供的售后服务包括资源使用说明文件、培训、试用和产品演示、统计报告、系统通知、远程托管、故障恢复、本地存储等。[①]

（五）资源风险维度

由于数字资源属于虚拟资源，涉及主体虚拟化，其获取、利用方式多元化[②]，数据库建设方需规避资源风险问题。如全国高校图工委提出应关注许可证协议，具体包括授权使用与限制使用规定、图书馆的责任与免责条款等；国家科学数字图书馆强调资源提供者必须尊重用户隐私权。资源风险维度包括版权风险处理、用户隐私泄露风险处理、其他法律风险处理3个二级指标。具体如下：

1. 版权风险

版权风险包含2个三级指标，具体如下。

（1）资源建设中的版权风险。主要来自资源供应商在制作数据库，或资源上传者在贡献数字资源时，未经作者授权将其作品数字化，加工并提供商业使用的行为。我国《信息网络传播权保护条例》第十四至十七条、第二十至二十五条规定了网络服务提供者在服务过程中的责任归属问题。[③] 因此，数据库在资源选择时要充分尊重数据生产者、数据所有者的合法权益，建立完善的权益平衡机制和利益保全机制，在收到权利人的通知文件时，应按照权利人的要求立即删除。版权环境的变化已经受到广泛关注，麻省理工学院图书馆在2005~2010年的战略规划中提到其带来的严峻挑战，未来高等教育与学术研究将面临更大的困境。由此可见数据的版权风险应是采选标准的重要考虑因素。

（2）非法使用导致的版权风险，包括但不限于对资源进行技术处理、复制、转载等行为。

一方面，随着存储技术的进步和存储载体的革新，数字存储器与存储格式也不断更新，使资源跨系统的迁移、复制和保存存在较大的侵权风险。技术因素导致的版权风险使资源的使用率降低。另一方面，作为数据库服务的内容之一，资源超链接与推送也存在着知识产权风险。我国《著作权法》和《信息网络传播权保护条例》指出，网络信息传播权的核心是"向公众提供作品"和公众"可

---

① 教育部高等学校图书情报工作指导委员会：《普通高等学校图书馆电子文献发展政策编制指南》，2021年4月16日，http://www.scal.edu.cn/gczn/201311050919。
② 雷莹、刘丽红：《数字图书馆资源建设与知识产权风险规避》，载于《现代情报》2015年第2期，第140~142、153页。
③ 唐琼：《图书馆数字资源选择标准研究》，武汉大学出版社2009年版，第113页。

获得作品"。超链接技术通常以标题、主题、链接提供资源地址，但有可能产生著作权纠纷。因此数据库开发商在提供资源链接的过程中，可能直接或间接地侵犯了知识产权。

复制行为也可能引发侵权行为。按照我国著作权法相关规定，传统文献的数字化或是复制数字化资源均构成侵权。复制行为能再现资源内容、重复资源表达形式，复制行为本身不存在原创性，且复制权是著作权人最重要的经济权利。① 但复制行为是用户获取数据库资源最有效的方式之一。因此，数据库资源的采选标准应将用户行为作为重要的考虑因素。

2. 用户隐私泄露风险

需考察资源供应商是否制定用户隐私保护条款，包括但不限于：禁止未经允许收集用户个人信息；安全保管用户个人信息；禁止公开或转让第三方用户隐私等。

3. 其他法律风险

资源供应商应保证获取方式的合法性。资源供应商必须承诺，若资源供应商违反相关法律，数据库不应承担相关责任。

以上讨论了数字库资源选择标准体系维度，从各个维度论述了资源选择指标的重要性，并对各个维度涉及的指标具体内容进行了较为详细的分析，有利于明晰影响资源选择的具体要素，从而构建出经济管理数据库资源选择标准体系，由此提取出一套标准的共建"一带一路"国家多语种经济管理数据库资源选择标准体系初始集合，见表5-8。

表5-8　　　　　数据库资源选择标准体系初始集合

维度	测评标准（一级）	测评标准（二级）及相关描述
A 资源契合	A1 契合"一带一路"经济管理主题	涵盖宏观经济、微观经济和部门经济3大类
	A2 契合用户需求	满足现实用户复杂多样的信息需求，关注潜在用户的研究需要
	A3 契合资源语种特色	关注和引进多语种资源，特别是官方原版资料
	A4 契合资源类型要求	重点采选经济管理类政策法规、统计数据、指数数据、新闻资讯、期刊论文等类型资源

---

① 吴汉东：《著作权合理使用制度研究》，中国政法大学出版社1996年版，第168~169页。

续表

维度	测评标准（一级）	测评标准（二级）及相关描述
B 资源质量	B1 完整性	B11 资源的时间跨度
		B12 资源的空间跨度
		B13 元素完整性
		B14 记录完整性
		B15 文献全文率
		B16 附加信息完整性
		B17 用户对资源价值的感知
	B2 准确性	B21 资源内容正确性
		B22 资源格式合规性
		B23 重复率和错误率
		B24 偏见性和误导性
	B3 时效性	B31 最新更新时间
		B32 更新频次
		B33 新颖性
	B4 权威性	B41 资源来源权威性
		B42 被引或被链接频次
		B43 资源审核机制
		B44 同行评议
		B45 平台匿名化
C 资源成本	C1 获取与维护成本	C11 资源价格
		C12 资源涨价幅度
		C13 软硬件购置成本的合理程度
		C14 资源和设备维护成本
	C2 永久保存与访问	允许回溯、存档和具备合约终止后的永久使用权和存档权
D 资源管理	D1 支持开放存取	支持本数据库免费获取，且允许本数据库用户阅读、下载、拷贝、传递、打印、检索、链接该数字资源
	D2 协助资源集成	遵循开放标准规范，采用标准开放的系统调用方式，支持多种数字资源之间的开放链接服务
	D3 提供售后服务	提供资源使用说明文件、培训、试用、产品演示、统计报告、系统通知、远程托管、故障恢复服务、本地存储服务等

续表

维度	测评标准（一级）	测评标准（二级）及相关描述
E 资源风险	E1 版权风险处理	E11 资源建设的版权风险处理
		E12 非法使用的版权风险处理
	E2 用户隐私泄露风险处理	制定用户隐私保护条款
	E3 其他法律风险处理	专利、商标、合同、商业秘密、网络安全、未成年人保护等方面的法律风险处理

三、数据库资源选择标准体系的确立

确定资源选择标准的维度、资源采选的影响因素后，为验证标准体系的适用性与必要性，以专家访谈的方式验证其可行性。通过采访专家，收集专家意见，优化标准体系的相应指标，最终确定其采选指标和相应体系。

（一）资源采选指标的确立原则

资源选择标准体系具有多元性特征，包括多维度、多价值以及多应用方式、多元主体与客体。因此，为了确保优化后的标准体系具有紧密的内部联系，能够充分体现整个体系的目标和特点，需要在建立体系的过程中遵循关键原则，并在全面、科学的选择实践中发挥作用。

1. 实用性原则

实用性是资源选择标准强代表性的表征，主要表现为能客观体现资源现状，可操作性强，能兼顾定性标准和定量标准。具体体现在以下几个方面：①评选标准越具代表性，其指标和维度的代表性就越高，越能清晰地识别评选对象的特点，从而有效地反映被评选对象的真实状况，提高效度。②标准体系的层次适当，不宜过多或者过少，原因是指标数量过少会对评估结果带来不利影响；但若指标数量过多，会使采选成本过高，造成不必要的人力、物力资源的浪费，给实际工作带来不便。③采选指标应含义明确，便于理解。④数据资源应来自权威的渠道且易于处理，能够系统测量。①

---

① 杨道玲：《服务导向的政府部门电子政务绩效评估研究》，武汉大学，2007年，第93页。

2. 科学性原则

科学性原则强调制定的采选指标应具备权威性和科学性，且具有清晰的目标和含义。含义不明确的指标应被剔除，直至各指标都能直接或间接地展示和揭示资源的特性及属性。此外，标准指标应契合用户需求和评估目的。合理的结构和明确的层次应符合逻辑，避免划分尺度不一致、越级划分或子体系重复的问题。为减少主观因素对评选和评估结果的影响，资源评选标准应尽量采用客观评估。若实践中存在不可避免的主观因素，应尽量将客观测评与主观因素相结合。最后，每个标准的内容都应规范且无歧义，明确其含义。

3. 系统性原则

系统性原则要求采选指标间相互联系，产生关联，以此形成系统的有机整体。数据库资源选择需考虑多方面因素，其间必存在复杂的相关关系、层级关系、替代关系等。因此，采选体系的构建应重视其整体性，使采选标准环环相扣，成为系统化的有机整体。这要求数据库资源选择标准体系需横跨不同的选择级别，且各指标应建立补充和联系。在此基础上构建层级分明的指标体系，在全面反映数字资源特征的情况下，兼顾其全面性和系统性。

（二）专家访谈方案设计与实施

1. 访谈目的

本次调查拟了解成都数联铭品一带一路项目库、中国一带一路网以及新华丝路数据库的资源建设与认知现状，如数据库资源采选情况、采选标准适用性的认知情况、资源采选的主要障碍等，以此实现资源采选指标的优选，由此确立资源采选标准体系。

2. 访谈对象

访谈对象包括具有工作或研究经验的专家，具体包括国家信息中心、成都数联铭品大数据公司以及新华社中与数据库资源选择实践工作相关的专家。通过整理与分析专家访谈文本，本书提炼出了与本研究高度相关的专家意见。

3. 访谈内容分析

对访谈内容（附录4）进行整理分析，就共建"一带一路"国家多语种经济管理数据库的资源采选工作提出以下优化意见。

（1）资源来源权威性或内容权威性是资源采选的必要条件。

"一带一路"相关信息资源丰富，涉及各行业以及各种资源类型且来源丰富，包括但不限于源于税务部门、市场监管部门、林业部门、安全管理部门、国资委会等政府机构，其涉及的资源虽缺少知识产权归属的说明，但允许跨平台的调配与共享。对于内容权威性，访谈结果显示政府数据和行业披露数据的可信度最高。对于开源数据,虽然数据质量参差不齐,但数据量大、经济维度广,可通过后期实践调研或专家测评进行改善。由此可见,资源来源的权威性是内容权威性的必要条件,资源来源的权威性是内容权威性的必由之路。

(2) 数据库资源对于用户的必要性应作为衡量用户需求的首要标准。

专家们表示为了使资源满足数据库服务群体的需求,资源内容的选取会基于前期市场探索以及来自国外合作机构的市场调研,确保采选的资源为用户所需。鉴于共建"一带一路"国家众多,资源涉及的语种一直是资源建设亟须解决的问题。通过将测试产品投放市场,收集用户反馈,明确用户需求,坚持市场用户倒逼制,使数据库提供的资源能确切满足用户需求,成为用户查找相关信息的主要来源之一,是资源选择标准执行后需要达到的效果。

(3) 资源采选标准应充分考虑知识产权风险。

根据著作权法的有关规定,未作商业用途的数据不存在知识产权风险,因此"中国一带一路网"和"新华丝路"能有效规避侵权风险。但本研究建立的共建"一带一路"国家多语种经济管理数据库,资源范围广,用户群体多,资源的利用行为复杂,因此如何规避知识产权风险也成为采选标准必须考虑的因素。

通过优化补充采选标准,进一步总结凝练出数据库资源选择标准体系,见表 5 – 9。

表 5 – 9　　　　　数据库资源选择标准体系的修正结果

维度	测评标准(二级)	测评标准(三级)及相关描述	
		初始集合	修正结果
A 资源契合	A1 契合"一带一路"经济管理主题	涵盖宏观经济、微观经济和部门经济 3 大类	同左
	A2 契合用户需求	满足现实用户复杂多样的信息需求,关注潜在用户的研究需要	同左
	A3 契合资源语种特色	关注和引进多语种资源,特别是官方原版资料	同左
	A4 契合资源类型要求	重点采选经济管理类政策法规、统计数据、指数数据、新闻资讯、期刊论文等类型资源	同左

续表

维度	测评标准（二级）	测评标准（三级）及相关描述	
		初始集合	修正结果
B 资源质量	B1 完整性	B11 资源的时间跨度	同左
		B12 资源的空间跨度	同左
		B13 元素完整性	B13 文献全文率或数据集完整性（合并原 B13、B14、B15）
		B14 记录完整性	
		B15 文献全文率	
		B16 附加信息完整性	同左
		B17 用户对资源价值的感知	删除 B17
	B2 准确性	B21 资源内容正确性	同左
		B22 资源格式合规性	同左
		B23 重复率和错误率	B23 重复率（删除"错误率"）
		B24 偏见性和误导性	B24 偏见性（删除"误导性"）
	B3 时效性	B31 最新更新时间	同左
		B32 更新频次	同左
		B33 新颖性	删除 B33
	B4 权威性	B41 资源来源权威性	同左
		B42 被引或被链接频次	同左
		B43 资源审核机制	同左
		B44 同行评议	删除 B44
		B45 平台匿名化	删除 B45
C 资源成本	C1 获取与维护成本	C11 资源价格	同左
		C12 资源涨价幅度	同左
		C13 软硬件购置成本的合理程度	同左
		C14 资源和设备维护成本	同左
	C2 永久保存与访问	允许回溯、存档和具备合约终止后的永久使用权和存档权	同左

续表

维度	测评标准（二级）	测评标准（三级）及相关描述	
		初始集合	修正结果
D 资源管理	D1 支持开放存取	支持本数据库免费获取，且允许本数据库用户阅读、下载、拷贝、传递、打印、检索、链接该数字资源	同左
	D2 协助资源集成	遵循开放标准规范，采用标准开放的系统调用方式，支持多种数字资源之间的开放链接服务	同左
	D3 提供售后服务	提供资源使用说明文件、培训、试用、产品演示、统计报告、系统通知、远程托管、故障恢复服务、本地存储服务等	同左
E 资源风险	E1 版权风险处理	E11 资源建设的版权风险处理	同左
		E12 非法使用的版权风险处理	同左
	E2 用户隐私泄露风险处理	制定用户隐私保护条款	同左
	E3 其他法律风险处理	专利、商标、合同、商业秘密、网络安全、未成年人保护等方面的法律风险处理	同左

第三节　元数据标准体系

共建"一带一路"国家具有不同的通用技术和标准，阻碍了数据存储、整合与利用，首要面对的难题就是不同国家具有的异构元数据。因此，需要制定元数据标准框架，为"一带一路"经管数据库的标准化奠定基础，也为实现数据的互通与共享提供保障。本部分在分析数据库资源范围与数据采集方式的基础上，通过调研共建"一带一路"国家及我国现有的元数据相关标准，分析对"一带一路"数据库的元数据标准需求，并基于此设立了"一带一路"经管数据库元数据标准框架。

一、数据资源范围与采集方式

(一) 数据资源范围

"一带一路"数据库的目标数据范围将会包含多种类型的数据资源,按数据来源分,包括政府数据、企业数据、科研数据等;按数据主题分,包括政策数据、财政数据、经贸数据、产业数据、人口及工薪数据等方面。按数据格式分,包括文本数据、表格数据、视频数据、音频数据、机读格式数据等。按类型分,包括新闻报道、政策法规、视频图像、研究论文等。

(二) 数据采集方式

1. 按数据来源划分

(1) 公开共享的数据源,如各类国际经济组织的公开数据、各国政府的开放数据等。此类数据占数据库中结构化数据集的主要部分,不同数据源的数据集之间在元数据标准、数据格式等方面存在较大的差异,在数据整合时会面临一定的挑战。

(2) 由数据库建设方上传的数据,内容包含数据库建设与维护方自主研究形成的调研数据、报告等,也包含与其他数据机构或科研院校合作并获得委托权限代为发布的数据。此类数据内容占比可能相对较少,既包含结构化数据也包含非结构化数据。

(3) 其他参与主体或认证用户上传的数据。此类数据的来源多样,数据类型、数据标准、语法和语义均存在异构性,既包含结构化数据也可能包含非结构化数据,对数据整合提出较大的挑战。数据的异构性阻碍了数据整合的效率和质量,已成为知识服务的主要障碍之一。[①]

2. 按数据内容划分

(1) 政策法规类信息,应通过国家政府官方网站获取,如原文有政策文件相关附件时,保留附件并原文链接。政策法规类信息对权威性和严谨性的要求最高,应当仅采取中国政府网及各地方政府官网、中华人民共和国商务部网站等官方网站的信息。

(2) 新闻报道类信息,应通过国家官方新闻媒体网站获取,如国内的新华

---

① 于薇:《面向科研信息资源整合的元数据协同方法研究》,载于《现代情报》2017年第8期,第8、74~79页。

网、人民网、光明网、中国经济网、央广网等网站。国际新闻则应选取外国对"一带一路"较为关注且来源权威的新闻媒体,如新加坡的《海峡时报》(*The Straits Times*)、《今日报》(*Today*)等媒体①。

(3)视频、音频、图像等宣传信息。"一带一路"背景下对外宣传应当构建多主体共生宣传阵容,发挥官方媒体主导作用的同时,结合大众媒体协同配合宣传②,除官方宣传外,企业和个人自发录制的音视频与图片也是重要来源,可以直观反映"一带一路"沿线不同国家和地区的风土人情及投资建设信息。此类信息的获取来源包括对官方宣传音视频文件进行转载或链接,也包括平台用户上传的信息。

(4)研究报告、研究论文类信息。此类数据应当注意知识产权问题,其来源包含来自各类开放获取期刊及学术网站、数据库平台方,以及平台用户上传三部分。

二、国际经济行业学会/组织元数据标准现状

(一)统计数据与元数据交换

1. SDMX 与 ESMS 标准

统计数据与元数据交换标准(Statistical Data and Metadata eXchange,SDMX)由国际清算银行、欧洲中央银行与欧盟统计局等7个国际组织于2001年共同发起,旨在描述统计数据和元数据,规范数据交换并促进其有效共享。SDMX 常用于以下方式:第一,作为各国中央银行以及欧洲各统计机构数据报告与收集格式使用。第二,用于统计数据交换。欧洲中央银行体系、国际货币基金组织、世界银行、世界经济合作组织等均使用 SDMX 作为统计数据交换格式。第三,将 SDMX 作为数据仓库和其他数据管理模型基础,如欧洲中央银行。③

SDMX 标准规定了两类元数据:结构元数据(structural metadata)和参考元数据(reference metadata)。结构元数据用于描述多维数据的结构,其内容包括:规定元数据 xml 文件中具有唯一性的变量名称和首字母缩写词;用于资源发现的元数据(discovery metadata)、用于用户检索的关键词等;技术元数据(technical

---

① 秦煜臻:《"一带一路"国际传播与中国国家形象塑造》,上海交通大学,2016年,第19页。
② 李胜男:《"一带一路"背景下的对外宣传困境及对策研究》,载于《传媒论坛》2020年第2期,第80页。
③ SDMX 2.1 User Guide. 2022-09-29, https://sdmx.org/wp-content/uploads/SDMX_2-1_User_Guide_draft_0-1.pdf.

metadata），用于数据描述与发现。① 参考元数据（reference metadata）用于描述数据的内容与质量，包括描述统计数据使用的概念、数据的生成方法以及统计数据的质量。② 参考元数据结构定义了两种类型的组件列表：元数据目标（metadata target）与元数据报告（metadata report）。

在 SDMX 标准的基础上，欧盟建立了 ESMS（Euro – SDMX Metadata Structure）参考元数据标准。ESMS 规定了六个主要的参考元数据项：来源（source）、数据特征和收集（data characteristics and collection）、统计总体和数据范围（statistical population and scope of the data）、使用的统计概念和分类（statistical concepts and classifications used）、使用与传播（manipulation and dissemination）、其他（other aspects）。每一项下又包含若干子项，子项以元素的形式在元数据中体现，但并非每个元素都是必选元素，如表 5 – 10 所示。

表 5 – 10　　　　　ESMS 的元数据项及其定义和子项

元数据项	定义	子项
来源	提交/提取数据的来源	责任人及组织，使用的数据源，使用的其他数据源名称，直接来源，数据源周期，源元数据，最后更新日期（7）
数据特征和收集	—	计量单位，幂值，变量，取样，周期性，引用时间，基础周期，更新时间，发布时间，联系人，其他数据特征和收集信息（11）
统计总体和数据范围	指所覆盖或包含的范围。它是一组定义的人员、对象或事件的集合	统计总体，地理范围，覆盖行业，覆盖机构，覆盖项目，覆盖人口，覆盖产品，其他范围（8）
使用的统计概念和分类	—	关键统计概念，分类（2）
处理与发布	—	汇总与合并，估算，归因，变换，验证，索引类型，权重，季节性调整，其他处理与调整，OECD 发布格式，相关出版物（11）
其他	—	推荐用途和限制，数据质量注释，其他注释（3）

---

① OECD. Management of Statistical Metadata at the OECD. 2022 – 09 – 29，https：//www.oecd.org/sdd/managementofstatisticalmetadataattheoecd.htm.
② SDMX 2.1 User Guide. 2022 – 09 – 29，https：//sdmx.org/wp – content/uploads/SDMX_2 – 1_User_Guide_draft_0 – 1. pdf.

2. 应用

目前 ESMS 标准应用于欧盟统计数据库 Eurostat 网站，并用于欧盟统计数据库、欧洲中央银行、国际货币基金组织和经济合作发展组织（OECD）之间的元数据交换。①

（1）在经济合作发展组织（OECD）数据库的应用。

OECD 经济合作发展组织数据库（OECD iLibrary）提供了 239 个国家共 17 个主题的统计数据，其中包括与经济管理领域直接相关的主题有：经济、税收、区域、农村与城市发展、贸易、工业、商业与创业、就业、农业与渔业、科技创新、金融与投资，以及运输等。② 数据分为数据库（Databases）、指标数据（Indicators）与统计系列（Statistical Series）3 大类。

OECD 数据库数据文件的元数据元素都各有不同，没有统一的元数据必选元素标准，如图 5–3 所示。

```
Metadata
■ Source 数据源
  □ Contact person/organisation  联系人/组织
  □ Direct source  直接来源
  □ Date last input received  最后更新时间
■ Data Characteristics 数据特征
  □ Link to Release calendar 链接到发布日历
  These data are used in OECD Revenue
  Statistics publication. The latest edition
  became available in November 2017.
■ Concepts & Classifications 概念与分类
  □ Key statistical concept 关键统计概念
  The data that are reproduced in the
  following tables refer to actual compulsory
  payments made by general government in
  respect of their employees. Voluntary and
  imputed contributions are excluded from
  these data.
```

图 5–3 OECD iLibrary 的元数据显示示例

OECD 提供 API 接口，使用 GetKeyFamily/GetDataStructure 方法调用结构元数据，以实现数据开放共享。

（2）在国际货币基金组织数据库的应用。

国际货币基金组织数据库（IMF Data）包含有关国际货币基金组织贷款、汇

---

① OECD. SDMX Metadata. 2022–09–29，https：//www.oecd.org/sdd/41648971.pdf.
② OECD iLibrary. 2022–12–29，https：//www.oecd.org/en/search/data.html? orderBy = mostRelevant&page = 0.

率和其他经济和金融指标的时间序列数据，还提供了有关该组织统计实践的最佳实践、培训、手册、指南和其他材料。

IMF Data 的每个数据集内包含多个数据文件，数据库的元数据元素包含六个：定义（Definition）、地理范围（Geographic Coverage）、最后更新日期（Latest Update Date）、方法（Methodology）、领域范围（Sectoral Coverage）、时间范围（Temporal Coverage），如图 5-4 所示。

图 5-4　IMF Data 的元数据显示示例

（二）数据目录词汇表

1. DCAT 标准

数据目录词汇表（Data Catalog Vocabulary，DCAT）是万维网联盟（World Wide Web Consortium，W3C）建立的通用元数据标准[①]，其建设目标是实现异构开放数据的元数据交换和互操作。DCAT 是以 RDF 形式发布的 OWL2 本体，根据此词汇表，发布者可以按照标准模型和词汇表来描述数据集，促进不同数据目录中元数据的整合和互操作。词汇表采用 RDF/XML、RDFS/OWL 和 Turtle 语法严格定义每个词汇的语义，并通过 XML 和 JSON 语法对元数据记录进行编码。[②] DCAT 2.0 版共包含六个核心类，即 dcat：Catalog、dcat：Resource、dcat：Dataset、dcat：Distribution、dcat：DataService 和 dcat：CatalogRecord。六个核心类的作用如表 5-11 所示。

---

① W3C. Data Catalog Vocabulary（DCAT - Version2）. 2022 - 12 - 29，https：//www.w3.org/TR/vocab - dcat - 2/.

② 谢真强、翟军、李红芹等：《W3C 开放数据的元数据标准 DCAT 建设进展及对我国的启示》，载于《情报杂志》2019 年第 11 期，第 167~174 页。

表 5–11　　DCAT 2.0 的核心类及其定义和属性

类	定义	特定属性
dcat: Catalog	表示有关数据集或数据服务的元数据的集合	catalog record, has part, dataset, service, catalog, homepage, themes (7)
dcat: Resource	dcat: Dataset, dcat: DataService 和 dcat: Catalog 的父类，不作直接使用	access rights, conforms to, contact point, creator, description, has policy, identifier, is referenced by, keyword/tag, landing page, license, resource language, relation, rights, qualified relation, publisher, release date, theme/category, title, type/genre, update/modification date, qualified attribution (22)
dcat: Dataset	表示一个数据集	distribution, frequency, spatial/geographic coverage, spatial resolution, temporal coverage, temporal resolution, was generated by (7)
dcat: Distribution	表示数据集的可访问形式	access rights, access URL, access service, byte size, compression format, conforms to, description, download URL, format, has policy, license, media type, packaging format, release date, rights, spatial resolution, temporal resolution, title, update/modification date (19)
dcat: DataService	表示数据服务，即可通过 API 接口访问的操作	endpoint description, endpoint URL, serves dataset (3)
dcat: CatalogRecord	表示注册信息	conforms to, description, listing date, primary topic, title, update/modification date (6)

2. 应用

亚洲开发银行（ADB）数据库采用 DCAT 元数据作描述标准。该数据库提供的公开数据包含来自亚洲开发银行出版物的宏观经济数据和社会调查数据、亚洲开发银行年度报告中的财务和公司数据、项目数据等，涵盖了中亚、东亚、南亚、东南亚和太平洋地区共 45 个成员国的数据。① 其数据格式规范为五种：xlsx、csv、pdf、xml 和 website。每个数据集可能涵盖一种或多种格式的数据文件，如图 5–5 所示。

每种格式的数据集均包含 14 个元数据元素，包括出版者（publisher）、最后

---

① ADB Data Library. 2022-09-29, https://data.adb.org/about.

更新日期（last updated）、发布日期（publish date）、更新频率（update frequency）、可用格式（available formats）、时间范围（temporal coverage）、语种（language）、许可（license）、颗粒度（granularity）、可获取性（access level）、国家（countries）、地域（region）、主题（topics）、标签（tags）。

```
Dataset, 31 October 2019
ADB Projects in Nauru  xml
Under IATI, Asian Development Bank publishes project, or policy-based lending, data of sovereign operations funded with the Asian Development Fund (ADF) or the Ordinary Capital Resources (OCR) in Nauru.

Dataset, 11 September 2018
Success Rates Database  csv  xlsx
The Success Rates Database details the performance of ADB projects and programs. It includes information from 440 Project Completion Reports (PCRs), Validated Project Completion Reports (PVRs), and Project/Program Performance Evaluation Reports (PPERs), from 1 July 2010 to 30 June 2018.
```

图 5-5　亚洲开发银行数据库元数据示例

（三）其他自定义元数据

大多组织机构和数据库使用 DCAT 标准、SDMX 标准等通用的元数据标准，除此之外，也有部分经济管理数据库在网页上不呈现元数据、未对元数据标准作出说明或自行规定了部分元数据元素。

1. AsianBondsOnline 的元数据

AsianBondsOnlines 是促进亚洲债券市场发展倡议（ABMI）的一部分，集合了新兴东亚债券市场实时数据和历史数据等。① ABMI 是一项由亚洲开发银行支持的促进亚太地区债券市场发展的计划。

AsianBondsOnlines 网站提供指标、经济体、年度、更新频率 4 个字段的组合检索。指标分为规模与组成（Size and Composition）、市场流动性（Market Liquidity）、收益率和波动率（Yields Returns & Volatility）、流动性调查（Liquidity Survey）4 大类，共 21 小类，每一个指标设置一个元数据，由 5 个元素组成，分别是指标的定义、适用经济体、可用年份、更新频率和最后更新时间，如图 5-6 所示。

2. 世界银行公开数据的元数据

世界银行公开数据（World Bank Open Data）收录了来自世界银行、各成员国统计局和其他国际经济组织的数据。

根据元数据显示情况来划分，世界银行公开数据可以分为两类数据：第一类是由世界银行创建的数据集。在世界银行公开数据集中可以查看此类数据集的元

---

① AsianBondsOnline - About us. 2022 - 09 - 26，https：//asianbondsonline.adb.org/.

数据及其主要元素,并可下载 JSON 和 RDF 版本,元数据元素包含了部分 DC 元数据标准和部分 DCAT 元数据标准规定的元素,如图 5-7 所示。

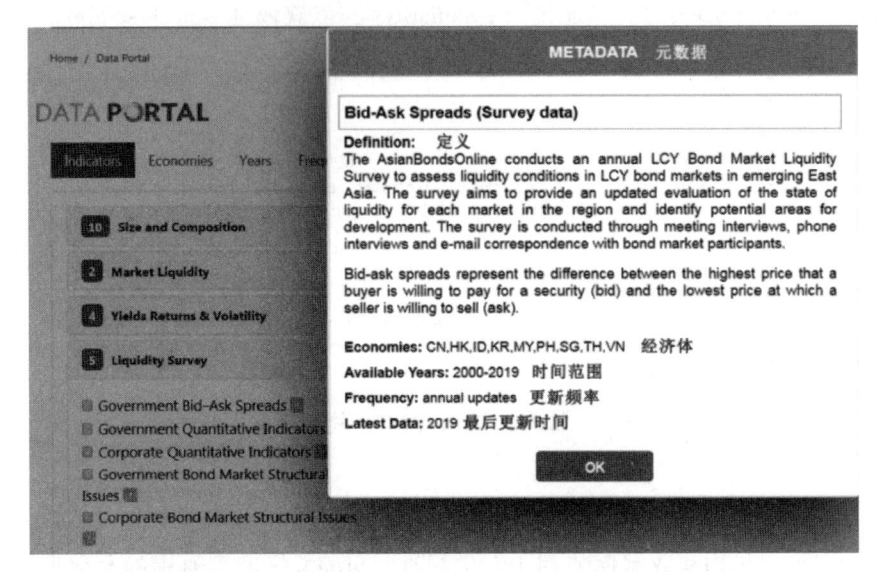

图 5-6　AsianBondsOnlines 的元数据示例

图 5-7　世界银行公开数据的元数据示例

第二类是世界银行从其他统计数据库提取得到的数据集。对于此类数据集,世界银行公开数据库会提供代码、数据类型、更新周期、数据集名称、来源、最后更新日期、许可、获取方式等,还包含简介元素,用于对数据集来源、内容及最后更新时间作出简短说明。

3. 东盟统计局的元数据

东盟统计局（ASEAN Statistics Division，ASEANstats）是东盟经济共同体秘书处下属部门之一，负责向东盟秘书处、东盟和东盟利益相关者提供统计服务。ASEANstats 网站提供东盟各国统计数据，包括就业统计、对外投资统计、国际商品贸易统计、交通运输统计、国际服务贸易统计、宏观经济指标、游客统计等 7 大类统计指标，7 大类下又分为 49 个具体指标。① ASEANstats 提供针对指标的元数据，包括 5~6 个元素，分别是指标代码、指标名称、数据源、最后更新日期、下次更新日期、定义，如图 5-8 所示。

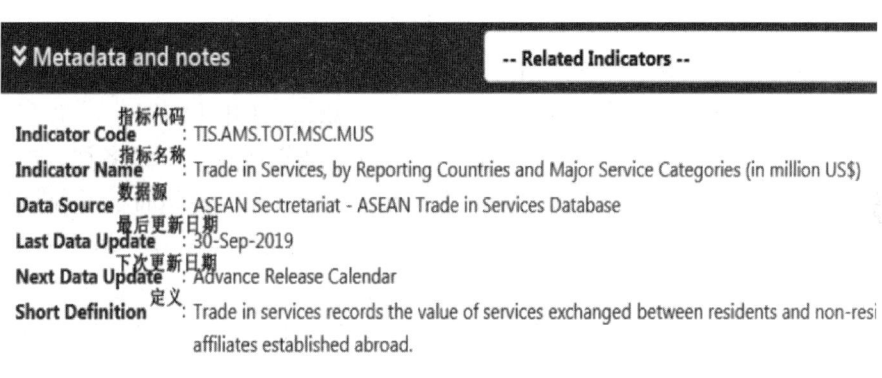

图 5-8　ASEANstats 元数据示例

三、国内外政府开放数据元数据标准

政府部门在履行行政职能、管理社会公共事务的过程中采集和储存了大量数据，开放政府数据有利于全社会更广泛、更高效地利用数据创造经济社会价值。② 政府开放数据的内容包括法律法规、政策文件、统计数据、科研数据、地理信息等众多基于公共目的产生的数据、出版物等信息产品。③ 政府开放数据涵盖经济信息的诸多方面，且数据总量大、数据权威性高、向社会公众免费开放，是经济管理信息集合中不可或缺的信息来源。

---

① ASEANstats Official Web Portal. About ASEANstats. 2022-09-29，https：//www.aseanstats.org/.

② 郑磊、高丰：《中国开放政府数据平台研究：框架、现状与建议》，载于《电子政务》2015 年第 7 期，第 8~16 页。

③ 张涵、王忠：《国外政府开放数据的比较研究》，载于《情报杂志》2015 年第 8 期，第 142~146、151 页。

（一）中国政府开放数据的元数据标准

我国政府开放数据相对欧美起步较晚，近年来得益于政府的大力推进，发展较快，目前已建成较为成熟的国家级政府数据开放平台，各级地方政府也已建成地方性的政府开放数据平台。但是，我国政府开放数据平台的元数据建设则相对落后，例如国务院办公厅发布的《政府信息公开目录系统实施指引（试行）》等元数据标准对于元数据的具体使用与扩展规范尚未作出明确的指导性说明[1]；许多政府数据公开平台并没有声明采用已有的元数据标准或规范[2]；地方政府开放数据平台使用的元数据方案不尽相同；许多平台并不提供机器可读的元数据文件[3]等。目前，我国政府开放数据平台采用的元数据标准如下。

1.《政务信息资源目录体系 第3部分：核心元数据（GB/T 21063.3－2007）》

《政务信息资源目录体系 第3部分：核心元数据（GB/T 21063.3－2007）》[4]规定的核心元数据共22个元素，包括9个必选元数据元素（资源名称、资源出版日期、资源摘要、资源安全限制分级、资源语种、资源标识符、元数据标识符、元数据语种、元数据安全限制分级），3个必选元数据实体（资源负责方、关键字说明、资源分类），7个可选元数据元素（空间范围、资源使用限制、资源字符集、数据志说明、在线资源链接地址、资源类型、元数据创建日期），3个可选元数据实体（资源格式信息、时间范围、元数据联系方），具体规定见表5－12。

表5－12　《政务信息资源目录体系 第3部分：核心元数据》规定的核心元数据

一级元数据元素	二级元数据元素	数据类型	是否必选	最大出现次数
信息资源名称	—	字符型	必选	1
信息资源发布日期	—	日期型	可选	1
信息资源摘要	—	字符型	必选	1

---

[1] 李荣艳、梁蕙玮、曲云鹏等：《我国政府信息资源元数据标准研究》，载于《图书馆学研究》2012年第11期，第42～46页。

[2] 翟军、于梦月、林岩：《世界主要政府开放数据元数据方案比较与启示》，载于《图书与情报》2017年第4期，第113～121页。

[3] 杨斯楠：《中美开放政府数据平台元数据方案比较分析》，载于《知识管理论坛》2018年第1期，第30～40页。

[4] 国家信息中心、北京航空航天大学：《中国电子技术标准化研究所．政务信息资源目录体系 第3部分：核心元数据：GB/T 21063.3－2007》，中国标准出版社2007年版，第3～7页。

续表

一级元数据元素	二级元数据元素	数据类型	是否必选	最大出现次数
信息资源提供方	资源提供单位	字符型	必选	1
	资源提供方地址	字符型	可选	1
关键字说明	关键字	字符型	必选	N
	词典名称	字符型	可选	1
信息资源分类	分类方式	字符型	必选	1
	类目名称	字符型	必选	1
	类目编码	字符型	必选	1
在线资源链接地址	—	字符型	可选	N
信息资源标识符	—	字符型	必选	1
服务信息	服务地址	字符型	必选	1
	服务类型	字符型	必选	1
元数据标识符	—	字符型	必选	1（有特殊规定）
元数据维护方	元数据联系单位	字符型	必选	1
	元数据维护方地址	字符型	可选	1
元数据更新日期	—	日期型	可选	1

2.《政府信息公开目录系统实施指引（试行）》

2009年1月编制的《政府信息公开目录系统实施指引（试行）》（以下简称《指引》）[1]中，政府公开信息核心元数据共14个元素，其中包含4个必选元数据元素，即索引号、名称、生成日期、著录日期，2个必选元数据实体（发布机构、信息分类），2个条件必选元数据元素（文号、语种），3个可选元数据元素，即内容概述、在线链接地址、信息格式，3个可选元数据实体，即有效期、相关信息、关键词，详见表5-13。根据《指引》描述，该核心元数据适用于政府信息公开目录的编目、建库、发布和查询。

---

[1] 国务院办公厅秘书局：《国务院办公厅秘书局关于印发政府信息公开目录系统实施指引（试行）的通知》，http://www.dt.gov.cn/dtzww/xxgkzd/202011/04ca4475467140258a0aa429b123c456.shtml，2020年1月12日。

表 5-13 《政府信息公开目录系统实施指引（试行）》规定的核心元数据

一级元数据元素	二级元数据元素	数据类型	是否必选	最大出现次数
索引号	—	字符型	必选	未作说明
名称	—	字符型	必选	
内容概述	—	字符型	可选	
生成日期	—	日期型	必选	
有效期	生效日期	日期型	可选	
	废止日期	日期型	可选	
文号	—	字符型	条件必选	
相关信息	名称	字符型	可选	
	索引号/文号	字符型	可选	
发布机构	—	字符型	必选	N
关键词	主题关键词	字符型	条件必选	未作说明
	位置关键词	字符型	可选	
信息分类	分类类目名称	字符型	必选	
	分类代码	字符型	必选	
在线链接地址	—	字符型	可选	
信息格式	—	字符型	可选	
语种	—	字符型	条件必选	
著录日期	—	日期型	必选	

3.《政务信息资源目录编制指南（试行）》

国务院办公厅秘书局以及 2017 年由国家发展和改革委员会、中央网信办制定的《政务信息资源目录编制指南（试行）》（以下简称《指南》）[①] 对政府开放数据的元数据标准进行了详细说明。

《指南》中规定了政务信息资源元数据的核心元数据元素。根据《指南》定义，政务信息资源元数据包括核心元数据和扩展元数据。核心元数据包含 13 个元素，其中包含 9 个必选元数据元素，即信息资源分类、信息资源名称、信息资源代码、信息资源提供方、信息资源提供方代码、信息资源摘要、信息资源格式、更新周期、发布日期，3 个必选元数据实体，即信息项信息、共享属性、开

---

① 国家发展和改革委员会、中央网信办：《两部门关于印发〈政务信息资源目录编制指南（试行）〉的通知》，http://www.gov.cn/xinwen/2017-07/13/content_5210203.htm，2022 年 9 月 29 日。

放属性，1个可选元数据元素，即关联资源代码，如表5-14所示。对于13个核心元数据元素，《指南》分别说明了元素定义、数据类型、注解与内容说明，而扩展元数据的具体元素和内容则未作规定。

表5-14 《指南》规定的核心元数据

一级元数据元素	二级元数据元素	数据类型	是否必选	最大出现次数
信息资源分类	—	字符型	必选	1
信息资源名称	—	字符型	必选	1
信息资源代码	—	字符型	必选	1
信息资源提供方	—	字符型	必选	1
信息资源提供方代码	—	字符型	必选	1
信息资源摘要	—	字符型	必选	1
信息资源格式	—	字符型	必选	1
信息项信息	信息项名称	字符型	可选	1
	数据类型	字符型	必选	1
共享属性	共享类型	数值型	必选	1
	共享条件	字符型	必选	1
	共享方式	字符型	必选	1
开放属性	是否向社会开放	数值型	必选	1
	开放条件	字符型	可选	1
更新周期	—	字符型	必选	1
发布日期	—	日期型	必选	1
关联资源代码	—	字符型	可选	1

可以发现，《政务信息资源目录体系》《指引》和《指南》中所规定的元数据标准均可适用于描述政府开放数据，但其元素的选取差距较大，其中最少仅9个元素，最多达22个元素，并且所规定的元数据元素以及出现次数限制各不相同。其中《政务信息资源目录体系》《指南》主要针对政务信息资源元数据，《指引》则适用范围较广，可用于所有政府公开数据的元数据。

(二) 新加坡政府开放数据的元数据标准

新加坡于2011年建立了政府公开数据的一站式门户Data.gov.sg，该门户网站由新加坡政府技术局（Government Technology Agency of Singapore）统一维护和管理，集成了来自 70 个政府机构的公开数据集，该一站式门户鼓励公众和研究人员将数据用于研究、开发和获取便利。

Data. gov. sg 的元数据标准基于开放知识国际组织（Open Knowledge International）提出的协议制定。根据《Data. gov. sg 元数据规范》（Data. gov. sg Metadata Specifications）的规定，元数据结构共包含三层：第一层是数据集元数据，即关于数据集的常规元数据；第二层是资源元数据，一个数据集可能包含多个资源，每个资源有其专门的资源元数据；第三层是架构元数据，用于定义资源文件中每一列的特征，如变量类型、格式等。

1. 数据集元数据

《Data. gov. sg 元数据规范》对数据集元数据共规定了 16 个元数据元素，其中 14 个必选元素、2 个可选元素。全部数据集元数据元素如表 5 - 15 所示。

表 5 - 15　《Data. gov. sg 元数据规范》规定的数据集元数据

元数据元素	元数据元素（英文）	输入值	是否必选
识别码	Identifier	系统生成	必选
名称	Name	系统生成	必选
标题	Title	用户输入	必选
描述	Description	用户输入	必选
主题	Topic	用户输入	必选
关键词	Keywords	用户输入	必选
发布者	Publisher	用户输入	必选
联系人 1	Admin 1	用户输入	必选
联系人 2	Admin 2	用户输入	可选
数据来源	Sources	用户输入	必选
数据来源 URL	Source URL	用户输入	可选
许可	License	系统生成	必选
更新频率	Frequency	用户输入	必选
时间范围	Coverage	系统生成	必选
最后更新时间	Last Updated	系统生成	必选
资源元数据	Resources	用户输入	必选

2. 资源元数据

资源元数据共 8 个元素，其中 7 个必选元素，仅"描述"元素为可选元素，如表 5-16 所示。

表 5-16　《Data. gov. sg 元数据规范》规定的资源元数据

元数据元素	元数据元素（英文）	输入值	是否必选
识别码	Identifier	系统生成	必选
名称	Name	系统生成	必选
标题	Title	用户输入	必选
URL	URL	系统生成	必选
格式	Format	系统生成	必选
描述	Description	用户输入	可选
最后更新时间	Last Updated	系统生成	必选
架构元数据	Schema	系统生成	必选

3. 架构元数据

架构元数据是资源元数据的一部分，用于提供 CSV 表中每一列的详细信息。其"名称"和"标题"两个元素应与列标题相对应，"数据子类型"则对应为"数据类型"值的某个子类。元数据标准使用表格形式对常见的数据类型进行详细规定。由于数据表格中每一列的数据类型各异，架构元数据中包含了较多的条件必选元素，如"计量单位"元素仅当元数据的描述对象是数值变量时为必选元素，其他时候可选；"格式"元素当描述对象为日期时间类型时为必选。详见表 5-17。

表 5-17　《Data. gov. sg 元数据规范》规定的架构元数据

元数据元素	元数据元素（英文）	输入值	是否必选
名称	Name	系统生成	必选
标题	Title	用户输入	必选
数据类型	Type	用户输入	必选
数据子类型	Sub Type	用户输入	必选
描述	Description	用户输入	条件必选
计量单位	Unit of Measure	用户输入	条件必选
格式	Format	系统生成	条件必选
坐标系	Coordinate System	系统生成	条件必选

（三）阿联酋政府开放数据的元数据标准

2015年，阿联酋为进一步推进国家统计工作，建立了联邦竞争力和统计局（The Federal Competitiveness and Statistics Authority，FCSA）①，并由FCSA负责搭建了阿联酋国家数据开放平台bayanat.ae。该平台是阿联酋政府公开数据的统一集成平台，集合了阿联酋联邦海关管理局等16个机构、财政部等13个政府部门，以及阿拉伯联合酋长国大学等12个其他非政府机构的数据。截至2020年2月20日，bayanat.ae共开放2 154个数据集。

目前，阿联酋尚未制定相关国家标准来规范政府开放数据的元数据，但在政府网站上给出了《阿联酋智能数据框架》（UAE Smart Data Framework），该框架对元数据进行了规定，共规定28个元数据元素，分为数据发现、技术信息、数据源、适用性、数据访问、可靠性6类，其中16个必选元素，12个可选元素，如表5-18所示。

表5-18　　　《阿联酋智能数据框架》的元数据元素

类别	元数据元素	元数据元素（英文）	是否必选
数据发现	标题	Title	必选
	描述	Description	必选
	主题	Subject	必选
	标签	Tags	可选
技术信息	数据文件链接	Data files	必选
	数据格式	Format	必选
	数据文件大小	Size of the dataset	必选
	数据架构	Schema	可选
	最后更新时间	Last Updated	必选
	识别码	Unique identifier（URI）	可选
数据源	数据发行者	Publisher	必选
	数据监管者	Custodian	必选
	联系信息	Contact information	可选
	源系统	Source system	可选

---

① The Federal Competitiveness and Statistics Authority. Statistics. 2022-09-29, https：//fcsc.gov.ae/en-us/Pages/Statistics/Statistics-by-Subject.aspx.

续表

类别	元数据元素	元数据元素（英文）	是否必选
适用性	分类	Classification	必选
	时间范围开始日期	Temporal Coverage Start Date	必选
	时间范围结束日期	Temporal Coverage End Date	必选
	地理范围	Geographic Coverage	必选
	语言	Language	必选
数据访问	许可	License	必选
	访问权限	Access Permissions	必选
	是否含个人数据	Personal Data?	可选
	是否含敏感个人数据*	Sensitive Personal Data?	可选
	知识产权	Intellectual Property	可选
可靠性	出处	Provenance	可选
	发布频率	Publishing Frequency	可选
	已知的问题	Known Issues	可选
	数据完整性	Data Completeness	可选

四、元数据标准借鉴

按涵盖范围，上文调研的元数据标准可分为两类：一类是复合性元数据标准，该类标准包含了元数据的具体元素、语法要求和技术细节，内容较丰富；另一类是针对性元数据标准，该标准仅针对某一类数据集规定了元数据所应包含的元素。

（一）复合性元数据标准的借鉴

复合性元数据标准包含的内容较广，大多由权威性的行业组织或学会制定，其应用较为广泛，可能被多家行业组织或政府部门所直接或修改后使用。DCAT、SDMX 元数据标准和世界银行部分采用的 DC 元数据标准均属于该类元数据标准。

复合性元数据标准通常主要使用 XML 语言，也有的采用基于 XML 的 RDF 三元组形式，DCAT 标准还加入 Turtle 语法。数据格式则多用 JSON、CSV 等格式。此类元数据直接规定了元数据的语法表示形式，或用代码实例予以示范，其元数据体系完整且经过实践检验，认可度和可信度较高，有利于使用统一的标准数据库进行交流、促进数据整合。本书将参照 SDMX、DCAT 等复合性元数据对"一带一路"专题库元数据语法要求、体系结构、具体元素、结构定义和交换整合等进行规定。

(二) 针对性元数据标准的借鉴

针对性元数据标准大多仅针对数据集规定相应的元素,如新加坡政府颁布的元数据标准、我国《政务信息资源目录编制指南(试行)》等。该类标准大多会列出元数据的核心元素,并对元数据元素的其他属性进行明确的说明,或设计元数据元素的下位类,进一步描述数据集内容。此类数据标准的优点是灵活度较高,可根据数据平台需求或数据集的特征定制。参照数据格式元数据标准,对每个元素的元素名称、定义、数据类型、说明、是否必选等情况进行规定。

五、元数据标准需求分析

徐雯等将开放社会经济信息资源分为两类:第一类是资源集合类,即大量结构化经济信息,如数据集、某类统计数据等;第二类是资源内容层级,指新闻报道、法规法条、研究报告等单独、零散的信息资源。① 本书对该类元数据标准需求进行讨论。

(一) 数据资源集合的元数据标准需求

"一带一路"经管数据库数据资源集合的采集方式主要包括 3 种:由其他公开共享数据源采集、由数据库方上传、由其他参与主体或认证用户上传共享。其中,应当以第一种方式为主。结合对第五章第三部分中对元数据标准的调查,可总结"一带一路"经管数据库对元数据标准的需求。

1. 针对多主体参与的易用性

"一带一路"数据库用户包含企业用户、科研院校用户、个人用户等类型。其中企业用户又可细分为国企用户、民企用户、外企用户等,科研院校用户也可分为科研院所用户和高校用户。不同用户群体的使用需求、使用习惯、教育背景、专业背景差别较大,无法要求每个用户均具有计算机或图书情报的专业知识。因此,面向所有用户群体的元数据标准门槛不宜过高,其形式和内容应当明

---

① 徐雯、邵荣、丁晓芹:《开放社会经济信息的元数据研究——以开放社会经济信息集成揭示与服务系统为例》,载于《现代情报》2015 年第 10 期,第 55~61 页。

确、规范、易于理解和使用[①]，尽量避免过于详尽复杂的数据标准，以免造成用户的疑问或误解，增加用户使用数据的负担，削弱用户参与数据库建设的热情与利用数据库的忠诚度，不利于数据库的推广利用。

2. 针对多源异构资源的兼容性

"一带一路"数据库作为综合数据库，所收录的数据包含多种不同格式和类型。即使仅针对数据集进行讨论，数据集的格式也包含 CSV、JSON、XML、XSLX、PDF 等通用格式，同时，来自其他公开数据源的数据可能也会有一些专有格式，如 SDMX 格式；还包含一些半结构化的数据，如亚洲开发银行数据库中就包含了网页格式的数据。数据的多源异构性对元数据标准的兼容性提出了较高的要求，元数据标准应适用于各种数据格式的数据，不对数据格式作过于严格的要求。

3. 与现存其他元数据标准的互操作性

"一带一路"数据库的数据很大一部分来自现存各类公开共享数据，如世界银行、世界经济合作与发展组织、各国政府开放数据等，而这些资源分别采用的元数据标准各不相同。如仅仅简单地收集元数据而不加以其他规范，将给数据索引、数据检索与数据获取等行为带来障碍。因此，有必要用统一的元数据标准对获取数据的元数据进行处理，在保留原有元数据文件的前提下，通过格式转换、元素映射等规则形成统一的元数据描述[②]，便于数据整合与发现。这要求"一带一路"经管数据库所使用的元数据标准与现有的主流元数据标准、政府开放数据的元数据标准具备较强的互操作性。

4. 针对数据库后续建设的可扩展性

"一带一路"经管数据库的建设目标是在较长时间内持续服务本国和共建"一带一路"国家的经济信息需求。在长期运行中，数据库应不断继续建设，扩展数据范围与服务国家，而新的数据内容可能需要新的数据格式，由此产生新的元数据需求。因此，"一带一路"数据库的元数据标准在满足现有目标数据范围的需求之外，还应当考虑到元数据标准的可扩展性，并为未来建设预留一定空间。

（二）不同类型数据资源的元数据标准需求

"一带一路"经管数据库收录的数据资源按数据格式可分为文本数据、表格数据、视频数据、音频数据、机读格式数据等，按类型可分为新闻报道、政策法

---

① 冯项云、肖珑、廖三三等：《国外常用元数据标准比较研究》，载于《大学图书馆学报》2001年第4期，第15～21页。

② 丁逎劲、曾建勋：《文献元数据集成管理研究》，载于《情报学报》2019年第6期，第568～577页。

规、视频图像、研究论文等。不同的数据资源很难使用统一的元数据标准进行规范，例如，对于政策文件，可能需要在元数据中描述其发布主体、文种类型等信息，而对于新闻报道则不需要这些方面的描述，因此不同类型数据资源的元数据标准不同。

1. 政策法规类信息

对于政策法规类信息，其元数据的主要用途之一是对政策法规进行描述，确保其真实性、完整性与可读性。① 政策法规类信息属于政府信息公开的一部分，其元数据通常参照政府信息公开元数据标准。在我国，政策法规类信息的元数据标准应当主要参考《政务信息资源目录体系》（GB/T 21063-2007）和《政务信息资源目录编制指南（试行）》两个文件。此外，政策法规信息的发布方元素比起其他类型信息更加重要，其发布方直接决定着政策法规的效力和适用范围。因此，发布方、适用范围、是否具备强制性等信息均应在元数据中进行描述，且均应被列为必选元素。

2. 新闻报道类信息

通过对国内外新闻舆情进行数据分析发现，国内新闻中，"经济""企业""贸易""发展""投资"等关键词排在新闻关注侧重点的前列。而在国际新闻中，"cooperation""trade""economic""investment"等词均为重点关键词。② 新闻报道类信息与其他信息类型的最大区别在于新闻的时效性与真实性。因此，发表日期和最后更新日期应当作为新闻报道类信息元数据的必选元素，以明确新闻报道的发表时间，明确新闻内容是否仍具备时效性。同时，为确保信息的真实性与可靠性，应当在元数据中描述新闻的责任者，包括新闻社和创作者（记者、摄影或责任编辑）。此外，由于"一带一路"数据库涉及的国家与语种较多，在整合国外新闻报道时，应尽量在元数据中描述新闻所涉及的国家地区与内容概要，便于用户进行针对性检索与利用。

3. 音视频、图像类信息

音频、视频资源的数字结构和层次性更复杂，每一视频牵涉较多责任者，这给元数据描述带来了较大挑战。目前，我国对数字音视频资源的元数据标准并不统一。2004年国家广播电视总局发布的行业标准《广播电视音像资料编目规范 第1部分：电视资料》（GY/T 202.1-2004）、《广播电视音像资料编目规范 第2部分：广播资料》（GY/T 202.2-2007）、《广播电视音像资料编目规范 第2部

---

① 郭鹏：《数字档案元数据与电子政务元数据对比研究》，载于《中国信息界》2012年第6期，第61~63页。

② 刘伟：《"一带一路"倡议下国内外新闻舆情及其演化分析》，载于《统计与信息论坛》2018年第6期，第34~42页。

分：音频资料》（GY/T 202.2 – 2016）和 2005 年中央电视台制定的《中央电视台音像资料编目细则》（2015 年修订），其制定的标准分别应用于广播、电视、电影类资源。而 2014 年国家图书馆制定的《国家图书馆视频资源元数据规范与著录规则》和 2015 年北京大学信息管理系主持制定的《数字资源元数据标准规范》[①] 可应用于各类数字视频和网络视频资源，其中《数字资源元数据规范》还可应用于图像资源和视音频数据库。[②] 2017 年北京大学研制的《国家公共文化数字支撑平台数字资源标准规范 第四部分：数字资源元数据标准规范、交换标准规范及著录规则》[③] 设置了 21 个元素、108 个修饰词，既适用于原生数字文化资源也适用于数字化的文化资源，其载体类型包括视频资源、音频资源、图像资源以及数据库。

以上这些元数据标准仍旧存在元数据元素各有区别、编目规则不同等差异，音视频信息元数据还缺乏全国统一标准。但参考以上标准，可以提炼出音视频文件与其他格式文件相比的主要特征：

第一，需设置"时长"元素，用以说明音视频文件的时间长度。如有必要，还应设置"入点""出点"等元素。

第二，细化"责任者"信息，其下设置多个子元素，涵盖音视频的摄影摄像、录音、策划、出演等责任者。

第三，细化"格式"信息，除音视频的文件格式之外，还包含视频数据码率、视频编码格式、音频编码格式等技术信息。

图像信息与音视频信息相比，无须描述时长等元素，格式信息也相对简单，但仍需对图像分辨率作出说明。另外，图像信息可能会出现一个主题或一个发布地址对应多张图片的情况[④]，在此种情况下应当设置关联元素，确保信息的完整性。与音视频信息相似的是，图像信息的"责任者"信息也较为复杂，其责任者可能是绘画者、摄像者、修改者等，如果一张图片是在摄影照片的基础上进行再次创作，也可能同时包含多个责任者。因此，图像信息的"责任者"信息也需设置子元素，进行细化描述。

4. 研究论文、报告类信息

这类信息的现有元数据标准可以分为两类：一类是某一专门学科的领域元数

---

① 《数字资源标准规范》，国家公共文化数字支撑平台，https：//imgoss.culturedc.cn/book/01531483545974.pdf，2022 年 11 月 1 日。

② 段明莲、李燕：《数字视频资源元数据及描述》，载于《数字图书馆论坛》2016 年第 12 期，第 15 ~ 20 页。

③ 《国家公共文化数字支撑平台数字资源元数据规范》，北京大学，https：//www.bjszwhg.org.cn/detail/15496，2022 年 11 月 1 日。

④ 丁文娟：《图像数字资源元数据仓储建设实践——以南京图书馆为例》，载于《新世纪图书馆》2018 年第 3 期，第 64 ~ 68 页。

据；另一类是通用元数据。对于研究论文、报告类信息元数据标准，直接采用数据资源集合的元数据标准为基础，并视情况适当删减某些不需要的元素。

六、元数据标准体系整体框架

（一）元数据标准体系框架的构建原则

元数据标准需遵循既有的原则和过程进行设计、计划与建设。

1. 通用原则

构建"一带一路"经管数据库的元数据标准体系框架，首先需要遵循标准体系的国家标准中制定的4项原则：目标明确、全面完善、层次适当、划分清晰。[①]

（1）目标明确。元数据标准体系的目标是对元数据进行规范化处理与管理，使数据资源的描述有统一的标准可循。其对象是数据资源，主要对其存储、管理与发现等过程进行管理，便于资源发现与整合。

（2）全面完善。标准体系的全面性和完整性体现在两个部分，即子体系及标准明细表所列标准的全面完善。元数据标准体系框架应包含数据结构标准、数据值标准、数据内容标准、数据格式和技术交换标准4种元数据标准，并制定明细表以收录国内外相关可参考标准规范。

（3）层次适当。本元数据标准体系框架针对特定数据资源构建，内容的专指性强，且一一列举框架结构中标准类别所涉及的具体标准，层次清晰。

（4）划分清晰。标准体系框架中的上下层标准形成包含与被包含关系，按照用途对标准进行分类，且标准间无内容交叉。

2. 具体原则

体系框架设计的目标各不相同，在构建中除通用原则外，也应提出具有专指性的构建原则。通过分析"一带一路"经管数据库元数据标准需求，将"一带一路"经管数据库元数据标准体系框架的具体原则总结如下。

（1）简单性原则。

"一带一路"经管数据库是多主体共同参与建设的共享型数据库，其用户群体包括政府用户、企业用户与科研用户，元数据标准应具有易用性。在保证质量的前提下，应简化元数据标准，提供使用指南和说明手册，提升用户友好度。

---

① 中国标准化研究院：《标准体系构建原则和要求：GB/T 13016 – 2018》，中国标准出版社2018年版，第2页。

（2）顺承性原则。

顺承性原则具体表现在两个层面：首先，在标准体系框架构建时，可直接应用现有的成熟标准；其次，若现有标准无法满足需求，应尽量参考国际标准和国家标准，在制定元数据元素、编码标准、专题词表等内容时，应尽量采取现有标准中的相关内容。

（3）包容性原则。

包容性原则体现在两方面：第一，由于数据库集成了大量异构的数据资源，其数据格式不同，采用的元数据标准不同，因此数据库所采用的元数据标准须对其他元数据标准以及各类数据格式有较强的包容性，可用于描述多种类型与格式的数据。第二，在描述的基础上，元数据标准还应通过互操作、映射、转换等方式增强其包容性。

（4）灵活性原则。

由于经济管理所包含的学科范围广泛，而元数据标准所确立的核心元数据元素数量有限，无法完全包含所有领域的数据描述需求，因此元数据标准应具备一定灵活性和可扩展性，提供完善的扩展规则与方法说明，以便用户在著录特定领域或特定形式的数据时可对元数据进行扩展，提供更加详细的数据描述。

（5）实用性原则。

元数据标准应当优先服务于数据库建设与使用，针对目标数据资源的特性和用户需求进行设计。可优先、重点建设其中某些领域的元数据标准，在标准制定完成后，应对元数据标准进行公示，并为用户和数据库工作人员提供完善的使用指南。

（二）元数据标准体系框架构建过程

建立统一的元数据标准主要采用两种方法：拓展法和裁减法。扩展法即提出少量的核心元素并按需进行拓展，如都柏林核心元数据标准；裁减法的代表是《地理信息·元数据 第1部分：基础》（ISO 19115-1-2014），是指提出一个全面、兼容的元数据标准，按照不同资源的实际使用需求进行筛选和使用的方法。"一带一路"经管数据库的元数据标准所涉及元素较为复杂，更适合采用拓展法进行构建。

对于标准体系框架构建流程，现有文献和研究可提供参考。参照国家标准《标准体系构建原则和要求》（GB/T 13016-2018）[①]的构建方案，将元数据标准

---

① 中国标准化研究院：《标准体系构建原则和要求：GB/T 13016-2018》，中国标准出版社2018年版，第2~3页。

体系框架构建拆分为四步：确定目标—调查调研—分析整理—编制体系，具体如图 5-9 所示。

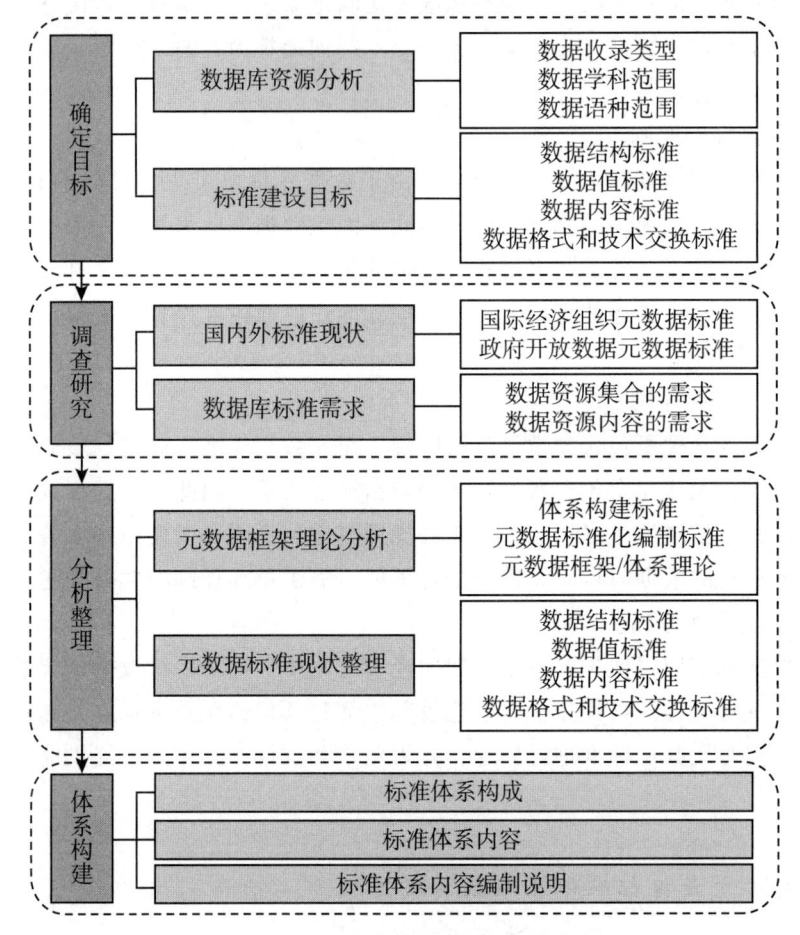

图 5-9　元数据标准框架构建流程

1. 确定目标

本研究所构建的"一带一路"元数据标准体系主要包含数据结构标准、数据值标准、数据内容标准、数据格式和技术交换标准四方面。其中数据结构标准是重点与核心，而另外几类标准可主要复用或采用现有标准。

2. 调查调研

在确定数据库建设目标和标准建设目标的基础上，对现有的相关元数据标准及数据库标准需求进行调查研究，以便为构建"一带一路"经管数据库元数据的标准体系框架提供参考。元数据标准种类繁多、内容各异，在进行标准调研时，应依据数据库建设目标选定调研对象。本研究将数据资源分为数据资源集合和数据资源内容，分别讨论其元数据标准需求。

3. 分析整理

首先，学习借鉴标准体系框架构建的相关理论，收集与标准体系构建、编制方法等相关的成熟标准及相关研究论文，总结元数据体系框架的构建方法。本研究参考《标准体系构建原则和要求》提出的理论与方法，构建元数据标准体系框架。其次，基于调研结果，分类梳理、总结元数据标准体系建设的现状，分析标准的异同，提取其中可参考借鉴或复用的部分，划分需要重新起草的标准，为"一带一路"数据库的元数据标准体系建设提供参考。

4. 体系构建

基于上述分析结果，编制标准体系结构体系表，填充具体内容，编写后续具体标准的编制工作撰写说明，规范编制工作，形成完善的元数据标准体系框架。

（三）元数据标准体系框架的具体内容

为明确展示元数据标准体系所包含的标准内容及其层次关系，完整展示元数据标准体系框架，通过标准体系结构图表示其内容范围和结构，如图 5-10 所示。

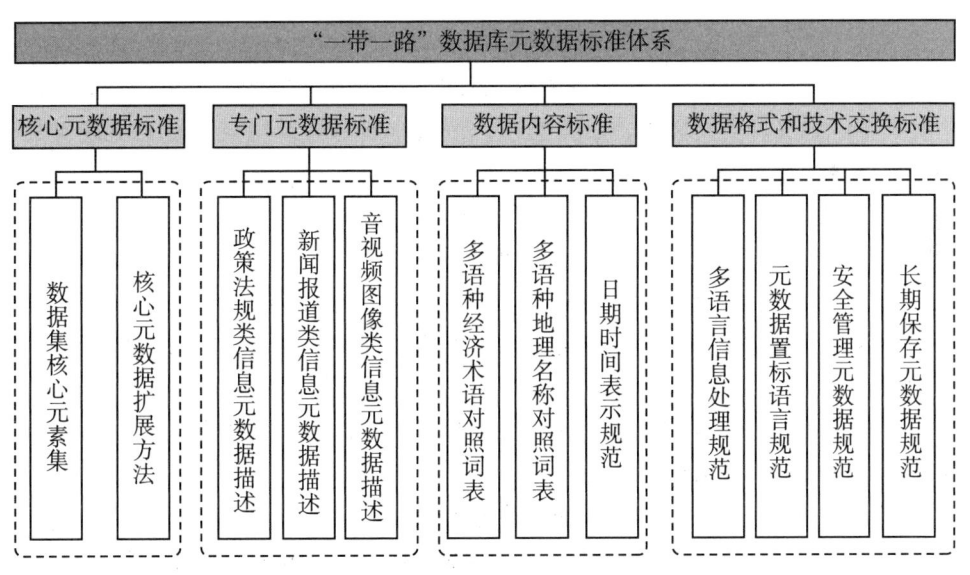

图 5-10 "一带一路"数据库元数据标准体系结构

该元数据标准体系主要包括四部分。

1. 核心元数据标准

核心元数据标准是元数据标准制定的核心，列举了数据集中的重点元数据元素，并规定了元数据元素的制定及扩展规则。

2. 专门元数据标准

专门元数据标准主要记录各类型数据资源的内容描述信息，是核心元数据标准的细化，主要包括政策法规类信息、新闻报道类信息和音视频图像类信息的元数据标准。

3. 数据内容标准

数据内容标准用于规范格式和语法，主要包括多语种经济术语对照词表、多语种地理名称对照词表、时间/日期表示等规范，也包含对著录过程的规范。

4. 数据格式和技术交换标准

数据格式和技术交换标准是元数据标准的机读格式表述，即置标语言规范；还包括多语言信息处理、安全管理和长期保存元数据规范。

七、元数据标准内容体系

（一）核心元数据标准

参考《GB/T 26816－2011 信息资源核心元数据》《GB/T 30523－2014 科技平台 资源核心元数据》和《GB/T 25100－2010 信息与文献 都柏林核心元数据元素集》，本标准采用摘要表示的方式定义和描述元数据，摘要内容包括以下属性：中文名称、定义、英文名称、数据类型、值域、缩写名、约束、最大出现次数、备注（具体见附录8）。

（1）中文名称：元数据元素或实体的中文称谓。

（2）定义：对信息资源特征的说明。

（3）英文名称：元数据元素的英文称谓，一般使用英文小写，单词之间用空格分隔；元数据实体的英文名称中缺少空格，则使用单词连写，单词首字母为大写。

（4）数据类型：界定元数据元素或实体的数据类型，例如复合型、数值型、布尔型、字符串、日期型等。

（5）值域：规定元数据元素的取值范围。

（6）缩写名：元数据元素或元数据实体的英文缩写名称。元数据实体缩写名应采用 UCC 方式[①]，即每个英文单词的首字母均大写；元数据元素缩写名应采用

[①] 上层驼峰大小写（Upper Camel Case，UCC），即每个英文单词的首字母大写，其他字母均为小写。

LCC 方式①，即除第一个英文单词外，每个单词的首字母大写，并把这些单词组合起来。

（7）约束：说明一个元数据元素或元数据实体选取与否的描述符。描述符分别为：M：必选，表明必须选择该元数据元素或元数据实体；O：可选，可以选择也可以不选，根据实际应用元数据元素或元数据实体；C：条件必选，当满足约束条件中所定义的条件时应选择。

（8）最大出现次数：说明元数据元素或元数据实体可以出现的最大次数。

（9）备注：对元数据元素或实体进一步的补充说明（根据需要选用）。

（二）专门元数据标准

面向数据类型复杂的数据资源建立元数据标准时，扩展和裁剪是两种常用思路。本标准采取扩展思路，在已有核心元数据元素基础上，根据不同资源类型对其进行扩展，即政策法规类信息、新闻报道类信息和音视频图像类信息（其元数据元素分别见附录9、附录10、附录11）。各标准参考的现行标准如表5–19所示。

表5–19　　　　数据结构标准参考的现行标准

标准名称	参考的现行标准
《数据集核心元数据描述》	《GB/T 26816–2011 信息资源核心元数据》 《GB/T 30523–2014 科技平台 资源核心元数据》 《GB/T 21063.3–2007 政务信息资源目录体系 第3部分：核心元数据》 《GB/T 25100–2010 信息与文献 都柏林核心元数据元素集》 《GB/T 34052.1–2017 统计数据与元数据交换（SDMX）第1部分：框架》 《政府信息公开目录系统实施指引（试行）》 《政务信息资源目录编制指南（试行）》 国家科技基础条件平台《数据集核心元数据标准》
《政策法规类信息元数据描述》	《GB/T 21063.3–2007 政务信息资源目录体系 第3部分：核心元数据》 《GB/T 33480–2016 党政机关电子公文元数据规范》 《GB/T 33477–2016 党政机关电子公文标识规范》 《政府信息公开目录系统实施指引（试行）》 《政务信息资源目录编制指南（试行）》 《DB35/T 1777–2018 政务数据汇聚 数据集的规范化描述》 《DB35/T 918–2009 电子政务信息数据交换》

---

① 下层驼峰大小写（Lower Camel Case，LCC），即除第一个英文单词外，每个单词的首字大写。

续表

标准名称	参考的现行标准
《新闻报道类信息元数据描述》	《GB/T 35311－2017 中文新闻图片内容描述元数据规范》 《GB/T 20093－2013 中文新闻信息分类与代码》 《CY/T 46－2008 新闻出版业务主题词表》 《WH/T 50－2012 网络资源元数据规范》 《国家图书馆网络资源元数据规范和著录规则》
《音视频图像类信息元数据描述》	《GB/T 35311－2017 中文新闻图片内容描述元数据规范》 《DA/T 63－2017 录音录像类电子档案元数据方案》 《DA/T 54－2014 照片类电子档案元数据方案》 《WH/T 51－2012 图像元数据规范》 《WH/T 49－2012 音频数据加工规范》 《GY/T 202.1－2004 广播电视音像资料编目规范 第1部分：电视资料》 《中央电视台音像资料编目细则》（2015年修订） 《国家图书馆视频资源元数据规范与著录规则》 《国家图书馆音频资源元数据规范与著录规则》 《国家图书馆图像资源元数据规范和著录规则》

（三）数据内容标准

数据内容标准用于规范数据的格式和语法规则，不仅包括元数据著录指南、编目规则，也包含对著录过程中的编码规范。内容标准可分为三类，即多语种术语对照表和多语种地理名称对照表，日期、时间表示规范及元数据应用规范，均已有广泛使用的标准规范，可直接选用，详见表5－20。

表5－20　　　　　　数据内容标准参考的现行标准

标准名称	参考的现行标准
《多语种经济术语对照词表》	《中国分类主题词表》 《ISO 25964－1：2011 信息与文献 叙词表及其与其他词表的互操作 第1部分：用于信息检索的叙词表》（Information and documentation—Thesauri and interoperability with other vocabularies—Part 1：Thesauri for information retrieval） 《ISO 25964－2：2013 信息与文献 叙词表及与其他词表的互操作 第2部分：与其他词表的互操作》（Information and documentation—Thesauri and interoperability with other vocabularies—Part 2：Interoperability with other vocabularies） 《GB/T 40035－2021 双语平行语料加工服务基本要求》

续表

标准名称	参考的现行标准
《多语种经济术语对照词表》	《GB/T 26165－2021 经济贸易展览会术语》 《GB/T 29193－2012 国际贸易术语字母代码》 《阿汉工商管理与经济贸易词典》 《新英汉经济管理词典》 《最新英汉综合经济词典》 《英汉汉英投资经济词典》 《俄汉经济词典》 《德汉经济词典》
《多语种地理名称对照词表》	《ISO 3166－1－2013 国家及下属地区名称代码 第1部分：国家地区代码》 《ISO 3166－2－2013 国家及下属地区名称代码 第2部分：国家下属地区代码》 《GB/T 17693.1－2008 外语地名汉字译写导则 英语》 《GB/T 17693.4－2009 外语地名汉字译写导则 俄语》 《GB/T 17693.6－2008 外语地名汉字译写导则 阿拉伯语》 《GB/T 17693.2－1999 外语地名汉字译写导则 法语》 《GB/T 17693.5－2009 外语地名汉字译写导则 西班牙语》
《日期时间表示规范》	《GB/T 7408－2005 数据元和交换格式 信息交换 日期和时间表示法》
《元数据应用规范》	《中国科学院元数据参考模型》

1. 多语种对照词表

（1）《多语种经济术语对照词表》。

"一带一路"数据库是多语种数据库，涉及不同语言数据集的集成以及元数据关键元素的互译，构建多语种经济术语对照词表可以对翻译工作进行有效规范，避免出现翻译误差和同形异义词等情况，以提高多语种翻译的速度和质量。"一带一路"数据库的多语种经济术语对照词表与数据库语种保持一致，对术语进行汉语、英语、阿拉伯语、俄语、法语、西班牙语6种语言的对照翻译。参照《阿汉工商管理与经济贸易词典》及其他多语种词典与词汇表，"一带一路"数据库的多语种经济术语对照词表包括字顺表、等级索引、英汉对照索引、常用缩写表四个部分，主要收录宏观经济、微观经济和部门经济三个方面的经济领域专业词汇，后续根据使用需要还将对词表作进一步增删和修订。

词表的选词主要参考《21世纪汉英经济实用词典》《阿汉工商管理与经济贸易词典》《中国分类主题词表》等工具书中所收经济学科的词汇，并结合"一带一路"相关文献资料的标引和检索需要，进行相应选择和扩充。此外，还应对近年来涌现出的大量学科新词汇予以全面的分析与审度，对组配能力强、含义广泛且能满足一定使用频率的专业词汇进行收录。

词表应当由字顺表、等级索引、英汉对照索引和常用缩写表四部分组成。字顺表是词表的主体，其中正式主题词款目的基本结构包括汉语、英语、阿拉伯语、俄语、法语、西班牙语，并附参照项、注释等，揭示各术语间的内在联系，而非正式主题词只列出款目词、英语和参照项。

(2)《多语种地理名称对照词表》。

共建"一带一路"国家众多，在资源建设过程中，一些国家的名称会因翻译方式不同而有所差异，不利于对同一国家的信息资源的标引与检索。一个国家的名称往往反映人类活动、历史演变、民族迁移和自然景观演化等，也关系到国家实力和国家对外话语权，其翻译的准确性和标准化问题尤为重要。为了避免因地理名称翻译标准不统一而对资源检索和利用造成困难，可以通过编制《多语种地理名称对照词表》来规范资源建设过程中涉及的地理名称元数据标引，提高资源的检索效率，促进国内外经济信息的处理、交换与共享。

词表可参考国际标准《ISO 国家及下属地区名称代码 第1部分：国家代码》和《ISO 的国家及下属地区名称代码 第2部分：国家下属地区代码》涉及的"一带一路"相关国家地区名称及代码，并依据《外语地名汉字译写导则》系列国家标准中的英语、俄语、阿拉伯语、法语与西班牙语部分的译写规则，将"一带一路"相关国家及下属地区的名称进行多个语种的对照翻译，以规范读者对地理名称的翻译和使用。

《多语种地理名称对照词表》应当包括三个部分：第一部分为《多语种国家名称对照词表》，第二部分为《多语种国家下属地区名称对照词表》，第三部分为附录。前两个部分——多语种国家及下属地区名称对照词表为英、汉、俄、阿、法、西六种语言的地理名称词表，这两部分用于规范工作人员在实际工作中对于地理名称元数据字段的标引。第三部分为附录，为对照词表编制过程中参考的各项标准，以帮助工作人员在实际工作中更好地进行规范标引。

2. 日期、时间表示规范

不同国家和地区对日期和时间的表示方法不同，为了方便数据的交流和使用，需要制定日期、时间表示规范来统一数据库不同来源数据元数据中时间元素的表示格式。"一带一路"数据库选用《GB/T 7408－2005 数据元和交换格式 信息交换 日期和时间表示法》作为日期、时间的表示规范，该标准规定了公历日期和时间间隔的表示法，适用于信息交换中所涉及的日期和时间表示。

3. 元数据应用规范

本规范面向元数据应用环境，规范元数据研制和应用的流程模型，即调研分析、方案制订、系统建设的应用服务等方面，在此基础上进行元数据格式的规范化及语义、语法、注册、一致性测试和评估完善等，以实现元数据方案的规范化，以及基于不同元数据方案的数据之间的相互方案、内容交换和整合集成。"一带一路"数据库选用《中国科学院元数据参考模型》作为应用规范的主要参照。

（四）数据格式和技术交换标准

数据格式和技术交换标准是上述元数据标准的机读格式表述，本数据库的数据格式和技术交换标准包括多语言信息处理规范、元数据置标语言规范、安全管理元数据规范和长期保存元数据规范。

1. 多语言信息处理规范

多语言信息处理规范包括了俄文、英文和阿拉伯文等语种的处理与翻译规范，若数据库后续建设中增加了其他语种的资源，也应相应增加翻译规范。其参照的元数据标准如表5-21所示。

表5-21　　　　多语言信息处理规范可参考标准明细

标准类别	可采用的元素	可参考的现行标准
《俄文信息处理规范》《英文信息处理规范》《阿拉伯文信息处理规范》《多语种计算机自动翻译规范》	术语类型（主条目术语、同义词、完整形式、缩写形式、变体、符号等）、术语信息（语法、惯用法、术语状态等）、书写要求（大小写、标点符号、字体、空格、换行）、词类及标记集（名词、数词、量词、形容词等）	《GB/T 20532-2006 信息处理用现代汉语词类标记规范》《GB/T 18895-2002 面向翻译的术语编纂》《GB/T 20000.10-2016 标准化工作指南 第10部分：国家标准的英文译本翻译通则》《GB/T 35302-2017 公共服务领域俄文译写规范》

2. 元数据置标语言规范

元数据置标语言主要有HTML、XML和TEXT三种，其中XML为主流的置标语言，可参考的标准明细如表5-22所示。

表 5-22　　　　　　　　元数据置标语言可参考标准明细

标准类别	可采用的元素	可参考的现行标准
《元数据置标语言规范》	体系结构、公共结构和数据类型、关系机制、受控词描述机制、数字签名、文档层结构、稿件层结构、内容项层等	《GB/T 24639-2009 元数据的 XML Schema 置标规则》 《GB/T 20092-2013 中文新闻信息置标》 《GB/Z 34052.2-2017 统计数据与元数据交换（SDMX）第 2 部分：信息模型 统一建模语言（UML）概念设计》 《DA/T 48-2009 基于 XML 的电子文件封装规范》 《GB/T 15191-2010 贸易数据交换 贸易数据元目录 数据元》 《GB 2312-1980 信息交换用汉字编码字符集 基本集》 《GB/T 13000.1-1993 信息技术 通用多八位编码字符集（UCS）第 1 部分：体系结构与基本多文种平面》 《GB 18030-2005 信息技术 中文编码字符集》 《GB/T 18793-2002 信息技术 可扩展置标语言（XML）1.0（W3C RFC-xml：1998，NEQ）》 《ISO 14721：2003 空间数据和信息传输系统 开放档案信息系统 参考模型（Space data and information transfer systems - Open archival information system - reference model）》 《METS 元数据编码与传输规范（Metadata encoding and transmission standard）》 《美国国会图书馆元数据对象描述框架（Metadata object description schema）》

3. 安全管理元数据规范

由于本数据库部分数据可能涉及国家秘密和商业机密，须对其进行安全管理，要管控出现数据窃取、非法使用或篡改等风险，对其进行分级分类控制。安全管理元数据可描述数据库数据安全管理中涉及的相关信息，参考信息安全技术方面的国家标准，包括安全评估、安全限制、安全风险、安全技术等核心元素。安全管理元数据规范及其参照的标准明细如表 5-23 所示。

表 5-23　　　　　　　　安全管理元数据规范可参考标准明细

标准类别	可采用的元素	可参考的现行标准
《安全管理元数据规范》	安全评估等级、权限安全分类、访问对象、安全风险说明、安全技术类型、安全日志信息	《GB/T 20271-2006 信息安全技术 信息系统通用安全技术要求》 《GB/T 20269-2006 信息安全技术 信息系统安全管理要求》 《GB/T 20273-2019 信息安全技术 数据库管理系统安全技术要求》

续表

标准类别	可采用的元素	可参考的现行标准
《安全管理元数据规范》	安全评估等级、权限安全分类、访问对象、安全风险说明、安全技术类型、安全日志信息	《GB/Z 20986－2007 信息安全技术 信息安全事件分类分级指南》 《GB/T 22019－2008 信息安全技术 信息系统安全等级保护基本要求》 《GB/Z 24294－2009 信息安全技术 基于互联网电子政务信息安全实施指南》 《GB/Z 24364－2009 信息安全技术 信息安全风险管理指南》 《GB/T 25066－2010 信息安全技术 信息安全产品类别与代码》 《GB/T 29245－2012 信息安全技术 政府部门信息安全管理基本要求》 《GB/T 30283－2013 信息安全技术 信息安全服务分类》 《GB/T 31496－2015 信息技术 安全技术 信息安全管理体系实施指南》 《GB/T 31506－2015 信息安全技术 政府门户网站系统安全技术指南》 《GB/T 33132－2016 信息安全技术 信息安全风险处理实施指南》 《GB/T 32926－2016 信息安全技术 政府部门信息技术服务外包信息安全管理规范》 《DB52/T 1123－2016 政府数据 数据分类分级指南》 《YD/T 2915－2015 集中式远程数据备份技术要求》 《GOSTR 34.10－2012 信息技术 密码数据安全 （电子）数字签名的签名和验证过程》

4. 长期保存元数据规范

数据库数据的长期保存包括规划、资源分配、保存策略和技术的运用等过程，以确保具有长期价值的数字信息可以被永久访问和持续利用。数据长期保存涉及一系列信息记录和维护活动，保存的目的在于实现数字资源的5项功能，即可用性、可表现性、可理解性、真实性与可识别性。可用性在于保证数字对象的比特流的完整并可从存储载体中读取，可表现性在于保证比特流可被转化成人工或机器可识读的形式，可理解性在于保证提供足够的信息帮助用户理解其内容，真实性在于保证数字对象未经非授权的修改，可识别性在于保证数字对象在任何情况下都可被发现和识别。数字资源的长期保存只能通过数字资源在创建、交换、存取和保存过程中，对元数据的有效管理和维护来实现。长期保存元数据框架设计的基本要求是全面性、可扩展性和普适性。PREMIS 数据字典提供了一个核心的保存元数据集，适用于本数据库。[①] 其参照的元数据标准如表 5-24 所示。

表 5-24　　　　　　　长期保存元数据规范可参考标准明细

标准类别	可参考的现行标准
《长期保存元数据规范》	《WH/Z 1-2012 图书馆数字资源长期保存元数据规范》 《DA/T 46-2009 文书类电子文件元数据方案》 《DA/T 48-2009 基于 XML 的电子文件封装规范》

（五）元数据的定制与扩展方法

1. 元数据定制

元数据的定制是根据应用需求，从定义的元数据元素中去除掉不需要或不必要的元素。通过比照应用需求与本标准中的复合元素和元素，保留应用需求所需要的元素，筛选不需要的元素。去除元数据的原则是，若元素被删除，则意味着其所包含的复合元素和元素皆被删除；如果一个复合元素被保留，则其所在的元数据复合元素也应保留。

2. 元数据扩展

元数据的扩展使元数据元素可以适应更复杂的互操作环境。在标准的使用过程中，若现有元素不能满足使用需求，可以根据元素、元素修饰词及属性值设置的原则，在已有元素的基础上适当增加、扩展元素、元素修饰词及属性值[②]，灵活构建元数据元素，以满足应用需求。需要注意的是，在元数据扩展过程中，扩展的元数据元素不应改变本标准中现有元数据元素名称、定义或数据类型，也不应与已有的元素产生语义重复，应当在本标准允许的范围内，根据需要对元数据元素及修饰符进行适当扩展。

[①] PREMIS Editorial Committee. PREMIS Data for Preservation Metadata. 2022-09-01，https：//www.loc.gov/standards/premis/v3/premis-3-0-final.pdf.

[②] 蒋丽艳、杨雨欣、刘万国：《基于云计算的国家数字学术信息资源元数据标准规范研究》，载于《情报探索》2021 年第 4 期，第 1~7 页。

第六章

"一带一路"经管数据库的资源建设体系

第一节 "一带一路"专题数据库信息资源建设现状

随着"一带一路"涵盖国家以及合作范围的不断扩大,用户对"一带一路"信息资源的需求激增。政府、企业、高校和科研院所等利用自身特色优势进行"一带一路"专题数据库建设,以便为共建"一带一路"国家经济发展提供支持。然而,已创建的专题数据库资源各有侧重,如中国一带一路网侧重于收集"一带一路"相关的政策、报告和资讯等类型的信息资源;北京大学"一带一路"数据分析平台主要收集政治、经济、文化、科技、外交等方面的信息资源;"一带一路"统计数据库和新华丝路着重收集经济统计与经济管理数据。除"一带一路"统计数据库和新华丝路等少量为经济类数据库外,其他数据库多为综合性数据库。

"一带一路"数据库的信息资源应具有多维度、多类型、多语种、多来源的特征,涵盖经济管理的政策、指标、指数、科技报告、新闻资讯、期刊与报纸、学位论文、著作、年鉴、经济管理重要工具书、专利文献、标准等类型资源,涉及业务数据、统计数据、互联网数据等来源的数据。由第二章对当前"一带一路"专题数据库的调研可知,目前并没有专门的"一带一路"经管数据库。整体来看，已建成的"一带一路"专题数据库收集的资源较为零散，资源广度和深度均有待提升，尚不能为共建"一带一路"国家获取经济管理信息资源提供专业化的服务。

经济管理涉及的领域范围广、资源量大，而对经济领域资源进行深度且全面建设，是为用户提供严谨翔实的信息资源支撑、保障政府和企业的数据决策能力的重要基础工作。其中，金融被称为"国民经济命脉"和"国家重要的核心竞争力"，金融信息资源是经济管理数据库领域资源建设中至关重要的类型。以下将以"一带一路"专题数据库中的金融信息资源建设为例展开研究。

一、调查设计

（一）调查方法和目的

本部分主要采取网络调研法，访问"一带一路"数据库和经济管理类数据库，了解"一带一路"数据库的资源组织方式、资源集成度、多语种建设情况、资源共享程度，以及经济管理数据库金融信息资源的建设内容、资源组织方式、资源共享程度等。

（二）调查对象和内容

本部分调研按两步进行。一是对"一带一路"专题数据库中经济管理和金融信息资源建设情况进行调查；二是对经济管理数据库进行调查，主要包括建设概况、金融信息组织方式以及特定数据库的金融信息资源建设情况。通过研读相关文献、新闻报道及图书馆数据库资源，最终选取27个集成了经济管理资源的"一带一路"专题数据库。在经济管理数据库调查对象选择上，选取目前较为成熟的CEIC经济数据库、国研网系列数据库、新华财经中国金融信息网。

二、"一带一路"金融信息资源建设调查

"一带一路"专题数据库的资源领域分类以及金融资源建设情况如表6-1所示。由于调查的平台都不支持跨语言检索，故这一项没有单独列出。

表6-1 "一带一路"专题数据库经济管理资源建设情况统计

序号	数据库名称（建设单位）	栏目设置	资源类型	金融信息资源专题	用户对象	语种	共享情况
1	中国一带一路网（国家信息中心）	新闻资讯、统计数据、政策法规、项目信息、企业信息、投资指南、地域信息、专家资源	资讯、数据、政策法规、项目信息等	资金融通动态信息	企业社团组织公众	简中、繁中、英、法、俄、西班牙、阿拉伯	免费
2	税收服务"一带一路"（国家税务总局）	动态、税收征管合作机制、图解税收服务"一带一路"、政策法规视频	数据、资讯、政策法规	无	—	简中	免费
3	新华丝路数据库（新华社）	新闻资讯、研究报告、地域信息、统计数据、专家资源、项目信息、知识产权、政策法规、园区信息、企业信息、风险预警等	报告、项目、政策法规等	部分资源主题包含金融业	政府企业机构	简中、英	部分免费
4	商务部走出去公共服务平台（中华人民共和国商务部）	政策法规、新闻资讯、园区信息、地域信息、统计数据、业务指南、风险预警	政策法规、报告、资讯、数据	无	企业	简中	免费
5	"一带一路"研究与决策平台（国务院发展研究中心信息网）	新闻资讯、政策法规、园区信息、统计数据、研究报告、实践案例、机构信息、项目信息、行业信息、投资指南、专家资源等	报告、资讯、政策法规、数据等	金融机构信息	政府科研院所企业机构	简中	部分免费
6	浙江一带一路网（浙江省推进"一带一路"建设工作小组）	要闻资讯、政策环境、试验示范、港航物流、经贸合作、人文交流、全球浙商、共话经路	资讯、数据、政策法规、研究报告	无	政府企业公众	简中、英	免费

续表

序号	数据库名称（建设单位）	栏目设置	资源类型	金融信息资源专题	用户对象	语种	共享情况
7	江苏一带一路网（江苏省推进"一带一路"建设工作领导小组办公室）	新闻资讯、五大计划、节点城市、热点专题、政策环境、数说丝路、赋能服务、信息公开、互动留言	资讯、数据、政策法规、政策解读	无	政府企业公众	简中	免费
8	陕西一带一路网（陕西省推进"一带一路"建设工作领导小组办公室）	资讯、政策、丝路陕西、五大中心、陕西数据、陕西名片、大事记、服务、建言陕西	资讯、数据、政策法规、政策解读、企业项目信息	无	政府企业公众	简中	免费
9	湖北一带一路公共服务平台（湖北省推进"一带一路"建设工作领导小组）	海外商机、湖北商机、丝路文化、产业园区、楚商云集	资讯、数据、政策法规、政策解读、视频等	金融服务机构和保险服务机构信息	政府企业公众	简中	免费
10	上海市与"一带一路"国家经贸合作信息服务平台（上海市电子商务促进中心）	资讯、政策、实务、市场、数据、理论研究、风险防范、网上展厅	资讯、数据、政策法规、商品信息、研究报告	无	政府企业公众	简中、英	免费
11	张家港走出去服务平台	最新动态、政策法规、投资国别指南、"走出去"服务、我市境外园区、"一带一路"简介	资讯	无	政府企业公众	简中	免费
12	西安交通大学丝路科技知识服务系统（西安交通大学图书馆）	新闻资讯、政策法规、项目信息、统计数据、期刊论文、图书著作等	资讯、政策法规、报告、著作、期刊、论文等	无	企业科研院所政府公众	简中、英、俄、阿拉伯	部分免费

续表

序号	数据库名称（建设单位）	栏目设置	资源类型	金融信息资源专题	用户对象	语种	共享情况
13	北京大学一带一路数据分析平台（北京大学信息管理系）	新闻动态、学术前沿、精彩图表、五通指数、研究报告、国别研究	研究报告、数据、资讯	无	—	简中	免费
14	亚太日报一带一路服务平台	项目、观点、政策、资讯	研究报告、资讯、政策	无	企业科研院所	简中、英	免费
15	香港贸发局"一带一路"资讯网	新闻资讯、专家资源、项目信息、企业信息、政策法规、统计数据等	资讯、政策法规、数据等	无	企业	简中、繁中、英	免费
16	"一带一路"经济信息共享平台（BRInfo）（新华社）	新闻资讯、项目信息、企业信息、行业信息等	资讯等	无	机构	英	付费
17	"一带一路"与中国发展（中国知网）	基本概念、战略背景分析、中国国际合作、中国国内发展、课题研究专题	报告、论文、政策法规、资讯、著作、数据图表等	金融期刊论文	政府科研院所企业机构	简中、英	付费
18	一带一路数据库（社会科学文献出版社）	资讯、理论、国家省域、专题、指数、史话、专家	报告、论文、政策法规、资讯、著作、数据等	金融动态资讯	政府科研院所企业	简中、繁中	部分免费
19	"一带一路"统计数据库（中国经济信息网数据中心）	统计数据、地域信息等	数据	无	政府科研院所	简中	部分免费

续表

序号	数据库名称（建设单位）	栏目设置	资源类型	金融信息资源专题	用户对象	语种	共享情况
20	一带一路资源中心数据库（EBSCO）	—	论文、杂志、报纸、报告等	无	科研院所政府	简中、繁中、英、韩、意大利、德等21种	付费
21	丝路信息网（上海社会科学院数据中心）	动态、地理信息库、丝路国家、丝路城市、文献数据、统计数据、重要企业、智库产品	资讯、研究论文、研究著作、智库报告、评论报道、统计图表	金融统计信息	科研院所企业	简中、英、俄	免费
22	RESSET一带一路信息平台（北京聚源锐思数据科技有限公司）	新闻资讯、政策法规、实践案例、地域信息、研究报告、企业信息、统计数据等	资讯、政策法规、报告、数据等	无	政府企业科研院所	简中、繁中、英	部分免费
23	"一带一路"产业地图资源平台（电子工业出版社）	统计数据、项目信息、研究报告、实践案例、政策法规、地域信息	政策法规、报告、数据等	无	政府机构企业	简中	部分免费
24	金准"一带一路"国别经济数据平台	国别、国民经济、劳动力指标、贸易数据、政府指标和数据、消费指数、金融指标、商业环境指标	资讯、数据等	各国金融统计指标数据	—	简中	免费
25	CNRDS"一带一路"研究数据库（上海经禾信息技术有限公司）	期刊论文、统计数据	数据、论文等	无	科研院所机构企业	简中（部分资源为外文）	付费

续表

序号	数据库名称（建设单位）	栏目设置	资源类型	金融信息资源专题	用户对象	语种	共享情况
26	色诺芬（SINO-FIN）一带一路专题库	国家概况、数据服务、新闻资讯、政策环境	标准、数据、资讯、论文等	金融政策	企业科研院所	简中	付费
27	清华控股"一带一路"	丝路故事、业务分布、项目案例、交流合作、图集展示、企业品牌	数据、资讯、图集	无	—	简中	免费

由表6-1可知，当前"一带一路"专题数据库中的金融信息资源有如下特征。

（一）资源类型丰富多样，但缺乏多语种资源

随着"一带一路"倡议不断推进，相关信息资源和研究成果产出丰富，各个"一带一路"专题数据库的资源量都已初具规模。统计27个数据库中资源表现形式的分布情况（见图6-1）可知，当前"一带一路"专题数据库的资源类型丰富多样，其中76%的数据库提供数据资源，61%的数据库包含资讯信息。

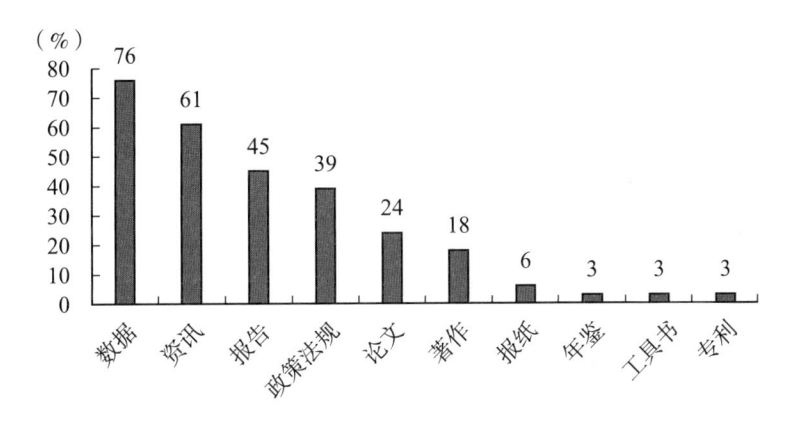

图6-1 "一带一路"专题数据库建设资源表现形式

然而，虽然资源形式和资源总量能满足各类用户的需求，但多语种资源建设还处于初步阶段。统计发现，"一带一路"专题数据库中，覆盖语种范围最大的是一带一路资源中心数据库（EBSCO），提供21种语言操作界面，其次是国家信息中心开发的一带一路网，提供6种语言访问，上海社会科学院数据中心的丝路

信息网支持中、英、俄 3 种语言，其他"一带一路"综合数据库大多只支持中、英两种语言；且目前几乎所有"一带一路"专题数据库都不支持跨语言检索功能。此外，中国标准化研究院建设的"一带一路"标准信息平台构建了标准化的英汉语料库，实现了中国标准的中英快速翻译，但目前仅支持英汉互译。而根据调查，2016 年沿线国家已有 53 种官方语言，通用语、民族语言、部落语言总计近 200 种。① 目前"一带一路"专题数据库的资源语种覆盖范围远小于共建"一带一路"国家所使用的语言范围，因此还需加强多语种界面显示和互译功能支持。

（二）数据来源可靠，但缺乏有序化的组织和挖掘

"一带一路"专题数据库中收集的经济管理类信息来源权威，均标注了出处，多是国内外官方机构发布的原始信息，而数据库中的文献资源多基于建设主体自身的影响力和资源储备，也具有较高权威性。但这些数据库的知识组织体系不完善，分类不够精准，关联不足，且资源多为一次信息资源，缺乏深度挖掘。虽然"一带一路"专题数据库有多元的建设主体，但"各自为政"，缺乏全面系统的资源整合。②

（三）金融信息资源分散，缺乏整合

目前"一带一路"专题数据库中已经包含大量金融相关信息，但是大都分散在各个资源栏目中。调查结果显示，仅少数几个数据库设置了金融信息资源的专栏，如中国一带一路网集成金融动态资讯、湖北一带一路公共服务平台集中金融服务机构信息、丝路信息网集成金融统计信息、中国知网的"一带一路"与中国发展平台集成金融研究论文、色诺芬（SINOFIN）一带一路专题库集成金融政策等。大多数据库没有将数据库中收集的金融资讯、数据、统计信息、政策、市场等内容归集到特定的体系，金融信息的整合不畅也降低了用户对"一带一路"专题数据库中金融信息资源和服务的使用率。

（四）共享范围小，资源类型较单一

"一带一路"专题数据库的建设主体包括各级政府及其下属机构、图书情报机构、出版社、媒体、数据和咨询公司等。开发的数据库有免费访问、部分免费

---

① 王辉、王亚蓝：《"一带一路"沿线国家语言状况》，载于《语言战略研究》2016 年第 2 期，第 13~19 页。

② 刘姝：《"一带一路"数字资源建设现状及发展策略》，载于《文献与数据学报》2020 年第 4 期，第 103~110 页。

访问、付费使用三种共享权限。通过访问现有专题数据库，发现各级政府部门及其下属机构、图书情报机构（如北京大学信息管理系）开发的"一带一路"数据平台多提供免费服务，而出版社、媒体、数据公司开发的"一带一路"服务平台一般只将新闻资讯和简单数据开放获取，对于研究报告和期刊论文，仅免费查阅文献标题、摘要和主题词等，用户采用注册、登录并购买付费内容的方式查看和使用特有资源，可享有个性化的定制信息服务，如"一带一路"研究与决策平台的会员用户可以上传并发表相关内容。部分企业单位开发的数据库资源需付费购买才能使用，如国泰安教育技术有限公司、北京聚源锐思数据科技有限公司、欧睿数据公司、EBSCO 为代表的出版集团开发的数据库。除此之外，提供全面数据服务和高端个性化服务的平台也需要付费使用，如新华社的新华丝路数据库。数据库的免费开放程度与数据库信息资源类型和信息资源加工程度有关，统计数据或文献资源多是付费可得，如 CSMAR"一带一路"研究数据库、RESSET"一带一路"数据库和国际行业数据中心，其主要资源类型均为统计数据和期刊论文。可见，当前"一带一路"专题数据库的信息资源共享范围还较小，开放获取资源较少，类型较为单一。

三、专门经济管理数据库中金融信息资源建设现状调查

（一）经济管理数据库建设案例分析

现有经济管理数据库大多数都提供金融信息服务，如 ProQuest 的 Asian & European Business Collection 提供与亚洲和欧洲的商业、金融专题研究相关的学术期刊和新闻报刊资源，通过该库可查找亚欧地区的公司、经济、市场、国际贸易以及整体商业环境和实践的相关信息。总体来看，目前经济管理数据库虽然不少，但为用户提供有效、优质、有针对性的金融信息服务的数据库较少，针对共建"一带一路"国家的多语种一站式金融信息平台也尚未出现。以下将对典型的经济管理数据库进行分析。

1. CEIC 经济数据库

环亚经济数据有限公司（CEIC）成立于 1992 年，提供亚洲宏观经济时间序列数据和各主要证券交易所的上市公司信息财务数据，是公认且权威的亚洲经济研究资料提供商。CEIC 用户群体广泛，包括政府机构和中央银行、新闻媒体、财经网站、金融机构、基金经理、经济学家、专业研究人员、跨国公司等。CEIC 数据库覆盖全国超过 200 个国家和地区的经济数据，超过 386 万条宏观经济数据、行业经济数据以及业务信息的时间序列数据，覆盖 23 个宏观经济数据专题

和 20 个行业数据。行业资料主要来自各个工业协会，包括主要行业及公司之财务及营运资料。作为统计型数据库，CEIC 经济数据库的统计指标全面，其一级指标和二级指标如表 6-2 所示。

表 6-2　　　　　　　　　　CEIC 统计指标

一级指标	二级指标
国民经济核算	名义国内生产总值、人均国内生产总值、国内生产总值平减指数增长、私人消费支出、私人消费：占国内生产总值百分比、公共消费支出、公共消费：占国内生产总值百分比、外商直接投资：占国内生产总值百分比、固定资本形成总额、国民生产总值、总储蓄率、预测：人均购买力平价 GDP、预测：名义人均国内生产总值、预测：实际国内生产总值增长、商品和服务贸易总额：占名义 GDP 的百分比
生产	工业生产指数增长、矿产生产、黄金生产、白银生产、汽车生产
政府和公共财政	综合财政结余、合并财政平衡：占国内生产总值的百分比、税收：占名义国内生产总值百分比、国家政府债务、政府债务：占国内生产总值百分比、预测：政府开支、预测：政府净负债、预测：政府收入
建筑及房地产业	建筑许可、房价增长、名义住宅物业价格指数、名义住宅物业价格增长、实际住宅物业价格指数、实际住宅物业价格指数增长
通货膨胀	居民消费价格指数（CPI）增长、核心消费者物价指数变化、消费者物价指数：食品和非酒精饮料、生产者价格指数增长、预测：消费者物价指数增长
国内贸易和家庭调查	已登记车辆数量、零售销售增长、机动车销售、机动车销量：同比增长、机动车销售：商用车、机动车销售：客车、消费者信心：结余净额、消费者信心：同比增长、人均家庭支出、家庭人均收入
国际收支	直接境外投资、经常账户余额、经常账户余额：占国内生产总值的百分比、外商直接投资、外商直接投资：占国内生产总值百分比、境外投资组合、境外投资组合：占名义国内生产总值百分比、境外投资组合：债券、境外投资组合：权益性证券、外债、外债：占国内生产总值百分比、外债：短期、外债：短期：占国内生产总值百分比、债务合计：占名义国内生产总值百分比、预测：经常账户余额、国际投资头寸净值
利息及外汇汇率	银行贷款利率、兑美元汇率、政策利率、短期利率、长期利率、实际有效汇率指数、短期国债收益率
商业和经济调查	全球竞争力指数、商业信心：结余净额、商业信心：同比增长

续表

一级指标	二级指标
货币	家庭债务：占国内生产总值百分比、不良贷款率、不良贷款、货币供应M1、货币供应M2、M2增长、存款准备金率、外汇储备、外汇储备：占国内生产总值百分比、外汇储备：进口月份、黄金储备、总存款、存款总额：同比增长、国内信贷、国内信贷增长、债务比率：家庭住户、债务比率：私人非金融部门、家庭信贷、私人非金融部门信贷、家庭债务、总贷款、总贷款：同比增长、私人债务：占名义国内生产总值百分比
能源	发电量、天然气生产：欧佩克：市场化生产、天然气：出口、天然气：进口、天然气：消费、原油：生产、原油：出口、原油：进口、油耗、煤炭生产、煤耗
金融市场	股票市场指数、市值、市值：占国内生产总值百分比、市盈率
销售，订单，库存，出货量	新增订单增长
人口和劳动力市场	人口、劳动人口参与率、就业人数、失业率、月收入、劳动生产率、预测：人口、预测：就业、预测：失业率
外贸	预测：商品出口增长、贸易差额、出口总额、出口总额增长、出口：铝、出口：药品、出口：医药产品、进口总额、进口总额增长、进口：药剂、进口药用和药品、对美国的总出口、从美国进口总额、对中国的总出口、从中国进口总额
银行业数据	速动资产比率、资本充足率
旅游业	旅客入境：同比增长、旅游业收入、旅游业收入：同比增长
交通运输和通讯	机动车注册、集装箱港口吞吐量、班轮运输连接指数、用户固定线数量、用户数量、电话普及率：固定电话、电话普及率：手机、信息技术网络整备度出口：ICT商品、出口：电信设备、出口：电视、进口：ICT商品、进口：电信设备、进口：电视

CEIC数据库数据更新及时，采用一手权威数据来源，包含共建"一带一路"国家数据，提供英语、中文、日语、韩语、印度尼西亚语、德语、葡萄牙语七种界面语言。该数据库需要付费才能使用，其数据较为专业全面，但是其类目设置存在交叉，分类不够合理，不易于使用。在金融业领域资源方面，主要统计金融市场信息，但是仅选取了股票市场的统计指标，指标不够全面，不能完全满足用户多类型的金融信息需求。

2. 国研网系列数据库

国务院发展研究中心信息网（简称"国研网"）创建于1998年3月，是由国务院发展研究中心筹建的宏观经济网络信息平台。① 国研网收集了1985年以来的研究成果，并与国内知名期刊、媒体、专家合作取得信息资源进行数字化管理和开发，形成了内容丰富、检索便捷、功能齐全的大型经济社会信息数据库集群，包括文献库、数据库和特色库。

（1）文献库。

文献库下设研究报告库和专题文献库。研究报告库中，资源按其主题内容被分为宏观综合类、金融行业类、能源资源类、传统制造类、服务业类和战略新兴类，如图6-2所示。

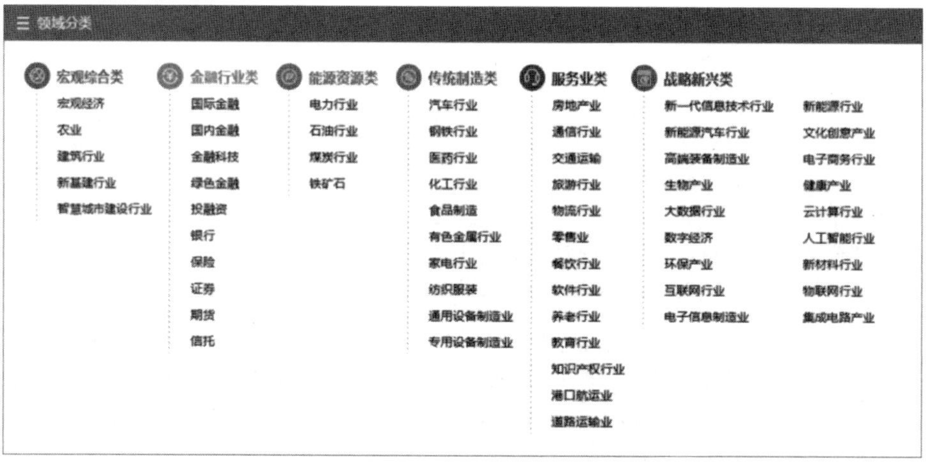

图6-2　国研网研究报告库的资源分类情况

专题文献库的资源分为全球财经、宏观经济、区域经济、企业胜经等类，如图6-3所示。

（2）数据库。

数据库下设统计资料库、统计数据库、国际贸易研究及决策支持系统、企业大数据平台。统计资料库暂未列出资源分类体系；统计数据库进一步细分为世界经济数据库、宏观经济数据库、区域经济数据和行业经济数据库。其中，世界经济数据库集成了国际经济行业学会的统计数据，按来源细分为IMF、Word Bank等，宏观经济数据库按照统计指标分为人口就业、国民经济核算、价格统计、居民生活等，区域经济数据库则划分为省级、市级和县级，行业经济数据库分为农林牧渔业、轻工行业和纺织行业等，具体如图6-4所示。

---

① 《关于我们——公司简介》，国研网，http://company.drcnet.com.cn/about.html，2022年6月16日。

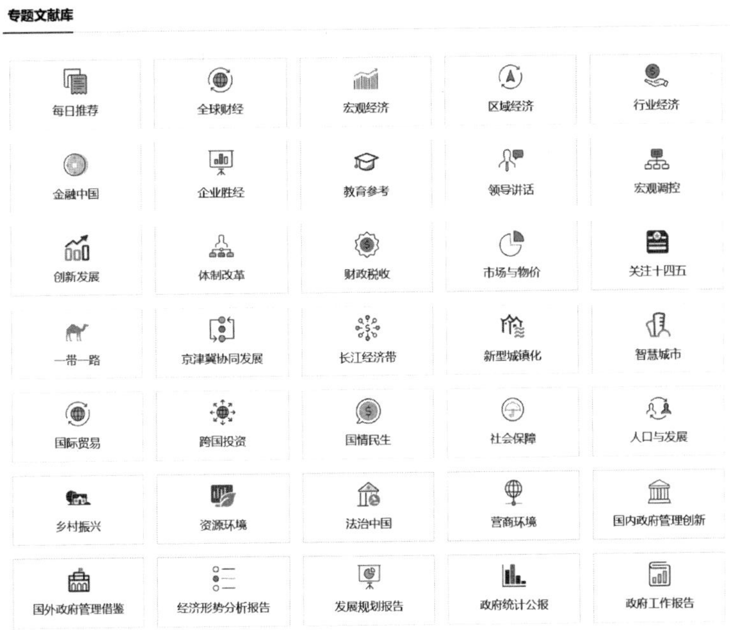

专题文献库

每日推荐	全球财经	宏观经济	区域经济	行业经济
金融中国	企业胜经	教育参考	领导讲话	宏观调控
创新发展	体制改革	财政税收	市场与物价	关注十四五
一带一路	京津冀协同发展	长江经济带	新型城镇化	智慧城市
国际贸易	跨国投资	国情民生	社会保障	人口与发展
乡村振兴	资源环境	法治中国	营商环境	国内政府管理创新
国外政府管理借鉴	经济形势分析报告	发展规划报告	政府统计公报	政府工作报告

图 6 – 3　国研网专题文献库的资源分类情况

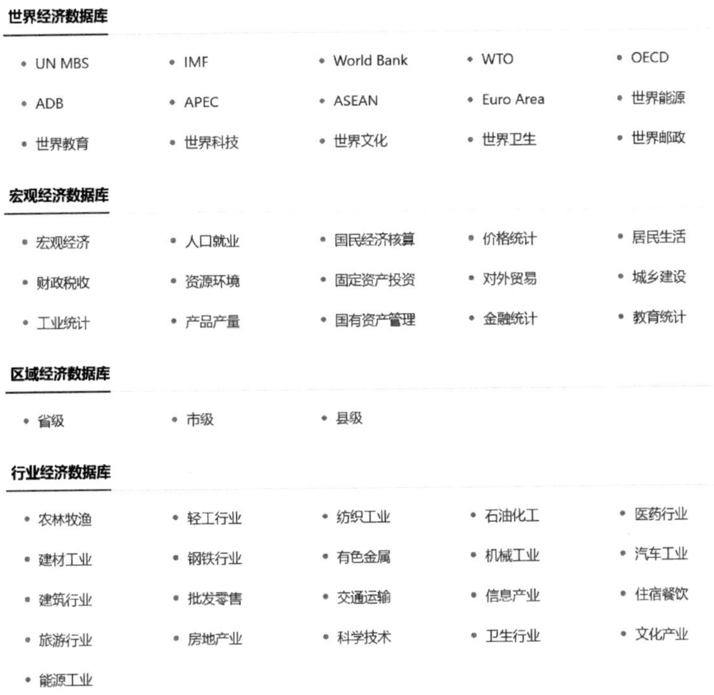

世界经济数据库

- UN MBS
- IMF
- World Bank
- WTO
- OECD
- ADB
- APEC
- ASEAN
- Euro Area
- 世界能源
- 世界教育
- 世界科技
- 世界文化
- 世界卫生
- 世界邮政

宏观经济数据库

- 宏观经济
- 人口就业
- 国民经济核算
- 价格统计
- 居民生活
- 财政税收
- 资源环境
- 固定资产投资
- 对外贸易
- 城乡建设
- 工业统计
- 产品产量
- 国有资产管理
- 金融统计
- 教育统计

区域经济数据库

- 省级
- 市级
- 县级

行业经济数据库

- 农林牧渔
- 轻工行业
- 纺织工业
- 石油化工
- 医药行业
- 建材工业
- 钢铁行业
- 有色金属
- 机械工业
- 汽车工业
- 建筑行业
- 批发零售
- 交通运输
- 信息产业
- 住宿餐饮
- 旅游行业
- 房地产业
- 科学技术
- 卫生行业
- 文化产业
- 能源工业

图 6 – 4　国研网统计数据库的资源分类情况

国际贸易研究及决策支持系统将其资源分为数据、监测和报告三类，如图 6-5 所示。"数据"主要是货物贸易、贸易指数和服务贸易的相关数据；"监测"是对贸易概况、商品结构和贸易竞争情况的分析与可视化展现；"报告"则是对贸易状况的分析总结，暂未设置下位类。

数据

货物贸易	贸易指数	服务贸易
• 中国月度	• 中国月度	
• 世界月度		• 世界年度
• 世界年度		

监测

• 贸易概况	• 商品结构	• 贸易竞争

报告

• 报告

图 6-5　国研网国际贸易研究及决策支持系统的资源分类情况

企业大数据平台将其资源分为企业画像、特色数据、专题数据和运行监测，并进一步细分出医药企业、上市公司、裁判文书和产业地图等下位类，如图 6-6 所示。

（3）特色库。

特色库下设世界经济与金融信息平台、"一带一路"研究与决策平台、经济管理案例库、政策法规库、战略性新兴产业数据库、文旅产业融合发展信息平台、数字经济发展观察与监测平台和全球绿色金融大数据平台。

世界经济与金融信息平台将其资源按类型、内容等不同标准划分为重点报告、全球经济、全球金融、热点关注、聚焦中国等类，如图 6-7 所示。

企业画像

- 企业画像

特色数据

- 医药企业
- 海关企业
- 工业企业

专题数据

- 上市公司
- 政府采购
- 裁判文书

运行监测

- 发展概况
- 产业地图
- 迁移分析

图 6-6　国研网企业大数据平台的资源分类情况

图 6-7　国研网世界经济与金融信息平台的资源分类情况

"一带一路"研究与决策平台按照资源类型将栏目设置为报告、案例、行业、法规、项目和园区等类，并按地理位置将资源按照国别、省市进行划分，如图 6-8 所示。

经济管理案例库按照资源的适用对象，将其案例分为教学案例、企业管理案例、公共管理案例和实用资源库，如图 6-9 所示。

政策法规库按照法规类型，将其资源分为党内法规、地方法规、行政法规、部门规章等，如图 6-10 所示。

图6-8　国研网"一带一路"研究与决策平台的资源分类情况

图6-9　国研网"一带一路"经济管理案例库的资源分类情况

图6-10　国研网政策法规库的资源分类情况

战略性新兴产业数据库先按产业类型,将其资源分为节能环保、新一代信息技术和生物产业等,再按照资源类型将其类目划分为创新发展、地方频道、国际借鉴、统计数据等,如图6-11所示。

图6-11 国研网战略性新兴产业数据库的资源分类情况

文旅产业融合发展信息平台将其资源分为文化产业、旅游行业、文化事业、文旅融合等专题,再将资源按地域分类,方便用户以省份为单位查找信息,如图6-12所示。

图6-12 国研网文旅产业融合发展信息平台的资源分类情况

数据经济发展观察与检测平台将其资源分为数字经济总揽、数字产业化、产业数字化、数字化治理等模块,同时单列实践案例、研究报告等重要的资源类型,如图6-13所示。

图6-13 国研网数字经济发展观察与监测平台的资源分类情况

全球绿色金融大数据平台按照资源类型将其栏目划分为信息、文献、数据等类，如图6-14所示。

图6-14 国研网全球绿色金融大数据平台的资源分类情况

3. 中国研究数据服务平台（CNRDS）

中国研究数据服务平台由上海经禾信息技术有限公司创建。其作为金融大数据服务企业，开发金融财经类数据库与软件产品，提供金融大数据挖掘、建模和分析服务，面向国内外高校和科研机构提供经济金融研究数据库服务，并与资本市场资深专家、国内外知名高校财经领域教授和学者合作，建成大数据分析平台和财经数据仓库，提供股票、基金、研报、专利、微博、股吧、财经新闻等数据内容。CNRDS平台是一个高质量、开放式、平台化的中国经济、金融与商学研究的综合数据平台。平台提供的金融财经数据来自三类数据库——公司特色库、经济特色库及基础库。平台界面如图6-15所示。

图6-15 中国研究数据服务平台界面

该平台的数据内容来自主办方自有、专家学者研发与提供、各专业领域数据库公司提供，包括金融、财经、商学研究领域数据。平台通过公司特色库、经济特色库及基础库呈现资源内容（见图 6-16）。其中，公司特色库包括上市公司经营研究、上市公司新闻舆情、资本市场人物特征、银行及金融研究、公司债券信息研究、社会经济组织研究及上市公司文本信息 7 大版块。经济特色库包括宏观经济研究、对外经济研究、产业经济研究、区域经济研究、人文社科研究及财政金融研究 6 大版块。基础库包括上市公司股票基础数据、上市公司治理基础数据、上市公司财务基础数据及经济研究基础数据 4 大版块。在各个板块之下还存在多类别细分数据内容，其中提供的数据格式多为表格，通过时间和字段筛选浏览，适用于定量研究。

图 6-16　中国研究数据服务平台数据库类别

同时，该平台还提供公共数据资源及数据定制与合作。在公共数据资源栏目下提供各类相关的数据平台入口，如联合国商品贸易统计数据，方便用户获取其他金融数据。在数据定制与合作栏目下，用户可提出具体的研究数据需求，获取个性化服务。

总体上，该平台主要适用于研究机构、企业获取金融财经数据，分析市场动态，开展主题研究。此平台基于研究体系划分金融数据类别的建设经验对于共建"一带一路"国家多语种经济管理数据库金融信息资源的选择、分类和服务构建具有重要参考意义。

（二）经济管理数据库中金融信息资源的组织方式

对于网络金融信息资源，一般有按行业、按资源类型、按金融主题和综合型四种资源组织方式。

（1）按照行业组织资源。该组织方式的二级类目包含各种资源类型或主题。

中国经济网金融频道和中经金融金融市场专栏的一、二级栏目即按此种方式进行设置，其栏目结构如表6-3所示。

表6-3 中国经济网金融证券和中经金融金融市场专栏的栏目设置

数据库	一级栏目	二级栏目
中国经济网金融证券频道	股票	滚动新闻、大势研判、公司动态、并购重组、上市观察、行业新闻、板块研究、公告、行情数据、指数、股票涨跌
	银行	上市银行、行业新闻、优惠信息、滚动新闻、银行专题、政策法规、银行课堂、行情数据
	保险	行业动态、理赔维权、险种产品、保险数据、滚动新闻、保险专题、政策法规、保险课堂
	基金	基金看市、基金研报、中经视点、基金人物秀
	期货	资讯公告、评论研报、投资顾问等
	其他	外汇、融资、新三板
中经金融金融市场专栏	证券	黄金（分析研究、黄金要闻、市场行情）、期货（市场行情、分析研究、期货要闻）、股票（市场行情、中外股指、分析研究、股市要闻）、债券（债券要闻、分析研究）、外汇（分析研究、外汇牌价、市场行情、汇市要闻）、票据（分析研究、票据要闻）、基金（分析研究、基金要闻）
	信托	分析研究、市场运行、信托要闻
	银行	同业资讯（分析研究、银行要闻）、城商行/信用社、股份制银行、政策性银行、外资银行、国有商业银行
	保险	分析研究、市场运行、保险要闻

（2）按照资源类型组织资源。该组织有利于集成各类金融信息资源，方便用户查找和利用相关信息，很多专业金融服务终端采取这种组织方式。比如彭博终端主要包含彭博数据（包括证券参考信息、衍生数据和每日历史定价信息等）、彭博新闻（彭博每天发布5 000多篇原创文章，读者遍及160多个国家和地区）、研究报告（包括创意构想与确认、研究发表、合作、业绩及监管等）。新华丝路数据库一级栏目有动态、观点、案例、视频、研报、论文、数据等。中国—东盟金融信息服务平台一级栏目包括资讯、研报、数据、政策法规等。

（3）按照金融主题组织资源。一般不便严格分类的信息资源，或者综合型数据库会采用主题方法组织金融资源，以提高信息资源利用率。如中国社会科学院"一带一路"数据库的金融篇，分为金融科技、金融监管、金融风险、投资机会、财政税收、金融市场、并购重组、发展趋势等。

（4）综合型资源组织方式。部分数据库的一级类目不仅按行业，还按资源类型组织信息，如国研网金融版设置银行、证券、保险专栏，下属栏目收录动态资讯、评论研究、政策法规、案例、统计数据等。其栏目结构如表 6-4 所示。

表 6-4　　　　　　　　　　国研网金融版栏目架构

一级栏目	二级栏目
宏观经济	经济运行、权威评析、运行数据、政策探析、理论研究、国际经济
世经评论	世界经济、世界金融、环球产业、中国聚焦、理论探讨
央行观察	货币政策、外汇管理、央行动态、政策法规、央行报告精选
银行观察	行业动态、银行动态、银行监管、行业运行、银行时评、公司治理、经营管理、改革创新、银行数据、银行理财、案例研究、国际借鉴、上市银行、城商行
证券期货	行业动态、行业运行、证券机构、上市公司、股票、债券、基金、期货、股指期货、政策法规
保险保障	行业动态、公司动态、商业保险、社会保险、社会保障、保险资金管理、统计数据、数据解读、保险时评、政策法规
外汇市场	—
信托私募	行业动态、机构动态、信托研究、私募分析、房地产信托研究、政策法规
金融纵览	金融与经济、金融改革、金融监管、金融风险、农村金融、地方金融、国际金融、其他
行业经济	信息产业、房地产业、汽车行业、石油化工、冶金行业、能源行业、交通运输、医药行业、食品饮料、装备制造、农林牧渔、纺织服装、家电行业、旅游行业、商贸服务、其他行业
金融法规	货币银行、证券期货、保险、综合
研究报告	宏观综合类、金融行业类、能源资源类、传统制造类、服务业类、战略新兴类

除此之外，还有部分数据库先按照资源类型，后按行业和资源主题组织金融信息，其中行业栏目下又设置辅助栏目，以集成组织资源，如中国经济信息网金融频道，其栏目设置如表 6-5 所示。

表6-5　　　　　　　中国经济信息网金融频道栏目架构

一级栏目		二级栏目（及其下属栏目）
主要栏目	金融提示	—
	金融分析	银行（银行研究与评论、信贷监控）；证券（股票市场运行报告、基金市场分析、期货市场分析、债券市场分析、黄金市场分析）；保险（保险市场分析与研究、保险市场运行报告）；信托（信托市场分析与研究、信托市场运行报告）；票据（票据市场分析）；外汇（外汇市场运行报告）
	金融统计	银行、证券（股票、基金、期货、债券）、保险、信托、外汇
	金融快讯	银行（国内银行、在华外资银行、银行要闻）；证券（股市要闻、股市评述、股市交易统计数据、香港上市公司动向、机构动向；基金要闻；期货要闻、期货市场行情；债券要闻黄金要闻、黄金市场行情）；保险（保险要闻、保险机构动态）；信托（信托要闻、信托机构动态）；票据；外汇
	金融指数	A股指数（上证综合指数、深证综合指数、创业板指数）；银行业景气指数；沪深300股指期货
	金融政策	中国人民银行、银监会、外汇管理局、证监会、保监会、中央其他部委、地方金融监管、上交所、深交所
	主编点评	—
	金融周评	—
辅助栏目	银行、信托、外汇、票据、保险、股票、基金、债券、期货、黄金	银行、外汇、保险、股票下设分析、政策、快讯三个子栏目；信托、票据、基金、债券、期货、黄金下设分析和快讯两个子栏目

（三）经济管理数据库金融信息资源的建设情况

1. 资源来源权威、类型多样，但缺乏多语种资源

经济管理数据库中的金融信息资源大多来自政府机构、金融机构网站、金融研究院，资源类型包括数据、动态资讯、政策法规、专利、研究报告、论文、著作、项目信息、企业信息等，但在多语种支持和多语种资源建设上还有待完善。调查发现，当前经济管理数据库中收集的资源大多为中文，部分资源为英文，其他小语种资源相对较少。虽然中国—东盟金融信息网资讯信息可以利用网络自动翻译软件翻译成20种语言，但支持语言数量依然远小于"一带一路"官方通用语言数量；且数据库界面支持语种较少，大多数据库都不支持跨语言检索功能。

2. 资源组织方式虽多，但类目设置较混乱、内容重复

我国还没有金融信息资源分类的统一标准，所以各经济管理数据库的栏目设置较为随意，给用户造成了很多不便。同一条信息在不同网站上所属栏目不一，在同一网站上也有归类混乱的情况。对于金融信息服务用户而言，只有熟悉各个网站的分类方法和资源分布状况，才能有效地利用各个网站的信息。

此外，我国经济金融证券类平台数量虽然众多，资源更新快，总量大，但是各网站的金融信息服务交叉重复较多，各平台相互转载、超链接的情况比较常见，比如一条资讯几乎会在所有平台出现。① 具有自身特色的深加工后的信息不多，且多数网站只是提供一些免费的新闻动态资讯、金融产品及交易信息，信息资源缺乏深度及质量。

3. 资源共享程度低，资源整合程度不足

混合经营模式现状决定了金融信息服务的多元化发展趋势，但目前国内金融信息服务平台的服务内容和形式还不够完善。② 目前网络金融信息较为分散，各个平台之间彼此孤立，缺少联系，没有有效的网络资源导航体系对网络金融证券信息资源进行组织和管理。虽然目前成熟的金融信息服务平台已经初步提供个性化服务，但市场和用户的金融信息服务需求也在不断深化，用户需要一个综合性的能提供"一站式信息服务"的平台。

第二节 多维资源建设体系

根据前文对资源建设现状的调查，本研究从领域、来源、类型、国别、语种5个维度提出"一带一路"经管数据库多维资源建设体系。

一、领域维度——满足用户对经济管理各领域资源的需求

当前经济管理领域的划分标准尚不统一，不同机构或组织对经济活动及经济数据资源进行了不同的划分。如国家统计局将统计指标划分为综合、人口、国民经济核算、就业和工资、价格、人民生活、财政、资源和环境、能源、固定资产

---

① 胡昌平、贾君枝：《金融信息资源的网络化组织与服务分析》，载于《图书馆论坛》2002年第5期，第99~103页。
② 翟烨：《国内网络金融信息服务现状研究》，载于《图书馆学研究》2009年第2期，第65~68页。

投资、对外经济贸易、农业、工业、建筑业、批发和零售业、运输、邮电和软件业、住宿、餐饮业和旅游、房地产、金融业、科学技术、教育、卫生和社会服务、文化产业和体育产业、公共事务管理、社会保障和组织、城市、农村和区域发展、香港特别行政区、澳门特别行政区。① 经济合作与发展组织提供一般统计、农业和渔业、人口、经济预测、教育和培训、金融、健康、产业与服务、信息通信技术、国际贸易与收支平衡、劳动、国民账户、生产率、价格与购买力评价、税收与市场监管、科学技术与专利、社会保护与福祉、运输等主题的数据。② 世界贸易组织的贸易与关税数据包括商品贸易、服务贸易、关税、非关税措施、全球价值链、贸易地图等。③ 联合国统计司的经济数据涵盖了基本经济统计、能源统计、工业统计、国民账户、旅游统计、贸易统计等主题。④ 我国《国民经济行业分类》(GB/T 4754-2017)将国民经济划分为农林牧渔业、采矿业、制造业、电气生产和供应业、批发和零售业等20类。⑤《中国图书馆分类法》(第5版)将经济分为经济学、世界各国经济概况、经济史、经济地理、经济管理与计划、农业、工业、交运、邮电、贸易、财政和金融。⑥《汉语主题词表》将有关经济的范畴划分为经济一般概念、经济方针政策、政治经济学、经济思想史、中国经济史、外国经济史、世界经济国际经济关系、经济计划统计、会计、工业、农业、建筑、交通运输、石油矿业、商业、贸易、财政、金融、劳动、人口、经济地理、经济文献。⑦

参考《国民经济行业分类》、国际经济组织或机构和《中国图书馆分类法》等对行业领域的划分标准，并结合经济管理类数据库的划分，本研究将"一带一路"经济管理数据库资源划分为以下领域：国民经济核算、经济指标、价格指数、人口与就业、人民生活、财政、金融、国际贸易、城市概况、资源和环境、能源、企业、工业、农业、信息产业、建筑业、交通运输和邮电、房地产、旅游业、住宿和餐饮业、产业与服务、科技、园区、案例、社会服务、公共管理、社会保障及其他，从而满足用户对经济管理各领域资源的需求。

---

① 国家统计局：《指标解释》, http://www.stats.gov.cn/tjsj/zbjs/, 2022年6月18日。
② 经济合作与发展组织统计数据, https://data.oecd.org/, 2022年6月18日。
③ 世界贸易组织, https://www.wto.org/, 2022年6月18日。
④ 联合国统计司, https://unstats.un.org/home/, 2022年6月18日。
⑤ 国家统计局：《国民经济行业分类（GB/T 4754-2017）》, https://www.stats.gov.cn/xxgk/tjbz/gjtjbz/201710/t20171017_1758922.html, 2022年6月25日。
⑥《中国图书馆分类法》第五版Web版, http://clc5.nlc.cn/default.aspx, 2022年6月25日。
⑦ 中国科学技术情报研究所、北京图书馆：《汉语主题词表第一卷社会科学第二分册索引》, 科学技术文献出版社1980年版, 第56页。

二、来源维度——满足用户对权威性资源的需求

共建"一带一路"国家经济管理数据库资源建设需要确保其内容的权威、完整与真实。当前各种信息资源参差不齐,要选择权威的信息源如官方部门或组织以保证信息的权威性和准确性;采集过程中要从不同来源获取国内外经济管理类数据资源,以保证数据的完整性。按信息存储组织或机构的不同,可将信息资源来源分为以下几类:各国政府机构(如国家统计局、海关总署、商务部、交通运输部等)、国际组织(如经济合作与发展组织、世界贸易组织、联合国统计司等)、科研院校(各类研究所和高校)、企业、数据库、权威媒体、权威智库和互联网等。[1] 为满足用户对信息资源权威性的需求,可从以上组织或机构获取业务数据、统计数据、互联网数据和其他数据。

(一)业务数据

主要利用信息抓取的方式获取海关总署、"走出去"公共服务平台、"一带一路"研究与决策平台等统计的业务数据。如从海关总署获取开展进出口贸易业务过程中形成的海关统计数据[2],从"走出去"公共服务平台获取对外投资、对外承包工程、对外劳务合作、对外援助、其他政策法规、相关资讯等与业务开展直接相关的信息[3],从"一带一路"研究与决策平台获取工程招标和投资项目数据信息[4]。

(二)统计数据

利用网络爬虫从国家统计局、海关总署、商务部、文化和旅游部、农业农村部、交通运输部等国内政府部门网站获取其发布的经济发展、对外投资、贸易统计数据、指数数据、年鉴等;从经济合作与发展组织、世界银行、联合国统计司、世界贸易组织、国际货币基金组织等国际机构以及沿线各国统计部门或机构获取宏观统计经济数据、指数数据等。如从国家统计局获取国家整体宏观经济运

---

[1] 于施洋、杨道玲、王璟璇等:《"一带一路"数据资源归集体系建设》,载于《电子政务》2017年第1期,第8~14页。

[2] 中华人民共和国海关总署海关统计,http://www.customs.gov.cn/customs/302249/302274/302275/index.html,2022年6月25日。

[3] 《政策法规及业务指南》,"走出去"公共服务平台,http://fec.mofcom.gov.cn/article/ywzn/,2022年6月25日。

[4] "一带一路"研究与决策平台,http://ydyl2.drcnet.com.cn/www/ydyl/,2022年6月25日。

行数据及年鉴、各行业经济发展信息①，从海关总署获取进出口贸易信息②，从商务部获取进出口贸易、经济合作的统计数据③，从文化和旅游部获取旅游经济主要数据报告、旅游服务贸易统计④，从农业农村部获取农产品进出口数据、重点农产品市场信息⑤，从交通运输部获取交通运输方面的统计数据⑥；从经济合作与发展组织获取经济预测、国际贸易与收支平衡、科学技术与专利、运输等主题数据⑦，从联合国贸易数据库获取全球商品、贸易数据分析与可视化、ITC 贸易图、全球经济动态等可视化数据⑧，从世界贸易组织获取商品贸易、服务贸易、关税、非关税措施、全球价值链等贸易与关税数据⑨。

（三）互联网数据

互联网数据指通过爬虫技术获取各类权威媒体网站、权威智库网站、官方网站等发布的开放获取资源和互联网资源，如从光明网、人民网等权威媒体获取"一带一路"新闻资讯；从中国人民大学重阳金融研究院⑩、一带一路百人论坛⑪等权威智库获取"一带一路"相关研究与科技报告、论文、专著等；从商务部、国家统计局以及国外政府部门等官方网站获取关于共建"一带一路"国家经济发展数据、经贸数据、财政与金融数据等；从其他新闻媒体和平台获取"一带一路"相关数据。

（四）其他数据

通过自建、共享、交换、购买等方式获取有关科研院校、行业龙头企业、数据库的数据，如从科研院校获取各类经济调查与分析报告、论文、专著等；从工业、农业等行业龙头企业获取其生产销售、对外投资贸易信息。从"一带一路"

---

① 国家统计局：《指标解释》，http：//www.stats.gov.cn/tjsj/zbjs/，2022 年 6 月 26 日。
② 中华人民共和国海关总署海关统计，http：//www.customs.gov.cn/customs/302249/302274/302275/index.html，2022 年 6 月 26 日。
③ 中华人民共和国商务部统计数据，http：//www.mofcom.gov.cn/article/tongjiziliao/，2022 年 6 月 26 日。
④ 中华人民共和国文化和旅游部统计数据，http：//zwgkmct.gov.cn/？classInfoId=360，2022 年 6 月 27 日。
⑤ 中华人民共和国农业农村部，http：//zdscxx.moa.gov.cn：8080/nyb/pc/index.jsp，2022 年 6 月 27 日。
⑥ 中华人民共和国交通运输部统计数据，http：//www.mot.gov.cn/tongjishuju/，2022 年 6 月 27 日。
⑦ 经济合作与发展组织统计数据，https：//stats.oecd.org/，2022 年 6 月 27 日。
⑧ 联合国贸易数据库，https：//comtrade.un.org/，2022 年 6 月 27 日。
⑨ 世界贸易组织，https：//www.wto.org/，2022 年 6 月 27 日。
⑩ 中国人民大学重阳金融研究院，http：//www.rdcy.org/，2022 年 6 月 27 日。
⑪ 一带一路百人论坛，http：//www.china.com.cn/opinion/think/node_7227810.htm，2022 年 6 月 27 日。

研究与决策平台①、中国一带一路网②等专题数据库获取国家风险评估、贸易投资报告、营商报告、投资指南、政策发布、政策解读等资源。从 Gale、ABI、IEEE 等数据库资源购买有关政策法规、人口环境、工业经济等数据资源③。

（五）配置多类型资源以适应多用户需求

"一带一路"数据库主要是面向政府用户、企业用户和科研用户提供服务，各类用户所关注信息是多样和复杂的，因而承载这些信息的资源类型也就变得丰富复杂④，所以要配置多类型数据库资源，以适应不同用户的资源需求。"一带一路"经管数据库应涵盖经济管理类政策法规、统计数据、指数数据、研究与科技报告、新闻资讯、期刊与报纸、学位论文、著作、年鉴、经济管理类重要工具书、专利文献、标准等类型资源，以适应多用户需求。如面向政府用户，要重视政策法规、统计数据、专利文献、标准、研究与科技报告、年鉴等类型资源的建设，以满足其进行决策与制定政策时的信息需求。面向企业用户，要重视政策法规、专利文献、标准、经济管理类重要工具书等类型资源的建设，以满足其进行生产与投资时的信息需求。面向科研用户，要重视政策法规、统计数据、指数、专利、期刊、报纸、学位论文、著作、年鉴等类型资源的建设，以满足其进行科研时的信息需求。

（六）选择合适的资源表现方式

"一带一路"经管数据库主要面向政府用户、企业用户和科研用户提供服务，不同用户对资源表现方式有不同的需求。为更好地服务用户，要在丰富数据库资源类型的基础上选择合适的资源表现方式。具体来说，文字、文件等资源主要是各种规划计划文本、政策文件、研究报告、法律文献等；图片、图表、图像等资源主要是空间地理信息、关系国计民生的基础设施信息、建设项目资料、各种扫描文件等；音频、视频、图谱等资源主要是各种经济管理音频、视频和图谱等。在数据库建设过程中，要依据资源本身的特点以及要实现的服务目标，选择该类资源合适的表现方式，以达到最佳服务效果。

---

① "一带一路"研究与决策平台，http://ydyl2.drcnet.com.cn/www/ydyl/，2022 年 6 月 29 日。
② 中国一带一路网，http://www.yidaiyilu.gov.cn/，2022 年 6 月 29 日。
③ 李娟、张雪蕾、陈楠楠等：《丝路科技知识服务系统"一带一路"专题数据库的构建与实践》，载于《数字图书馆论坛》2019 年第 2 期，第 37~42 页。
④ 严丹、马吟雪：《"一带一路"专题数据库的建设现状及开发策略研究》，载于《图书馆学研究》2017 年第 12 期，第 40~47 页。

三、国别维度——满足沿线国家共建共享资源的需求

中国是"一带一路"倡议的发起者与践行者,现有"一带一路"数据库多是由中国境内的机构或组织建设。[①] 建设方式主要包括独家建设、合作共建和开放式共建,如"一带一路"统计数据库、新华丝路数据库、Wind 一带一路数据库、一带一路工业和信息化产业资源平台等采用独家建设的方式;"一带一路"大数据库"丝路信息网"、"一带一路"研究与决策平台、"一带一路"数据分析平台、"一带一路"国家基础设施发展指数信息服务平台等采用合作共建的方式;中国一带一路网、共建国家标准信息平台、经济信息共享平台(BRInfo)等采用开放式共建的方式。国外专门针对"一带一路"研究的信息资源库尚不多见,EBSCO"一带一路"全文数据库相对比较全面完善,收录相关重要人物、文化以及经济发展等重点研究资源。[②] 总体来看,共建"一带一路"国家较少参与"一带一路"专题数据库资源建设。

共建"一带一路"国家经济管理数据库的建设需要共建"一带一路"国家的共同努力,共建共享才能保证数据库的长久有效运行。不同国家的经济发展有其自身特点,其掌握的资源也具有特殊性,要有效发挥这部分资源的价值,就必须充分利用共建国家的力量进行"一带一路"经济管理数据库的建设,以满足相关各国共建资源的需求。对于信息化水平低的国家或地区,可采取建立国际基金、设立援助项目等方式,帮助其提升数据采集和处理能力,同时鼓励共建"一带一路"国家参与"一带一路"信息资源共享开发和数据库建设。

四、语种维度——满足多语种用户对多语种资源的需求

按中文(包括简体中文、繁体中文)、英语、俄语、法语、阿拉伯语及其他语种分类,对 33 家数据库语种覆盖情况进行统计,结果见图 6 – 17。对支持不同语种的数据库数量进行统计,结果见图 6 – 18,此处统计的语种指数据库操作界面使用的语种。

[①] 丁波涛:《"一带一路"沿线国家信息资源整合模式——基于国际组织和跨国企业经验的研究》,载于《情报杂志》2017 年第 9 期,第 160~164 页。
[②] 严丹、马吟雪:《"一带一路"专题数据库的建设现状及开发策略研究》,载于《图书馆学研究》2017 年第 12 期,第 40~47 页。

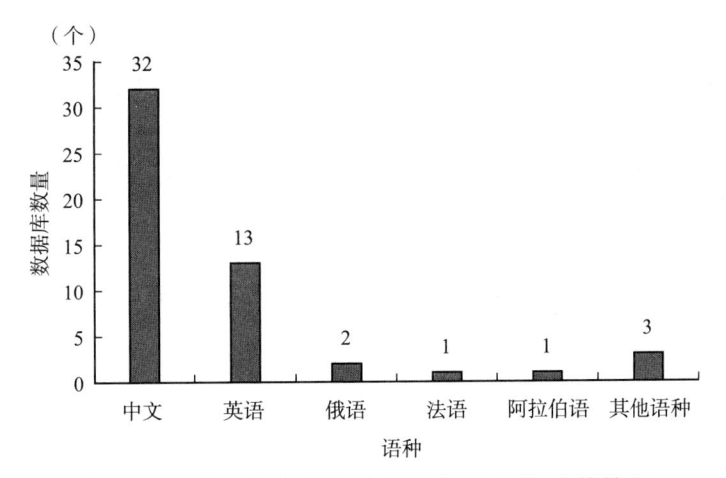

图 6-17 "一带一路"专题数据库语种覆盖情况

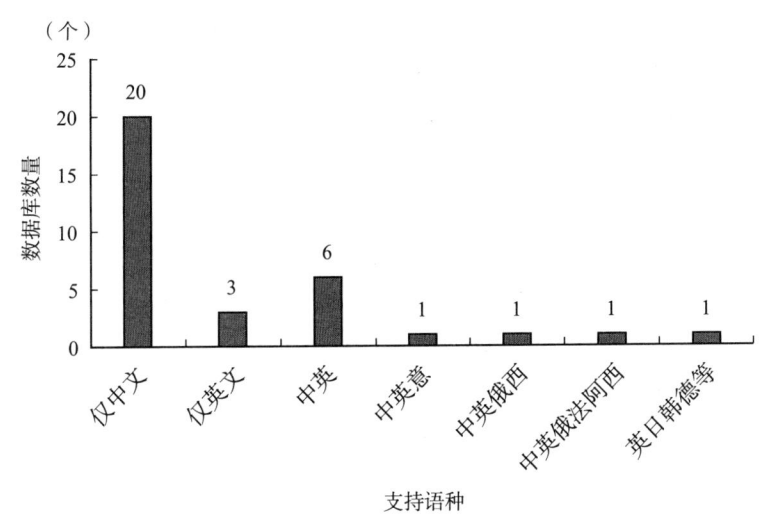

图 6-18 "一带一路"专题数据库支持语种情况

从语种覆盖情况来看，以中文为数据库主要语种或可选语种之一的数据库最多，有 32 家；13 家数据库覆盖英语；俄语、阿拉伯语、法语作为联合国官方语言，也作为语种选项，例如中国一带一路网作为官方网站，其覆盖的语种包括联合国六大官方语言；此外，还有少许数据库覆盖意大利语、德语等语种。从数据库支持语种情况来看，共有 20 家数据库仅支持中文；3 家仅支持英语；同时支持中英文的数据库有 6 家；除此之外，有 4 家数据库支持 3 种及以上语种。

共建"一带一路"国家众多，语言生态复杂，官方语言已达 50 多种，但调查发现仅 30% 的数据库支持两种以上语种，当前支持多语种的数据库数量较少。为更好地服务共建"一带一路"国家与地区，所要建设的"一带一路"经济管理数据库要尽可能覆盖更多的语种资源。在数据库初始建设阶段，以使用较多的如中文、英语、西班牙语、法语、阿拉伯语、俄语等语种为主，将这几种语种所包含的领域资源纳入数据库资源建设体系中，并随着"一带一路"倡议的推进与深化，逐步扩大语种覆盖面，以实现数据库资源建设的可持续发展。

第三节　资源分类体系构建

"一带一路"倡议自从被提出以来就在全球受到广泛关注，沿线国家的经济合作规模还在不断扩大，报告统计显示，在2023年的1~2月，来自我国企业的共建"一带一路"国家的非金融类直接投资共有275.3亿元人民币，同比增长37.1%。[①]在"一带一路"建设深入推进过程中，各个主体信息需求趋于多样化，经济金融类型的信息需求不断增长。经济管理信息资源，可被称为"经管信息资源"，对经济要素流转、生产要素配置、战略决策等方面产生着至关重要的影响。

"一带一路"经管信息资源的分类体系构建有着较强现实意义。从内容和类型看，"一带一路"经管信息资源通常需要多源采集，其特征包括内容繁杂、种类丰富等。其内容涵盖沿线各国国情、经济状况、产业现状、金融投资等方面。其来源涵盖政府部门、公司企业、新闻出版、专业机构、行业协会、工业园区等。调研创建的33个专题数据库发现，其使用各自独立的资源分类体系，各位用户检索时需要适应这些数据库的不同分类体系。同时，"一带一路"经管类信息整合的研究成果也较为不足，需要面向多种资源、多元化来源等建立系统且全面的统一分类体系。

一、专题数据库中对经管信息资源分类

为全面地把握应用到"一带一路"经管信息资源建设与组织中的主题与分类方法，本研究基于对33个专题数据库的调研，得出与经管领域分类相关的数据库共11个，分别从其分类对象、维度、类目设置的角度进行调研分析，详见表6-6。

[①] 《2023年1—2月我对"一带一路"沿线国家投资合作情况》，中华人民共和国商务部，http://fec.mofcom.gov.cn/article/fwydyl/tjsj/202303/20230303398372.shtml，2020年12月8日。

表6-6　　　　"一带一路"专题数据库经管资源的分类

数据库/平台名称	分类对象	分类维度	类目（数量） 一级类目	类目（数量） 二级类目
中国一带一路网	宏观、贸易经济信息	内容、国家、时间	国别宏观、中国宏观、投资贸易等（4）	GDP、农业增加值、工业增加值等（79）
"一带一路"研究与决策平台	宏观经济、社会发展信息	内容、国家、时间	国民经济核算、人口与就业、贸易等（17）	国民经济核算占GDP比例、国民经济核算增长率、人口等（177）
"一带一路"大数据库"丝路信息网"-国家基本统计库	宏观经济信息	内容、国家、时间	国民经济账户、人均变量、进出口等（18）	国内生产总值、资本形成总值、最终消费支出等（81）
"一带一路"大数据库"丝路信息网"-城市基本统计库	宏观经济信息	内容、国家、时间	地区经济账户、贸易、价格等（4）	地区生产总值、最终消费、投资等（10）
"一带一路"大数据库"丝路信息网"-产业统计数据库	部门经济信息	内容、国家、时间	产业总体统计、产业具体统计等（2）	工业增加值、农业增加值、制造业增加值等（6）
"一带一路"大数据库"丝路信息网"-重要企业库	企业经济信息	内容、国家、部门	农业矿产、一般制造业、高新技术等（7）	—
丝路科技知识服务系统-宏观经济数据库	宏观经济信息	内容、国家	农业增加值、固定宽带普及率、国内生产总值等（15）	—
CSMAR"一带一路"研究数据库	宏观、部门经济信息	内容、国家、时间	沿线国社会经济发展指标、一带一路特色指标（2）	人口、国民经济核算、就业和工资等（26）
色诺芬（SINOFIN）一带一路专题库	宏观、部门经济信息	内容、国家、时间	宏观统计、贸易往来、对外投资等（12）	中国区域宏观、各国宏观、基础设施等（77）

续表

数据库/平台名称	分类对象	分类维度	类目（数量） 一级类目	类目（数量） 二级类目
一带一路统计数据库	宏观经济信息	内容、国家	经济走廊、贸易投资、国家等（4）	一带一路指数、（贸易投资）概况、经济概况等（17）
CNRDS一带一路-BRRD	宏观、部门、企业经济信息	内容、国家、时间	财政税收、对外贸易、发展援助等（12）	—

（一）分类对象

宏观经济领域是专题库分类对象的最大集中领域。在全部调研对象中，收录了宏观经济信息的数据库共有 8 个（占 72.7%），包括经济总额与民生状况、总体经济结构、财政开销等；纳入部门经济信息的共有 4 个数据库（占 36.4%），通常包含能源动力、贸易产值、交通运输与旅游产值等；对重要企业信息作了分类的有 2 个数据库（占 18.2%）。

（二）分类维度

专题库的分类维度有 2 个，分别是内容特征和数据特征。其中，内容特征是经管信息用于描述的主体与所属的专业及行业，如融资投资、国家经济核算、工业增值等；数据特征则为跨越的时间范畴、归属的地域、被承载的形态。大部分专题数据库皆依照这两个维度划定分面，随后加以组配，在服务之中不断优化多端口浏览与检索功能。仅有诸如中经网一带一路统计数据库在内的极少部分数据库具备树状级别结构①，实现地域与经济指标的多阶层划分。

（三）类目设置

专题库之中排列设立的类目类型各异，存在以下问题：第一，类目的数量失衡。各个数据库差异较大，最多的具有 18 个一级类目，最少为 2 个；最多的含有 177 个二级类目，但最少为 6 个，有的甚至仅设立一级类目。第二，分类的颗粒度差异大。不同分类体系的层级各异，同一种类目在其中所属的级别不同，例

---

① 《一带一路统计数据库》，中国经济信息网，https://ydyl.cei.cn/，2020 年 12 月 8 日。

如在"一带一路"研究与决策平台中"国民经济核算"属于一级类目①，在 CS-MAR 中"国民经济核算"则属于二级类目②。

(四) 类目结构

专题库中的类目级别大多数分为 1~2 级。这种方式能直观地进行列类，便于用户快速把握数据库内容的主题类型③，但具有分类粒度粗糙的缺点，难以精准解释资源的确切属性；另外，对于具有从属关系的类目会因为类目深度不够而被纳入相同层级的类目之中，如在中国一带一路网中，"就业人员"与"第一、二、三产业就业人员"可被归为同一级别；同一级别的还有"能源消费总量"与"石油、天然气消费总量"④，导致这类型的类目之中包含过多的下位类，加剧了类目直接逻辑关联的杂乱。

(五) 类目名称

专题库的大部分采用合成词作为类名，同类中不同名的状况很常见。如人力资源类名相关的不同名称有"劳动与社会保障""就业与工资""劳动力市场""人口与就业"等⑤；另外，在组合类名时也尚待加强逻辑关联度，一些组合类目实际上缺乏相关度，比如"文化旅游"与"农业生产"等⑥。

(六) 分类标准

专题库制定的用于同等级别的类目划分标准存在不同之处，导致各部分的分类体系出现不一致的情况，以色诺芬一带一路专题库为例，对于"宏观统计"类目，其在地域属性上，列出"中国区域宏观"与"各国宏观"来划分，再分析相关经济指标，据此划分下位类。但对于"贸易往来"类目，并非以国家分类为先，主要通过结合国别与经济指标，列出类目为"各国进出口数据"与"中国对外贸易——出口货物"。

---

① 《经济社会数据》，"一带一路"研究与决策平台，http://data2.drcnet.com.cn/web/OLAPQuery_y.aspx?databasename=WorldEconomy&cubeName=ydyl_WorldBank&channel=796&nodeId=797，2020 年 12 月 8 日。

②④ 《数据库简介，一带一路》，https://www.gtarsc.com/#/market/databaseinfo?datasourceType=0&dbId=168，2020 年 12 月 8 日。

③ 张力元、王军：《古籍数据库分面分类体系设计》，载于《图书馆建设》2021 年第 3 期，第 56~61 页。

⑤ 《国家基本统计库》，丝路信息网，https://www.silkroadinfo.org.cn/，2020 年 12 月 8 日。

⑥ 色诺芬一带一路专题库，http://www.ccerdata.cn/ydyl/database?nodeid=1，2020 年 12 月 8 日。

可见，当前专题数据库之中包含的分类对象聚焦宏观经济领域，其最多的分类维度包括内容特征和数据特征。同时也存在着类目量不均、类目名称随意、数量失衡与标准各异等方面的缺陷。

二、"一带一路"经管数据库资源分类体系的设计

"一带一路"经管信息具有其独特性，这需要据此进行精准设计，参考现有的文献及学科分类方法，对其分类体系进行构建，还应该根据经济运行与管理活动实践，考量国家统计局、相关的标准化部门颁布的具体指标与类目进行划分，以便多个维度组配和揭示资源的特征。其分类体系包括基本大类、主表与复分表 3 部分，依据经管信息的具体内容、不同类型、各自来源、分布地域与涵盖时间等属性来划分。

（一）基本大类的构成

目前关于经管资源的分类还没形成一致观点。采用以下 3 种标准来拟订基本的大类，即采用经济学的划分、经济信息分类以及引入专题数据库的资源分类。

1. 采纳凯恩斯的分类

凯恩斯将经济学视为"整体包含产量与就业理论，另一方面属于单个行业或厂商理论"[1]，据此，本研究认为宏观经济学与微观经济学是经济学的主要两部分。

2. 参考对于经济信息的分类

对于经济信息的分类与经济生产等活动密切相关，而经济活动可划分为宏观经济活动与微观经济活动，相应地，可将经济信息划分成宏观与微观。[2] 此种二分法虽有一定参考价值，但无法归纳"一带一路"经管类的全部信息。

3. 借鉴专题数据库资源分类

研究表明，其具有 3 部分资源：共建"一带一路"国家的经济产值、增长速度与波动状况、人民生产生活等信息（纳入宏观经济）；单类产业组织或企业机构的基本信息、财务情况、生产营业等信息（纳入微观经济）；特定部门的生产价值、投资融资、增长等信息，此类资源无处归类，增设了"部门经济"类目，专门用于归类部门信息。

---

[1] 吴易风、王健：《凯恩斯学派》，武汉出版社 1996 年版，第 33 页。
[2] 乌家培：《乌家培文库 第 5 册 经济信息与信息经济 1987–1991》，中国计划出版社 2010 年版，第 16 页。

总体上,将专题库的基本大类分为 3 大类,即宏观经济、微观经济与部门经济。

(二) 标记系统的设置

标记系统以类目的代码来显示类目间的关系,由标记符号与标记制度组成。主类表中 3 个一级大类"宏观经济""微观经济""部门经济"分别用"A""B""C"大写字母标记,二、三级类目采用双位标记制(不带"0"的双位数字);复分表类目则沿用国家标准中的对应代码,对于未采用国家标准代码的,使用自编代码;同时,用小圆点"."隔开主表类号与复分表类号。

(三) 主表的设计

1. "宏观经济"类目的细分

类目在细分时需要按照实用性与科学性的原则,既要包括"一带一路"的宏观经济信息,也必须合乎各类部门的标准与规定,其具体过程是:

(1) 类名的规范化处理。

专题数据库的分类体系中包括不同的类名,具有类名交叉及同类异名的难点,应对此进行修正与规范。其对策主要有:相同类目统一其不同的表述、从属类目进行合并、合成词进行分解或剔除,拆分内涵与外延宽泛的类目类名,如"国民经济账户"可被分解成国内生产总值、最终消费支出、货物和服务进出口与资本形成总值。

(2) 二级类目的确定。

二级类目应充分考虑资源分布情况与现有宏观经济信息分类的情况,因此先统计"一带一路"专题数据库中的类目数量,初步确定二级类目,再以《中国统计年鉴》为依据进行修正和优化。

首先,梳理专题数据库的宏观经济类目,涵盖 10 方面内容:对国民经济存量与流量、物流与资金流、国内及国外交易的描述信息,如国内(地区)生产总值、国际收支与资本形成总额等。关于人口的信息,例如自然增长率、老龄化程度与男女比例等。关于基础设施的信息,比如网络与通信等。关于财政信息,例如政府预算、财政收入等。关于人民生活的信息,如人民储蓄、贫困指数等。关于投资信息,如基础设施投资、外贸投资等。关于价格信息,例如物价水平、居民消费等。关于就业信息,例如失业率、就业率等。关于各部门经济总量信息,如工业、旅游业等。此内容与"部门经济"重叠,为规避此问题,在"宏观经济"下,姑且不纳入此类目。不直接关联经管但极大影响着其变化的信息,主要包括社会文化、教育卫生、科学技术等信息。选取表 6-7 中列举的专题数据库

（将"一带一路"丝路信息网的产业统计数据库与重要的企业库排除在外，因其属于部门经济），对其中12个宏观经济分类体系进行类目频次统计，将出现2次及以上的类目列于表6-7。

表6-7　　　"一带一路"专题数据库中宏观经济类目频次

类目	频次	类目	频次
国内（地区）生产总值	11	国际收支	5
人口	11	环境	5
通信	10	货物和服务进出口	5
财政	9	价格	5
各部门增加值	9	居民收入	5
科技	9	就业	5
交通	8	农业	5
教育	8	投资	4
居民消费支出	7	工业	3
贸易	7	贫困	3
国民总收入	6	储蓄	2
金融	6	发展援助	2
旅游	6	公共部门	2
能源	6	社会保障	2
卫生	6		

其次，参考《中国统计年鉴》类目。经与《中国统计年鉴》类目进行比较发现，专题数据库中的国民经济总量与流量指标，例如国民总收入、国内（地区）生产总值、国际收支与货物和服务进出口，《中国统计年鉴（2020）》（以下简称《年鉴》）[1]将其归在国民经济核算。因此，将"国民经济核算"归入分类体系类目的二级类目；类目中与基础设施投资、利用外资等相关的类目，《年鉴》将其纳入固定资产投资之中，因此也将固定资产投资类目在分类体系中设为二级类目；有关基础设施的类目，《年鉴》将其归在部门经济，即"对外经济贸易"与"运输、邮电和软件业"，因此，在分类体系中将"基础设施"归入"部门经

---

[1] 国家统计局：《中国统计年鉴（2020）》，http://www.stats.gov.cn/tjsj/ndsj/2020/indexch.htm，2020年12月8日。

济"中。

综上,在分类体系的宏观经济大类下,列举的二级类目为人口、国民经济核算、就业和工资、价格、人民生活、财政、固定资产投资与其他共 8 个类别。

(3) 三级类目的确定。

参考已有的专题数据库的具体类目,辅以《年鉴》之中包含的经济指标,对部分类名予以规范,由此建立宏观经济的三级类目,具体见表 6-8。

表 6-8　"宏观经济 A" 二级类目与三级类目

类目（代码）		类目（代码）	
二级类目	三级类目	二级类目	三级类目
人口 （A11）	人口数（A1111）、人口自然增长率（A1112）、抚养比（A1113）、人户分离人口（A1114）	人民生活 （A15）	居民可支配收入（A1511）、居民消费支出（A1512）
国民经济核算 （A12）	国内（地区）生产总值（A1211）、国民总收入（A1212）、各部门产值及增长（A1213）、最终消费支出（A1214）、资本形成总额（A1215）、货物和服务进出口（A1216）、资金流量（A1217）、国际收支平衡（A1218）、初次分配总收入（A1219）、可支配总收入（A1221）、国际储备（A1222）、其他（A1223）	财政 （A16）	财政收入（A1611）、财政支出（A1612）、财政决算和预算（A1613）、国内（外）债务（A1614）、财政政策和制度（A1615）
就业和工资 （A13）	劳动力（A1311）、工资（A1312）、失业人员（A1313）	固定资产投资 （A17）	全社会固定资产投资（A1711）、固定资产投资（不含农户）（A1712）、民间固定资产投资（A1713）、基础设施投资（A1714）、利用外资（A1715）、固定资产投资按国民经济行业分（A1716）、固定资产投资按建设性质分（A1717）、固定资产投资按隶属关系分（A1718）、固定资产投资按构成分（A1719）、本年新增生产力（A1721）

续表

类目（代码）		类目（代码）	
二级类目	三级类目	二级类目	三级类目
价格（A14）	居民消费价格（A1411）、商品零售价格（A1412）、农业生产资料价格（A1413）、农产品生产者价格（A1414）、工业生产者购进价格（A1415）、固定资产投资价格（A1416）	其他（A18）	环境（A1811）、科学技术（A1812）、教育（A1813）、卫生（A1814）、文化和体育（A1815）、公共管理（A1816）、社会保障和社会组织（A1817）、城市（A1818）、农村和区域发展（A1819）、官方发展援助（A1820）

2. "微观经济"类目的细分

对于"微观经济"类目的细分，需要考虑现实性与稳定性。分类体系既要切实系统地体现企业的经营与发展现状，也要符合国内外的制度标准与用户需求和使用习惯。但限于企业经济指标在专题数据库之中有限、企业数量也偏少，参考中国工业企业数据库，借鉴其指标进行细分。该数据库根据企业提交的季报和年报，由国家统计局创建，涉及企业样本34万家，观测值为435余万个[①]，涵盖的指标具有上百个，涵盖企业标识码、主要生产活动、经营状况、服务销售与职工情况、金融财务等信息，该数据库微观经济指标体现了现实情况，满足用户需求，而且其分类体系稳健。

该数据库中的一级类目"微观经济"下列举的二级类目包括基本信息、经营与销售、生产管理、投资融资、资产负债、对外贸易、税收补贴、人力资源与其他共9个类别，具体见表6-9。

表6-9　"微观经济 B"二级类目与三级类目

类目（代码）		类目（代码）	
二级类目	三级类目	二级类目	三级类目
基本信息（B11）	名称地址信息（B1111）、基本经营信息（B1112）、所属行业与主营业务（B1113）、机关级别（B1114）、控股情况（B1115）、公司高层（B1116）、其他（B1117）	税收补贴（B16）	所得税（B1611）、增值税（B1612）、进项税额（B1613）、销项税额（B1614）、政府补贴（B1615）、其他（B1616）

[①] 聂辉华、江艇、杨汝岱：《中国工业企业数据库的使用现状和潜在问题》，载于《世界经济》2012年第5期，第142~158页。

续表

类目（代码）		类目（代码）	
二级类目	三级类目	二级类目	三级类目
生产管理（B12）	产值（B1211）、增加值（B1212）、出口交货值（B1213）、产品管理（B1214）、生产投入（B1215）、生产收入（B1216）、其他（B1217）	对外贸易（B17）	进出口贸易（B1711）、海关及关税（B1712）、贸易条约和协定（B1713）、其他（B1714）
经营与销售（B13）	经营绩效（B1311）、经营成本（B1312）、产品销售（B1313）、其他（B1314）	人力资源（B18）	职工数量（B1811）、应付工资（B1812）、福利（B1813）、社会保障（B1814）、职工教育（B1815）、工会（B1816）、其他（B1817）
资产负债（B14）	总资产（B1411）、流动资产（B1412）、固定资产（B1413）、无形资产（B1414）、存货（B1415）、应收账款（B1416）、总负债（B1417）、流动负债（B1418）、长期负债（B1419）、其他（B1421）	其他（B19）	创新行为（B1911）、集团化经营（B1912）、商业信用（B1913）、其他（B1914）
投资融资（B15）	投资（B1511）、筹资（B1512）、利息支出（B1513）、利息收入（B1514）、其他（B1515）		

3. "部门经济"类目的细分

对于"部门经济"类目的细分，其主要任务在于实现国民经济的重要部门的具体化，细分结果既要符合行业类目规范，还需涵盖"一带一路"各类别的经济信息。其步骤是：首先统计专题数据库部门的经济类目，其次借鉴国家标准《国民经济行业分类（GB/T 4754-2017）》[①]，细分"部门经济"类目。

（1）二级类目的确定。

首先，对类目频次进行计算。限制在专题数据库中仅5个部门经济的分类体系，其样本量偏少，加之在宏观经济分类体系中，存在着有关部门经济生产总值类目，所以对类目频次进行计算时，也增加宏观经济分类体系关联信息。统计频次如下：通信（10）、贸易（8）、交通（8）、农业（7）、能源（7）、金融（6）、旅游（6）与工业（4）。其次，借鉴行业分类的国家标准划分"部门经济"。参

---

① 《国民经济行业分类（GB/T 4754-2017）》，国家标准全文公开系统，http：//openstd.samr.gov.cn/bzgk/gb/newGbInfo?hcno=A703F0E23DD165A5A1318679F312D158，2020年12月8日。

照行业分类国家标准中的经管类目对"部门经济"进行细分，形成农、林、牧、渔业及采矿业和制造业等15类；参考《国家统计年鉴》，增设"综合性部门"，以容纳未包括在行业分类国家标准中的综合性业态，如"旅游""工业""贸易"等。因此，二级类目有农、林、牧、渔业，采矿业，制造业，电力、热力燃气及水生产和供应业，建筑业，批发业和零售业，交通运输、仓储和邮政业，住宿和餐饮业，信息传输、软件和信息技术服务业，金融业，房地产业，租赁和商务服务业，水利、环境和公共设施管理业，居民服务、修理和其他服务业，文化、体育和娱乐业以及综合性部门共16个类目。

（2）三级类目的确定。

借鉴中经网的产业数据库拟订部门经济的三级类目。该产业数据库保护产业经济学相关理论与概念，依据业界标准及用户的检索行为与需求对数据进行划分与组织。参照其数据库设置类目标准，将部门经济二级类目再细分为市场供求、流通情况、对外贸易、行业投资、行业绩效、科技研发、居民消费、能源消耗与其他共9个类别[1]，详见表6-10。

表6-10　　　　"部门经济C"二级类目与三级类目

二级类目（代码）	三级类目	二级类目（代码）	三级类目
农、林、牧、渔业（C11）	市场供求、对外贸易、流通情况、行业绩效、行业投资、科技研发、能源消耗、居民消费、其他	信息传输、软件和信息技术服务业（C19）	市场供求、对外贸易、流通情况、行业绩效、行业投资、科技研发、能源消耗、居民消费、其他
采矿业（C12）		金融业（C21）	
制造业（C13）		房地产业（C22）	
电力、热力燃气及水生产和供应业（C14）		租赁和商务服务业（C23）	
建筑业（C15）		水利、环境和公共设施管理业（C24）	
批发业和零售业（C16）		居民服务、修理和其他服务业（C25）	
交通运输、仓储和邮政业（C17）		文化、体育和娱乐业（C26）	
住宿和餐饮业（C18）		综合性部门（C27）	旅游业、工业、贸易、建材、石化

---

[1] 《农业》，中经网产业数据库，https://newcyk.cei.cn/，2020年12月8日。

(四) 复分表的设计

"一带一路"经管信息资源来源广、结构复杂，仅利用基本大类与分类主表进行分类无法满足需求，还需引入复分表以分析和对比资源的共性。基于前期对专题数据库现状的调查和分析，明晰其实际需求，拟订了面向地区的复分表，主要包括沿线国家与地区及中国地区、不同资源类别、不同资源来源、不同语言及企业类型这几类复分表。

1. 地区复分表

"一带一路"经济管理类信息资源源自多个共建国家、地域，需要据此构建面向所有共建国家、地域的表格以及我国各个地区的表格。本表的主要参考来源是中国一带一路网公布的合作国家名单[1]，同时也纳入了"六廊"（沿线国际经济合作走廊）涵盖的地区。为了分类便利，参考国家发布的《世界各国和地区名称代码（GB/T 2659-2000）》[2]，使用其中的三字符代码，"六廊"则使用本研究编制的三字符代码，我国各个地区主要参照《中华人民共和国行政区划代码（GB/T 2260-2007）》编著代码，如天津市为"TJ"，具体见表6-11。

表6-11　　　共建"一带一路"国家与地区复分表

一级类目	二级类目（数量）	一级类目（代码）	二级类目（数量）
非洲	苏丹、南非、尼日尔等（44个）	新亚欧大陆桥（NAE）	—
亚洲	韩国、蒙古国、也门等（38个）	中国—中亚—西亚经济走廊（CMW）	—
欧洲	塞浦路斯、俄罗斯、卢森堡等（27个）	中巴经济走廊（CPE）	—
大洋洲	新西兰、巴布亚新几内亚、基里巴斯（11个）	中蒙俄经济走廊（CRM）	—
南美洲	智利、圭亚那、秘鲁（8个）	中国—中南半岛经济走廊（CME）	—
北美洲	哥斯达黎加、巴拿马、牙买加等（11个）	孟中印缅经济走廊（BCI）	—

---

[1] 《已同中国签订共建"一带一路"合作文件的国家一览》，中国一带一路网，https://www.yidaiyilu.gov.cn/gbjg/gbgk/77073.htm，2020年12月8日。

[2] 《中国图书馆分类法》编委会：《中国图书馆分类法》第5版，http://clc5.nlc.cn/default.aspx，2020年12月8日。

2. 资源类型复分表

鉴于经济管理类信息类型多样化，涵盖金融数据、政策制度、新闻资讯、科研报告等多类型，可以基于《知识管理 第 7 部分：知识分类通用要求（GB/T 23703.7-2014）》进行类目的补充、剔除，最终构建复分表，见表 6-12。

表 6-12　　　　　　　　　　资源类型复分表

资源类型	代码	资源类型	代码
合同	C	商标	L
研究报告	R	案例	E
标准/规范	S	工具	T
政策法规/规章制度	P	会议纪要	M
出版物	O	财务报表	F
论文	J	数据	D
档案	A	最佳实践	B
文件/公文	S	新闻报道	N
专利	P	其他	Z
图片	H		

3. 资源来源复分表

数据库的采集源应具有可信性、全纳性、包容性、高质量及准确度，也影响着后续资源的存储、访问与使用，其也与用户决策密切相关，对其来源进行划分与组织十分重要。本研究主要参照已有研究对来源进行划分[①]，具体见表 6-13。

表 6-13　　　　　　　　　　资源来源复分表

类目（代码）	
一级类目	二级类目
直接来源（1）	中央经济管理综合部门（11）、各类银行系统（12）、物价管理部门（13）、工商行政管理部门（14）、地区或部门的经济业务机构（15）、管理单位（16）、企业及其各级管理部门（17）、其他（18）
间接来源（2）	经济统计部门（21）、经济预测机构（22）、经济新闻事业（23）、经济出版社（24）、经济研究单位（25）、图书馆（26）、其他（27）

---

① 乌家培：《乌家培文库 第 5 册 经济信息与信息经济 1987-1991》，中国计划出版社 2010 年版，第 37 页。

4. 语种复分表

共建"一带一路"国家具有不同的语言系统,少数民族也众多,导致信息资源的语种状况复杂,记录在案的官方常用语言已有 50 种以上,鉴于此,本研究引入《语种名称代码 第一部分:2 字母代码(GB/T 4880.1－2005)》[①],采用其包含的语言类型及其对应的代码,如英文的代码为"en"。

5. 企业类型复分表

鉴于资产组织形式与营收来源存在差异,各种类别的企业主体开展差异化的资金管理、资产规划、股东制度、生产配置与技术研发等实践,本研究针对此建立了专类复分表。《经济类型分类与代码(GB/T 12402－2000)》[②] 中的企业类型及其代码是本表的主要参考来源,例如股份合作公司的代码为"130"。

总体来看,本研究设立了相对系统完善的资源分类体系,能基本涵盖经济管理信息资源领域,符合其资源类型多样化、资源语言多类别及资源来源多元化的特征。本体系包含基本大类、分类主表及复分表三部分,涵盖 3 个一级大类、33 个二级类目、245 个三级类目以及 5 个复分表[③]。同时,根据数据库建设过程不断调整分类依据与参考,结合资源不断进行调整与优化。

第四节 资源组织策略

"一带一路"倡议的发展离不开"一带一路"专题数据库为其提供重要的战略信息支持,而"一带一路"专题数据库也能为企业商业投资、政府战略决策和高校科学研究提供丰富的信息资源,其信息组织策略影响其服务质量。选取专题数据库中较典型的数据库之一——"一带一路"研究与决策平台,分析其信息资源组织现状,并给出相关对策。

一、平台服务对象与需求分析

(一) 平台服务对象类型

该支撑平台的服务对象主要有各类企事业单位、政府机关、高校与科研

---

① 《语种名称代码 第一部分:2 字母代码(GB/T 4880.1－2005)》,国家标准全文公开系统,http://openstd.samr.gov.cn/bzgk/gb/newGbInfo?hcno=D24FBBEF30670D801829206A65FE879A,2020 年 12 月 8 日。

② 《经济类型分类与代码(GB/T12402－2000)》,国家标准全文公开系统,http://openstd.samr.gov.cn/bzgk/gb/newGbInfo?hcno=1CBAE6FE60944C68E520AA7AAE8728D5,2020 年 12 月 8 日。

③ 注:地区表包括 2 个表,即世界地区与中国地区。

院所。

1. 企事业单位

企事业单位的信息采集、组织、分析能力相对较弱，但其发展规划的制定需要基于对海量项目文件、政策文件、统计数据的总结分析，以了解当下的经济市场环境、找寻符合经济趋势的建设方向，企事业单位参与"一带一路"研究与决策平台建设有利于丰富本单位的信息资源建设内容，为决策制定提供良好的信息支撑。

2. 政府机关

对政府机关而言，政策文件、法律法规、社会民生调查报告等信息资源是做出战略决策、制定规章制度的重要依据，且政府部门作为"一带一路"倡议的领导者，需要不断根据实际工作需求制定新的指导文件以确保各项目顺利推进，"一带一路"研究与决策平台采集的各类资料有助于相关部门统筹全局，做出具有现实意义的纲领性指导。

3. 高校与科研院所

"一带一路"倡议从被提出到现在不断发展，已成为一大新的研究热点，而科研院所的人文及社会科学学科相关研究以分析研究包含期刊论文、会议论文、科技报告在内的各类文献为主，其科研活动的开展需要有关文献资源给予有力的信息保障。[①]

（二）平台服务需求特点

1. 信息资源广泛且多样

"一带一路"研究与决策平台服务多样化的用户群，其信息资源也应覆盖经济、政治、社会生活、文化、法律等各个领域，涵盖学术论文、政策文件、新闻资讯、科技报告、著作、图片、统计数据等各个信息类型，可见其收录的信息资源具有来源广且多样化的特征。同时，还需注意信息资源的真实性和时效性，一方面要确定信息内容的来源具备较强权威性，另一方面要保障信息不断更新、符合当下发展实际，有助于用户精确、迅速地把握经济发展形势和国家政策导向。

2. 资源获取迅速且便捷

根据信息管理领域的穆尔斯定律，对于一个信息检索系统来说，倘若用户获取信息相对于不获取信息更加费力，用户则更有可能不使用该信息系统。[②] 由此

---

① 关志英：《"一带一路"时代周边国家文献资源体系化建设的机制体制创新》，载于《大学图书馆学报》2017 年第 4 期，第 40~45、58 页。

② 任志纯、李恩科、李东：《穆尔斯定律及其扩展》，载于《情报杂志》2011 年第 11 期，第 39~40 页。

可知，信息系统的简便性和易用性对于用户的使用度具有重要的意义，但"一带一路"研究与决策平台所包含的信息资源数量众多、类型宽泛，难以通过统一的检索方式处理所有的信息、满足各类用户的种种信息需求，因此需要设置多种模式的信息检索选项，尽可能保障用户获取信息的查全率和查准率。另外，数据库的大多数使用者不具备信息检索的专业技能，对于非专业用户而言，在海量数据中查找和筛选所需信息资源需要耗费较高的时间成本，且部分数据库的检索结果仅显示标题、作者等信息，无法直接为用户提供全文供其浏览和选择，导致其过程更加烦琐、困难，不符合使用者的使用偏好。综合以上因素，该支撑平台的检索功能设计应考虑使用的便利性、针对性，同时兼顾检索结果显示的相关性和完整性。

3. 资源服务个性且智能

"一带一路"研究与决策平台不仅要收集、存储"一带一路"倡议的相关信息资源，也要具备较高的数据分析能力，为用户群体提供更加全面、智能的信息服务，主要包括检索结果分析和个性化推荐两方面。该支撑平台的检索结果分析是指根据使用者的具体需求分析检索结果的内容特征、挖掘各项数据之间的深层关联，帮助用户更系统地获取所需信息资源。个性化推荐指信息系统根据用户的历史检索记录，分析用户的信息资源需求偏好，主动向其推荐可能符合喜好的信息资源，这一服务对于企事业单位来说格外有效，有利于助力企业做出更可靠的贸易选择。

（三）面向用户需求的平台资源组织要求

1. 资源采集对象多样且确切

信息资源的采集是"一带一路"研究与决策平台建设的起点，也是信息资源组织的基本前提。如前文所述，该支撑平台主要面向企事业单位、科研院所、政府部门三大目标群体，三者之间既有联系又有区别，各自的信息资源需求也各有特点。因此，该支撑平台需要在一定的体系结构下尽可能广泛、全面地采集各个类型、各个专业领域的信息资源，充实数据库的内容框架。与此同时，数据库建设者也应建立起确切的采集资源的标准和规范，对各个国家、专业领域的资料有所侧重，避免盲目地收录利用率过低的信息资源，导致数据库中的信息资源过于繁杂、冗余，影响资源组织和检索的效率。

2. 资源揭示充分且深入

"一带一路"研究与决策平台中的数据涉及多个领域、多种类型，通过深层分析能够找寻其中的内在关联、充分理解其内涵从而发挥数据的效用价值，因此，在该支撑平台中，信息的描述及揭示需要更加充分和翔实，为信息资源的精准检索、合理利用打下坚实的基础。对于较复杂的资源类型来说，除标示资源的标题、关键词等显性特征以外，还需经过信息分析发现信息之间显见的和隐藏的关系，进一步加强对信息资源内容特征的揭示，推动支撑平台向更智能化、多功能的趋势发展。

3. 资源呈现界面设计简明且合理

"一带一路"研究与决策平台的界面设计是否简洁明确、排版合理，对用户的使用效率有着不可忽视的影响，该支撑平台的资源分布和界面设计需同时考虑到用户信息需求的特征以及各类型数据本身的重要性。具体来说，其一是要将面向不同主流用户群体的信息资源分别聚合至独立的数据子库，以便为用户提供相对精准、专业的信息服务；其二是将不同格式类型的信息资源分别收录至不同的数据库，如建立图表数据库、视频数据库等；与此同时，该支撑平台的用户页面应操作简便、功能明确，在以用户需求为导向的基础上综合考虑多方面的因素，合理呈现其数据库中的海量资源。

二、资源组织流程

（一）资源采集与筛选

"一带一路"研究与决策平台是基于"一带一路"倡议、"走出去"政策的重要信息服务平台，对政府的指导性战略决策制定、企业找寻符合时代趋势的投资方向、学者进行前沿学术研究都发挥着重要的信息参考作用，采集信息资源是数据库进行资源组织和管理的起点，也是确保其资源质量的重要环节，因而该支撑平台的建设需要选择具备较高利用价值的信息资源进行收录和保存，其存储资源的范围需要兼备一定的深度和广度。其一是平台涵盖了 156 个"一带一路"国家和地区、82 个境外经贸合作园区，提供报告、案例、法规、项目、园区、指数、科技人文、政经形势等方面的信息[①]，数据平台的来源渠道包含超过 2 000 家信息服务机构，既有国内的权威科研机构，如国务院发展研究中心、社科院，又有世界银行、彼得森、麦肯锡等国际知名信息研究机构，涵盖的数据量巨大、资源内容范围广泛；其二是要综合考察多种类型、多个领域的信息资源，包含相关主题的新闻报道、法律法规、营商报告、贸易报告、战略报告、投资指南、风险分析工具等。在数据格式方面，该支撑平台既有文字表述的信息资源，又有利用可视化技术制作的图片、表格，给予用户更加多元、丰富的信息资源服务。

---

① "一带一路"研究与决策平台，https://ydyl.drcnet.com.cn/#/，2022 年 10 月 18 日。

（二）确立内容框架

由于"一带一路"倡议涉及的资源类型多样，需要划分为多个资源子库以便精准检索和利用。数据库采用分类主题一体化的方法构建其主栏目、辅助栏目，这一内容框架的确立有助于资源子库的合理划分，"一带一路"研究与决策平台分析信息资源的内容特征和格式特征，以用户需求为指导，将其分类保存至不同子库从而满足不同用户群体的不同信息需求。具体栏目简介见表6-14。

表6-14　　　"一带一路"研究与决策平台栏目简介

栏目类别	一级栏目	二级栏目	内容定位
主要栏目	报告	国别形势；营商报告；投资指南；贸易投资报告；丝路战略研究；国家风险评估；行业报告；"一带一路"国家形势报告	全方位、多层次梳理"一带一路"相关战略研究以及国内外地区及国家投资环境、经济发展形势、投资营商政策等，为相关学术研究、投资规划及投资决策提供强有力的决策支持
	案例	农业；能源矿产；基础设施；信息通信；制造业；服务业	为国内企业"走出去"提供经典案例分析，帮助中国企业"走得出""走得好""留得住"
	法规	"走出去"政策法规；国际营商政策法规	全面整理东道国与贸易、投资及营商相关的政策以及法律法规
	项目	工程招标；投资项目	详细、全面地发布国际工程招标信息及重大投资项目信息，为国内企业参与国际工程建设以及进行国际投资提供有价值的项目信息
	园区	园区概况；园区动态；园区规划；园区研究；入园指南；入驻企业；重大项目	系统收集了中国企业在"一带一路"国家已经建成和正在招商引资的国家级和省市级跨境经贸合作园区，为国内企业抱团出海、集群式"走出去"提供有益参考和投资机会
	科技人文	科技；文教卫；旅游；城市；智库	收录"一带一路"国家和地区在科技、教育、文化、卫生、旅游、政党、智库、青年、城市、社会组织等各领域合作深度分析报告
	指数	"一带一路"航贸指数；海上丝路贸易指数	整合"一带一路"相关指数，便于用户动态监测"一带一路"国家的贸易投资形势，如"一带一路"航贸指数、海上丝路贸易指数等

续表

栏目类别	一级栏目	二级栏目	内容定位
主要栏目	数据	经济社会数据；中国全球投资跟踪（CGIT）数据；中国对外贸易数据；政治数据；营商环境指数	全面提供"一带一路"国家和地区主要经济指标、进出口、国外直接投资、基础设施指标、人口结构、中国全球投资跟踪（CGIT）数据、政治数据、营商环境数据等，并以可视化方式展现
辅助栏目	动态	高层声音；地方举措；行业参与；专家视点；海外合作；带路成就；国内动态；国际动态	全面整合与丝路相关的政策、动态、地方行动、专家评论，并及时汇聚"一带一路"所涉国家和地区的政经动态精华，重点关注最新政经动态、国际贸易动向，提供专业财经动态。与此同时，栏目还及时跟踪六年来"一带一路"建设所取得的标志性成就
辅助栏目	规划方案	总体规划；地方方案	收录"一带一路"总体规划及各省市（自治区）的实施方案
辅助栏目	机构	投资管理机构；投资促进机构；金融机构；咨询机构；法院与仲裁机构；中国驻外使领馆；商会；协会；其他政府机构	及时全面提供与"一带一路"国家和地区贸易、投资相关的9大类重要服务机构名录及实用网站链接，为国内企业"走出去"提供实用指南
辅助栏目	重点报告推荐		精心挑选国际组织、全球智库等国内外机构发布的相关旗舰报告
聚合分类	国别		为"一带一路"约154个国家和地区设聚合分类标签
聚合分类	省市		为国内31个省份以及港澳台地区设聚合分类标签

（三）数据加工

1. 基础处理

"一带一路"研究与决策平台的原始数据来源渠道多样，其格式规范、质量水平也各不相同，且原始数据包含难以进行计算机处理的非结构化、非数字化数据，需要进行统一的加工和预处理，以便后续的数字处理，主要环节包括信息资源的数字化、清洗、标引、格式转换等。首先，需要制定数据收录的质量标准，确认信息资源是否达到入库标准，对质量水平达标的原始数据进行统一的格式转换；其次，基于对信息资源的内容特征进行信息标引，标示出信息所属主题；最后，采用合适的处理手段检测有无错漏信息、重复信息，并将其予以修改或删除。

2. 资源描述

"一带一路"研究与决策平台中综合了 DC 元数据、MARC 等针对网络信息资源的语言，结合自身信息资源的主题特色，形成了一套用于描述"一带一路"网络信息资源的专门化元数据。不同描述项的数量存在着一定差异，在所有数据字段中使用最为广泛的是"作者""机构""关键词""来源"等较浅层的元数据，数据库中超过半数的文献都注明了这四项描述项的基本信息，该支撑平台中的外文文献通常也提供文献题目及内容简介的中文翻译内容，只有小部分仍通过外文的形式表达资源内容。

三、资源组织优化策略

随着大数据技术的不断发展，数据库的建设水平迅速提升，而用户的信息需求也随之增加，对新时代下的信息服务提出更多更高的要求。"一带一路"研究与决策平台作为"一带一路"倡议的信息资源支撑，也应响应用户需求，将新兴的信息管理技术融入数据库功能拓展的实践中。

（一）重视引进多语种资源

近年来，随着共建"一带一路"的不断推进，共建各国合作发展逐渐深入，对共建国家中中小国家的研究成为研究的一大热点，原生语言的信息资源是研究共建"一带一路"国家政治、经济、社会情况的文献基础，因而对一手的多语种信息资源的需求日益增长。"一带一路"倡议涉及超过 50 种主要语言，引进多语种资源有利于完善数据库的内容体系，满足研究者的文献资源需求，为落实这一策略，一方面是要收集、汇总现有的外文文献以及政府数据，翻译、整合可开放获取的网页信息资源；另一方面也要积极与各外国高校开展合作研究，培育和发展多语种人才，助力多语种数据库的建设。

（二）丰富资源来源

该支撑平台中的信息资源应涵盖多种类型、多种形式，需要在收录资源时有意识地发掘其他种类的资源，使得平台的资源结构体系更加丰富翔实。目前，该支撑平台主要有政府报告、学术论文、新闻、著作等类型的资源，这些文件的形式以文本格式为主，而音频、视频等其他形式的信息资源则较少，资源的种类较为单一。音频、视频等多媒体信息资源相比文字更具视觉冲击效果，能够直观、具体地展示共建"一带一路"国家的社会状况，尤其是在历史、文化、医学等专业领域具有重要的研究价值，因此，信息资源平台在筛选、收集信息资源时也应考虑音视频等多媒体信息资源，并构建多媒体资源的检索功能，为使用者提供更加丰富多元的资源。

（三）加强平台的多语言信息组织

"一带一路"倡议涉及语言种类繁多，加之网络信息资源的多语化环境进一步发展，其用户的全球化程度也进一步提升，但实际上用户的语言能力并不能满足获取多语种资源的需求。因此，当前"一带一路"研究与决策平台的重要工作之一就是加强数据库的多语言信息组织。多语言词典和多语言叙词表的构建发展对多语言信息组织具有重要影响。[①] 依靠丰富的概念词汇和概念之间的关系，多语言叙词表能够较好实现信息的语义解释，当前，多语言叙词表已经在文化遗产、农业、医学和环境等多个学科领域取得成果，如 EuroVoc 叙词表已有 20 种以上的语言。

一方面，"一带一路"研究与决策平台可以利用专业的翻译工具或依靠专业翻译人员将已建成的叙词表翻译成其他多种语言。翻译人员在翻译时需要注意保持源语言和翻译语言的概念和概念间关系的一致性，这要求他们在具有丰富语言知识的基础上还需要增加对叙词表中涉及的领域知识的了解，以确保翻译后的专业术语是准确、可靠的。另一方面，可以依靠计算机模型对同一领域、不同语种的资源进行统一的词汇提取，进而对不同词汇表进行比较分析，确定词汇间的相互关系[②]，再通过领域专家对形成的模型进行人工校正，构建起新的多语言叙词表。建立好成熟的多语言叙词表后，可以在其基础上转化和建设本体。叙词表与本体本身存在一定相似性，它们都包含本领域的专业术语和概念关系，以等级结构方式呈现知识组织，并且叙词表中的本领域概念关系相对完善[③]，这就为本体的构建奠定了基础。叙词表转换法在国内已有普遍应用，提出了叙词表转换的相关方法和原则，可为数据库建设提供参考。

---

① 李月婷、司莉：《基于语义的多语言信息组织模式研究》，载于《图书馆论坛》2016 年第 2 期，第 13～19 页。

② 杨君、吴菊华、艾丹祥：《一种基于情景相似度的多维信息推荐新方法研究》，载于《情报学报》2013 年第 3 期，第 262～269 页。

③ Zhu H, Chen E, Xiong H, et al. Mining Mobile User Preferences for Personalized Context - Aware Recommendation. *ACM Transactions on Intelligent Systems & Technology*, 2014, 5 (4): 1 - 27.

（四）利用语义关联深度分析资源内容

语义关联通常是指两个或两个以上概念或实体之间有意义的关联。[①] 可以使用语义关联来实现对资源的序化，同时揭示资源之间的隐性联系，形成基于语义的扩展网络结构，促进资源的知识化发展。首先，为收集到的"一带一路"相关资源创建一个初步的元数据规范。当前"一带一路"研究与决策平台的资源主要是网络资源和文献资源，将两者的特点相合，在以 DC 元数据标准为基础的同时，还需要加入其他元素，形成一套适用于"一带一路"研究与决策平台的元数据标准。其次，为了进一步揭示资源对象之间的关联关系，数据库必须基于元数据规范构建资源的语义本体，以丰富信息资源的语义信息。目前，构建元数据本体的方法主要有两种：一是利用本体描述语言，通过对不同的概念和关系的集成来构建一个集成的元数据本体，并以此为基础实现语义互操作的目标。二是利用本体描述语言对各种元数据标准进行全面的本体化描述，然后利用不同元数据本体之间的映射关系来实现其语义互操作。[②] 由于在元数据规范数据库中已经整合了一套元数据标准，因此可以选择第一种方法构建集成的元数据本体。最后，利用关联数据再次组织元数据本体，以实现不同数据源之间的关联，并使资源之间的隐性关系被更好地揭示。用户可以用更少的搜索获得更完整的结果，例如，荷兰声音视觉研究所的 DIVE 项目，用户可以在其中查看以事件为中心的资源，还可以获取地点、人物和其他与之相关的事件。

（五）加强机构间合作和资源的共享

"一带一路"研究与决策平台组织资源的任务重、难度大。一是为了提高用户对数据库使用的满意程度，降低建库成本，可以加强机构间的合作，尤其是高校和科研院所，这些机构有人力资源优势，对建库有很大的帮助。二是平台与其他"一带一路"专题数据库通过网页链接加强数据库之间的连接，并在数据库页面设置互联端口，形成数据库导航目录，方便用户便捷查询。此外，平台还可以利用关联数据，通过 RDF 链接实现不同数据库之间的资源共享。在关联数据中，每份资源的统一资源定位符（URI）是唯一的，它可以用于解决标识与解析问

[①] 凌霄娥、周兵、李克潮：《面向新读者和新图书的数字图书馆个性推荐冷启动问题研究》，载于《情报理论与实践》2014 年第 8 期，第 100～104 页。

[②] 宋楚平：《一种改进的协同过滤方法在高校图书馆图书推荐中的应用》，载于《图书情报工作》2016 年第 24 期，第 86～91 页。

题，实现资源标识与定位、参引与访问获取、规范控制等目标。[①] 将信息资源以 RDF 文档形式发布到 Web 上，并在数据之间建立动态的 RDF 链接，链接还包括两个资源对象之间的关系。三是提供了访问关联数据的接口，允许用户通过开放平台在网络上查询开放数据。关联数据实现数据库资源之间的关联和数据库资源与网络开放资源之间的关联，利用不同数据库资源之间隐性的潜在关系，提供丰富的语义、互操作性和共享性的语义网络。

[①] 武慧娟、孙鸿飞、尹慧子：《基于用户认知的个性化微阅读自适应推荐模型研究》，载于《情报科学》2018 年第 12 期，第 13~16 页。

第七章

"一带一路"经管数据库的
法律风险识别与防范

第一节 "一带一路"经管数据库资源建设的法律风险识别

本研究结合多种研究方法对数据库资源建设中典型法律风险因素进行全面系统、客观中立地识别与归纳。首先,基于等级全息建模方法,从环境、技术、建设流程、主体、管理5个维度出发,梳理"一带一路"经管数据库资源建设过程中的法律风险要素,构建多层次法律风险识别模型;其次,利用文献调研法、法律案例与风险事例分析法补充初步识别出的法律风险因素,以便科学、完整地识别"一带一路"经管数据库资源建设的法律风险因素;最后,对识别出的法律风险因素进行进一步的归纳合并,剔除部分不重要、不合理的风险因素,最终得出41项法律风险因素。

一、法律风险识别方法的选择

法律风险既具有客观性、不确定性和损失性等风险的一般属性,同时还具备社会构建性、可控性和规范性等社会属性。目前,关于法律风险识别方法的选择，法学界尚无成熟的理论成果，一般基于文献资料法和案例研究法这两种方法。其他学科所应用的风险识别方法则较为多样，下面就风险识别方法的优缺点及适用范围进行比较，如表 7-1 所示。

表 7-1　　　　　　　法律风险识别方法对比分析

识别方法	优点	缺点	适用范围
文献资料法[1,2]	①抽样量大、费用低；②不易引起抽样对象的情绪反应	①缺乏直观感与现实感；②容易受相关文献作者的主观影响	适用于文献资料丰富且识别对象构成简单的风险识别
案例研究法[3,4]	①通过对相关法律案例的分析，可快速掌握法律风险状况与其法律行为特征；②利于挖掘隐性法律风险；③可提供较系统的风险结论与风险观点	①主观性与随意性较强；司法变化时，以往案例失去研究价值。②时间与精力投入较大	适用于司法环境较稳定且法律案例丰富的风险识别
德尔菲法[5,6]	能够充分利用专家的知识和学识，且采用匿名或背靠背的方式，结论较为可靠	①专家意见较难统一，且容易出现权威人士影响他人的情况；②实施过程比较复杂且花费时间较长	适用于大型且较为复杂的风险识别
事故树分析法[7]	能够比较详细地对项目故障原因进行全面分析	对大型较为复杂的项目，容易遗漏个别风险	适用于缺乏相似案例的"陌生项目"风险识别
幕景分析法[8,9]	①具有较强的直观性，且便于实施；②有助于提高风险决策者的意识、开阔视野，增强其对未来趋势的分析能力	当前信息水平与发展状况的影响，可能与法律风险主体实际情况出现偏差	适用于已经有较成熟模式的项目风险识别
流程图法[10]	能把一个问题分解成若干个进行管理的部分，操作较为简便；直观清晰，便于管理	①需要耗费大量时间；过于笼统，不利于对细节的描述，易造成风险遗漏。②缺乏定量分析。③对人员的专业要求较高	通过业务流程图方法，对生产或经营中的风险及其成因进行定性分析
工作—风险分解法[11,12]	风险识别全面，且可构建风险因素层级结构	风险识别效率不高	适用于小型及工作结构简单的项目

续表

识别方法	优点	缺点	适用范围
HHM等级全息建模法[13、14]	能够从多个视角和层面识别风险；便于评估子系统的风险对整个风险的影响	风险的识别受到等级全息模型框架的限制，容易遗漏部分风险	适用于复杂的项目，且项目的参与主体众多

资料来源：1. Ahlemann F, Arbi F E, Kaiser M G, et al. A process framework for theoretically grounded prescriptive research in the project management field. *International Journal of Project Management*，2013，31（1）：43–56. 2. 周洲、吕大刚、于晓辉：《基于文献调研的我国建筑结构地震倒塌风险概率评估》，载于《建筑结构学报》2020年第8期，第1~18页。3. 王山青、张省：《产学研协同创新知识溢出风险识别研究——国内32个典型案例的建模与分析（2010~2020）》，载于《中国高校科技》2022年第1~2期，第109~114页。4. 孙洁：《生物医药产业集群风险的因素诊断与层次分析——基于上海三类园区的案例研究》，载于《中国科技论坛》2021年第12期，第62~69、108页。5. 王涛：《德尔菲法在地铁线路升级施工风险识别中的应用》，载于《项目管理技术》2021年第4期，第112~115页。6. 沈正波、陶应新、朱程远：《基于德尔菲法的滁宁城际铁路项目安全风险识别研究》，载于《江苏建筑》2021年第4期，第117~119页。7. 张官兵、李欣洁、赵燊、安伟：《我国水源污染事故风险点定量识别方法》，载于《环境工程学报》2021年第1期，第341~349页。8. 方斌、杨叶、雷广海：《基于幕景分析法的土地开发整理规划环境影响评价——以江苏省涟水县为例》，载于《地理研究》2010年第10期，第1853~1862页。9. 霍娟、常晓东：《项目风险管理中定量识别方法研究》，载于《科技风》2008年第20期，第93页。10. 王惠、雷艳妮：《翻译风险识别》，载于《中国翻译》2012年第2期，第73~77页。11. 马旭平、郝俊、孙晓蕾、李建平：《基于工作分解结构——风险分解结构（WBS-RBS）耦合矩阵的海外电力工程投资风险识别与分析》，载于《科技促进发展》2019年第3期，第225~233页。12. 郝文强：《政府数据开放隐私风险识别机制研究》，载于《电子政务》2021年第3期，第103~111页。13. 叶琼元、夏一雪、窦云莲、王娟、兰月新：《面向突发公共卫生事件的网络舆情风险演化机理研究》，载于《情报杂志》2020年第10期，第100~106页。14. 任玉彬、索相波、贾宝林、范玉珠：《基于HHM的火箭加注系统风险识别方法》，载于《火箭推进》2020年第6期，第97~102页。

要选择适用的法律风险识别方法，需要根据数据库建设项目自身的特点及其目标要求而定。由于"一带一路"经管数据库资源建设参与主体众多，且风险识别工作具有系统性、复杂性、连续性和综合性等特点。因此，"一带一路"经管数据库资源建设法律风险识别必须基于多视角、整体性的原则对风险系统进行全面的识别。通过表7-1中对目前应用较为广泛的风险识别方法的分析，等级全息建模方法可以全方位、多视角、多层次地反映风险系统的特征和本质。[①] 因此，本研究主要采用等级全息建模法对"一带一路"经管数据库资源建设法律风险进

---

① 孙红星：《发电企业风险分析与控制模型研究》，载于《华北电力大学》2014年第12期，第19页。

行初步的识别，并结合文献调研法与案例分析法对法律风险因素进行补充。

（一）法律风险因素识别框架构建

等级全息建模法（Hierarchical Holographic Modeling，HHM）可用于解释复杂项目的风险来源，是一种全面的思想和方法论。其中，"等级"是指从系统的不同层面分析问题，"全息"则是指从系统的视角来进行风险辨析，不同视角的风险包括但不仅限于社会、经济、技术等多个方面。HHM旨在从多个视角、多个方位以及多个维度捕捉和展现系统不同风险，主要可以应用于大规模的、复杂的系统与过程中的风险来源。HHM将复杂系统或过程划分为多个层次或等级，每一层次或等级都是某一特定视角下的完整系统或过程，从而有助于了解不同层面上的问题，同时还可以方便对子系统的风险以及某一子系统对其他子系统的影响进行识别和评估[1]，能够增强对规模复杂系统的风险识别能力与水平。

对于"一带一路"经管数据库资源建设的复杂过程来说，基于HHM基本思想的法律风险识别工作主要包括两步：第一，风险维度划分。把数据库资源建设法律风险从一个整体分割为若干个子系统，不同维度可意味着法律风险的不同侧面，并构成法律风险识别模型的第一层。第二，风险因素归类。基于不同维度的法律风险子系统，总结归纳其特定情形下引发的法律风险因素，由此构成法律风险识别模型的第二层。

（二）法律风险因素的补充

为了保证"一带一路"经管数据库资源建设法律风险识别的全面性和客观性，在利用HHM初步识别法律风险的基础上，应用文献调研法对法律风险要素进行补充。在中国知网、维普、WOS、Emerald、北大法意、中国裁判文书网、无诉网等中外文数据库，以及谷歌学术等学术搜索引擎上收集相关文献资料，全面了解"一带一路"经管数据库资源建设、法律风险等领域的研究与实践，分析并总结其包含的法律风险因素。

在"中国裁判文书网""无诉网""北大法意"等法律数据库及搜索引擎中检索并选择已经发生的法律纠纷、诉讼案例以及形似风险情景的风险事件，通过对法律风险主体、风险行为、风险环境、风险后果等方面情况进行考察和分析，提取归纳法律风险因素。

---

[1] 刘政方、吴广谋、王旭东：《基于HHM的新产品开发风险分析》，载于《科技管理研究》2009年第4期，第161~163页。

二、法律风险识别方法的应用

本部分从环境、技术、建设流程、人员与管理 5 个维度出发,分析每个维度下可能存在的法律风险因素,构建"一带一路"经管数据库资源建设法律风险多维度识别模型。由于每个维度下的风险因素可能存在重复,为更加清晰地呈现各维度存在的风险因素,故不将相同的风险因素重复列举,同时,基于文献调研法与案例法对风险因素进行补充,从而保证风险因素识别的完整性与全面性。

(一) 基于等级全息建模法的法律风险识别

1. 多层次法律风险识别模型框架构建

基于信息生态理论视角分析,"一带一路"经管数据库本质上属于一个信息生态系统,包括人、信息、信息技术、信息环境要素。"一带一路"经管数据库资源建设还涉及"采集""组织""存储""发布"等各个业务流程,以及协调各个建设主体间的管理制度等。通过应用 HHM 得到"一带一路"经管数据库资源建设法律风险识别维度(见图 7-1),每一维度下的风险事件和风险因素构成一个风险子系统。不同维度代表"一带一路"经管数据库资源建设中不同视角下的法律风险,构成法律风险识别模型的第一个层次,每个维度都是一个视角,从一个侧面说明风险对数据库资源建设的影响。这些法律风险之间是相互影响、相互作用的,共同影响资源建设的开展。

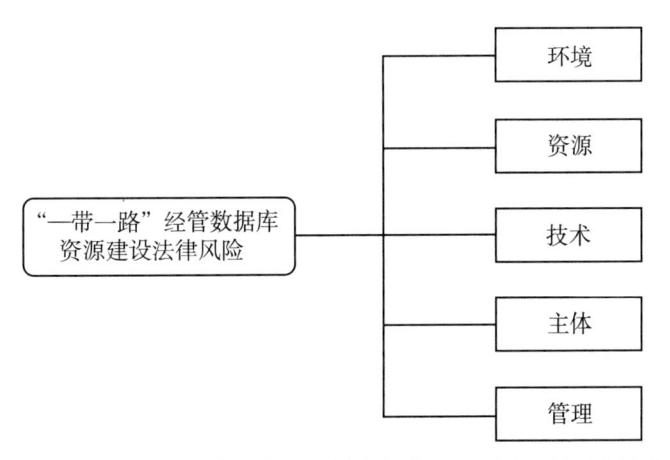

图 7-1 "一带一路"经管数据库资源建设法律风险维度

多个维度下的子系统在对风险进行认识和处理时需要付出更高的成本，且对于风险处理者要求更高。因此，在权衡维度的全面性和精细程度的基础上，对维度进行必要的取舍，并选择环境、技术、建设流程、人员、管理5个维度作为风险来源，进一步构建"一带一路"经管数据库资源建设法律风险的第二个层次，即风险层次。基于维度和风险两个层次的"一带一路"经管数据库资源建设法律风险如图7-2所示。

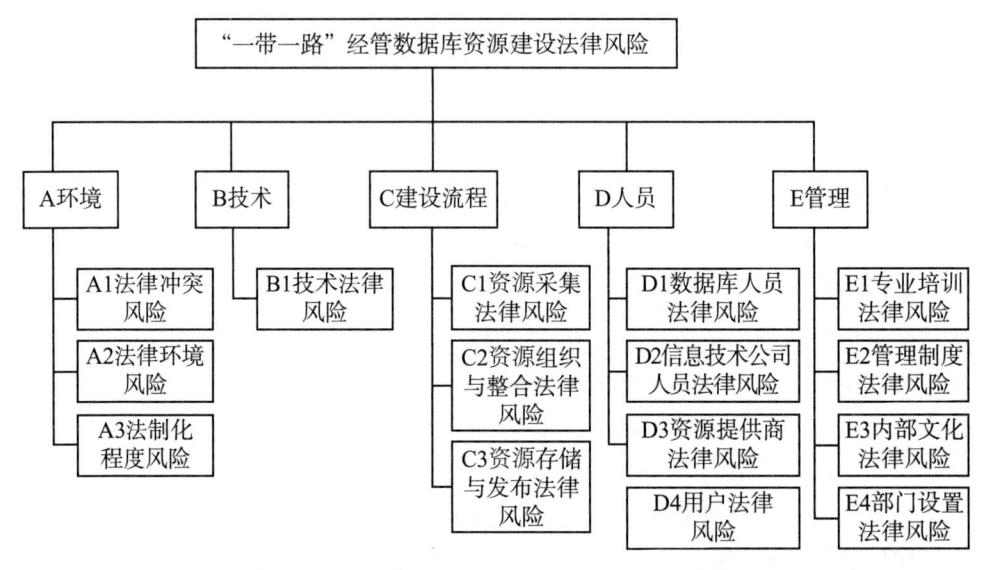

图7-2 "一带一路"经管数据库资源建设法律风险多维度识别模型

2. 多层次法律风险识别模型框架解释

根据"一带一路"经管数据库资源建设法律风险多维度识别模型，从环境、技术、建设流程、人员和管理5个维度出发，分析每个维度下可能存在的法律风险。最后得到5个维度下的15个法律风险层次以及48项法律风险要素。具体情况如下：

（1）环境维度下的法律风险及其风险因素（A）。

A1法律冲突风险：指由于共建"一带一路"国家法律体系与法律制度存在较大的不同，在立法思想、法律的表现形式、审判模式与技巧、法律的适用规则上差异性较大，阻碍"一带一路"经管数据库开展资源建设。同时，"一带一路"各个国家之间的法律冲突普遍存在，可能造成在数据库资源建设中某一行为在一国为合法行为而在另一国则为违法行为，从而阻碍资源建设的进程。其风险因素包括法律表现形式不同（A11），审判模式与技巧不同（A12），相关法律法规具体内容不同（A13）。

A2 法律环境风险：指以某一事物为中心并对该事物产生影响的外部法律条件。① "一带一路"经管数据库资源建设的推进与共建"一带一路"各国的法律制度和执法环境息息相关。良好有序的法律环境有利于资源建设，相反，混乱无序的法律环境则会阻碍资源建设的进程。共建国家的法律频繁修订容易引发法律法规的连续性问题，国家信息中心调查发现，共建国家多属发展中国家，一些国家政权交替频繁，法律法规修订调整不断，以蒙古国为例，2000~2010年数次对《矿产法》反复修订，导致我国对其矿产投资多次出现危机。② 此类高风险国家会给资源建设带来法律风险，其风险因素包括执法随意性（A21），行政执法与行政监管不足（A22），主权信用差（A23），国家安全、政治局势紧张（A24）和法律修订频繁（A25）。

A3 法制化程度风险：指由于共建"一带一路"国家法律体系建设水平引发的法律风险。在共建"一带一路"国家的投资中，参与国家的法律滞后是导致法律风险的重要原因之一。③ 法制化程度评价主要包括国内法律体系的完备程度、国际法规条约的适用度情况。数据库资源建设受共建国家法制化水平影响较大，较高的法制化水平可为"一带一路"经管数据库资源建设的管理制度提供规范，为解决法律纠纷提供指导。此外，法制化水平较高也意味着国际法规条约承接的适用度较高，受国际软法的制约，有利于解决终端及执行仲裁裁决。其法律风险因素包括相关法律缺失（A31）、法律表述模糊（A32）、国际法规条约适用度低（A33）。

（2）技术维度下的法律风险及其风险因素（B）。

B1 技术法律风险：指"一带一路"经管数据库资源建设中应用的技术（如自动采集器、云存储技术、机器翻译等）所引发的法律风险。在资源建设中会应用到多种技术，如自动采集技术、多语言转化技术等，这些技术既包括商业购买的技术，同时也包括开源技术以及在开源技术的基础上进一步的开发。在不同技术的应用中存在诸多法律风险因素，包括技术突破资源版权方的保护措施（B11）、盗版技术的应用（B12）、技术安全（B13）。

（3）建设流程维度下的风险及其风险因素（C）。

C1 资源采集法律风险：指通过机构数字化、网络、商业购买、用户上传等方式收集资源过程中可能引发的法律风险。采集的资源可划分为现实资源和虚拟

---

① 符琪、刘芳：《试论法律环境的含义》，载于《法制与社会》2015年第19期，第5~7页。
② 国家信息中心：《"一带一路"战略风险评估及应对建议》，http：//www.sic.gov.cn/News/455/6469.htm？sbjsklwzplwzfkuf，2022年7月24日。
③ 刘敬东：《"一带一路"法治化体系建构的再思考》，载于《环球法律评论》2021年第3期，第180~192页。

资源两类①，其法律风险主要源于资源自身和资源采集行为。在采集过程中可能采集到未授权的资源，侵犯著作权，或无意采集到非法资源，或者采集到孤儿作品、无主作品等特殊类型资源，其著作权归属存在不确定性，导致在采集过程中产生法律风险。同时，"一带一路"经管数据库中的资源源于多个国家，在采集过程中涉及跨境数据的流动，而这可能引发数据主权、信息安全与个人隐私权等风险。综上，资源采集法律风险因素包括资源未授权（C11）、采集非法资源（C12）、资源版权归属不明确（C13）、侵犯个人隐私（C14）、跨国资源的数据主权（C15）、采购合同条款缺失（C16）、授权使用程序不完善（C17）、新型资源版权的不确定性（C18）。

C2 资源组织与整合法律风险：指对采集资源进行加工、组织、序化与整合过程中可能引发的法律风险。在资源组织和整合过程中资源可能经过清洗、补充、描述、序化等环节，其过程中可能会侵犯资源作品的署名权、修改权和完整权等，此外，由于"一带一路"经管数据库中资源的多语种特点，在资源的组织和整合过程中还涉及对资源进行翻译，这也可能会侵犯资源作品的权利，进而引发法律风险。其法律风险因素包括资源的完整性被破坏（C21）、侵犯资源的署名权（C22）、资源翻译合法性（C23）、侵犯资源的修改权（C24）。

C3 资源存储与发布法律风险：资源存储法律风险是指资源存储与元数据存储过程中的法律风险。其中，资源存储行为在法律上属于复制行为，但是不当的复制行为可能超出法律授权的范围，侵犯资源作品的信息网络传播权。同时，资源存储软硬件的更新和数字存储格式的改变使资源的复制、迁移、修复等成为常态，这些技术行为可能引发法律风险。② 资源的发布风险是指依托特定的平台将资源呈现并按照用户的指令提供所需资源的过程中可能存在的法律风险。基于超链接的资源聚合是数据库资源建设的重要内容，其中深度链接可能会绕过被链接者，直接链接到特定的内容上③，从而发生侵权行为。综上，资源存储与发布的法律风险因素包括存储行为超出法律授权范围（C31）、存储设备更新与存储格式改变（C32）、深度链接合法性（C33）。

（4）主体维度下的风险及其风险因素（D）。

D1 与数据库工作人员相关的法律风险：指数据库工作人员在资源采集、组织与整合、存储与发布过程中由于人为因素引发的法律风险。数据库工作人员在具体工作中需要应用一定的法律知识，如数字化过程中需要对资源的合法性进行

---

① 李冠强：《数字图书馆管理论纲》，东南大学出版社 2004 年版，第 75 页。
② 朱如龙：《高校图书馆数字资源长期保存的著作权问题研究》，载于《图书情报工作》2019 年第 7 期，第 23~29 页。
③ 杨勇：《深度链接的法律规制探究》，载于《中国版权》2015 年第 1 期，第 53~59 页。

判断，资源采购时需要具备合同法的相关知识。若数据库工作人员缺乏法律知识则会引发法律风险。同时，数据库建设的多项工作需要工作人员的审核，如用户上传资源的合法性与完整性审核、网络采集资源的合法性与质量的审核等，在各项工作中需要严谨规范的操作，反之则可能会出现误存入非法资源、破坏资源作品的完整性等行为，从而引发法律风险。综上，数据库工作人员的法律风险包括缺乏相关法律知识（D11）、操作不规范（D12）。

D2 与信息技术公司人员相关的法律风险：指信息技术公司参与资源建设过程中由于人为因素引发的法律风险。信息技术公司在"一带一路"经管数据库资源建设中承担部分数字化工作，并提供相关技术支持。研究显示，一些信息技术公司为节省开支提高利润会雇用非专业人员[1]，这可能导致资源质量不达标。此外，信息技术公司人员的职业道德水平十分重要，若员工的职业道德水平不高，未严格执行既定标准，可能导致资源数字化过程中关键信息缺失、显示有误等[2]，从而侵犯其保护作品完整性的权利。综上，信息技术公司人员的法律风险因素包括法律知识欠缺（D21）、职业道德水平不高（D22）。

D3 与资源提供商相关的法律风险：指数据库提供商在参与资源建设中由于其自身的信用、履约能力等因素而引发的法律风险。"一带一路"经管数据库与资源提供商通过签订商业购买合同的方式获取资源，在这一过程中，若采集的资源中含有侵权或非法作品，可能会侵犯资源作品的著作权和商标权。同时，若资源提供商未按照合同履行相应的义务也可能出现法律风险。综上，资源提供商法律风险因素包括企业信用（D31）、履约能力（D32）、资质不足（D33）、违约承担能力不足（D34）。

D4 与用户相关的法律风险：这里主要是指用户参与资源建设时可能存在的法律风险。用户通过上传相关资源、进行部分资源标引等方式参与资源建设。在这一过程中，用户如果恶意上传非法或未经授权的资源，则可能会产生法律风险。同时，用户标引资源过程中，若因为能力不足或为获取奖励而错误标引等，也可能侵犯著作权人保护作品完整的权利。综上，用户的法律风险因素包括法律知识欠缺（D41）、投机心理（D42）。

（5）管理维度下的风险及其风险因素（E）。

E1 专业培训中的法律风险：是指在资源建设中专业技能、操作规范、专业技能与职业道德培训等方面可能存在的法律风险。各建设主体的专业能力、职业道德、法律素养是影响资源建设顺利开展的重要因素，在资源建设过程中缺乏与

---

[1] 李洪洋：《企业档案外包风险问题研究》，载于《档案与建设》2018 年第 5 期，第 35~38 页。
[2] 刘乃蓬、张伟：《档案数字化外包项目安全风险分析》，载于《中国档案》2014 年第 1 期，第 55~57 页。

职业道德、专业能力与法律知识方面相关的培训与讲座，也是引发法律风险的潜在因素。法律风险因素包括缺乏专业技能培训（E11）、缺乏相关法律知识培训（E12）、缺乏职业道德培训（E13）。

E2 管理制度中的法律风险：是指管理制度设置方面的法律风险。为保障"一带一路"经管数据库资源建设的顺利开展，完备的监管审核制度、成熟的风险管理机制十分必要，相反，管理制度上的漏洞、执行力不足等也是法律风险产生的主要原因。管理制度上的法律风险因素主要包括管理制度的不够完善（E21）、各项制度的执行力度不足（E22）。

E3 内部文化中的法律风险：具体是指部门间、部门与部门间、部门与外部交流、对法律风险的重视程度等方面的风险。有效的沟通与反馈是解决问题、避免风险产生的主要途径，通过内部部门间、部门与部门间、部门与外部间交流与反馈可及时发现风险、规避风险。同时，重视法律风险防控，也是避免风险产生的防范措施之一。内部文化氛围的法律风险因素主要包括法律风险的重视程度不足（E31）、法律风险防控意识薄弱（E32）。

E4 部门设置中的法律风险：是指在专业的法律事务管理部门与法律专业人员设置方面的风险。依法建设是"一带一路"经管数据库资源建设的前提，通过设置法律事务部门将资源建设中的各个要素都纳入规范的法律管理流程。同时，专业法律人员的配备也是保障"一带一路"经管数据库资源建设顺利进行的主要方式。相反，如果未设置专门的法律事务管理部门与法律专业人员，则可能对资源建设过程中的违法行为失察，从而引发法律纠纷。部门设置中的法律风险要素包括未设置法律事务管理部门（E41）、专业法律人员缺乏（E42）。

（二）基于文献调研的法律风险识别

上文应用 HHM 从环境、技术、建设流程、人员、管理 5 个法律风险维度，基于法律风险冲突、法律环境、法制化水平、技术法律风险、资源采集法律风险、资源组织与整合法律风险 15 个风险层次，初步分析出 48 项法律风险要素。为避免遗漏部分法律风险因素，本部分基于文献调研法，对法律风险因素进行补充，具体如表 7-2 所示。

表 7-2　　　　　　　　基于文献调研的法律风险因素

序号	风险因素
1	各国相关法律制度间的冲突[1,2]
2	相关法律法规的缺失[3,4]
3	相关法律规定的模糊[5,6]

续表

序号	风险因素
4	机构馆藏资源产权复杂[7,8]
5	特殊作品数字化的合法性[9,10]
6	用户上传资源的合法性[11,12]
7	众包资源的版权归属复杂[13,14]
8	网络资源的合法性[15,16]
9	网络资源链接侵权[17,18]
10	跨境数据流动中政治风险[19,20]
11	跨境数据的资源合法性[21,22]
12	采购的资源中含有侵权产品[23,24]
13	版权争议使用引发的合同风险[25,26]
14	采购合同模糊引发的合同风险[27]
15	使用拆封合同等新型合同的风险[28,29]
16	采购合同中违约责任条款不全面和细化[30]
17	平行进口引发的法律风险[31]
18	元数据版权归属的法律风险[32,33]
20	信息技术公司人员素质较低[34,35]
21	信息技术公司完成质量不达
22	资源加工破坏作品的完整性[36,37]
23	机构人员缺乏相关法律知识[38,39]
24	网络环境复杂[40]
25	资源存储与备份的合法性[41,42]
26	资源发布授权法律关系内容复杂[43]

资料来源：1. 张杰、麻小芸：《"一带一路"战略下我国出版单位在版权运营管理中需要注意的若干法律问题》，载于《科技与出版》2016 年第 10 期，第 16~18 页。2. 李玉璧、王兰：《"一带一路"建设中的法律风险识别及应对策略》，载于《国家行政学院学报》2017 年第 2 期，第 77~81、127 页。3. 项志祥：《"一带一路"建设的法律风险及其对策》，载于《中阿科技论坛》（中英阿文）2019 年第 2 期，第 1~4、235~239 页。4. 李丹、毛博：《"一带一路"倡议相关法律制度研究》，载于《法制博览》2019 年第 33 期，第 105~106 页。5. 李昭钰：《"一带一路"倡议下的法律问题及应对措施》，载于《吉首大学学报》（社会科学版）2018 年第 1 期，第 51~52 页。6. 北京市律师协会外事委员会课题组：《关于"一带一路"法制建设和法律风险防范的思考》，载于《中国司法》2016 年第 11 期，第 44~49 页。7. Braid A. The problem of digitising non-electronic media. Libri，2009，44（4）：311~316。8. 王协舟、胡诚、何长英、童庄慧：《国土资源档案数字化加工调研报告——以某市国土资源馆藏

档案为例》，载于《档案学研究》2019 年第 3 期，第 77～82 页。9. 范彧：《经典影视作品数字化的著作权保护研究》，载于《编辑之友》2015 年第 3 期，第 93～96 页。10. 陶峰：《科技作品中插图的著作权问题》，载于《编辑之友》2010 年第 12 期，第 99～100 页。11. 庞建刚：《众包社区创新的风险管理机制设计》，载于《中国软科学》2015 年第 2 期，第 183～192 页。12. 李恩平、张真铭：《众包平台知识产权风险评价》，载于《科技进步与对策》2017 年第 12 期，第 112～119 页。13. 庞建刚：《众包社区创新的运营机制设计》，中国科学技术大学，2014 年，第 41 页。14. 兰艳：《众包研发中的知识产权风险管理研究》，华侨大学，2018 年，第 28 页。15. 肖琼：《网络环境下图书馆信息资源数字化建设中的版权问题》，载于《图书馆工作与研究》2002 年第 4 期，第 43～44 页。16. 杨道玲：《Web 资源采集与保存研究》，武汉大学，2005 年，第 51～56 页。17. 蔡丽萍：《图书馆文献资源建设中"合理使用"问题探析》，载于《现代情报》2010 年第 5 期，第 64～66 页。18. 秦珂：《图书馆链接服务侵权责任的认定与著作权法律风险规避——两例图书馆链接服务侵犯著作权纠纷案件的比较分析》，载于《图书馆理论与实践》2014 年第 8 期，第 1～5 页。19. 李凤梅、孙旗：《跨境数据流动的法律规制研究》，载于《辽宁行政学院学报》2019 年第 5 期，第 54～58 页。20. 王娟娟、宋恺：《数据跨境流动的风险分析及对策建议》，载于《信息通信技术与政策》2019 年第 7 期，第 65～68 页。21. 李金、申苏浩、孙晓蕾、邢潇：《重要数据跨境流动背景下风险路径的识别与分级》，载于《中国管理科学》2021 年第 3 期，第 90～99 页。22. 王玉婷、李丹：《互联网企业跨境数据的价值与风险分析》，载于《网络安全和信息化》2020 年第 8 期，第 42～44 页。23. 陈传夫、饶艳、林嘉、谢莹、龚萍、冉丛敬：《信息采集与交换知识产权风险与对策》，载于《图书馆建设》2003 年第 6 期，第 31～36 页。24. 申庆月：《数字资源采访版权风险分析和防范》，载于《图书馆杂志》2014 年第 6 期，第 24～28 页。25. 张丽娟、赵冉：《高校图书馆机构联盟的职能规范与风险规避——谈外文数据库制式合同存在的问题及解决方法》，载于《图书馆》2016 年第 3 期，第 97～99 页。26. 唐琼：《图书馆数字资源选择标准研究》，武汉大学，2009 年，第 115 页。27. 邱奉捷、韩新月、陈瑜：《图书馆数字资源共建共享中的版权风险防范》，载于《新世纪图书馆》2018 年第 2 期，第 52～56 页。28. 蒋杉红木：《论电子合同中的免责条款》，重庆大学，2010 年，第 29 页。29. 李承：《软件漏洞责任制度研究》，华中科技大学，2013 年，第 74～78 页。30. 向佳丽：《图书馆数据库订购合同的法律风险防范》，载于《图书馆杂志》2016 年第 1 期，第 57～61、83 页。31. 陈传夫、饶艳、林嘉、谢莹、龚萍、冉丛敬：《信息采集与交换知识产权风险与对策》，载于《图书馆建设》2003 年第 6 期，第 31～36 页。32. 冯昌扬：《资源发现系统元数据互操作知识产权保护研究》，载于《图书馆建设》2019 年第 3 期，第 52～57 页。33. 邱春艳：《科学数据元数据记录复用研究》，武汉大学，2015 年，第 87～93 页。34. 李海涛、甄慧琳：《档案数字化外包项目管理现状问题及对策研究——以广州市调研为例》，载于《档案学研究》2019 年第 6 期，第 86～93 页。35. 梅颢、刘洪梅、郭薇：《浅析政府采购文献数字化外包项目风险》，载于《数字与缩微影像》2017 年第 2 期，第 39～40 页。36. 马海群、蒋新颖：《论数字图书馆信息资源建设与著作权保护》，载于《武汉大学学报》（社会科学版）2003 年第 1 期，第 108～113 页。37. 赵红颖：《图书档案资源数字化融合服务实现研究》，吉林大学，2015 年，第 111～116 页。38. 陈传夫、陈一：《图书馆转型及其风险前瞻》，载于《中国图书馆学报》2017 年第 4 期，第 32～50 页。39. 袁圆、张文德：《数字图书馆知识产权风险评估指标体系构建》，载于《图书馆论坛》2012 年第 1 期，第 11～14 页。40. Sidekick 断线大规模资料毁损危及微软云计算诉求，

http://news.zhiding.cn/zdnetnews/2009/1014/1479799.shtml，2022 年 7 月 11 日。41. 邵燕、温泉：《数字图书馆的云计算应用及信息资源安全问题》，载于《图书馆研究》2014 年第 3 期，第 39~42 页。42. 朱如龙：《高校图书馆数字资源长期保存的著作权问题研究》，载于《图书情报工作》2019 年第 7 期，第 23~29 页。43. 陈传夫、冉从敬、邓星：《数字图书馆信息发布法律关系研究》，载于《中国图书馆学报》2004 年第 3 期，第 92~95 页。

三、法律风险因素的确定

以上基于等级全息建模法、文献调研与案例分析法对"一带一路"经管数据库资源建设过程的法律风险要素进行系统的梳理，识别了环境、技术、建设流程、人员、管理 5 个维度下可能存在类似的法律风险。为了剔除部分不重要、不合理风险要素，本研究将识别的法律风险因素进一步归纳合并，初步拟订了 41 项法律风险因素（见表 7-3）。

表 7-3　"一带一路"经管数据库资源建设法律风险因素

序号	法律风险因素	风险表现
1	法律表现形式不同	相关法律法规的形式差异大（如大陆法系为封闭式立法，英美法系为判例法系），可能导致同一法律行为产生不同的法律结果
2	审判模式的差异性	审判模式的差异性大（大陆法系为职权模式，英美法系为当事人模式），可能导致法律行为的判断不同，从而引发法律风险
3	各国间法律冲突普遍存在	共建各国对同一法律行为的法律规定不同，导致对同一法律行为产生不同的判决结果
4	执法随意性	由于共建"一带一路"的一些国家法制化程度较低，存在执法不公、执法标准不一的现象
5	主权信用差	共建"一带一路"部分国家的地缘政治冲突不断，国内局势紧张，国家的主权信用较差，从而容易导致法律纠纷的产生
6	国家安全政治形势紧张	共建"一带一路"部分国家国内政治局势动荡、冲突不断，容易造成资源建设过程中的人员财产损失
7	自然灾害	自然灾害造成资源丢失、完整性遭到损害
8	网络环境复杂	网络环境复杂，黑客攻击、网络病毒频发，造成资源破坏或泄露
9	法律修订频繁	共建"一带一路"部分国家的法制化程度较低，法律法规修订频繁，容易造成法律信息的不对称
10	相关法律缺失	法律缺失使得资源建设缺乏法律依据，导致易产生法律纠纷且纠纷难以解决

续表

序号	法律风险因素	风险表现
11	相关法律表述模糊	法律表述模糊造成法律的适用性降低，容易产生法律纠纷
12	国际条约适用度低	一些国家尚未加入国际组织，一旦产生跨国纠纷难以通过国际法规条约进行仲裁
13	技术突破资源版权方保护	在获得授权的前提下，通过使用特定的技术手段突破版权方的保护而使用资源，侵犯其知识产权
14	开源技术应用	开源技术的版权复杂，或存在版权瑕疵，容易引起法律纠纷
15	技术专利保护	在资源建设中采用的技术受专利保护，在使用过程中未经授权可能发生侵权行为
16	资源未授权	未经过著作权人的同意，采集受著作权保护的资源作品，侵犯其知识产权
17	技术安全	技术安全问题发生导致资源不可访问、数据完整性被破坏
18	非法资源或版权瑕疵作品	资源中含有违法信息，或者版权瑕疵作品容易引起法律纠纷
19	资源版权归属不明确	资源的版权人归属复杂，在许可使用过程中可能产生遗漏
20	特殊类型资源	对于开放获取资源、孤儿作品等作品的采集容易产生法律风险。个人信息资源的采集可能会侵犯个人隐私
21	跨境数据流动	跨境数据流动中的数据可能包含个人信息、商业秘密或国家安全信息，使国家安全、企业利益和个人隐私遭受挑战，引起法律纠纷
22	平行进口的风险	平行进口可能会侵犯其著作权
23	使用新型拆封合同	使用拆封合同等新型合同容易引起法律争议与纠纷
24	采购合同不完备	采购合同产品与服务质量标准约定不明，违约责任条款不够全面和细化，缺乏违约判断标准，同时容易导致数据库建设方追究资源提供商违约责任难度大。合同争议解决条款缺失容易增大诉讼成本，增加纠纷难度
25	资源翻译的合法性	机器翻译过程中可能会自动吸收有版权的语言数据而没有得到版权人的许可
26	资源的二次加工风险	资源的二次加工可能对原作品的完整性以及侵犯作者的署名权而带来风险

续表

序号	法律风险因素	风险表现
27	资源授权程序、手续不完善	原始资源在授权给资源商时存在程序、手续不完善的问题,一旦出现法律纠纷容易被追究连带责任
28	存储设备更新与格式改变	存储设备的更新与格式的变化可能导致资源的完整性被破坏
29	深度链接的合法性	深度链接绕过原网站,可能引发间接侵权
30	缺乏法律知识	数据库工作人员、信息技术公司人员等由于缺乏相关法律知识可能导致在资源采集、组织与整合等过程中忽略法律风险
31	操作不规范	数据库工作人员等未按照工作操作要求可能造成工作失误,如采集非法资源、加工过程中破坏资源的完整性等
32	外包企业的信用	外包企业的信用缺失可能造成资源数字化质量不达标、资源泄漏等一系列问题
33	资源供应商履约能力	资源供应商或外包企业不能按照合同履行相应的义务,不能承担违约后的责任
34	资源供应商或外包企业资质	资源供应商或外包企业资质不足,不能完成相应的外包项目或提供合格的资源产品
35	法律知识缺乏	信息技术公司人员能力水平不足以承担外包的项目,导致资源建设不能顺利完成
36	投机心理	数据库工作人员为节约时间,对资源的知识产权审核不严;信息技术公司人员为提高效率不按照既定要求;资源提供商非法收集整合受著作权保护的资源;用户为了获取相应奖励上传非法资源或未授权使用的资源等
37	未提供职业技能培训	未提供相应的职业技能培训,导致数据库工作人员不能胜任资源建设的工作或用户不能按规定完成众包任务
38	缺乏相关法律知识培训	未向数据库工作人员或参与资源建设的其他主体提法律知识培训,使其在资源建设中可能忽略法律风险
39	管理制度的不完善	缺乏完善的管理制度,如审核机制、人员任用制度、监管制度等,各个建设主体的活动缺乏行为规范
40	未设置法律事务管理部门	未设置专业的法律事务管理部门,一旦法律风险事件发生,不能有效地应对以降低风险损失
41	未配备专业法律人员	由于缺乏专业的法律人员,可能在专业性的法律问题,如合同条款、相关制度规范的制定上出现漏洞,容易产生法律纠纷

第二节 "一带一路"经管数据库资源建设的法律风险分析

风险因素的筛选是根据数据库资源建设的具体内容与环节,对来自环境、技术、管理与主体的法律风险因素进行进一步筛选,将凌乱、重复且不合理的法律风险因素进行剔除、归纳与合并,从而能够更加清晰、准确地识别出真正影响"一带一路"数据库资源建设的法律风险,并为后续法律风险的分析、评估与应对奠定基础。本研究是基于 HHM 与相关学术研究、具体案例调研,对"一带一路"数据库资源建设中的法律风险要素所作的探讨,从而发现这些风险要素是否在"一带一路"经管数据库资源建设实践中存在以及其影响程度如何。由于图书情报与法律领域的业内人士对这些问题最为直接的感知,因此本部分采用问卷调查法对图书情报与法律等相关领域专业人员进行调研,通过对各项法律风险因素的判断,进一步筛选出真正影响"一带一路"经管数据库资源建设的法律风险因素。

一、调查对象的选择与数据收集

(一)调查对象的选择

图书情报领域和法律专业的教师与研究生、图情机构工作人员以及法律从业者的认知与判断对本研究具有重要的参考价值。因此,本部分的调查对象主要分为四类,分别是图书情报与档案管理专业或法律专业的专家,包括图书情报或法律专业教师、研究人员;图书馆、档案馆等文化机构的领导或有参与资源建设经验的工作人员;信息技术公司负责资源建设的工作人员;法律专业从业者,包括公检法机关工作人员与律师。

(二)数据收集

本次调查中变量的测量采用李克特 5 级量表,其中,1 代表非常不同意、2 代表不同意、3 代表既不同意也不反对、4 代表同意、5 代表非常同意。调查问卷共包括两部分内容:调查对象的个人基本信息和调查对象对各个法律风险因素的认知。问卷的发放主要通过三种方式:纸质问卷现场发放与定向邮寄,通过电子邮件、微信等方式发放电子版问卷，依托问卷星进行发放。具体的问卷调查环节分为两个阶段：第一阶段为 2021 年 10 月，通过小范围发放 20 份问卷，并根据回收结果进行问卷内容调整；第二阶段为 2021 年 11～12 月，通过电子邮件、微信等方式定向发放与纸质问卷定向邮寄等方式，向上述业内人士发放调查问卷。共发放 342 份问卷，有效问卷 252 份，问卷有效率为 73.68%，符合预定的样本规模。其背景数据分别如表 7－4 和表 7－5 所示。

表 7－4　　　　　　　　　调查对象所在单位类型

单位类型	数量	百分比（%）
政府机关	6	2.38
文化服务机构	113	44.84
高校/科研机构	103	40.87
公检法机关	10	3.97
信息技术公司	6	2.38
其他	14	5.56

表 7－5　　　　　　　　　调查对象的学科背景

项目	数量	百分比（%）
仅为图书情报与档案管理专业	75	29.76
图书情报与档案管理专业＋其他背景	112	44.44
法学专业	50	19.84
其他	15	59.52

二、法律风险因素筛选

（一）信效度检验

调查问卷的信度分析主要是针对其可靠程度进行分析，总问卷的 Cronbach's α 为 0.814，表明本次调查具有较好的可信度。效度分析则是用来检测量表是否能有效测量出理论的特质。本部分研究在大量文献调研的基础上，对"一带一路"经管数据库资源建设的法律风险因素进行详细分析，同时征求专家意见进行修改与审定，最终形成问卷量表，效度较好。另外，本研究的 KMO 值为 0.835，大于 0.7，并且 Bartlett 球形检验显著性述评为 0.000，达到显著性水平，说明样本数据适合利用因子分析来进行检验。

（二）法律风险因素的筛选

因子分析主要用于探究多个变量之间的内部关系，通过剔除多余变量，实现用少数假设变量表示原有变量的主要信息。① 前文已基于等级全息建模法、相关文献调研与法律案例分析识别出"一带一路"经管数据库资源建设法律风险因素共41项，多个法律风险因素中可能存在相关性。通过因子分析法可在不损失或较少损失的前提下，将多个法律风险因素减少为较少的几个潜在因子，使这些因子可以高度覆盖大量数据中的信息，从而实现法律风险集合的优化。在因子分析过程中可能由于变量内涵不明、表述模糊、自行创建不合适等原因，因子负荷量较低，不适于归入任何一类因子中，可将这类法律风险因素进行剔除。最终经过4次因子分析后剩余31个变量，详细结果如表7-6所示。

表7-6　　　　　　　　法律风险因素筛选

因子分析	KMO	Barlett's Test of Sphericity, Sig	剔除的风险因素
第一次因子分析	0.835	0.000	法律表现形式不同 执法随意性 自然灾害 违约承担能力不足 缺乏沟通机制
第二次因子分析	0.830	0.000	审判模式的差异性大 使用拆封合同 平行进口的风险 外包企业的信用
第三次因子分析	0.827	0.000	技术专利保护
第四次因子分析	0.824	0.000	—

相关研究表明一个题项数在3题以上，才能评测出其所代表层面的特征。② 经过4次因子分析后，各共同因子包括的变量均大于3个，符合内容效度的要求。同时，共同因子简化为7个，累计贡献率为66.533%，具体情况见表7-7。

---

① 郭志刚：《社会统计分析法：SPSS 软件应用》，中国人民大学出版社2015年版，第90~120页。
② 吴明隆：《SPSS 统计应用实务——问卷调查分析应用统计》，科学出版社2003年版，第67页。

表 7–7　　　　　　　　　　　　旋转成分矩阵

法律风险因素	成分 1	2	3	4	5	6	7
相关法律缺失	0.815						
相关法律表述模糊	0.782						
各国相关法律冲突普遍存在	0.743						
网络环境复杂		0.772					
国际条约适用度低		0.741					
国家安全政治形势紧张		0.640					
法律修订频繁		0.531					
主权信用差		0.525					
资源版权归属复杂			0.861				
资源版权归属不明确			0.824				
非法资源和版权瑕疵			0.811				
跨境数据流动			0.671				
特殊类型资源			0.587				
技术突破资源版权方的保护				0.783			
技术安全				0.734			
开源技术的应用				0.721			
存储设备更新与改变				0.693			
资源未被授权					0.821		
资源二次加工风险					0.762		
采购合同不完备					0.715		
资源授权程序、手续不完善					0.667		
深度链接的合法性					0.643		
资源翻译的合法性					0.625		
缺乏法律知识						0.754	
操作不规范						0.731	
投机心理						0.679	
能力水平不足						0.653	
资源供应商或外包企业资质不足						0.610	

续表

法律风险因素	成分						
	1	2	3	4	5	6	7
管理制度不完善							0.741
未设置法律事务管理部门							0.736
未配备专业法律人员							0.715

本研究运用主成分分析法对所提出的法律风险因素进行简化和归类，发现主成分1代表制度法律风险，主成分2代表环境法律风险，主成分3则代表资源的法律风险，主成分4反映技术法律风险，主成分5代表业务法律风险，主成分6代表管理法律风险，主成分7反映人员法律风险。为方便分析，将其归纳为环境法律风险、制度法律风险、资源法律风险、技术法律风险、业务法律风险、管理法律风险与人员法律风险，经过筛选后共32项法律风险因素，如表7-8所示。

表7-8 "一带一路"经管数据库资源建设法律风险因素

制度法律风险	环境法律风险	资源法律风险
相关法律缺失 相关法律表述模糊 各国间法律冲突普遍存在	网络环境复杂 国际条约适用度低 国家安全政治形势紧张 法律修订频繁 主权信用差	资源法律风险 资源版权归属复杂 资源版权归属不明确 非法资源和版权瑕疵资源 跨境数据流动 特殊类型资源
技术法律风险	业务法律风险	
技术突破资源版权方的保护 技术安全 开源技术的应用 存储设备的更新与改变	资源二次加工风险 资源未被授权 采购合同不完备 资源授权程序与手续不完备 深度链接的合法性 资源翻译的合法性	
人员法律风险	管理法律风险	
缺乏法律知识 操作不规范 投机心理 能力水平不足 供应商或外包企业资质不足	管理制度不完善 未设置法律事务管理部门 未配备专业法律人员	

三、法律风险分析

(一) 制度的法律风险分析

共建"一带一路"各国所属法系不同,既有大陆法系,又有英美法,不同法系国家的立法思想差异较大,在具体的法律内容、产生的法律后果等方面存在诸多冲突。"一带一路"经管数据库资源建设需要共建国家共建共享,其具体实践必然涉及各国的相关法律法规。下面以"一带一路"经管数据库资源建设中涉及最广的著作权法、合同法为例,对包括巴基斯坦、俄罗斯、哈萨克斯坦、韩国、马来西亚、泰国、意大利、印度尼西亚、新加坡、中国在内的共建"一带一路"十国的相关法律进行调查,进而分析由法律制度差异性而带来的法律风险。

1. 有关《著作权法》方面的冲突

这方面冲突主要体现在以下几个方面。

第一,受著作权法保护的资源范畴不同。通过对共建"一带一路"十国的相关法律进行调查发现,受著作权法保护的作品客体范畴存在不一致。如对于非独创性数据库的保护方面:俄罗斯与韩国的《著作权法》对不具有独创性的数据库一般给予邻接权保护,这就意味着在采集与利用非独创性数据库时,俄罗斯与韩国两国需要得到著作权人的授权。我国《著作权法》中对于非独创性数据库并未做出明确规定,在实践中,非独创性数据库的保护一般适用于《不正当竞争法》。而印度尼西亚《著作权法》采用封闭式立法,其在保护客体中不包含非独创性数据库。

第二,不受著作权法保护的资源范畴不同。除马来西亚外的其他9个国家均将法律法规,以及国家机关的决议、决定、命令等官方文件及其官方正式译文等纳入不受著作权保护的资源范畴,对此类资源的采集不需要得到授权。而在马来西亚则需要得到著作权人的许可。

第三,对同一类资源类型是否受著作权保护的规定不同。这方面主要体现在演讲作品、讲座类作品的规定:《印度尼西亚著作权法》第40条第1款规定讲座、演讲和其他类似的创作受著作权法保护[1],而《新加坡著作权法》第7条规定未经书写或者社会记录的演讲不受著作权法保护[2],其他国家的相关法律中对

---

[1] Undang Republink Indonesia Nomor 28 Tahun 2014. 2022 – 07 – 25,https://wipolex.wipo.int/zh/text/369562.

[2] Copyright Act (Chapter 63) (Revised Edition 2006, as amended up to the Intellectual Property (Border Enforcement) Act 2018). 2022 – 07 – 25, https://wipolex.wipo.int/zh/text/485690.

此类资源是否受保护未做出规定。这就意味着在对演讲稿等资源进行数字化时，印度尼西亚需要经过著作权人的授权，而在新加坡则可不经授权对其进行数字化，其他国家法律规定得不明确，导致不同国家的法律法规对于同一类型作品数字化的规定存在冲突。

第四，不同资源具有不同的著作权保护期限。以作品是否在著作权保护期内为依据，可以将资源划分为著作权保护期限内作品和超出著作权保护期作品。尚在著作权保护期内的资源在数字化时须取得著作权人的授权许可，而超出著作权保护期的作品则无须经过授权而对其进行数字化。共建各国的著作权法对著作权保护期的规定不同，其中，中国、泰国、马来西亚与巴基斯坦等国家的著作权保护期限为50年，而俄罗斯、哈萨克斯坦、韩国、意大利、印度尼西亚与新加坡等国家的著作权保护期限为70年。

第五，同一资源类型的版权归属判定不同。主要体现在职务作品、委托作品与孤儿作品3类资源。

关于职务作品资源的版权归属的差异。主要分为三类：第一类，著作权归属于雇员，除另有约定或其他特殊情形外，主要包括泰国、印度尼西亚、中国等，但是中国著作权法中规定法人及其他组织可在业务范围内优先使用及其他限制条件；第二类，将版权归属于雇主或法人，主要包括韩国、马来西亚等国，其中韩国的职务作品在以法人名义发表的情况下，版权归属于法人；第三类，雇员与法人/雇主享有部分版权，如巴基斯坦《著作权法》规定报纸、期刊或杂志社的雇主享有职务作品的复制权与发表权，其他权利属于原始作者，而哈萨克斯坦《著作权法》则规定雇员享有职务作品的非财产权/人身权，而雇主/法人享有职务作品的财产权。

关于委托作品资源著作权归属存在冲突。共建"一带一路"国家的著作权法在委托作品的归属问题上的规定也存在冲突。对于委托作品的归属的规定可分为三类：第一类，版权归属受托人，即自然人作者。《印度尼西亚著作权法》第8条规定，"通过正式关系和他人在同一工作场所完成的创作，为谁创作视为著作权持有人，但双方另有约定的除外"；第二类，委托作品的版权归属于委托人/雇主，包括泰国、新加坡、俄罗斯、中国。如《泰国著作权法》第10条规定，"委托创作的作品的著作权属于雇主，除非作者和雇主另有约定"；第三类，对委托作品的归属未作出规定，包括巴基斯坦、哈萨克斯坦两国。

有关孤儿作品资源著作权归属规定存在的差异。对于孤儿作品尚未有统一的定义，一般指作品尚在权利保护期内，但其权利主体很难或无法找到的作品。在共建"一带一路"十国中，仅《韩国著作权法》明确规定"根据总统令规定的标准做出相当的努力，仍然无法获得发表作品（外国人作品除外）的著作权或其住所，在无法获得许可使用时，任何人可根据总统令规定并得到韩国文化体育观光部长官的批准后，按照文化体育观光制定的标准，交存一定补偿金后利用该作品"。其他国家对孤儿/无主作品的著作权归属未作单独规定，因此在孤儿作品的著作权归属上存在冲突，虽然我国著作权法中对于孤儿/无主作品的归属未作出规定，但根据《中华人民共和国著作权法》第十七条等，孤儿作品的著作权归属于国家或集体所有制组织，但是就孤儿作品的认定程序与补偿性使用原则和方式并未作出相应规定。其他国家对于孤儿/无主作品的版权归属与授权多数未作出规定。这样，在数据库资源建设过程中可能由于作品的版权归属不统一、授权方式不明确导致产生不同的法律后果，可能引发法律纠纷。

综上，根据《伯尔尼保护文学和艺术品公约》（以下简称《伯尔尼公约》）、《世界版权公约》等国际公约的"版权独立原则"及各国相关法律的规定，可能出现同一作品在多国受法律保护，但是由于不同国家判别是否受著作权法保护的标准及著作权保护期不同，采集的资源在一国不受著作权保护法保护或已进入公共领域，对其采集利用不需要征得著作权人的同意与授权，而在其他国家可能属于著作权法保护的范畴，须在取得授权的前提下才能对其进行采集与利用，反之可能引发侵权行为。

2. 有关《合同法》方面的冲突

第一，不同国家在合同的订立方面存在法律冲突。合同订立一般经过要约与要约承诺两个阶段。其中，要约是指当事人表示希望和他人订立合同的意思。大陆法系一般不允许撤销要约或者有条件的撤销。我国《中华人民共和国民法典》第四百七十一条规定："要约可以撤销。撤销要约的通知应在要受约发出承诺通知之前到达受要约人。"[①] 此外，还规定了不可以撤销要约的两种具体情形。同样，《马来西亚合同法》第6条规定，要约可以撤销。[②] 而英美法系中对要约的规定相对宽松，如《新加坡合同法》没有要约是否可以撤销的规定，此外，《韩国民法典》第527条规定"契约的要约，不得撤回"[③]。《俄罗斯联邦民法典》第436条规定"要约人收到的要约在规定的承诺不得撤回"[④]。共建国家对于承诺的定义大体相同，认为承诺是受要约人对要约内容表示同意的一种意思表示。[⑤] 但是对于承诺的法文各个国家表述存在着较大不同，这也是机构资源数字化外包的

---

① 《中华人民共和国民法典》，http://www.npc.gov.cn/npc/c30834/202006/75ba6483b8344591abd07917e1d25cc8.shtml，2022年8月11日。
② 米良：《东盟国家经济法律法规选编》，云南大学出版社2007年版，第382页。
③ 金玉珍：《韩国民法典朝鲜民法》，北京大学出版社2009年版，第192页。
④ 黄道秀（译）：《俄罗斯联邦民法典》，北京大学出版社2007年版，第177页。
⑤ 黄谟媛：《中国与新加坡合同法之比较与借鉴》，载于《商业时代》2014年第11期，第106~108页。

风险来源。英美法系中承诺则秉承"镜像原则",即认为承诺是绝对和无条件的,不得更改。《新加坡合同法》第 8 条规定"要约人无条件和无保留地同意要约条款构成要约的承诺"①,《马来西亚合同法》第 7 条规定"要约转化为承诺,那么接受必须:是绝对的和无限制的"②;大陆法系国家对承诺的规定则较为灵活,如我国《中华人民共和国民法典》第四百八十九条规定"承诺对要约的内容做出非实质性变更的,除要约人及时表示反对或者要约表明承诺不得对要约的内容做出任何变更的以外,该承诺有效"③。

由于各国对于要约与承诺的具体法文规定不同,可能导致判断数字化外包合同是否生效的标准不一致,进而可能引发法律纠纷,从而影响"一带一路"数据库资源建设的进程。

此外,承诺生效时间的认定也存在冲突。根据承诺方式的不同,对承诺生效时间的规定也不同。其中,非对话式承诺生效的时间上,大陆法系与英美法系之间存在着较大不同。大陆法系在承诺生效的问题上坚持"到达生效原则",即承诺在到达要约人时生效。如《中华人民共和国民法典》第四百八十一条规定"要约以非对话方式作出的,承诺应当在合理期限内达到"④,同时条文中还明确规定了承诺的达成时间或期限。《意大利民法典》第 1326 条规定"合同在要约人知道相对人所发出的承诺时间成立"⑤,《俄罗斯联邦民法典》第 434 条规定"合同具备约定的形式后视为已经签订","以书面形式签订的合同可以通过由双方签字的一个文件进行,也可以通过邮件、电报、电话、电子邮件以及其他可以证明文件是由合同的另一方当事人发出的通讯方式交换文件而签订的"。而英美法系一般坚持"投邮承诺原则",即"承诺一经付邮,无论要约人是否收到,承诺均告生效"⑥。新加坡、马来西亚等国坚持此原则,使得要约人没有充分的时间撤销要约。由于各国具体法律规定对于承诺生效时间的规定存在冲突,即在"一带一路"数据库外包合同生效时间及其确认的确定上可能产生法律风险,若外包合同通过邮件的形式发送到"一带一路"数据库建设方,在马来西亚、新加坡等国均意味着承诺生效,合同成立。而在我国则需要送达"一带一路"数据库建设方后承诺生效,合同成立,反之则合同可能被撤销。

第二,不同国家关于合同的履行存在冲突。合同的履行是债务人全面适当地

---

①⑥ The Law of Contract. 2022 – 08 – 11, http://www.lawsdom.com/newsitem/278352066.

② 祁希元、曲三强:《马来西亚经济贸易法律选编》,中国法制出版社 2006 年版,第 15 ~ 16 页。

③ 《中华人民共和国民法典》. 2022 – 08 – 11, http://www.npc.gov.cn/npc/c30834/202006/75ba6483b8344591abd07917e1d25cc8.shtml.

④ 《中华人民共和国民法典》, http://www.npc.gov.cn/npc/c30834/202006/75ba6483b8344591abd07917e1d25cc8.shtml, 2022 年 8 月 11 日。

⑤ 谢潇:《意大利现代合同法研究》,中国社会科学出版社 2021 年版,第 175 ~ 176 页。

完成其合同任务，债务人的合同债权得到完全实现。具体到本研究则指承担数字化任务的信息技术公司需全面、适当地完成合同中规定的数字化任务，使"一带一路"数据库方的合同权得以实现的过程。"全面履行原则"要求承担数字化任务的信息技术公司按照合同的约定全面履行任务，但是由于合同订立双方在订立合同时难以预料未来可能会发生的各种状况，加之，当事双方可能欠缺缔约能力以及法律知识等，基于此，已订立的合同中可能会出现漏洞。这就需要通过相关法律对合同中出现的漏洞进行补缺。调研的共建"一带一路"国家对于合同履行存在冲突，具体表现在：

对合同标的物的质量要求不明确时的规定方面存在冲突。一些国家采取"兜底"方式，如我国《中华人民共和国民法典》第五百一十条规定，"质量要求不明确的，按照强制国家标准履行；没有强制性国家标准的，按照推荐性国家标准履行；没有推荐性国家标准的，按照行业标准履行；没有国家标准、行业标准的，按照通常标准或者符合合同目的的特定标准履行"[①]。在一些国家的法律体系中，特别是在涉及货物买卖合同的领域，货物的质量可以通过"目的方式"来确定。这种方法主要依据合同标的物是否符合统一规格货物通常适用的目的，以及是否符合买方在订立合同时明确或默示通知卖方的任何特定目的。如《新加坡合同法》规定，"在凭说明书买卖货物的合同中存在一个默示条件，即货物应符合说明书的要求。即使货物是陈列出来并且是由买方自己挑选的，该默示条款仍适用"[②]。俄罗斯、泰国、马来西亚等国的合同法中关于合同标的物的质量没有明确的规定。

上述各国法律规定存在冲突，这就可能出现同一法律行为而导致不同的法律后果。如在资源数字化外包合同中未明确数字化资源的质量标准，根据我国的规定则仅需符合国家或行业标准即可，而新加坡则需要满足数据库资源的建设标准，当"国家标准"低于市场上标的物的质量标准时，则可能产生法律纠纷，影响数据库资源建设的进程。

不同国家对于合同违约补救方面存在矛盾。在违约补救方面，法律赋予非违约方在对方违约的情况下对自身利益进行保护的有效手段，以消除或减少非违约方因违约而造成的损失。各国相关法律均赋予了非违约方补救的权利，包括违约金的补偿、实际履行等。但在具体的法律规定方面存在冲突，具体表现在：关于违约金的规定存在差异。违约金作为双方在合同中约定的，在一方出现违约行为时应当支付给非违约方一定数额的金钱补偿。各国法律中对于违约金的具体规定

[①] 《中华人民共和国民法典》，http://www.npc.gov.cn/npc/c30834/202006/75ba6483b8344591abd07917e1d25cc8.shtml，2022年8月17日。

[②] 黄谟媛：《中国与新加坡合同法之比较与借鉴》，载于《商业时代》2014年第11期，第106~108页。

上存在冲突。依据违约金性质的不同，在我国违约金包括补偿性违约金和惩罚性违约金，《中华人民共和国民法典》第五百八十二条至五百八十四条①详细规定了违约方需要承担对方的其他损失以及合同履行后可以获得的利益等损失，此外，我国还规定当事人在约定的违约金低或者高于实际损失时，可以请求人民法院或者仲裁机构予以适当增减。而新加坡、马来西亚等国相关法律中则不允许惩罚性违约金的存在。如《马来西亚合同法》第 74 条规定："因违约导致的损失或损害的赔偿，不应赔偿因违约而导致的遥远的和间接的赔偿。"②《新加坡合同法》规定，"当事人在某种情形中，可能已经事先通过合同条款约定损失的赔偿，如果约定的数额是对违约后损失的真实的预先估算，法庭会将之作为约定的违约金予以支持。但如果这个数额意图作为违约方的'惩罚'，法庭将会撤销惩罚条款，代之以赔补受损人损失的未约定损害赔偿"③。

上述各国对于合同违约补救的规定存在矛盾，一旦出现承担数字化任务的信息技术公司违约情形，根据我国相关法律数据库建设方可对其追究直接经济赔偿和间接经济赔偿，而在新加坡、马来西亚等国则仅能追究直接经济赔偿，而无法得到间接经济赔偿。

（二）环境的法律风险分析

1. 相关法律空缺与模糊

"有法可依"是依法行事的前提，法律以权威的形式确立了人们在经济、社会生活中的行为规范，但法律有一定的滞后性，主要表现为相关法律内容的缺失。大数据时代与网络资源激增改变了数据库资源建设模式，一些相关法律法规内容的缺失给资源建设的开展带来诸多不确定性。如对呈缴的数字出版物利用方面，共建"一带一路"国家中，仅意大利④⑤、韩国⑥、俄罗斯⑦三国通过修改或颁布新的呈缴法将数字出版物纳入法定呈缴范围，其他国家相关法律则未作出明

---

① 《中华人民共和国民法典》，http：//www.npc.gov.cn/npc/c30834/202006/75ba6483b8344591abd07917e1d25cc8.shtml，2022 年 8 月 17 日。

② 米良：《东盟国家经济法律法规选编》，云南大学出版社 2007 年版，第 395 页。

③ The law of contract. 2022 - 08 - 11，http：//www.lawsdom.com/newsitem/278352066.

④ Regolamento recante norme in materia di deposito legale dei documenti di interesse culturale destinati all'uso pubblico. 2022 - 08 - 14，https：//www.parlamento.it/parlam/leggi/04106l.htm.

⑤ Deposito legale dei documenti di interesse culturale：il regolamento. 2022 - 08 - 14，https：//www.altalex.com/documents/leggi/2006/08/24/deposito - legale - dei - documenti - di - interesse - culturale - il - regolamento.

⑥ 朱莲花、刘春燕：《韩国的国家知识门户网站与 Web Archive 现状研究》，载于《情报理论与实践》2010 年第 7 期，第 78、120 - 123 页。

⑦ 贺延辉：《俄罗斯文献呈缴制度研究》，载于《中国图书馆学报》2007 年第 1 期，第 89 - 92 页。

确规定。对于特殊类型资源利用方面，厘清资源版权归属是合法利用的前提。但大陆法系国家采取封闭式立法，对受著作权保护的作品采用列举方式，如在巴基斯坦受著作权保护的作品包括"原创的文学、戏剧音乐及艺术作品；电影；录音作品"①，对于除法律规定外的其他类型作品是否受版权保护、其版权归属则是不可知的，因此，在资源采集、组织过程中对于特殊类型资源处理的合法性是不确定的，这种不确定性是法律风险产生的潜在原因。

此外，法律只有通过明确每一法律关系中各方具体的权利义务，才能发挥其"定纷止争"作用②，但法律语言作为自然语言的变体之一，不可避免地具有模糊性。立法原则的要求、法律语言自身特点、交际的局限与文化差异③等原因使得法律语言具有模糊性特点，容易使行为主体无法明确自己的权利与义务，因而容易引发法律纠纷。同样，由于法律语言的模糊性，容易导致司法判决结果的不同，这也是在"一带一路"经管数据库资源建设中的潜在法律风险。

2. 共建各国的安全形势紧张，法制化发展程度不平衡

共建"一带一路"一些国家安全形势较紧张，根据恐怖主义指数进行安全形势评估，结果显示共建"一带一路"十国中巴基斯坦处于高危红色区域，俄罗斯与泰国处于震荡状态，印度尼西亚、马来西亚与意大利处于危险状态。④ 2022年2月爆发的俄乌冲突给世界局势带来巨大变化，全球化趋势逆转，全球安全局势格外紧张。据全球恐怖主义数据网站公布的数据，仅2019年共建"一带一路"国家的恐怖袭击事件就多达数千起。⑤

此外，共建"一带一路"国家多数属于发展中国家，各国的法制建设水平整体不高，且各国之间也呈现出法制化程度不平衡的状态。以巴基斯坦为例，其真正意义上的第一部《巴基斯坦著作权法》颁布于1967年，且自颁布以来仅在2002年对其进行修订，法律内容相对经济社会的发展具有一定的滞后性。俄罗斯第一部《著作权法》于1828年生效⑥，并于2006年被废除。俄罗斯知识产权领域中的法律关系由《俄罗斯联邦民法典》的相关规范调整。一些国家法律制度建设相对较为完善，法律环境较为稳定，如新加坡、意大利等；而还有些国家的

---

① The Copyright Ordinance. 2022 – 08 – 14, https://wipolex.wipo.int/zh/text/129351.
② 杨德祥：《法律语言模糊性对法律制度的影响》，载于《云南大学学报》（法学版）2006年第4期，第69~72页。
③ 杜金榜：《从法律语言的模糊性到司法结果的确定性》，载于《现代外语》2001年第3期，第305、306~310页。
④ 赵敏燕、董锁成等：《"一带一路"沿线国家安全形势评估及对策》，载于《中国科学院院刊》2016年第6期，第689~696页。
⑤ GTD. Search results. 2022 – 08 – 25, https://www.start.umd.edu/gtd/search/Results.aspx? region = 7.
⑥ 张建文：《俄罗斯知识产权与民法典关系的立法史考察》，载于《河北法学》2009年第12期，第37~41页。

法律法规较为杂乱，立法、司法与执法的任意性较大，且立法的进程缓慢。[①]

共建"一带一路"国家和地区与我国现有国际合作法律基础也不完全一致。由共建"一带一路"十国加入与著作权保护相关的国际公约/协定的加入情况可见（见表7-9），巴基斯坦与泰国并未加入《世界知识产权组织版权条约》，巴基斯坦、哈萨克斯坦、马来西亚与意大利未加入《马拉喀什条约》等。这意味着共建"一带一路"一些国家不受国际软法的约束，争端解决及仲裁裁决执行的难度较大，我国与之开展信息资源建设合作中面临着诸多的法律风险。

表7-9　　共建"一带一路"十国与著作权保护相关的国际公约/协定加入情况

公约/协定	巴基斯坦	俄罗斯	哈萨克斯坦	韩国	马来西亚	泰国	意大利	印度尼西亚	新加坡	中国
与贸易有关的知识产权协定（TRIPs）[1]	√	√	√	√	√	√	√	√	√	√
建立世界知识产权组织公约（WIPO公约）[2]	√	√	√	√	√	√	√	√	√	√
保护文学和艺术作品伯尔尼公约[3]	√	√	√	√	√	√	√	√	√	√
世界知识产权组织版权条约（WCT）[4]		√	√	√	√		√	√	√	√
世界知识产权组织表演和录音制品条约（WPPT）[5]		√	√	√	√		√	√	√	√
世界版权公约[6]	√	√	√	√			√			
保护录音制品制作者防止未经许可复制其录音制品公约[7]		√		√			√			√
保护表演者、录音制品制作者和广播组织罗马公约[8]		√		√			√			
马拉喀什条约[9]		√		√		√		√	√	√
关于通过卫星传播节目信号的布鲁塞尔公约[10]		√		√			√		√	
视听表演北京条约[11]		√		√						√

资料来源：1.《与贸易有关的知识产权协议（TRIPs协议）（所有的签约方164）》，https://wipolex.wipo.int/zh/treaties/parties/231，2020年1月13日。2.《建立世界知识产权组

[①] 李玉璧、王兰：《"一带一路"建设中的法律风险识别及应对策略》，载于《国家行政学院学报》2017年第2期，第77~81、127页。

织公约（所有的签约方 193）》，https：//www.wipo.int/treaties/zh/ShowResults.jsp? lang = zh&treaty_id = 1，2020 年 1 月 13 日。3.《伯尔尼公约（所有的签约方 179）》，https：// www.wipo.int/treaties/zh/ShowResults.jsp? lang = zh&treaty_id = 15，2020 年 1 月 13 日。4.《世界知识产权组织版权条约（WCT）（所有的签约方 107）》，https：//www.wipo.int/treaties/zh/ShowResults.jsp? lang = zh&treaty_id = 16，2020 年 1 月 13 日。5.《世界知识产权组织表演和录音制品条约（WPPT）（所有的签约方 106）》，https：//www.wipo.int/treaties/zh/ShowResults.jsp? lang = zh&treaty_id = 20，2020 年 1 月 13 日。6.《加入世界版权公约的国家知多少？》，载于《出版参考》1998 年第 16 期，第 3~5 页。7.《录音制品公约（所有的签约方 80）》，https：//www.wipo.int/treaties/zh/ShowResults.jsp? lang = zh&treaty_id = 18，2020 年 1 月 13 日。8.《罗马公约（所有的签约方 95）》，https：//www.wipo.int/treaties/zh/ShowResults.jsp? lang = zh&treaty_id = 17，2020 年 1 月 13 日。9.《马拉喀什视障者条约（所有的签约方 69）》，https：//www.wipo.int/treaties/zh/ShowResults.jsp? lang = zh&treaty_id = 843，2020 年 1 月 13 日。10.《布鲁塞尔公约（所有的签约方 38）》，https：//www.wipo.int/treaties/zh/ShowResults.jsp? lang = zh&treaty_id = 19，2020 年 1 月 13 日。11.《视听表演北京条约（所有的签约方 33）》，https：//www.wipo.int/treaties/zh/ShowResults.jsp? lang = zh&treaty_id = 841，2020 年 1 月 13 日。

3. 网络环境复杂，信息安全问题突出

随着互联网的发展和信息技术的广泛应用，网络已经深入经济、社会生活的各个方面，成为联系各国政治、经济、文化往来的重要纽带。然而，由于网络空间的虚拟、匿名等特性，造成网络环境复杂，网络安全事件频繁发生。根据中国互联网络信息中心（CNNIC）发布的第 47 次《中国互联网络发展状况统计报告》，到 2022 年 12 月，19.6% 的网民遭受个人信息泄露，16.4% 的网民遭受网络诈骗，9.0% 的网民发生过设备中毒或被木马袭击。[①] 2020 年，国家互联网应急中心监测发现，有 120 万个境内终端感染木马和恶意程序，243 709 个网站被恶意篡改。[②] 特别是随着大数据时代的到来，信息技术高速发展，信息资源泄露、技术漏洞等问题日益增多。2009 年微软/Danger 公司由于服务器宕机，导致 Sidekick 手机上未保存的个人用户信息几乎全部丢失。[③]

"一带一路"经管数据库资源建设依托于网络环境之中，各项业务的开展都离不开网络。复杂的网络环境可能造成资源建设过程中出现信息资源泄露、信息

[①]《第 51 次〈中国互联网络发展状况统计报告〉（全文）》，https：//www.cnnic.net.cn/N MediaFile/2023/0322/MAIN16794576367190GBA2HA1KQ.pdf，2023 年 3 月 25 日。

[②]《CNCERT 互联网安全威胁报告》，extension：//hfangjnbgidgkankmioiehhmgbgiidpe/pdf - viewer/web/viewer.html? file = https%3A%2F%2Fwww.cert.org.cn%2Fpublish%2Fmain%2Fupload%2FFile%2FCNCERTReport202011.pdf，2022 年 8 月 14 日。

[③]《微软服务器宕机导致 Sidekick 手机大灾难》，快科技，https：//news.mydrivers.com/1/146/146230.htm，2022 年 8 月 14 日。

资源被窃取和数据丢失等问题。一旦发生上述3种情形，不仅给数据库资源建设带来显性损失，同时，丢失资源与数据还可能引致法律纠纷。

（三）资源的法律风险分析

1. 资源的著作权归属复杂不明确

厘清资源的版权归属是开展资源建设的前提，但在实际资源建设工作过程中，明确资源的版权归属是一个难点。从法律角度看，"一带一路"经管数据库中资源类型包括一般作品、职务作品、合作作品、孤儿作品、演绎作品、汇编作品等。不同类型资源的著作权归属不同，在确定资源的版权归属与开展利用行为过程中存在诸多不确定性。

（1）不同类型的资源版权归属与许可使用不同。

以我国相关法律为例，对于一般作品取得作者的许可即可使用；对于职务作品，《中华人民共和国著作权法》第十八条规定，"职务作品的版权一般归属于作者，但是法人或非法人有优先使用的权利，且在作品完成两年内，作品的许可使用需经过单位同意"[①]；对于合作作品则需要征得所有合作者同意才可使用；对于汇编作品、演绎作品，我国相关法律规定："应当取得该作品的著作权人和原作品的著作权人的许可"[②]；对于委托作品，若委托人和受托人签署了委托合同，则应征得合同规定的著作权人许可，否则，著作权属于受托人，使用前应征得受托人的许可。在资源的利用过程中，不仅要正确判断资源的类型，还要依法征得著作权人的许可。

如"李某贤与王某、李某酉等知识产权与竞争纠纷一审民事案件"就是由于作品的类型与版权归属不明而引发的法律纠纷。原告李某贤（溥仪的妻子）诉被告李文某侵犯溥仪的著作权。经法院裁定，认为《我的前半生》一书为溥仪的半自传体作品，李文某虽然受组织指派协助修改，但并不存在共同创作行为，因此，判处李文某停止侵权并赔礼道歉。[③] 此案争论的焦点主要集中在《我的前半生》创作过程中，李文某做了大量工作，且群众出版社也参与承担了大量工作，案件牵涉文化部、公安部等诸多国家部门，案情十分复杂，依据《最高人民法院关于审理著作权民事纠纷案件适用法律若干问题的解释》第十四条，"当事人合意以特定人物经历为题材完成的自传体作品，没有约定的，著作权归该特定人物

---

①② 《中华人民共和国著作权法》, http://www.moj.gov.cn/pub/sfbgw/jgsz/jgszjgtj/jgtjlfyj/lfyjtjxw/202012/t20201224_127677.html, 2022年8月16日。

③ 《李某贤与王某、李某酉等知识产权与竞争纠纷二审民事案件》, http://www.lawyee.org/PubPage/Detail? DataID = 65cbc12a225c4d9e8e5a837307ef6ffa&PageID = 24&RowNum = 8&CurrentPage = 8&IsRecord = true, 2022年8月16日。

享有"①。法院最终认定该作品不是合作作品,其著作权归李某贤所有。"一带一路"经管数据库若在资源类型判断上出现偏差或者未按照法律规定在征得著作权人同意的前提下使用相关资源,则可能引起法律纠纷。

(2) 网络资源的版权归属问题复杂。

网络资源作为"一带一路"经管数据库资源的重要组成部分,其版权归属也十分复杂。网络资源具有作者身份多元化、匿名化且传播途径广泛的特点,这就使得资源的版权归属认定十分困难,一旦资源的版权归属确认有误或未经许可使用,则容易引起法律纠纷。在"陈卫华诉《电脑商情报》著作权纠纷案"中,原告在个人主页上以笔名撰写并发表了《戏说 MAYA》一文,被告方在未厘清该作品版权归属情况下,擅自刊登在自己主办的报纸上,最终经法院裁定判处被告停止刊载行为,并向原告支付稿费与赔偿经济损失。②

此外,随着开放运动的发展,大量的开放获取资源成为公众获取与利用科研信息的重要来源,同样也是"一带一路"经管数据库资源采集的渠道之一,但在开放获取资源的利用上存在诸多法律风险。一方面,开放获取资源具有类型多样的特征,不同类型的资源可能采用不同形式的使用限制条款和许可条款,使得资源的版权归属与利用更为复杂。如 DOAJ 平台的资源有 21.8% 的期刊采用创作共享协议,11.2% 的期刊采用 CC‐BY 协议,其他期刊若没有特别声明则是版权作品③,其使用许可仅限于合理使用范围。在利用过程中需熟悉不同资源的版权政策,否则可能产生侵权风险。另一方面,开放获取资源的不稳定特性也可能导致法律风险的发生。由于 OA 平台上资源的版权政策变化多样,作者可能将作品撤销、延长时滞、改变授权方式等使得开放获取资源的稳定性遭到破坏,原有版权政策发生改变,从而引发资源利用的法律风险。

此外,部分特殊类型的资源采集与利用也存在法律风险,如演绎作品是对原作品进行改编、翻译、注释和整理后产生的作品④,是在原有作品的基础上的二次创新,同样受到著作权法的保护。在利用这类作品时亦需要得到著作权人的许可,各国法律对演绎作品资源的许可使用秉持"双重许可"原则,即使对作品的使用既需要获得演绎作品著作权人的许可,也要获得演绎作品原作者的许可,但诸多司法实践证明,在演绎作品授权使用过程中存在法律风险,易引发法律纠纷。

---

① 最高人民法院知识产权法庭:《最高人民法院关于审理著作权民事纠纷案件适用法律若干问题的解释》,https://ipc.court.gov.cn/zh‐cn/news/view‐408.html,2022 年 8 月 16 日。

② 《陈卫华诉成都电脑商情报社著作权纠纷案》引自《中华人民共和国最高人民法院公报》,http://gongbao.court.gov.cn/Details/10b3c09188979e123bb14b18c6082b.html,2022 年 8 月 19 日。

③ 陈静、孙继林:《开放获取期刊平台发展现状评析》,载于《图书馆杂志》2012 年第 4 期,第 24~28 页。

④ 吴汉东等:《知识产权基本问题研究(第二版)》,中国人民大学出版社 2009 年版,第 229 页。

在 Abend v. MCA, Inc. 案件①中，康奈尔·伍里奇（Cornell Woolrich）是小说《这一定是谋杀》（It Had to Be Murder）的作者，该小说后续被 MCA, Inc. 拍摄成为电影《后窗》（Rear Window），康奈尔·伍里奇去世后，其继承人将小说的版权转让给谢尔顿·阿本德（Sheldon Abend），MCA, Inc. 公司则授权 ABC 公司播放电影，又授予另外一家企业发行电影《后窗》。据此，原告谢尔顿·阿本德诉被告 MCA, Inc. 侵犯其著作权。该案件经过两轮审理，一审法院认为，被告作为演绎作品的著作权人，对电影作品的产生与形成付出了创作性的劳动，因此受到著作权法保护，并有权利允许他人对演绎作品进行使用，原告不能因其对原作品的著作权而妨碍演绎作品作者行使演绎作品的著作权，一审法院据此判决被告败诉。然而，二审法院则认为著作权法应侧重于保护原作者的利益，演绎作品的作者只对自己演绎创作的部分享有著作权，对原作品的部分不享有著作权。鉴于此，二审法院判决被告方著作权侵权事实成立。在"一带一路"数据库资源建设中，一般通过许可使用的方式实现对于演绎作品的数字化采集，但是由于演绎作品的著作权涉及的利益主体较多，加之可能存在"一带一路"资源建设者对于原作品与演绎作品的许可合同内容不甚了解，从而造成信息不对称也是信息资源采集过程中的法律风险。

2. 非法资源与版权瑕疵资源的广泛存在

随着互联网的兴起，网络成为目前最重要的信息传播媒介，但由于网络空间的虚拟性和匿名性，网络中的信息资源质量良莠不齐，大量非法资源与版权瑕疵资源广泛存在。

（1）资源建设中可能会采集并传播利用非法资源。

由于"一带一路"各国的法律普遍缺乏对网络资源的监管，导致网络中大量非法资源存在，一旦在资源采集过程中采集了包含非法信息的资源，且在后续的资源组织与存储过程中未被审核出来，则可能会产生违法行为。

在 2016 年的"快播"案件中，被告快播公司托管的服务器被指出包含淫秽视频等非法信息，被告快播方认为快播作为单纯的播放器，本身不产生任何内容且播放器和服务器不具备搜索和发布功能，快播方主张其并未实施传播行为，故不构成犯罪②，且快播方积极采取措施进行内嵌淫秽视频的屏蔽工作，是被他人利用而未实施犯罪行为，属于"技术中立行为"。但公诉方认为，快播方具有审慎查明的义务，且经营者显然对服务器中缓存有淫秽视频是知情的，但仍对其采取放任态度，具有主观方面的过失。最终，法院判处王某等 4 人 3~4 年不等有

---

① Abend v. MCA, Inc. 2022-08-22, https://casetext.com/case/abend-v-mca-inc.
② 柏立团：《争议"2016 互联网第一案"》，载于《董事会》2016 年第 2 期，第 76~77 页。

期徒刑。①

在"一带一路"资源建设中,若采集到非法的网络资源或者未审核出用户上传的非法信息,并将其提供给用户使用,则可能由于主观过失与未履行审慎查明的义务,而触犯法律。

(2)采集与利用的资源中包含版权瑕疵的资源。

版权瑕疵包括"物的瑕疵"和"权利的瑕疵"两个方面。其中,"物的瑕疵"是指作品本身存在内容违法或侵犯他人的权利;"权利的瑕疵"是指出版权存在他人的权利负担,可能被他人追夺。版权瑕疵主要包括侵犯他人格权、侵犯他人著作权、重复许可、权利过期或违法国家利益或社会公众利益5种类型。②

天津"荷花女"案件就是典型的版权瑕疵作品引发的法律纠纷,被告魏某某以吉文贞为原型创作小说《荷花女》,并在《××报》配图连载,小说内容使用了吉文贞的原名和艺名,且虚构了部分有关道德品质的情节,陈秀琴(吉文贞之母)及其亲属以《荷花女》侵犯已故艺人和自己名誉权为由,将魏某某及《××报》告上法庭,要求停止侵害,恢复名誉并赔偿损失。最终经天津市中级人民法院审理,判决被告侵犯名誉权成立,并要求魏某某和《××报》刊登道歉声明并赔偿原告经济损失,同时停止《荷花女》的复印、出版发行。③ 在此案中,《荷花女》因侵犯他人人格权属于瑕疵作品,《××报》作为传播方被追究连带法律责任。同样,若"一带一路"数据库中包含此类版权瑕疵资源,则可能承担连带法律责任。

此外,"一带一路"经管数据库中的资源若存在引用他人作品时,未按照学术规范引用,将他人的思想或表达不正当地据为己有④,或者存在剽窃、歪曲、篡改他人作品的行为,同样也可能由于资源的版权瑕疵而引起法律纠纷。

3. 跨境数据流动频繁,侵犯国家安全、个人隐私等问题突出

随着互联网的普及与信息技术的发展,全球数据呈爆发式增长。加之,大数据时代的到来,跨境数据流动日益频繁且成为常态。同样,这些数据资源中如有未公开的政府信息、基因数据、医疗数据、地理数据、基础设施数据、大规模人口数据等,则这类数据的跨境流动容易引发法律风险。

2015年,华大科技与华山医院未经许可与牛津大学开展中国人类遗传资源

---

① 《北京市海淀区人民法院刑事判决书(2015)海刑法初字第512号》,http://www.zwjkey.com/xingshifalv/xingshifalv/2021-04-12/7274.html,2022年8月27日。
② 刘宏光、李伟:《论出版合同履行中版权瑕疵的类型及其法律责任》,载于《重庆交通大学学报》(社会科学版)2011年第3期,第35~38页。
③ 瑜珈:《"荷花女"名誉纠纷案》,载于《人民法院报》,http://rmfyb.chinacourt.org/paper/html/2019-07/13/content_157620.htm,2022年8月27日。
④ [德]雷炳德:《著作权法》,张恩民译,法律出版社2004年版,第430页。

国际合作，华大科技未经许可将部分人类遗传资源信息从网上传递出境。① 2018年昆皓睿诚医药研发（北京）有限公司未经许可接受阿斯利康投资（中国）有限公司567管样本并保藏。② 基因、医疗数据属于重要数据，一旦这些数据未经授权出入境就可能威胁到我国的国家生物主权，并导致潜在的国家安全威胁，触犯国家的相关法律。同样，跨境数据中包含大量的个人数据，这些数据一旦未经授权丢失、滥用或者被汇集、整合后可能会威胁个人隐私、财产安全，甚至国家安全③，属于违法行为。"一带一路"经管数据库资源建设方式是共建"一带一路"国家的共建共享，跨境数据流动涉及资源建设的各个环节，一旦重要资源被泄露或者滥用，则会侵犯个人隐私、威胁个人公共安全、经济安全，甚至威胁国家安全，产生严重的法律后果。

（四）技术的法律风险分析

技术法律风险包含两个方面，一是技术使用不当而产生的法律风险，二是指技术本身而引发的法律风险。

1. 技术突破资源版权方的保护措施

版权人为了保护自己利益通常采用一定的技术保护措施以防止他人未经授权而接触或者使用其作品，一旦技术突破版权方的保护则可能会发生侵权行为。

"任天堂起诉Gary Bowser案"就是由技术突破资源版权方的保护措施而引发的法律纠纷。任天堂方表示加里·鲍泽（Gary Bowser）从2013年起开始销售破解的3DS，给任天堂方造成了至少6 500万美元的损失，最终美国华盛顿西区地方法院判处加里·鲍泽40个月的监禁，并赔偿任天堂450万美元。④ 任天堂案件的发生同样也引起了一系列法律纠纷，2021年腾讯科技作为任天堂在中国大陆地区的独家代理，起诉要求湘沐电子产品商行停止销售破解版本的任天堂游戏机并赔偿相应损失，经广州市越秀区人民法院审理，判定被告湘沐电子产品商行侵权行为成立，要求其停止销售相关产品并赔偿原告经济损失及原告为维权支付的

---

① 《行政处罚决定书 国科罚〔2015〕2号》，https：//fuwu.most.gov.cn/html/rlycxzcf/20150907/123123231.html，2022年8月27日。

② 《行政处罚决定书 国科罚〔2018〕3号》，https：//fuwu.most.gov.cn/html/rlycxzcf/20180731/123123235.html，2022年8月27日。

③ 《数据出境安全评估办法（征求意见稿）》，http：//www.moj.gov.cn/pub/sfbgw/zlk/202110/t20211029_440266.html，2022年8月27日。

④ 广州越秀区法院：《法院禁令：你店里的Switch游戏机暂时不能销售！》，https：//m.thepaper.cn/baijiahao_10177634，2022年8月27日。

费用等。① 此外，随着数字技术和网络的发展，各类破解技术与软件在网络中盛行，而这类技术与软件本身不具侵权性质，而利用技术与软件破解版权方的保护则属于侵权行为。在"Napster案"中，Napster网站利用自己特制的Napster软件让用户可以免费下载MP3乐曲，用户通过Napster的交互软件即可搜寻拥有自己所需乐曲的人，并可从他处免费获得乐曲，结果引发各方诉讼，包括唱片公司与音乐版权人。经过两轮审理，最终判决Napster侵权成立。在此案中，虽然Napster并未实施侵权行为，但是其提供的技术与相关软件促使大规模侵权行为的产生，因而侵权事实成立。②③ 同样，2019年国内最大知名的软件交流社区"吾爱破解"论坛也因涉嫌技术破解版权方的限制而关闭影视区，下架大量的动漫和电影资源，移除涉及版权问题的软件。④

"一带一路"经管数据库资源建设中通过爬虫软件采集网络资源，是获取资源数据库资源的方式之一。但是，部分资源的版权人有针对性地设置了防爬措施，且这些资源的使用需要授权，若通过突破技术限制而获取资源，且未获得版权人的授权，则属于侵权行为，也是资源采集中的风险因素。

2. 开源软件的使用

在"一带一路"经管数据库资源建设过程中离不开各种软件的应用，其中，开源软件以"信息共享，源代码共享"的特点，可降低技术的开发费用，且开源软件技术较为成熟，因而，在资源建设中应用得较为广泛，如DSpace被广泛应用于数字资源的保存、Drupal可用于内容管理等。但是，无论是开源软件的应用还是基于开源软件的软件开发均存在诸多的法律风险。

（1）开源软件版权归属复杂或不明确。

一般开源软件是由众多开发者共同完成的，每个参与者的贡献度不同，根据相关法律规定，开源软件的著作权归属于全体开发者。"一带一路"经管数据库对于开源软件的利用主要基于开源软件许可证，而依据开源软件的许可条款，其版权人没有放弃权利，而是有条件的将部分权利授予接受许可证的人，后续对于

---

① 《腾讯科技（深圳）有限公司与钟楼区南大街湘沐电子产品商行侵犯商标纠纷一审民事案件》，http://data.lawyee.net/web/detail/lrd_case_court.html?id=041bdf0896094ec8a411928a 80d47bb8&keyword=%E7%B2%A40104%E6%B0%91%E5%88%9D%2046217%E5%8F%B7，2022年8月27日。

② 辜媛媛：《论网络资源共享和版权保护——由Napster案引发的思考》，载于《法制博览》2015年第18期，第132、134页。

③ 《美国Napster案评析——兼论我国著作权法中的合理使用制度》，https://china.find law.cn/info/minshang/minfa/minfalunwen/368225.html，2022年8月27日。

④ 《吾爱破解宣布闭站调整：取缔侵权内容》，https://www.77169.net/html/237170.html，2022年8月27日。

软件开发的人员享有著作权，这是开源软件的版权归属风险。[①] 此外，一旦许可证颁布者单方面撤销或修改许可证，这种开源软件的使用行为则可能是未得到授权而使用的侵权行为。

（2）开源软件的版权瑕疵问题。

开源软件的开发较为松散，参与者众多，版权的瑕疵性也未经过严格检验，一旦在开发过程中加入未授权的专有软件代码，则会发生侵权。"SCO 诉 IBM 案"与"Oracle 诉 Google 案"就是这一风险的具体表现。2003 年 SCO 控告 IBM 公司不正当竞争、违反合同与侵犯商业秘密并要求其进行经济赔偿，起因是 SCO 认为 IBM 公司在未授权的前提下，将其 Unix 操作系统 Unix Ware 的 V 程序移植到 Linux 中，盗用 SCO 的商业秘密和版权代码，此外 SCO 公司还向其他 1 500 家应用了 Linux 的公司提出警告，要求其停止使用 2.4 版本以上的 Linux。此案经历了十几年，最终以 IBM 公司赔偿 1 425 万美元，SCO 不会再对 Linux 进行指控结束。[②] 在"Oracle 诉 Google 案"中，Oracle 在 2010 年收购 Sun Microsystems 公司并获得 Java 相关平台及其权益后，以谷歌公司侵犯其专利与版权为由向北加州地区法院提起诉讼，经地方法院审理，认为 Oracle 公司提出专利侵权不成立，且双方没有异议。但就版权方面的争议双方一直未能达成一致，其争论的焦点集中在谷歌公司开发的 Android 平台是否可以未经许可使用 Java 平台发布的 37 个 API 程序包。[③] 此案经历了多次改判，最终于 2020 年最高法院判决谷歌的使用行为属于"合理使用"，侵权不成立。上述两个案件说明，源代码很有可能由于自身存在版权瑕疵，从而导致使用开源软件的用户面临版权或者专利侵权风险，一旦在资源建设过程中使用此类开源软件，或复制其源代码进行开发，则可能产生侵权行为。

（五）业务的法律风险分析

本研究中的业务法律风险主要是指资源建设流程中的法律风险，不涉及人力资源法律风险，具体包括资源授权使用、合同法律、资源二次加工和资源翻译风险。

1. 资源授权使用问题突出

"一带一路"经管数据库资源建设均需得到资源的授权方可使用，但在具体

[①] 陈汉榕：《开源软件的著作权归属风险分析》，载于《法制与经济》（下旬）2012 年第 6 期，第 49 页。

[②] 张韬略：《开源软件的知识产权问题研究——制度诱因、规则架构及理论反思》，载于《网络法律评论》2004 年第 2 期，第 3~65 页。

[③] Oracle Am., Inc. v. Google Inc., 872 F. Supp. 2d 974 (N. D. Cal. 2012). 2022–08–27, https://casetext.com/case/oracle-am-inc-v-google-cinc-3.

的授权使用过程中，存在诸多风险，如资源未得到授权、资源授权手续不规范等。

其中，谷歌数字图书馆全球范围内的版权纠纷事件就是由作品的授权问题引发的典型事件。2004 年谷歌启动"数字图书馆项目"，旨在通过与图书馆、出版社等机构合作，通过对世界范围内的图书作品进行数字化扫描，以期建立全球最大的数字图书馆。2004 年 10 月起，谷歌陆续与出版商、图书馆等机构开展合作，通过扫描的方式数字化了超过千万册书籍，并建立相应的索引。这些图书既包括超过版权保护期进入公共领域的图书，也包括仍在版权保护期内的图书。通过"数字图书馆项目"，用户可通过关键词检索到所需图书的相关信息，如图书的作者、收藏的图书馆、售卖的书店等。此外，用户还可以下载进入公共领域的图书。[①] 而谷歌也开始了全球范围的版权之争。2005 年 9 月，美国作家协会（The Author Guild，AG）与美国出版商协会（Association of American Publishers，AAP）等对谷歌提起集体诉讼，认为谷歌在未经作者、出版商等著作权人同意的情况下，数字化其书籍构成了版权侵权。2006 年法国作家学会（Société des Gens de Lettres，SGDL）等以"Google 在其网站使用版权作品而获得广告收入，未向作者和出版社支付版权费用"为由起诉谷歌侵犯版权。[②] 2009 年中国作家王莘（棉棉）以个人名义向谷歌公司提起侵权诉讼，认为谷歌公司在未经授权的情况将自己的版权作品扫描收录并提供给用户使用的行为侵犯了自己的著作权。[③] 经过漫长的诉讼期，谷歌在世界范围内的诉讼结果并不相同。在美国，2013 年法院一审判决谷歌数字图书馆不构成侵权，2015 年二审维持原判，认定谷歌数字图书馆构成合理使用。而在法国与中国谷歌则被判定为侵权。2009 年法国法院判定谷歌的行为构成侵权，裁定其赔偿 30 万欧元；在中国，法院认定谷歌的行为不构成合理使用，判决谷歌立即停止侵权，并赔偿原告王莘 6 000 元。[④] 漫长的诉讼使得谷歌数字图书馆项目不仅付出了较大数额的赔偿，甚至在一些国家退出了市场。同样，"中南财经政法教授诉中国知网侵权案"[⑤] 等案件都是未经作者授权而使用并传播作品而引发的法律纠纷。

[①] 何荣华：《数字图书馆合理使用问题再思考》，载于《图书馆》2017 年第 7 期，第 12~18 页。

[②] 董永飞、马海群：《谷歌数字图书馆计划发展历程与版权问题分析》，载于《情报资料工作》2010 年第 4 期，第 10~13 页。

[③] 《谷歌数字图书馆：侵犯版权还是合理使用？》，http：//www.sipo.gov.cn/mtjj/2014/201401/t20140116_898544.html，2022 年 8 月 21 日。

[④] 沈洋：《Google Library 十年发展之路的探索及启示》，载于《情报资料工作》2016 年第 1 期，第 104~108 页。

[⑤] 《〈中国学术期刊（光盘版）〉电子杂志社有限公司等侵害作品信息网络传播权纠纷二审民事判决书》，中国裁判文书网，https：//wenshu.court.gov.cn/website/wenshu/181107ANFZ0BXSK4/index.html? docId = efd0f6795f374f71ab31ad44000ac0d2，2022 年 8 月 21 日。

在"一带一路"数据库资源建设中,对于尚在版权保护期的资源的使用需要得到版权人的授权,一旦资源未被授权或者资源的授权不规范都有可能引发法律纠纷。

2. 合同法律风险

资源建设的合同法律风险发生在资源数字化外包、商业资源采购阶段。合同法律风险主要包括两个方面:一方面是合同条款不完善,另一方面则是合同纠纷的解决较为复杂。

(1)合同条款不完善。

合同条款是合同内容的具体表现形式,也是明确合同双方权利与义务的依据。合同标的是否合法、标的物质量约定是否明确、合同价款约定情况以及履约方式、不可抗拒条款等约定情况都是合同法律风险的潜在因素。在"一带一路"经管数据库资源建设中主要表现为资源数字化外包合同条款缺失或不明确,数字资源采购合同的条款存在争议或缺失。

若在数字化外包合同中未就数字化质量标准进行详细描述,从而导致合同双方就最终数字化后的资源质量产生分歧,可能导致产生法律纠纷。以外包合同中的规定为例:"乙方应认真、严谨、负责地完成外包项目",其中并未对外包项目的完成质量给出明确的细则与验收标准,这显然容易引发纠纷。同样,在资源采购中,资源提供商希望能够最大限度地限制资源的使用范围,若双方在这些关键性条款中没有明确界定,则可能会产生法律纠纷。以某数据库提供的合同为例,合同中规定"甲方(图书馆)只能将乙方提供的产品用于其自身所需的内部研究工作,甲方无权许可、授权第三方使用、转载、链接对标的数据资料"[1]。其中,对于"第三方"并未作出明确的规定,哪些用户是第三方?还是所有用户都为第三方?若所有用户都为第三方,则意味着"一带一路"经管数据库将采购的资源向用户提供即违反了合同该约定。如在采购条款中缺失版权纠纷免责条款或规定较为模糊,一旦资源提供商因提供的产品出现瑕疵涉诉,则购买方也可能被追究连带责任。

(2)经管数据库合同纠纷解决较为复杂。

"一带一路"经管数据库资源采购通常会涉及国外资源或资源数字化、技术提供等,一旦发生合同纠纷则为涉外合同纠纷。本研究以"2021 年"为限,以"涉外民事案件"为主题词,在"中国文书裁判网"中共检索出案件 1 878 起,其中,"涉外合同纠纷案件"共 1 060 起,占比 56.44%,说明由于涉外合同而引发的法律纠纷占比较大。

---

[1] 申庆月:《数字资源采访版权风险分析和防范》,载于《图书馆杂志》2014 年第 6 期,第 24~28 页。

相较于一般合同纠纷，涉外合同纠纷更为复杂，一般包括和解、调解、仲裁和诉讼。和解与调解程序较为简单，但仲裁与诉讼较为复杂。其中，当事人一方可以向合同约定的仲裁机构递交仲裁协议、仲裁申请书及副本等材料，请求其对纠纷予以仲裁。仲裁机构的选择对仲裁结果也是有一定影响的，如东道主的仲裁机构对本国有一定的偏袒，国际仲裁机构则有弱势方保护的倾向。[①] 此外，仲裁过程中的域外取证、律师团队、当事人的经济状况都会对仲裁结果产生影响，这种不确定性是"一带一路"经管数据库存在合同法律风险的原因之一。

同样，涉外诉讼更为复杂，不仅涉及国外法的查明，对法院审理经验也有较高要求。在采购合同中会涉及争议的解决方式与适用法律，一般选择的是资源提供方或购买方一国或第三方国家和地区的法律管辖，或者依据国际条约或者双/多边协定。一旦出现法律纠纷，法院将依据合同约定适用的法律来解决，如果"一带一路"数据库建设方不熟悉合同中约定的法律管辖地的法律，则会面临高额的诉讼成本，且构成侵权的风险也会增加。

3. 资源二次加工的法律风险

数据库中资源的格式呈现出结构化与非结构化并存的特点，机构自有资源多为结构化资源，而采集的网络资源和用户上传资源则多为半结构化或非结构化的资源。为实现异构数据交换，实现对信息关联性的发掘，需要对采集的资源进行二次加工，如对数字化作品的存储格式、分辨率进行统一，或者对资源结构进行重新定义、对资源的元数据进行补充或者删改等，因此，在资源二次加工过程中可能会出现侵犯资源的保护作品完整权、修改权等法律风险。

典型案例如"沈家和诉北京出版社出版合同纠纷及侵犯修改权、保护作品完整权纠纷案"就是对原作品进行二次加工而产生的法律纠纷。案中原告沈家和称自己创作的《正阳门外》后三卷《闺梦》《坤伶》《戏神》授权给被告北京出版社以图书形式在国内外出版发行，但是在出版过程中，被告未经原告允许对部分章节进行了修改和删减，同时在出版的《闺梦》《坤伶》《戏神》中还出现大量的错字、漏字现象，认为被告侵犯了自己的保护作品完整权与修改权，要求解除出版合同，停止侵权行为并销毁有问题的库存图书，公开赔礼道歉且赔偿经济损失。被告则认为其对图书的修改仅为编辑时的润色，且删除部分为过度暴露的性描写，对于原告作品的修改都属于编辑范围内的工作，且图书中的差错率未超过万分之一，符合出版规定，不存在质量问题。最终经北京市第一中级法院审理，认为《闺梦》一书存在严重质量问题，该书在社会上公开发表后必然对原告社会

---

① 金鑫：《国际商事仲裁自治性强化背景下的弱势方保护——法国的经验及启示》，载于《时代法学》2022年第1期，第106~116页。

评价有所降低，使其声誉受到影响，故《闺梦》不仅构成违约，同时侵害了原告所享有的保护作品完整性的权利，所以应立即停止销售《闺梦》并就侵权行为进行公开赔礼道歉。①

4. 资源翻译的合法性

共建"一带一路"国家通用语或国家官方语言多达五六十种。②"一带一路"经管数据库资源建设是共建"一带一路"各国共建共享的重要成果，数据库中的资源源于各共建国家，且呈现出多语种并存的特点。为满足共建"一带一路"国家广大用户的信息需求，在数据库建设中需对多语种资源进行组织与整合，这一环节涉及文字的处理、机器翻译、文本标注、数据转写等。这种翻译行为在法律上属于著作权、财产权的一种，即翻译权。翻译受国外著作权法保护的作品，根据《伯尔尼公约》第3条规定："作品的作者为本同盟任何成员国的国民者""作者为非本同盟任何成员国的国民者，其作品首次在本同盟一个成员国出版，或在一个非本同盟成员国和一个同盟成员国同时出版""非本同盟任何成员国的国民但其惯常住所位于某一成员国内"，无论他的作品是否出版都将受到保护。③ 在对采集的国外资源进行翻译时需要征得著作权人的同意，反之则可能产生侵权行为。在2021年"人人影视字幕组侵权案件"中，"人人影视字幕组"在未取得著作权人的许可与授权的情况下，涉嫌将国外受著作权保护的影视资源翻译、压片并向公众传播，侵犯了版权方的著作权。④ 同样，在"一带一路"数据库资源建设中为实现数据库资源的整合与跨语言检索，需对多语种资源进行翻译，这种翻译行为的合法与否的不确定性是风险发生的主要原因。

（六）管理的法律风险分析

管理是统筹"一带一路"数据库资源建设的全过程，包括对资源建设中涉及的人员、资源、制度、部门等要素的管理。由于前面内容已经重点讨论了资源法律风险与业务法律风险，且后面有单独的章节对人员法律风险进行分析，因此，这部分仅涉及风险管理制度与相关部门设置等方面的法律风险。

---

① 《沈家和诉北京出版社出版合同纠纷及侵犯修改权、保护作品完整权纠纷案》，北大法律信息网，https://www.pkulaw.com/pfnl/a25051f3312b07f3fa06dfdd2184c23ad9e6b1cf5f44b3aebdfb.html，2022 年 8 月 11 日。

② 陆俭明：《"一带一路"建设需要语言铺路搭桥》，载于《文化软实力研究》2016 年第 2 期，第 31～35 页。

③ 《伯尔尼保护文学和艺术作品公约》，https://www.ncac.gov.cn/chinacopyright/contents/12231/346388.shtml，2022 年 8 月 11 日。

④ 《人人影视字幕组被查处》，百家号，https://baijiahao.baidu.com/s?id=1690860539160832605&wfr=spider&for=pc，2022 年 11 月 3 日。

1. 管理制度不完善

管理制度是对个体行为的约束准则，是减少个体不确定性的行为规范，完善的管理制度是保障"一带一路"经管数据库资源建设顺利开展的顶层设计，也是加强资源建设内部控制、有效规避法律风险的主要手段。但研究发现，多数中小型企业在风险管理中缺乏必要的法律风险管理制度，如法律培训制度存在空白与缺失、法律风险反馈与沟通机制缺乏等。① 同样，图书馆、档案馆等文化管理机构存在缺乏监督机制、部门设置不科学等管理制度方面的问题。② 管理制度不完善是引发法律风险事件的主要原因。

"紫鑫药业业务舞弊案"就是缺乏有效的监督机制而引发的法律纠纷。2011年记者调查发现，紫鑫药业的公司领导通过大量的关联交易、财务舞弊，实现了营业收入大幅虚假增长，并借此股价大涨。③ 对此，中国证监会针对上述情况进行了相关调查，并对紫鑫药业包括郭春生等在内的9名相关人员作出了行政处罚的决定。④ 之后，股东钟某、于某等多人分别向吉林省中级人民法院提起诉讼，要求紫鑫药业赔偿由于虚假陈述造成的经济损失。经法院审理，认定紫鑫药业的虚假陈述事实成立，判处紫鑫药业赔偿原告投资差额损失及其相关诉讼费用。⑤ 这一系列案件发生的重要原因在于紫鑫药业内部管理制度不健全，公司负责人持股比重过大，且家族成员担任重要职位，董事长郭春生不仅是公司的实际控制人，同时兼任总经理，导致公司的监督制度失灵，这是引发法律纠纷的重要原因。"一带一路"经管数据库资源建设作为一项跨国家、跨机构、跨学科的复杂系统工程，若缺乏完善的管理制度，可能出现资源建设行为缺乏规范性、约束性的准则，容易导致法律风险事件的发生。

2. 部门设置欠合理，未设置法律事务管理部门

在资源建设过程中涉及诸多法律事务，如外包合同与资源采购合同的签订、资源建设过程中的各主体行为规范的制定、相关法律知识培训活动的举办、法律纠纷的应对等。但是，本研究通过调研世界数字图书馆项目⑥、欧洲数字图书

---

① 王云：《中小企业法律风险管理现状分析及对策研究》，首都经济贸易大学，2008年，第21~25页。
② 文凤：《×省图书馆内部控制研究》，华中科技大学，2017年，第23~30页。
③ 徐锐、翟敏、宋元东、黄群：《自导自演上下游客户紫鑫药业炮制惊天骗局》，https://www.p5w.net/stock/news/sme/201110/t3896389.htm，2022年8月11日。
④ 《中国证监会行政处罚决定书（紫鑫药业股份有限公司、郭春生、曹恩辉等9名责任人）〔2014〕24号》，http://www.csrc.gov.cn/csrc/c101928/c1043060/content.shtml，2022年8月11日。
⑤ 《张立生与紫鑫药业股份有限公司、曹恩辉、郭春生证券虚假陈述责任纠纷一审民事判决书》，中国裁判文书网，https://wenshu.court.gov.cn/website/wenshu/181107ANFZ0BXSK4/index.html?docId=bca2812f699d4820878ea7450098b230，2022年8月11日。
⑥ World Digital Library. 2022-08-21，https://www.loc.gov/item/lcwaN0018836/.

馆①与亚洲数字图书馆项目②，发现多数的资源建设项目鲜少会设置专门的法律事务管理部门，部分项目的法律事务仅由行政部门负责。这可能导致资源建设过程中相关法律事务缺乏专门的部门管理，建设主体的行为规范不明确，大大增加法律风险发生的可能性。在各机构管理过程中，同样存在诸多由于专业法律事务管理部门的缺位或不受重视而引发的法律风险事件。有调研发现，221家中小企业中198家企业在3年中发生过法律纠纷，其中45家未设置法律事务管理部门且未聘请法律顾问。此外，有66家企业未曾开展过相关法律培训。③ 同样，有研究以中国工商银行大连支行为例，发现在其日常运营过程中，存在忽视法务管理功能、法务管理工作效率低、外聘律师不能发挥作用等法律事务管理漏洞。④

"一带一路"经管数据库资源建设涉及的建设主体众多，各主体参与资源建设中有哪些注意事项？需遵循哪些基本法律规范？一旦产生法律纠纷应如何应对与解决？这些问题都需要专业的法律部门来负责与应对。若在建设过程中未设置专门的法律事务管理部门，可能导致法律风险多发。

3. 缺乏专业法律人员

"一带一路"经管数据库资源建设不仅面临复杂的外部法律环境，在资源建设过程中还涉及诸多法律问题。为保障资源建设顺利开展，避免法律纠纷发生，需要专业的法律人员参与。但共建"一带一路"国家多为发展中国家，平均受教育水平较低，一些国家的公共文化事业发展尚在起步阶段，工作人员中同样缺乏法律专业人员。以图书馆、档案馆等文化机构为例，在"应届生招聘网""领英招聘""智联招聘"等招聘网站与省级以上公共图书馆、档案馆的官网，以"图书馆招聘""档案馆招聘"等关键词进行检索，发现多数岗位专业要求是图书馆学专业、档案管理专业、信息管理专业、计算机专业为主，对于法律专业或其他相关专业的需求较少。我国《图书资料业务人员（图书资料馆员）国家职业标准（试行）》对于图书馆员理论知识和专业能力的相关要求主要涉及图书馆业务与服务方面，相关法律知识与素养的要求所占比重较低。⑤ 图情机构法律专业人员较为缺乏，对资源建设可能涉及的法律风险预判不足，易增加法律风险的发生概率。

---

① About European. 2022 – 08 – 21, https://www.europeana.eu/en/about – us.
② 亚洲数字图书馆，https://asianlegacylib.wpengine.com/zh – hans/%e5%85%b3%e4%ba%8e%e5%9b%a2%e9%98%9f/，2022年8月21日。
③ 吕景胜：《我国中小企业法律风险实证研究》，载于《中国软科学》2007年第5期，第105～111页。
④ 邹旖莨：《BC银行D分行法律事务管理案例研究》，大连理工大学，2017年，第13～17页。
⑤ 中华人民共和国劳动和社会保障部：《国家职业标准图书资料馆员》，北京图书馆出版社2005年版，第15～16页。

(七) 人员的法律风险分析

信息资源建设作为一个信息生态系统，各个环节都离不开人的参与。事实证明，人员因素是各项风险事件发生的主要因素之一。据美国计算机犯罪和安全调查局（Computer Security Institute/FBI）调查显示，网络安全事件中，人为因素占52%。[①] 由于内部人员的主观或非主观引发的危机事件屡见不鲜，如2022年，微软因为搭建云服务时存在配置错误，致使多达65 000多家公司的机密资料或被泄露。Hostin.com由于员工的操作失误导致数据中心宕机，大量数据被破坏。2017年，京东内部试用期员工与黑客合作，为其提供重要的物流信息、交易信息等，导致50亿条公民信息泄露。美国Verizon公司2020年度泄露报告（Verizon's 2020 Data Breach Investigations Report，DBIR）指出，人为错误占22%，2019年由于内部员工参与而导致的事故占总数的30%。同样，人员法律风险也是"一带一路"经管数据库资源建设的主要法律风险因素之一。

1. 建设主体法律知识缺乏，法律意识不足

参与资源建设的主体众多，包括文化机构、用户、信息技术公司等，各个主体的文化结构构成复杂，且大部分没有法律背景。此外，法律知识本身较为抽象且专业性较强，各主体对法律了解存在着客观上的不利因素。共建"一带一路"多数国家法律知识普及率较低，公众大多未能接受相关的普法教育。有研究人员通过对200名马来西亚公立与私立学校教育工作者进行调查，发现超过90%的受访者未接受过相应的法律知识培训。[②] 在我国，有研究人员调查了269个村的3 675位农民，发现有34.76%的农民对法律不甚了解，农民的法律意识仍有待提高。[③] 此外，有研究发现，不仅是普通公民，部分人大代表、检察官、法官等也存在法律知识欠缺的现象。[④][⑤]

在"一带一路"经管数据库资源建设中，各主体需要具备一定的法律知识，如对资源的合法性的判断，在资源采购与数字化外包时需要掌握一定的合同法相关知识，但是"一带一路"沿线多数国家的公众法律素养仍处于较低水平，且文化机构中的法律专业人员也较为缺乏，这些因素都可能导致资源建设中法律风险

---

① Gordon L, Loeb M, Lucyshyn W et al. CSI/FBI Computer Crime and Security Survey. *Computer and Institute*，2006，Tech report number 2006-77：1-27.

② Nan M. Legal literacy of education in Malaysia：an empirical study. *International Journal of Business and Society*，2018，19（S2）：187-204.

③ 刘金海：《现阶段农民法律意识的调查研究——基于269个村3 675个农民的问卷分析》，载于《华中农业大学学报》（社会科学版）2015年第1期，第68~74页。

④ 《关于基层法官工作负荷情况的调查》，载于《山东审判》2005年第4期，第50~53页。

⑤ 彭盼盼：《论我国公民法律素养的提升》，江西师范大学，2014年，第11~12页。

的发生。

2. 建设主体操作不规范

操作规范是指建设主体应该遵守的行为规范与工作准则，是保障资源建设的质量、减少法律风险发生的主要手段。相反，若未严格遵守操作规范则可能引发安全事故或法律纠纷。在"一带一路"经管数据库资源建设中数据库建设的多项工作需要工作人员严格按照操作规范进行审核，如用户上传资源的审核、网络采集资源的审核等，在各项工作中需要工作人员严谨规范地操作，反之则可能存在误存入非法资源、破坏资源作品的完整性等情况，从而引发法律风险。同样，在资源数字化外包中，承包的公司也需要严格按照数字化操作规范来进行，否则可能导致关键信息缺失、显示有误等[①]，从而侵犯其保护作品完整权。

3. 能力不足，不具备相应资质

"一带一路"经管数据库资源建设是一项复杂的工程，需要各建设主体具备相当的知识储备与专业技能。但各个主体的专业知识与能力差异性较大。宏观上看，一些文化事业发展较好的国家如韩国、新加坡等资源建设经验较丰富，能力较强，而一些文化事业发展相对滞后的国家，如巴基斯坦、印度尼西亚等则缺乏资源建设经验，资源建设的能力较低。从各类主体看，图书馆、档案馆等文化机构的工作人员具有较为丰富的资源建设经验与专业能力，能够较好胜任资源建设中的各项工作，而一般公众则未接受过系统的专业培训与教育，多数也没有参与资源建设的经历，部分参与资源建设的公众能力不足，在众包实践中还存在由于参与者能力不足而导致的欺诈行为。[②③] 上述因素可能影响"一带一路"经管数据库资源建设质量，也可能造成财产损失等不利法律后果。

此外，外包公司的资质不足也是导致法律风险的因素之一。业务外包始于20世纪80年代，目前仍处于起步阶段，行业发展不平衡，整体水平较低，且缺乏统一的外包公司资质评定标准与行业管理标准，导致外包公司的资质参差不齐。以我国为例，数字化中介机构相当分散，大部分地区呈零星分布，规模较小且资质不足。[④] 上述因素容易导致"一带一路"经管数据库的资源泄露、数字化加工不达标等法律风险。

---

① 刘乃蓬、张伟：《档案数字化外包项目安全风险分析》，载于《中国档案》2014年第1期，第55~57页。

② Eickhoff C, Vries A P. Increasing cheat robustness of crowdsourcing tasks. *Information Retrieval*, 2013, 16: 121-137.

③ 费友丽、田剑、邓娇：《众包竞赛中欺诈行为的成因与应对策略研究》，载于《江苏科技大学学报》（社会科学版）2015年第4期，第82~86、97页。

④ 许凤凤：《我国档案业务外包研究》，安徽大学，2013年，第14页。

第三节 "一带一路"经管数据库资源建设的法律风险应对

"一带一路"经管数据库资源建设过程中伴随着诸多法律风险，通常法律风险的产生与发展路径一般为"法律风险因素—法律风险—法律风险事件—法律后果"。其中，法律风险由各种法律风险要素所构成，这些风险要素之间通过相互影响、相互作用进而形成法律风险。法律风险具有不确定性特征，法律风险事件的形成一般由某种随机事件触发，而事件的法律后果则是法律风险的不利后果（见图7-3）。因此，宏观上对"一带一路"经管数据库资源建设的法律治理可基于不同的法律风险周期，即风险形成前阶段、形成阶段、后果阶段。

法律风险要素 → 法律风险形成 → 法律风险事件 → 法律风险后果

图7-3 法律风险形成周期

一、法律风险治理原则

法律风险治理原则是风险治理对策制定的指导与方向。众多机构结合自身风险管理/治理经验总结出诸多风险管理/治理原则。欧盟委员会提出风险治理应遵循开放性、参与性、责任性、有效性、一致性、均衡性与辅助性等原则。[①] 全球金融稳定理事会（Financial Stability Board，FSB）则认为风险治理应遵循加强董事会层面的风险监管、加强风险问责制、培育风险文化与了解风险偏好等原则。[②]

"一带一路"经管数据库风险治理原则可参考已有的风险管理或风险治理原则，并结合自身法律风险的特点来确定。具体来看，"一带一路"数据库资源建设法律风险治理应在各建设主体共同参与的基础上，构建起一个科学合理的风险治理体系，同时，该治理体系与"一带一路"经管数据库资源建设的宏观法律环境相适应。

---

① 廖文凯：《从计算到治理：风险管理理念的发展与演进》，载于《商场现代化》2012年第31期，第101~102页。

② Wright S, Sheedy E, Magee S. International compliance with new basel accord principles for risk governance. *Account Finance*, 2018, 38（1）：279-311.

（一）预防性原则

法律风险具有不确定性的特点，法律风险事件的发生需要有一定的触发机制与转化条件。明确法律风险的来源以及法律风险因素向法律风险事件转化的条件，并积极采取有效的防控措施，可以有效降低法律风险事件发生的概率。因此，在"一带一路"经管数据库资源建设法律风险治理中应坚持预防性原则，强调法律风险的事前治理，加强对风险源头的调查研判，提高风险预警能力，同时，与资源建设的日常管理结合起来，减少建设主体的法律风险行为，最大程度上预防法律风险事件的发生。

预防性原则是基于对大量类似风险事件的分析，总结事物以往的惯性与发展规律，推测风险发生的可能与趋势。具体来看，是通过总结现实中已发生的风险事件，根据风险产生的原因、风险所处的环境等因素，并结合"一带一路"经管数据库资源建设实际情况，提前判断风险发生的可能，采取一定的措施从源头降低风险发生的可能性。

（二）专业性原则

通过有效的风险治理可降低法律风险发生的概率、减轻风险事件后果带来的损失。风险治理不是消极地对待风险，而是积极地对风险进行预防、把控，以减轻风险损失。对于"一带一路"经管数据库资源建设而言，通过系统地把握风险、科学地处理风险，为"一带一路"经管数据库资源建设提供一个稳定的环境，保证"一带一路"经管数据库资源建设目标的实现。法律风险既具有社会性特征又具有风险性特征，且"一带一路"经管数据库资源建设中的法律风险相互作用，较为复杂，上述因素决定了风险治理需要专业化的治理团队与手段。

良好的风险管理组织是实现专业化的风险治理及高效的管理的关键。风险管理组织是指为有效实现风险管理目标，风险主体建立的管理机构及管理层次，其主要包括法律风险管理组织结构、组织活动以及行为规章制度等。同时，建立资源建设常态化监控机制，针对资源建设流程，将风险治理的责任落实到各个主体、各个部门。通过日常风险信息沟通交流以及对以往风险案例的探讨，及时发现所面临的法律风险，实现对法律风险管控的常态化。

（三）多主体参与原则

"一带一路"经管数据库资源建设涉及政府、文化机构、信息技术公司、数据库商、公众等众多利益相关者，仅靠某机构的单一力量来开展风险治理工作，不但法律风险视野受限且花费成本较高，收益较低。因此，法律风险的有效治理也离不开各建设主体的参与。具体来看，"一带一路"经管数据库资源建设的利益相关者主要包括政府、图书馆与档案馆等文化机构以及信息技术公司、资源提供商与公众。其中，文化机构与用户希望自身权益能够最大化程度获得保障，政府希望资金投入能够产生最大化程度的绩效收益，资源提供商与信息技术公司则希望经济效益能够最大化程度实现，这些是资源建设中利益相关者的核心层，他们既是数据库资源建设的合作伙伴，也可能给资源建设带来风险。通过明确各建设主体法律风险治理的责任与要求，实现风险的共担，同时，为保障风险治理的成效，在治理过程中还要考虑多方利益。

二、法律风险应对策略

本部分从资源建设环境、组织机构、建设主体、法律制度四个方面，结合"一带一路"跨国数据库资源建设中的法律风险因素与风险因素对资源建设的影响程度，有针对性地提出治理对策。

（一）完善资源建设环境，规避风险

目前，共建"一带一路"国家多法系并存，法治环境复杂多变，法治化发展程度不平衡，法律法规相对滞后且修订较为频繁，一些国家的国内政治局势复杂，国家安全形势紧张，可能引发合同纠纷、知识产权纠纷等一系列法律纠纷。此外，"一带一路"国家间复杂双边规则与多边体系，可能会引起大量的法律冲突，导致资源建设适用法律不明确、企业违约等风险问题，从而最终阻碍资源建设的进程。

国家风险及政治安全风险、法律环境以及外部因素复杂性和不确定性是影响"一带一路"跨国数据库资源建设的环境法律风险产生的主要原因。因此，应积极完善资源建设的法律环境，对法律风险因素进行全面把控，通过国际范围内的协同法治合作、对国内相关法律法规进行修订和完善、建立健全法律纠纷解决救济机制、了解熟悉资源建设相关法律法规等途径预防降低环境法律风险。

应从政府的角度，深化对外协同法治合作，加强顶层制度建设。

（1）营造良好的外部法治环境。

共建"一带一路"国家可通过签署双边、多边协定的方式深化各国间的法治协同，规避各国由于法律体系不统一引发的风险，逐步推进各国法律适用规则的一致性和协调性。同时，积极开展各国的司法交流，加强司法协作配合，在平等互惠的基础上，积极构建科学合理的法律纠纷协调机制与"谈判为先，诉讼兜

底"的法律纠纷解决机制，为"一带一路"跨国数据库资源建设营造良好的外部法律环境。

（2）积极完善国内相关法律法规。

在"一带一路"跨国数据库资源建设中，相关法律法规空缺与规定模糊等是法律风险产生的主要诱因。我国法治建设的起步较晚，以资源建设中涉及最为广泛的知识产权法为例，我国是改革开放后开始恢复建设，于1982年开始相继制定了《中华人民共和国商标法》《中华人民共和国专利法》《中华人民共和国著作权法》，但是知识产权方面整体起步较晚，对新型作品、新兴技术等并未涉及，因此，应积极完善国内相关法律法规，保证资源建设有法可依是预防资源建设中法律风险发生的重要手段。同时，通过相关法律法规的修订，积极推动国内相关法律与国际接轨，提高国内法律的国际化程度，提高我国法律的国际话语权。

（3）建立相关法律咨询指导机制。

政府相关机构可加强对法律环境的宏观评估，定期发布"一带一路"国别风险报告，为资源建设中法律风险的识别与评估工作提供参考。同时可为资源建设提供相关政策指导与意见咨询，帮助其全面了解把握合作国家的法律环境及相应的权利与义务内容，实现资源建设中各项活动与各国相关法律的有效承接。

（4）严格筛选合作的国家。

合作国家的政治环境与法律环境对资源建设的影响很大，部分国家国内政局动荡与恐怖主义频发，一些国家甚至出现人治多于法治的情况，在资源建设中容易引发极其严重的法律风险，而新加坡等国国内局势稳定，法治建设成熟，与国际化接轨程度高且与我国有良好的合作基础，与其展开合作可规避诸多法律风险。在资源建设合作国家的选择上，可咨询相关机构或当地法律人士，对可能合作的对象国家资源建设环境进行调查与评估，依据调查评估结果，选取法制建设成熟、国内政治与法律环境稳定的国家开展信息资源合作，可从源头预防法律风险的发生。应及时掌握共建"一带一路"相关国家的法律环境、政治环境与信息环境的变化，并适时调整"一带一路"跨国数据库资源建设策略，积极应对外部环境的变化。

（5）加强共建"一带一路"国家相关法律法规的研究。

在资源建设工作开展前，应学习研究合作国家的相关法律法规，避开法律的"雷区"。长期以来，人们较多关注发达国家的法律研究与实践成果，对于发展中国家与不发达国家的法律法规关注较少，而部分共建"一带一路"国家经济发展水平不高，一些国家的法律体系不完善，缺乏对中亚、西亚和南亚等国家的法律法规的研究。因此，加强共建"一带一路"国家相关法律法规的了解与研究，是防范"一带一路"跨国数据库资源建设法律风险的首要前提。

(二) 构建治理共同体，合理转移风险

风险治理强调多元主体的平等协商与共同参与。"一带一路"跨国数据库资源建设面临诸多法律风险，应加强政府文化机构在"一带一路"跨国数据库资源建设法律风险治理中的作为，提升其风险治理能力。合理引导公众参与法律风险治理，发挥公众参与的积极性，提升公众法律风险治理参与效能感。鼓励信息技术公司及其他建设主体参与风险治理过程，优化各主体参与的风险治理结构，构建风险治理共同体，是实现法律风险合理分割和合法转移的有效途径。

1. 优化治理结构，构建风险治理共同体

资源建设中管理的法律风险大多与组织的机构设置有关，优化治理结构是资源建设中法律风险治理的必然选择。

金融机构作为风险治理实践的前端行业，其风险治理经验可作为本研究风险治理对策的参考。美国花旗银行通过设立风险管理委员会实现全面的风险治理，该风险管理委员会直接对董事会负责（见图7-4）。同样，风险治理较为成熟的国家，一般通过公共职能部门再造提升其风险治理能力。因此，在资源建设中可通过创新治理结构，成立专门的风险管理理事会负责资源建设中的风险治理工作，实现决策、执行与监督的分离。

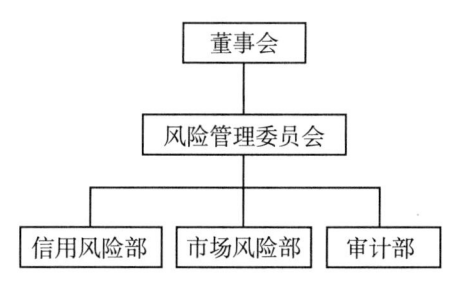

图7-4 花旗银行风险管理架构

资料来源：韩光道：《国外商业银行风险管理经验及其借鉴》，载于《金融理论与实践》2005年第5期，第76~78页。

实现多元主体参与治理。随着全球化的发展以及信息技术的不断扩展，法律风险的主体更加多元，风险行为与风险环境更加复杂多样，传统的单一主体治理模式已经无法应对"一带一路"跨国数据库资源建设中的法律风险挑战，为了有效地应对复杂多样的法律风险，需吸纳多元主体参与风险治理，构建一种风险治理全员参与的合作机制，从宏观层面上，包括参与资源建设的共建"一带一路"国家；从微观层面上，包括政府、文化服务机构、信息技术公司、公众等。在具体的成员选择上，需要有一定的遴选标准，保证风险管理理事会成员中既有经验丰富的

风险治理领域的专业人员,也包括一般的公众。通过多元主体参与风险治理从而提升风险的容纳能力,增强制度体系的连接性与韧性,从而降低风险的冲击。

坚持平等协商包容性治理。社会环境与信息技术的变化以及社会赋权理念的不断渗透,影响并改变了风险治理的基本结构,但在实践中由于制度的规范性安排以及对先进技术的掌握能力等因素的影响[①],经济水平较为发达国家的政府、文化机构等往往居于有利的主导地位,其他经济欠发达国家以及公众等则处于较为弱势的参与性地位,因此,在风险理事会的运行过程中应坚持平等协商的原则,尤其注重对弱势参与方的资源与制度倾斜以保障其参与治理的能力和权利,以保障风险治理过程中主体的利益,增强风险决策合理性。

2. 明确合作契约条款,实现风险的合法转移与有效分担

一方面,"一带一路"跨国数据库作为公众服务提供方;另一方面,"一带一路"跨国数据库也是资源与服务的购买方,在资源建设过程中,同信息技术公司、数据库公司等形成了合作关系。此外,公众通过众包的形式参与资源建设,其实质也是一种契约关系,即公众按照成文或不成文的规定完成相应资源建设任务,则可享受相应的权利。因此,可通过明确合作的契约条款,实现风险转移与有效分担。

(1)健全合同制度,合法转移风险。

风险转移主要是基于法定或者约定的安排,通过直接或者间接的方式将风险的不利后果转移给其他方承担。[②] 其转移方式可分为保险转移和非保险转移,其中非保险转移主要通过订立经济合同的方式实现,保险转移则通过订立保险合同实现。结合"一带一路"跨国数据库资源建设模式,其主要通过与信息技术公司、数字资源供应商等订立经济合同实现风险转移。

在信息资源外包与采购中,采购合同与外包合同的合法性是实现风险转移的前提,合同约定内容是风险转移的关键。健全的合同制度是保证资源提供商与承接数字化任务的信息技术公司的资质,确保所购买的资源与数字化外包资源质量符合资源建设要求的有效手段。合同的合法性,要求资源提供方与信息技术公司具有相应的资质,并能对其提供的内容合法授权或者按质按量完成数字化任务。通过合同约定双方的权利与义务,如信息资源的采购,要首先确保资源的合法性且数据库提供商没有版权纠纷。在数字化外包过程中,通过规范的合同明确双方的权利与义务,如对数字化资源质量的要求等,将数字化外包与资源购买可能带

---

① 孙逸啸:《网络平台风险的包容性治理:逻辑展开、理论嵌合与优化路径》,载于《行政管理改革》2022 年第 1 期,第 77~91 页。

② 吴江水:《完美的防范法律风险管理及合规管理的解决方案》,北京大学出版社 2021 年版,第 389 页。

来的法律风险通过合法的方式转移。

（2）制定用户行为规范，合理分担风险。

用户通过众包的方式参与"一带一路"跨国数据库资源建设可以扩大资源的来源渠道，提高资源建设的效率。但完成众包任务过程中存在上传非法资源、恶意诈欺等行为，这些行为可能引起法律纠纷。通过制定众包平台使用条款、用户行为规范等方式，明确用户的行为规范，以及享有的权利与应履行的任务等，如对用户权限进行规范，可在尊重用户的知识产权、隐私权等基础上，明确用户应对第三方因其在众包平台上发布的资源而引起的纠纷或索赔负责。用户行为守则应明确禁止的行为，包括故意上传或发布与项目无关或非法的资源，发布歧视性、民族主义言论，骚扰其他参与用户，提及个人敏感数据等。通过用户行为规范界定用户的责任范围与权利义务归属，以此实现风险的合理分担。

（3）加强风险监测，做好风险自留准备。

在数据库建设过程中难免会存在一些难以规避或转移的风险，数据库应当做好风险自留的准备。风险自留（risk self-retention）也称为风险承担，是指企业自己非理性或理性地主动承担风险，即指一个企业以其内部的资源来弥补损失。例如，针对木马病毒及黑客攻击等难以预见的网络灾害，造成个人隐私泄露、数据篡改、商业诈骗等事件的发生，即使数据库建设主体进行了充分预防也往往难以避免损失，针对这样的风险，数据库建设主体应当加强风险监测，定期开展风险评估，及时发现数据安全缺陷、漏洞等风险并提前准备有效的应急预案。按照网络安全等级保护制度的要求，履行数据分类、重要数据备份和加密等对数据安全保护的义务，按规定履行保障网络免于受到干扰、毁坏或者未经授权进行访问的义务，从而防止数据泄露或者被他人违规窃取、篡改。

（三）提高数据库建设主体法律素养，降低法律风险

"一带一路"跨国数据库资源建设中，人员法律风险是重要风险之一，同时建设主体的风险意识、法律素养、专业能力、道德素养都是影响"一带一路"跨国数据库资源建设的重要因素。因此，提升各主体的专业能力、培育其风险意识，使其能够胜任资源建设中的各项工作，是降低法律风险、提升风险治理效果与效率的主要途径。

1. 培养与增强主体的法律风险意识与风险感知能力

法律风险是法律主体因某种不规范行为而承担某种不利法律后果的可能性，其发生是不确定的。通过培养主体的法律风险意识与法律风险感知能力，可提前识别法律风险及其向风险事件转化的条件，有效降低法律风险事件的发生概率。对于主体法律风险意识与法律感知能力的培训，需要政府、组织及其个人的共同

努力。对于风险意识的培养具体可从以下方面开展。

（1）积极开展法律讲座与法律宣传，提高建设主体的法律素养。

法律素养是通过相关法律知识学习，将法律知识内化为自身法律认知、法律情感、法律信仰并能够在实践中运用法律的能力。由于共建"一带一路"国家公民受教育水平整体不高，加之法律知识的专业性较强，理解难度较大，因此共建"一带一路"国家公民的法律素养普遍仍有待提高。针对上述情况，可通过开展法律讲座与培训，使各主体能够对相关法律法规有所了解，形成一定的法律意识，具备维护自身合法权益与避免侵犯他人权利的能力。讲座与培训的内容不仅要关注"一带一路"跨国数据库资源建设中涉及的法律法规，还要对宏观层面的法律法规有所涉及。结合类似风险情景的法律风险案例，使各主体能够更加准确地识别法律风险及其转化条件，减少违规操作行为。

（2）制定有效的风险沟通机制，避免风险意识与感知的错位。

由于法律风险的不确定性以及各主体自身认知的限制，主体对于风险的感知通常是依靠自身经验或常识，因而容易造成风险意识与风险感知的偏差。通过政府、"一带一路"平台方、其他建设主体彼此交换法律风险信息和法律风险认知，使各主体避免风险意识与感知的错位，扩大风险信息来源，增强其风险的预判能力，减少风险的发生。

在政府与平台层面，积极有效地监控和预测资源建设中的法律风险信息，让其他建设主体能够明确法律风险的表现与后果。公众在资源建设中提出法律风险质疑和要求干预时，政府与平台方应积极回应，并通过相关专家与法律人士来进行系统的解答，构建畅通的风险沟通渠道，形成良性有效的风险沟通。专家与法律人士对于公众提出的法律风险的解读可以消除公众不必要的疑虑，纠正其风险意识与感知的偏差。

在公众及其他建设主体层面，为公众及其他建设主体提供法律风险信息与申明质疑的渠道，依靠专家、法律人士的专业解释，通过双方透明有序的风险沟通，彼此能够在大范围掌握真实风险信息的基础上做出正确的风险判断，公众及其他建设主体的价值得到重申，政府与"一带一路"平台方能够允许其发表对资源建设中法律风险的看法与意见，可提升主体的风险意识与风险感知能力。

2. 强化主体的专业能力，提升主体的法律风险应对能力

各建设主体作为"一带一路"跨国数据库资源建设的实施者，其专业能力是资源建设质量的决定性因素。

（1）制定参与人员选拔标准，提升主体队伍能力。

图书馆、档案馆等文化服务部门是"一带一路"跨国数据库资源建设的核心力量，其参与资源建设人员的专业能力直接关系着资源建设的质量，因此需严格评估选拔参与资源建设的人员。以图书馆员的专业能力评估为例，可借鉴国内外图书馆员职业能力认证的相关指标。如美国有一套成熟的面向不同类型图书馆员的职业资格认证体系[①]，同时各州针对本地区的特点有不同的认证要求。一些组织针对图书馆员的能力制定相应的标准，如北美连续出版物兴趣组执行委员会制定了《电子资源图书馆员核心能力》（Core Competencies for Electronic Resources Librarians）[②]。我国也出台了《文化行业国家标准·图书馆员（试行）》《江苏省图书资料专业人员资格条件（试行）》等国家级与地方性的标准体系，在人员的选拔上可参照这些文件的要求，结合资源建设的实际需要，进行人力资源配置，加强人员的选拔，并完善岗前培训与继续教育机制，使其能够真正胜任资源建设任务，降低因工作能力或操作不规范而引发的法律风险。

（2）加强信息技术公司与数据库商的资质审查。

信息技术公司与数据库商是"一带一路"跨国数据库资源建设的重要补充力量，其资质是影响资源建设能否顺利进行的重要因素，因此，需加强对信息技术公司与数据库商的资质审查。可从以下几个方面进行考察：第一，法定运营情况。信息技术公司与数据库商必须按照相关法律法规依法成立，具有相关部门颁发的执照，且不存在违法行为与法律纠纷。同时，对其经营范围进行重点核查。第二，工作人员资质。承担数字化外包任务的工作人员应取得相关部门的从业培训证书或从业资格证书，同时工作人员要有参与数字化的经验。第三，企业的规章制度制定情况。承接数字化外包的信息技术公司应制定并执行保密制度、安全操作规范等，并且拥有较为成熟的数字化外包工作管理办法与业务流程。[③]

（3）吸收专业法律人员。

法律风险相较于其他风险类别具有复杂性、专业性的特点，对于风险的识别、评估与应对需要借助专业人员的力量，因此，在资源建设中应配备专业法律人员。对内，通过专业的法律人员可以更加准确的识别、评估和预测法律风险，降低风险发生的概率，同时，可以参与指导反制措施，合理转移风险。对外，在合同的签订、协调等方面运用专业知识，识别合同中的法律漏洞，制定合同谈判策略，最大限度争取利益。此外，依托专业法律人员可最大限度降低法律风险事件发生后的风险损失。

---

① Public Librarian Certification Standards. 2022－02－21，https：//statelibrary.ncdcr.gov/services libraries/resources－library－staff/public－librarian－certification－commission.

② NASIG. Core competencies for electronic resources librarians. 2022－02－21，https：//www.nasig.org/site_page.cfm? pk_association_webpage_menu＝310&pk_association_webpage＝7802.

③ 陆尘香：《国家档案馆档案业务外包边界研究》，广西民族大学，2019年，第44页。

(4) 加强公众的专业技能培训。

由于参与资源建设的公众其受教育水平、专业背景、知识结构呈现多元化的特点，且多数普通公众缺乏资源建设的实践经验，因此需要对参与资源建设的公众进行相应的专业技能培训，可通过视频、指导手册、讲座培训等方式强化其资源建设的能力，减少操作失误，进而降低由于失误操作带来的法律风险。

（四）重视制度建设，有效降低风险

诸多法律风险事件的发生是由于缺乏完善的法律风险治理制度保障，以及相关政策推行不到位，因此，有效的法律风险规避需依靠制度建设实现。制度具有普遍性、强制性与连续性等特征，通过相关制度对"一带一路"跨国数据库资源建设中的各项活动、各主体行为进行协调规范，如制定常态化的法律风险预警制度实现风险的实时动态监测、评估与警示，建立资源的版权管理与分级制度，以减少法律纠纷、降低法律风险的损失等。通过加强制度建设，规范化资源建设各个环节，使其可以有章可循，有效提高资源建设的效率，减少风险的发生，具体包括风险防控制度建设、风险管理制度和风险事后救济制度。

1. 加强风险防控，建立常态化风险预警制度

风险预警是指以"一带一路"跨国数据库资源建设过程中的法律行为信息为依据，并设置法律风险预警线，通过实时检测资源建设法律行为状态偏离风险预警线的程度，及时发出警戒信号，以避免或降低可能发生的风险损失。[①]

建立常态化的风险预警制度，通过法律风险信息的搜集、法律风险的识别、分类与成因分析、风险估计、风险评价、风险警示等环节（见图7-5），对资源建设中的法律风险进行实时动态监控，以减少风险的发生。可从几个方面展开。

（1）法律风险信息收集制度。

在法律风险信息收集时，应对信息源进行筛选，以确保法律风险信息的可靠性与可用性。法律风险信息主要包括法律风险内外部信息。对于法律风险外部信息的收集，主要包括共建"一带一路"国家法律法规信息，或者通过相关法律数据库收集法律案例等；对内部法律风险信息的收集，要通过各主体的监督及时发现，充分运用有效的沟通方式。因此，须制定法律风险信息的收集制度，制度内容可包括收集的渠道、收集的方式等。

（2）建立法律风险预警沟通制度。

大量准确、及时的法律风险信息是实现有效的法律风险预警的前提，而这些法律信息的获得，则要求强化各个建设主体间的信息交流与共享。既包括政府与

---

① 蒋云贵：《我国社会转型期企业法律风险预警机制及对策研究》，中南大学，2012年，第100页。

"一带一路"跨国数据库平台方、"一带一路"跨国数据库平台方与其各个业务部间外部法律风险因素信息的交流,也包括资源建设中法律行为信息、法律风险表现信息、法律风险警示线信息等内部法律信息的交流。为实现上述风险信息的有效畅通交流,应制定相应的风险沟通制度,具体包括交流的信息内容、交流的方式、交流的意见反馈等。

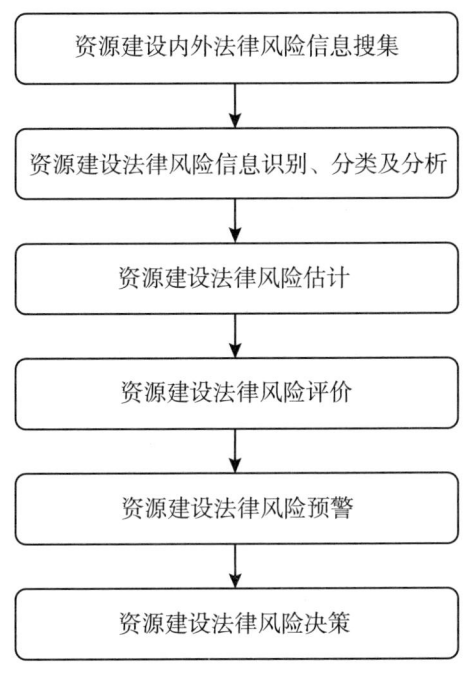

```
┌─────────────────────────────────┐
│   资源建设内外法律风险信息搜集   │
└─────────────────────────────────┘
              │
              ▼
┌─────────────────────────────────┐
│ 资源建设法律风险信息识别、分类及分析 │
└─────────────────────────────────┘
              │
              ▼
┌─────────────────────────────────┐
│     资源建设法律风险估计        │
└─────────────────────────────────┘
              │
              ▼
┌─────────────────────────────────┐
│     资源建设法律风险评价        │
└─────────────────────────────────┘
              │
              ▼
┌─────────────────────────────────┐
│     资源建设法律风险预警        │
└─────────────────────────────────┘
              │
              ▼
┌─────────────────────────────────┐
│     资源建设法律风险决策        │
└─────────────────────────────────┘
```

图 7-5 资源建设法律风险预警流程

2. 健全法律风险管理制度,实现资源建设行为的规范化

通过制定资源版权信息登记与分级管理制度,规范各个建设主体在资源建设中的行为,加强对资源建设实践的约束与规范,减少法律风险的发生。

(1) 资源信息管理制度。

资源的版权风险是"一带一路"跨国数据库资源建设的主要风险。为减少版权风险,应全面了解资源的版权状况,并依据其版权信息情况制定不同登记制度,如针对版权信息明确的资源,应出台版权信息全面登记政策,包括资源的著作权人、资源的著作权保护期限等,针对版权信息不完整或者不明的信息资源,可建立默示许可政策,或者通过版权声明、免责声明等方式尽到形式上的注意义务。此外,为避免跨境流动过程中的法律风险,需要进行分级管理制度。根据信息资源的来源、性质等进行登记划分,对于政府、医疗、地理、基础设施等重要的信息资源,可通过限制 IP 地址或者用户的方式有限制公开。对于普通资源则可自由流动,对全体用户公开。

(2) 主体行为规范制度。

通过明确的制度对不同主体的权利和义务进行明确界定,主要包括数据库建设团队行为规范,团队成员在数据库资源采集、发布、服务等过程中应注意的主要事项、需要遵守的基本法律规范;数据库机构用户行为规范,图书馆、政府部门等机构用户在利用数据库开展服务、对资源内容进行增值开发等过程中的行为守则;数据库个人用户行为规范,个人用户在对数据库资源使用、传播过程中应遵循的基本要求,提升其遵守法律规定的意识,约束其相关行为。

3. 构建法律风险救济制度,减轻法律风险损失

法律风险多数情况下是突发的,一旦发生法律风险,如何降低法律风险带来的损失,避免风险的扩大化是风险治理中的重要内容。而纠纷一旦产生,事后救济一定要跟上,因为这是消除法律风险的最后一道防线。事后救济要及时、有效。一般法律风险后果可分为纠纷、诉讼。对于法律风险引起的纠纷与诉讼的解决需要借助专业法律人士的力量,因此可建立法律顾问制度,减轻法律风险的损失。法律顾问的设置可采取两种方式:第一,设置专门的法律部门,该部门由法律专职人员组成,负责资源建设中各项法律事务的审查,提供相关的决策建议,参与纠纷的解决;第二,外聘法律顾问,为资源建设提供法律咨询,参与合同的制定审核和法律纠纷解决等。[①]

(五) 分阶段治理,系统规避风险

1. 资源建设阶段法律风险应对措施

(1) 合理采集公开可用资源。

网络上海量的信息资源为"一带一路"经济管理数据库建设提供了资源基础,数据库建设团队应优先考虑开发利用已进入公有领域的资源,主要是以下几类。

《著作权法》第五条列出的不受该法保护的资源,如"一带一路"经济管理相关的法律、法规以及新闻类的单纯事实消息,这类资源的来源主要是官方网站发布的法律法规条文及权威媒体网站报道的新闻资讯,对这些资源进行有选择地编排、加工、整合,可以为相应的"一带一路"专题政策法规库和新闻资讯库建设提供资源基础。但要注意,如果作者将自己的思想观点融入新闻内容形成新的作品,如新闻点评、报告文学、人物采访等,则这些作品受到著作权法保护,不得随意利用。

超出《著作权法》第二十三条规定保护期限的资源,根据法律规定,作品著

---

① 蓝志凌:《中小企业常见法律风险管理》,复旦大学,2014年,第46~47页。

作权的保护期为五十年，所以已过著作权保护期的资源一般属于年代较久远的历史文献，与本项目相关的包括古代丝绸之路沿线地区历代留存下来的相关文献典籍、方志资料，这类资源可为数据库提供"一带一路"历史背景知识。

政府开放数据，包括国家及"一带一路"重点城市政府数据开放平台中统计局、商务局、税务局等部门的公开数据信息。政府数据实际上是国家机关在履行岗位职责过程中获取的有关数据信息，这些数据信息与公众的日常生活、工作紧密联系，因此，除了涉及国家安全的敏感数据、企业集团的商业机密或社会公众的隐私信息等，其他政府数据都无须获得政府授权即可在政府公开平台上下载并对其进行增值开发利用。

对于以上几类免费资源，"一带一路"数据库建设团队可以合理采集，但采集过程要进行必要的审查，确保使用处于无偿使用范围内的数据。此外，根据《著作权法实施条例》第二十一条①规定，对待此类资源也必须高度重视著作权人的署名权、修改权和保护作品完整权等，应该在数据库网站的醒目位置标明资源的出处及作者，将法律风险发生的可能降至最低。

（2）妥善解决著作权授权问题。

对于受著作权保护并仍在著作权保护期内的资源，则应当谨慎对待以回避法律风险，不可随意开发利用。"一带一路"经济管理数据库建设团队在使用这类资源时，要明确资源的著作权人，并进一步取得著作权人对资源使用的许可且支付一定报酬。《著作权法》第二十六条②规定，数据库团队应与著作权人订立许可使用合同，合同中对许可的权利种类、许可使用的范围及年限、支付数额及交易方式、违约责任等做明确约定。

但是，由于网络环境中资源信息分散、种类繁多、数量巨大、涉及权利主体范围广泛，要求数据库团队逐一与著作权人取得联系、获得使用许可并支付费用不太现实，因此可以考虑通过著作权集体管理组织来完成。根据《著作权法》第八条③规定，依法设立的著作权集体管理组织经过授权，可以为著作权人主张有关权利，著作权集体管理组织将代替著作权人与未来作品使用者接洽商谈具体条款、签订有关授权合同、收取有关费用并分配给相关著作权人。因此，数据库建设团队可与具有合法资质的著作权管理组织取得联系，统一完成对资源的许可授权和支付相应的报酬。

---

① 《中华人民共和国著作权法实施条例》第二十一条：依照著作权法有关规定，使用可以不经著作权人许可的已经发表的作品的，不得影响该作品的正常使用，也不得不合理地损害著作权人的合法利益。

② 《中华人民共和国著作权法》第二十六条：使用他人作品应当同著作权人订立许可使用合同，本法规定可以不经许可的除外。

③ 《中华人民共和国著作权法》第八条：著作权人和与著作权有关的权利人可以授权著作权集体管理组织行使著作权或者与著作权有关的权利。

（3）强化数字化过程的著作权保护意识。

对图书馆和相关部门"一带一路"经济管理领域的特色实体资源，如相关手稿、图册、口述材料、指导手册、调研报告等进行数字化是"一带一路"经济管理数据库资源建设的特色途径，此类资源可作为数据库的特色资源。但是，由于数字化加工属于一种复制行为，而复制权是著作权中最重要的经济权利之一①，对未经许可的作品进行数字化必然会对作者的复制权造成侵犯。因此，数据库建设团队在数字化过程中应强化著作权保护意识，重视对数字化对象的选择，针对不同类型、不同著作权保护状态的资源要区别对待，对于尚在著作权保护期内的资源，需获得著作权人的许可、支付相应的报酬和签订相关协议等。对于尚未公开发行的实体资源，在数字化过程中也必须征得著作权人的同意，签订许可协议，否则将侵害原作者的发表权。

（4）采购电子资源时加强审查。

采购电子资源是"一带一路"经济管理数据库建设团队进行数据库资源建设的补充途径，在采购时要加强法律意识，首先要审慎选择，从正规合法的途径购买，考察其是否符合我国现行《著作权法》等相关法律法规，避免买入违法资源和陷入版权纠纷的资源。

其次，在与资源供应商签订采购许可协议前，要对协议的所有条款有充足的了解，对不利项目团队合法权益的条款，应与供应商进行洽谈并修改，明确所购电子资源在使用时间、空间及权限方面的规定。②

再次，要查验电子资源权属证明的法律文件，通过多种途径检验所购电子资源的合法性，明确约定供应商提供的电子资源信息服务的质量条款，并对违约之后的责任分担做出规定，从而减少因资源供应商违约给数据库建设团队带来的损失。③

最后，必须明确著作权担保条款，在规定使用范围内因资源著作权引起的纠纷将由资源提供商负责，数据库建设团队保留追偿权利，若因此给数据库团队造成经济损失，资源供应商应全额赔偿，并负责消除给数据库建设团队带来的不良影响。④

---

① 麦淑平：《数字图书馆建设与服务的知识产权保护研究》，载于《图书馆理论与实践》2010年第2期，第17~20页。

② 陈传夫、饶艳、林嘉、谢莹、龚萍、冉丛敬：《信息采集与交换知识产权风险与对策》，载于《图书馆建设》2003年第6期，第31~36页。

③ 向佳丽、庄玉友：《电子资源许可协议核心条款的分析与风险应对》，载于《图书情报工作》2016年第16期，第73~78、85页。

④ 胡大琴：《采访数字资源的版权风险与应对策略探讨》，载于《山东图书馆学刊》2020年第1期，第56~62页。

2. 平台搭建（外包）阶段法律风险应对措施

（1）依法开展招投标活动。

招投标活动是一项法律性很强的工作，"一带一路"经济管理数据库建设团队将平台搭建项目通过招投标方式外包时，应当严格遵循相关法律法规开展工作，保证各项程序符合规定并且相关文件内容都具有合法性。为规避招投标过程产生的法律风险，数据库建设团队应做到以下几点。

首先，数据库建设团队作为项目招标方，要重视招标文件的编制。招标文件是能够制约招投标方权利义务关系、具有法律效力的综合性文件，数据库建设团队通过该文件对拟购平台搭建项目的投标人提出项目相关需求说明及合同条款。为了使招标文件可能引发的风险降至最低，可以将专业性强的招标文件交由招标代理机构编写，并与编写人员充分交流沟通数据库建设项目的基本情况，降低信息不对称带来的风险，使招标文件能够充分反映数据库团队的平台建设需求。招标文件中的内容越明确具体，越有利于加深投标人对项目需求的理解和认识，避免日后纠纷。[①]

其次，数据库建设团队方要严格按照法律规定进行开标。开标的时间和地点均应符合《招标投标法》第三十四条[②]规定，如果因故需要更改的，必须在开标前通知所有招标文件的收受人，并且一定要以书面文件的形式。整个开标过程也应当严格依据《招标投标法》及相关实施条例的规定程序，保证公平公正公开地进行。

最后，数据库建设团队要做好招标过程中的保密工作。为了避免不正当竞争导致招标人自身及其他投标人的权益受损，根据《招标投标法》规定，招标过程中数据库团队不得泄露以下信息：①已获取招标文件的潜在投标人；②招标项目底价；③评标委员会组成人员信息；④涉及评标文件评审的内容。

（2）提高数据库技术外包合同签订质量。

合同是风险的来源之一，也是一种风险管理工具，守住这座桥梁就可以防范绝大部分的法律风险。[③] 签订合同是将数据库技术外包的关键环节，直接关系到数据库建设团队和承包商之间权利和义务的界定，因此有必要谨慎审查合同条款，提高合同签订质量，保障合同的全面性、严谨性和明确性。为了保障数据库建设团队方的权益，在订立合同时要尽可能地争取对自己有利的条款、规避对自

---

① 沈双洁、颜祥林：《数字档案馆项目风险因素的理论分析》，载于《档案学通讯》2014年第1期，第68~73页。

② 《中华人民共和国招标投标法》第三十四条：开标应当在招标文件确定的提交投标文件截止时间的同一时间公开进行；开标地点应当为招标文件中预先确定的地点。

③ 吴江水：《完美的合同：合同的基本原理及审查与修改》，北京大学出版社2010年版，第13页。

己不利的条款,应当注意以下几点:首先要明确承包商的义务和责任以及对数据库产品的需求,如果不能达到验收标准则由承包商承担违约责任。其次要明确著作权归属,对于数据库产品的署名权、使用权等进行充分沟通并做出约定。最后要明确验收标准和规范,避免使用含混不清、模棱两可的词句,以免在数据库产品验收时因歧义而产生纠纷。[①] 签订一份完备、周密、内容明确、权责清晰的合同对降低合同执行中的纠纷、争执、不确定性等风险起着重要作用。

(3) 多重途径防范合同履约风险。

数据库建设团队可以通过以下途径防范合同履约风险:

完善合同履约管理制度。在合同履约的全过程中均需要对合同履约进行管理,完善的合同履约管理制度能有效保障合同顺利进行,数据库团队方应加强对合同履约的主动管理,梳理合同履约的相应流程,对其进行规范并制度化,及时关注出现的风险点。

对承包商的履约情况实施有效监控,及时提示风险。合同中重要节点的规定是对双方义务履行先后顺序的明确,数据库团队方应当关注这个节点或顺序,对承包商的履行情况进行有效跟踪,防范对方的违约风险,同时自身也要做到在规定的节点履行相应的义务,避免自身违约。

根据实际需要及时补充、变更合同,若有需要及时解除合同。进入合同履约阶段,面对突发情景,如果出现因特殊状况无法履约的情况,需要各方对履约偏差进行及时调整,对合同及时进行补充或更改,将合同履行重新拉回正常轨道,促进合同的顺利完成。如果确有无法解决的问题,履行合同出现困难,则应当及时止损,尽早解除合同,降低损失扩大化的风险。

验收环节加强审查。在验收阶段严格审查合同全面履行情况,确认数据库产品是否存在技术漏洞、重要数据是否存在缺漏、数据库功能是否与说明需求书相匹配,以便及时提出返工要求,查验无误后才能将数据库平台投入使用。[②]

加强合同纠纷管理。一旦在合同履行过程中出现纠纷,双方应该先友好协商,如果协商不成则提交仲裁或通过诉讼解决,数据库团队方应配合诉讼律师制定好的诉讼策略,妥善应对纠纷,维护自身利益。

3. 应用服务阶段法律风险应对措施

(1) 尊重原作者的信息网络传播权。

"一带一路"经济管理数据库搭载上网之后,在提供信息资源共享服务时应

[①] 张玉霞:《图书馆数字化业务外包的风险控制》,载于《宁波大学学报》(教育科学版) 2012 年第 1 期,第 62~64 页。

[②] 肖文建、胡敏捷:《数字档案馆建设中信息技术外包的潜在风险及防范》,载于《档案学通讯》2010 年第 6 期,第 50~53 页。

注意以下几点。第一，保障传播信息资源的合法性，根据《信息网络传播权保护条例》第二条[①]规定，数据库团队方在传播资源时应确保资源已被许可传播，并且支付相应的报酬，同时标明原作者的名称。第二，根据该保护条例第四条[②]规定，数据库团队方应当积极采取预防侵权的合理措施，通过技术手段控制信息资源传播的过程和范围，综合运用多种信息防范技术，通过设置下载数量限制和时间间隔约束用户的下载行为，控制所共享的资源在协议许可的合理使用范围内。第三，数据库团队应当尽到告知义务，有必要在数据库网站显眼处设置版权声明，提示数据库用户应在遵守相关法律要求下在合理范围内使用资源，并在利用资源时遵循数据库的资源许可方式，避免侵犯数据库资源的信息网络传播权。[③] 除以上所述外，数据库团队方还要明晰《信息网络权保护条例》第十八、第十九条的归责依据，不得故意删除或者改变信息资源的权利管理电子信息，不得让服务对象以外的人获得资源，同时要防止服务对象的复制行为损害原作者的利益。

（2）正确设置网络链接形式。

提供资源导航服务时出现的著作权纠纷，大多是因为链接的设置没有注意应用范围，超出了《信息网络传播权保护条例》的规定界限，因此在数据库网站中设置链接时，应当使用正当的链接形式链接到他人的网站首页，对于纵深链等容易引起侵权纠纷的形式要尽量避免使用。如果确因资源建设或编排需要使用深度链接，必须事先取得被链网站所有权人的同意。[④] 若被链接网站所有权人认为链接设置侵犯其权利并发出通知，数据库团队应当根据《信息网络传播权保护条例》第十五条规定，立即断开与涉嫌侵权作品的链接，避免侵权扩大化。此外，要注意被链接网站的选择，尽量选择官方权威来源的网站，否则如果被链接网站中存在侵权作品，数据库团队可能因为存在协助被链网站侵权行为而构成间接侵权，《信息网络传播权保护条例》第二十三条[⑤]中对这种侵权行为有明确规定。

（3）重视数据库用户个人信息安全。

在利用数据挖掘为数据库用户提供个性化信息服务时，数据库团队要注意对

---

① 《信息网络传播权保护条例》第二条：任何组织或者个人将他人的作品、表演、录音录像制品通过信息网络向公众提供，应当取得权利人许可，并支付报酬。
② 《信息网络传播权保护条例》第四条：为了保护信息网络传播权，权利人可以采取技术措施。
③ 陈传夫、王云娣：《图书馆用户知识产权风险管理策略》，载于《图书馆论坛》2008年第6期，第16~20页。
④ 曹玉平：《图书馆数据库使用中规避知识产权风险研究》，载于《图书馆论坛》2012年第1期，第20~23页。
⑤ 《信息网络传播权保护条例》第二十三条：网络服务提供者为服务对象提供搜索或者链接服务，在接到权利人的通知书后，根据本条例规定断开与侵权的作品、表演、录音录像制品的链接的，不承担赔偿责任；但是，明知或者应知所链接的作品、表演、录音录像制品侵权的，应当承担共同侵权责任。

用户隐私的保护，根据《个人信息保护法（草案）》第九条[①]，数据库团队作为信息处理者要对处理他人个人信息的过程负责，并保障个人信息的安全，只有合理合法地利用个人数据信息，避免过度收集信息，才能让数据挖掘技术在个性化服务中发挥应有的效果。

首先，要制定具体的数据库用户个人信息保护制度，一方面，规范数据库管理人员收集用户个人信息和行为痕迹记录的行为，对采集、储存、开发用户个人信息数据的范围和方式、途径做出明确规定[②]；另一方面，必须在用户注册协议中以清晰易懂的语言告知用户采集信息的目的、形式、保存期限等内容，征得用户许可后才能对其个人信息进行收集利用。其次，要在数据库中采取可靠的、安全性高的技术措施保护用户个人信息[③]，例如采用个人隐私安全平台项目（The Platform for Privacy Preferences Project，P3P）的标准，让数据库用户在浏览网站时可以自行选择是否允许自己的个人信息被第三方收集并利用。最后，要杜绝非法信息交换，未经数据库用户明确同意，数据库管理者不得向第三方机构、组织或以公开形式向外提供用户的个人数据和活动记录。

（4）应用技术和法律保护数据库。

除了规避各种侵犯他人权益的风险外，数据库建设团队还要注意防范被侵权的风险，保护自身合法权益，尤其要防止被非法商业化利用。"一带一路"经济管理数据库内容的选择和编排都融入了数据库团队的创造性劳动，数据库制作成本高、经济价值高，如果不对其进行保护，网络环境下对电子资源的复制轻而易举，对数据库的恶意使用和非法传播将会给数据库团队造成极大损失，同时可能间接侵害数据库内容原作者的合法权益。

一方面，要加强对数据库的技术保护，根据《著作权法》第四十九条规定，数据库团队可以采取技术措施来保护网络环境下数据库著作权及有关权利。目前常用于数据库产品著作权技术保护的方式有以下几种：加强用户权限设置，合法用户可通过口令对数据库进行访问，或通过 IP 地址将用户范围限定于某 IP 网段内。在网络传输信息过程中采用数据加密技术、数字凭证技术和数字签字技术等数据安全传输技术，防止信息被窃取和破坏。通过数字水印技术限制用户的复制行为，并将有关标识信息作为起诉他人非法侵权的证据。

另一方面，要在数据库网站醒目处设置法律声明，对数据库内容、网页及域

---

① 《中华人民共和国个人信息保护法（草案）》第九条：个人信息处理者应当对其个人信息处理活动负责，并采取必要措施保障所处理的个人信息的安全。

② 周姗姗、徐坤：《大数据背景下信息服务中的用户隐私权保护》，载于《现代情报》2015 年第 11 期，第 43～48 页。

③ 王建：《数字图书馆建设和运行中的知识产权问题及对策研究》，载于《情报理论与实践》2010 年第 9 期，第 32～36 页。

名等进行权利主张,声明内容主要包括权责归属、资源利用许可方式、侵权行为责任追究等方面,以提醒用户在对数据库资源进行利用时应遵循相关规定,尊重知识产权,避免非法复制、传播等侵权行为。一旦发生被侵权事件,要及时通过法律方式维护数据库建设团队方的合法权益。"一带一路"经济管理数据库在内容选择和编排上具有独创性,属于《著作权法》的保护客体,因此可通过《著作权法》的相关条例对其进行保护。

第八章

"一带一路"经管数据库平台构建与实现

如何更好地为用户提供服务是数据库建设的关键问题，也是建库的宗旨所在。"一带一路"数据库功能设计是实现数据库服务的关键要素，调研发现，"一带一路"专题数据库建设已取得一定进展，但在服务功能方面也存在一定不足。本章节的目的在于对当前数据库中存在的数据资源定位不准确、检索功能较为简单、特色服务较少等问题进行优化完善，通过研究"一带一路"经管数据库的功能设计，提升"一带一路"专题数据库的服务功能，满足共建"一带一路"国家不同用户的经管类信息需求。

第一节 数据库平台建设总体规划

一、数据库定位

（一）面向特定经济管理领域建设资源

本数据库收录的信息资源是面向特定经济领域的，具有内容复杂、类型多样和来源分散的特性。

（1）从内容看，本数据库包含的经济管理信息资源是经济管理活动相关的各类信息的集合，一方面是在经济管理活动过程中产生的具有一定价值的信息资源，另一方面是指支撑经济管理活动所需的信息资源。

（2）从类型看，本数据库包含"一带一路"沿线的各国概况、政策法律、项目工程、产业发展、投资贸易和企业概况等经济信息。

（3）从来源看，本数据库资源主要来自统计部门、权威媒体、企业、商会和跨境产业园区等。

（二）满足各类用户的经济信息需求

"一带一路"经济管理信息资源主要用户群体可分为政府、科研、企业三大类型。

（1）为政府用户提供"一带一路"经济管理类统计数据、规划计划、双边文件和政策法规等信息。

（2）为企业用户提供投资指南、共建"一带一路"国家信息及政策法规、项目信息、展会等信息。

（3）为科研用户提供相关的学术文献、研究报告、统计数据等信息。

（三）提供多语种页面及跨语言检索特色功能

1. 多语种访问界面

数据库平台提供中文、英语、俄语、法语、阿拉伯语和西班牙语 6 种语言的访问界面，用户可选择熟悉的语言界面进行访问。

2. 跨语言检索

数据库平台可提供中文、英语、俄语、法语、阿拉伯语和西班牙语 6 种语言的跨语言检索服务，即用户仅需输入母语版本的关键词，系统便会反馈符合条件的不同语种的信息资源，以更好地满足用户对不同语种的经济信息检索需求。

（四）践行资源共建共享原则

"一带一路"经济管理类资源来源广泛、数量庞大，仅靠单一主体无法实现全部内容的获取。为尽可能全面地采集"一带一路"经济管理资源，本数据库通过构建数据协同建设与共享模式，践行共商共建共享原则，推进互联互通。

（1）协同建设。推进多主体共同参与建设数据库，鼓励用户上传"一带一路"相关资源，实现数据库资源的共建。

（2）资源共享。管理员审核后的资源可供用户使用，实现资源开放获取，为政府、科研、企业和普通用户免费提供信息浏览、收藏及下载功能，实现数据库资源的共享。

二、建设目标与架构

（一）建设目标

本研究旨在提出"一带一路"经管数据库的建设构想，全方位汇集共建"一带一路"国家的经济管理信息，为政府决策提供真实有效的参考依据，为企业投资提供全面的数据与风险预警，也为学术机构的科学研究提供翔实的数据支撑，以促进共建"一带一路"国家经济管理信息的共享和交流，把"一带一路"建设成为信息畅通之路。在对国内外"一带一路"经济管理相关的数据库提供的功能进行详细分析的基础上，吸收国内外专题数据库功能设计的建设经验，结合我国《GB/T 38371-2020 数字内容对象存储、复用与交换规范》和《GB/T 38548-2020 内容资源数字化加工》等标准，运用先进的数据处理技术，实现数据库的资源数字化加工、存储、复用与交换。具体来说，有如下建设目标：

1. 数据资源共享

图8-1为数据资源共享服务系统图，本数据库对所建成的所有资源实行全面开放，为政府、科研、企业和普通用户免费提供相关信息浏览、收藏及下载服务。

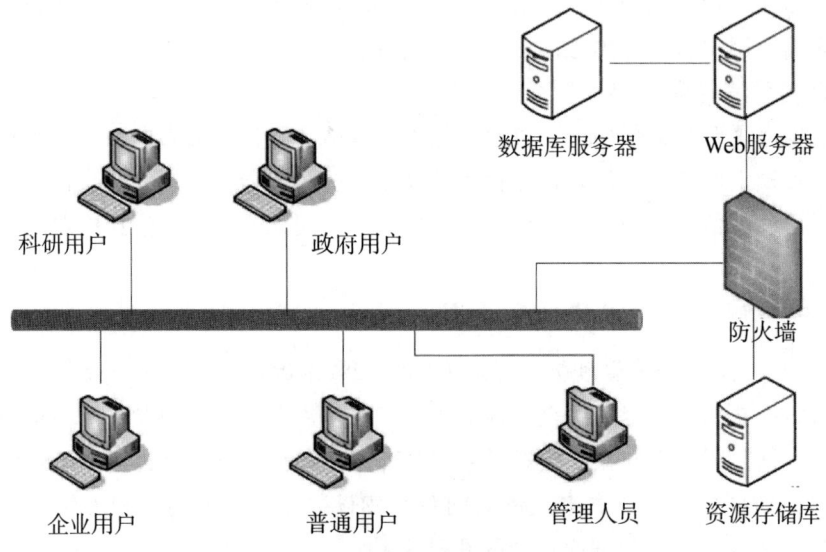

图8-1 数据资源共享服务系统

2. 满足特定用户的信息需求

"一带一路"经济管理信息资源主要用户群体为政府、企业与科研用户三类。政府用户作为极具代表性的一类信息用户，兼具信息提供方与信息需求方的双重身份，但实践中往往被作为信息提供方，自身内在的信息需求较少被讨论，本数据库旨在为政府用户提供"一带一路"经济管理类统计数据、规划计划、双边文件和政策法规等。企业用户是"一带一路"经济管理信息利用的主力军，不同企业由于所处行业、企业规模、所处地域等的不同可能在信息需求上有较大的差距，但总体集中在投资指南、共建"一带一路"国家信息及政策法规、园区信息、展会信息、项目信息等，本数据库为其提供相关的投资指南、共建国家信息及政策法规、统计数据等信息。科研用户指利用各种信息资源，开展"一带一路"经济管理主题下研究活动的个人或团体，包括个体研究人员、高校科研团队、国内外智库等，本数据库为其提供相关的学术文献、研究报告、统计数据等。

（二）建设原则

结合本数据库的特色与软件工程规范，确立如下建设原则：

1. 数据的准确性及完整性

准确实时的数据是数据库的物质基础，也是数据库持续发展与稳定运行的关键，贯穿于数据库的整个生命周期中。《国家统计质量保证框架（2021）》指出：准确性要求统计数据的误差必须控制在允许范围内，能够为形势判断、政策制定、宏观调控等提供可靠依据。完整性要求统计数据应当全面完整，统计范围不重不漏，统计口径完备无缺。侧重于对统计数据全面系统反映客观实际程度的评价。

2. 数据库的稳定性与可扩展性

数据库在构建过程中应满足系统的稳定性、可靠性及可扩展性要求。平台应具有良好的稳定性，在平稳运行基础上，提供检索、浏览和可视化功能；可靠性要求数据库能够及时反馈故障，迅速发现并改正问题；可扩展性要求在设计过程中考虑平台的功能优化，根据用户提出的相关建议和反馈进行优化。

3. 易用性和美观性

数据库界面尽可能采用通俗易懂的语言、简洁的操作步骤和简单易用的交互界面，从而减少用户认知负荷，降低其花费在平台使用操作上的时间成本，提高服务质量。在平台 UI 设计上，要注意整体界面和子窗口的布局，如关键栏目放置于界面核心位置、图表按钮风格统一等，同时配色方案应柔和协调，重点选择一种颜色突出显示界面的核心信息，为用户营造舒适感和熟悉感。

4. 安全性

数据库存储用户和管理员的个人认证信息及数据下载、浏览信息，通常涉及个人隐私，因此要求平台具有一定的保密性。此外，数据库还会受到网络内外部的安全威胁，因此需提供多种方式和层次的访问控制，如使用虚拟局域网、包过滤、入侵检测及防火墙等技术保证数据的安全传输。

（三）整体架构

采用云计算构建"一带一路"经管数据库。云计算是一种基于互联网、按需分配资源的新型分布式计算模式，具有算力强大、软硬件分离、存储虚拟化等特点。[1] 随着云计算快速发展，其海量数据存储虚拟化、平台管理技术、网格计算等衍生概念与技术已被广泛应用于搭建各类存储系统、服务云平台和数据库资源建设。如有研究借鉴CALIS三期工程云计算理念，提出利用云计算技术构建民族高校馆特色数据库，从而整合民族特色资源，实现资源共建共享。[2] 在构建大学城图书馆联盟平台框架时，将专题数据库归为SaaS层，作为中间平台。[3] 国家图书馆特色资源云平台采用混合云对数据进行组织与存储，IaaS层旨在提供稳定的基础保障，PaaS层负责数据采集、加工、清洗、管理和分析，SaaS层则为终端用户提供跨终端、跨平台的云应用服务。[4] 可见云计算技术能有效满足数据库需求，通过集成分散、多源、异构的"一带一路"经济管理资源，为用户提供跨系统、跨语言、跨库的一站式服务。图8-2为"一带一路"经管资源共建云平台框架，包括基础设备层、数据层、管理层和应用服务层四个层次。

基础设备层对应云计算的IaaS（基础设施即服务），由服务器、存储设备、网络设施、系统软件等组成，形成"一带一路"经济管理资源共建网络基础设施。

数据层与管理层对应云计算的PaaS（平台即服务）。其中，数据层由元数据仓储、存储、压缩、读取、分发、合并等模块组成，主要负责并完成"一带一路"经济管理资源的存储、压缩、读取、分发、合并以及加密等任务。管理层由数据、任务、用户和安全4个部分构成，便于对"一带一路"经济管理数据进行管理，并与用户提出的任务请求相互协调适配，从而保证用户隐私与数据安全。

---

[1] 陈康、郑纬民：《云计算：系统实例与研究现状》，载于《软件学报》2009年第5期，第1337~1348页。

[2] 刘瑞：《民族高校图书馆特色数据库建设研究》，载于《图书情报工作》2011年第S2期，第106~109页。

[3] 詹庆东：《大学城图书馆联盟顶层设计》，载于《图书情报工作》2013年第12期，第56~59、76页。

[4] 童忠勇：《国家数字图书馆特色资源云平台的建设与实践》，载于《国家图书馆学刊》2018年第5期，第99~105页。

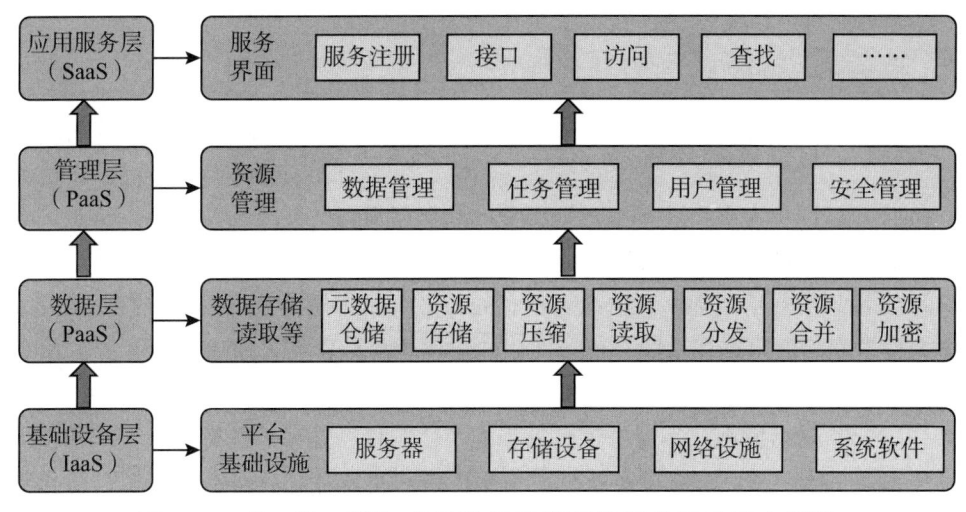

应用服务层 （SaaS）	服务界面	服务注册	接口	访问	查找	……
管理层 （PaaS）	资源管理	数据管理	任务管理	用户管理	安全管理	
数据层 （PaaS）	数据存储、读取等	元数据仓储	资源存储	资源压缩	资源读取	资源分发	资源合并	资源加密
基础设备层 （IaaS）	平台基础设施	服务器	存储设备	网络设施	系统软件	

图 8-2 "一带一路"多语种经济管理资源共建云平台框架

应用服务层对应云平台框架的 SaaS（软件即服务），是为目标用户提供一站式"一带一路"经济管理信息服务的交互界面，包括用户注册、资源浏览和数据检索、数据下载等功能。其中应用接口应符合《信息技术 云计算 文件服务应用接口》（GB/T 36623-2018）规定。

三、约束、限制和原则

（一）设计实现的约束和限制

开发的硬件条件：WIN7/WIN8/WIN10/Linux 操作系统，64M 以上内存，1G 以上硬盘。数据采集和加工设备包括照相机、摄像机、录音笔等。机房设备包括服务器、交换机、网络存储、机柜、路由器、防火墙等。

运行的硬件环境：WIN7/WIN8/WIN10/Linux 操作系统，64M 以上内存，1G 以上硬盘。

开发该软件的操作系统：由 Windows10 操作系统、Tomcat9.0 和 SQL Server 数据库组成的服务器，采用 Microsoft SQL Server 2005 数据库管理系统；利用工具 Eclipse；利用 I/O 函数、字符串、内存和字符函数、数学函数、时间、日期和与系统有关的函数以及 MD5 函数等。

软件开发环境/开发工具：配备 Eclipse 作为 Java 的集成开发环境。

该软件的运行平台/操作系统：Google Chrome、IE、Firefox 等浏览器。

软件运行支撑环境/支持软件：Google Chrome、IE、Firefox 等浏览器。

编程语言：Java。

源程序量：50 000。

（二）网站设计的原则

（1）以用户为中心。从用户角度考虑数据库使用的便捷性，想用户所想，做用户所做。按照用户的需求和使用习惯设计数据库界面。

（2）简洁易用原则。简洁的页面布局与平台操作便捷易用便于用户使用及了解专题数据库的内容和功能，可帮助用户快速查找到所需要的内容，并减少用户发生错误选择的可能性。

（3）稳定性原则。平台应该具有良好的稳定性，在平稳运行基础上，提供良好的检索功能、浏览功能以及数据可视化性能。应定时对数据进行备份，防止数据丢失和损害。

（4）可扩展性原则。系统的设计与架构应该允许功能和服务的可扩展性，使其能满足数字资源数量递增，满足用户对平台服务需求不断拓展的需要。

（5）互操作性原则。可适应当下流行的不同操作系统以及主流的浏览器，也可与其他异构信息系统进行交互和通信。

（6）美观性原则。美观的界面能够吸引用户停留，提高用户对平台的使用意愿。首先，整体配色要柔和、统一，2~3种颜色即可，避免过多的色调影响用户体验，通过互补色或者亮色突出重点内容。其次，界面的元素要平衡对称，如字体大小、网站页面背景颜色、标题位置等设置要协调一致。

四、构建步骤

（一）前期准备阶段

"一带一路"经管数据库建设作为一个复杂的系统性工程，为保障其工作可以顺利开展和推进，必须做好充分的前期准备。首先，已建成的相关数据库可为本数据库建设提供参考依据，调研已建成的数据库现状，包括建设模式、资源类型和来源、开放性与共享程度、存在的主要问题等，以便在"一带一路"经管数据库建设中加以借鉴。其次，现实需求决定着数据库建设的重点方向和内容，所以通过问卷调研、实地考察等方式掌握用户需求、资源分布、资源类型与获取渠道，确保"一带一路"经管数据库的建设符合共建"一带一路"国家的实际需要。在此基础上确立一个清晰、具体的建设目标，包括"一带一路"经管数据库的主题范畴、建设模式、主要用户群体和功能定位等，前期准备的成果可为后续工作提供理论支撑和实践依据，有利于保障项目整体有序推进。

（二）标准体系构建阶段

国内外大型信息系统开发及应用实践的成功经验证明，标准规范建设尤为必要，它是信息系统实现互联互通、信息共享、业务协同的前提和基础，在数据库建设中起导向和优化作用。在研究分析国内外相关数据库建设标准规范，如资源建设、资源组织、系统互操作、数据库设计等标准现状的基础上，明确可以借鉴的国际、国家和行业标准规范，为构建标准规范体系提供参考依据。参考相关标准体系，制定由指导标准、通用标准和专用标准组成的三级框架，并随数据库建设需要分阶段在该体系框架的基础上进行补充和完善。在标准框架的统一架构下，结合数据库建设的具体业务活动，面向数据的采集、组织、处理、建库、应用服务和管理等业务流程对标准规范的需求，研究和制定本项目标准规范体系的具体建设内容，以保证和提升数据库建设质量。

（三）资源收集阶段

收集资源的前提是掌握准确的信息源，这需要项目组成员对国内外"一带一路"经济管理相关资源的信息进行跟踪。如对于经管类不同领域的信息，可参考联合国制定的《所有经济活动的国际标准产业分类》、国家标准《国民经济行业分类》等行业领域划分，结合现有经济管理类数据库涉及的领域分类，确立数据库资源领域体系，并针对不同的领域资源确立具体的资源采集策略。具体而言：

对于宏观经济信息：收集各国国民生产总值、国民消费指数、财政税收信息等；

国际贸易信息：收集进出口总值、国有及外商企业投资信息等；

政府及公共财政数据：收集税收、财政收支、国家政府债务等信息；

金融业数据：收集证券、期货、银行、保险、信托等行业的信息；

能源矿产信息：收集发电量、天然气、石油、原油等相关信息；

农业信息：收集农村经济信息、农林牧副渔行业产值信息等；

工业信息：收集工业产品产量信息、工业产品销量信息、行业增加值信息、各类型企业信息等；

建筑及房地产行业信息：收集房价、住宅物业等信息。

（四）平台构建阶段

平台搭建是"一带一路"经管数据库实现应用服务的基础。首先，要进行数据库的模型构建，先通过概念结构设计建立数据库的概念模型（一般为 E—R 模型），再将概念结构转换为数据库管理系统支持的数据模型，然后通过物理结构设计为数据模型选择合适的存储结构和存取路径。其次，完成数据库的功能设计和界面设计，在保证数据库通用功能的基础上，开发跨语言检索、个性化推荐、数据可视化、云平台与服务共享等特色功能，界面设计则要做到排列整齐、美观大方。最后，选择合适的数据库管理系统，构建数据库原型并进行测试和优化，建设相应的门户网站，实现数据的上传、存储、下载、分析、可视化等多种功能。

（五）平台测试阶段

平台构建结束后，需从内部和外部两个方面对平台检索功能、浏览功能、交互功能等进行测试。一方面，项目组作为"一带一路"经管数据库的组织者和运维人员，需配合开发商对数据库平台进行内部检测，对数据库的 UI 设计、数据字段设置、导航栏目、多语言界面布局、统计数据分析、数据来源声明、多语言检索功能、专题检索功能、查全率、查准率、检索响应时间、数据收藏、数据上传、数据审核、数据删除、用户认证等功能进行全面测试；另一方面，数据库上线试运营阶段，需招募政府、企业和科研用户，对系统的直观感受、界面布局、易用性等进行测试，并将用户描述的问题与使用体验转化为数据库需求，反馈给开发商进行完善调整。

（六）应用服务阶段

应用服务是"一带一路"经管数据库建设项目的最终目的。数据库平台搭建完成，经调试合格后可正式投入运行，通过数据库门户网站实现多语言访问、跨语言检索、资源导航与检索、可视化分析、个性化推荐、资源下载与链接等，为政府部门及有关单位、企业机构、科研团队及其他社会公众提供多层次、多领域、多维度的"一带一路"经济管理信息资源，满足不同用户群体的信息需求。此外，为了保障数据库的可持续使用及良好的运行状态，需要做好数据库安全管理、系统定期维护和及时更新升级工作。

第二节 物理结构设计

一、软件接口

（1）操作系统：Windows 7、Windows 8、Windows 10、Linux。
（2）浏览器：支持 Google Chrome、IE、Firefox 等。
（3）应用服务器：Windows10 操作系统 + Tomcat9.0 + SQL Server 数据库。
（4）数据库：Microsoft SQL Server 2005。
（5）工具：Eclipse。
（6）函数库：I/O 函数、字符串、内存和字符函数、数学函数、时间、日期和与系统有关的函数等。

二、通信接口

（1）TCP/IP 通信协议接口。
（2）GSM/CDMA 无线通信协议接口。
（3）SMS 短消息通信协议接口。
（4）联通网关通信协议接口。
（5）防火墙通信接口。
（6）路由器通信接口。
（7）交换机通信接口。

第三节 界面设计

一、栏目设计

数据库建设就是要为用户服务，根据网站建设的目的，分析不同用户的需求，确定网站的内容。平台设立新闻资讯、政策法规、统计数据、国际合作、商企合作、学术资源、友情链接 7 大主栏目（见表 8-1），国别信息库、案例库、项目库、学术论文、专家库 5 大专题库，同时为用户浏览和查找所需资源，还根据政府用户、企业用户、科研用户、普通用户 4 种用户类型的常见需求对资源进行分类。

表 8-1　　　　"一带一路"专题数据库栏目设置及定位

栏目	具体内容
新闻资讯	汇聚"一带一路"所涉国家和地区的新闻资讯，重点关注最新政经动态、国际贸易动向
政策法规	收集共建"一带一路"国家最新的产业政策，涵盖环境保护、土地管理、投资环境、对外贸易、财政税收等多方面内容
统计数据	全面提供共建"一带一路"国家、国内重点省市和相关港口的主要经济统计数据，涵盖经济、农业、工业、环境、资源、贸易、投资等多个领域
国际合作	提供国别信息、投资指南，帮助用户了解国外的营商环境，助力企业"走出去"，加快融入"一带一路"国际合作
学术资源	关注"一带一路"相关研究前沿，提供学术论文、专著、研究报告等多类型资源，全方位、多角度呈现"一带一路"研究成果
商企合作	提供企业、园区、项目、案例等相关信息，吸引和指导企业寻找投资合作机会
友情链接	提供"一带一路"相关数据库链接，方便用户从其他网站找到更多所需资源

5 大专题库包括国别信息库、案例库、项目库、学术资源库及专家库，其具体内容如表 8-2 所示。

表 8-2　　　　"一带一路"专题数据库专题库设置及内容

专题库	具体内容
国别信息库	汇聚"一带一路"所涉国家和地区的国别信息，重点关注各国的地理特征、政经动态、产业政策及贸易动向，帮助用户了解国外的营商环境
案例库	提供共建"一带一路"国家、国内重点省市和相关港口的经济贸易案例，涵盖环境保护、土地管理、投资环境、对外贸易、财政税收等多方面内容
项目库	提供共建"一带一路"国家、国内重点省市和相关港口的政企合资、基础建设、投标项目信息，涵盖经济、农业、工业、环境、资源、贸易、投资等多个领域
学术论文	聚焦"一带一路"相关研究前沿，提供学术论文、专著、研究报告等多类型资源
专家库	汇聚经济管理领域专家的工作单位、研究领域、研究成果等信息

二、界面设计

"一带一路"多语种、共享型经济管理数据库服务的对象主要是政府、企业和科研用户,数据源于国内外政府统计局、官方媒体等网站,故在页面色彩选取上,以白色与蓝色系为主,一方面避免用户使用疲劳,另一方面能凸显出网站的权威性和可靠性。由于数据库语种以中文为主,兼有英语、俄语、法语、阿拉伯语、西班牙语,故在中文页面设计上突出专题检索功能,尽可能全面提供"一带一路"经济管理类新闻资讯、统计数据、法律法规、商企合作和学术资源等信息;而在多语种页面上则强调图文结合,相对于中文界面,多语种界面仅将重要的信息放置于页面中(见图8-3)。

图 8-3 数据库界面截图

第四节 功 能 设 计

一、用户服务功能

用户服务功能的实现对数据库性能有一定要求,主要体现在并发情况、响应时间与检索精度方面。

(一)并发情况

并发是指数据库在同一时间能响应的用户请求的数量。在本数据库投入使用前期，由于知名度较小，故最大并发数默认为 500；后期随着国内外用户数量的增多，要求最大并发数随之增加。

(二)响应时间

响应时间指用户向数据库提交查询语句、下载、注册、分析等请求，到数据库返回结果的时间。较长的响应时间不仅会占用服务器内存，还会影响用户体验，消耗用户使用平台的耐心。具体而言，要求数据库对用户注册、查询、检索、下载、数据分析的时间不超过 2 秒，在高峰期不超过 3 秒，详细情况见表 8-3。

表 8-3　　　　　　　　　　响应时间要求

时间段	种类	响应时间（秒）
平时	用户注册	2
	用户查询	1
	用户检索	2
	精炼检索结果	2
	可视化分析	2
	下载与导出	2
	更新处理时间	2
高峰期	用户注册	3
	用户查询	2
	用户检索	3
	精炼检索结果	3
	可视化分析	3
	下载与导出	3
	更新处理时间	3

注：高峰期指并发用户高于系统支持最大并发用户 60% 的时期。

（三）检索精度

针对不同资源类型，数据库应提供全面检索、关键词检索、题名检索、作者检索等字段的检索方式，从而保证较高的查全率。数据库反馈的检索结果都与用户检索条件完全匹配。数据库应尽量保障较高的查全率与查准率。

（四）资源汇聚与导航

平台主要面向政府用户、企业用户、科研用户与普通用户4类用户，不同用户所处的工作场景和承担的业务不同，因此所需的资源类型也不同，为方便用户检索所需资源，数据库平台根据用户的资源需求特点汇聚多类资源并提供清晰的导航菜单。

（1）资源汇聚。根据用户需求，为用户聚合不同类型资源，如提供"新闻资讯""政策法规""统计数据""国际合作""商企合作"与"学术资源"等不同类型的资源（见图8-4）。

图8-4 首页界面图

（2）资源导航。本数据库平台整合了来自各国政府机构、国际组织、企业、数据库、权威媒体、权威智库、科研院校和互联网等多个来源的数字资源，具有数据资源导航功能，分为如下栏目：新闻资讯、政策法规、统计数据、国际合作、商企合作、学术资源、友情链接，在对7大栏目下的资源进行梳理和分析后进一步设二级栏目，对应的二级栏目见表8-4。资源导航栏目的界面设计见图 8-5。

表 8-4　　　　　　　　资源导航栏目设置情况

一级栏目	二级栏目
新闻资讯	国内新闻、国外新闻
政策法规	国家政策、规划计划、法律法规、双边文件
统计数据	国内数据、国际数据
国际合作	国别信息、投资指南
商企合作	企业、园区、项目、案例、展会
学术资源	学术论文、研究报告
友情链接	—

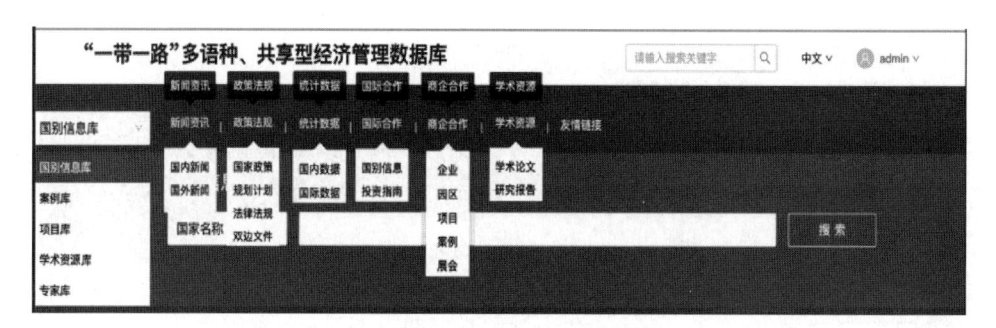

图 8-5　资源导航下拉菜单

（五）跨库与跨语言资源检索

本数据库支持跨库与跨语言资源检索，方便用户迅速检索到所需资源。

1. 跨库检索

跨库检索包括全站检索与专题检索 2 个检索入口。

全站检索。数据库首页右上角设有全站检索窗口，通过全站检索，用户可快速检索出数据库内所有与检索词相关的资源。检索结果可按相关度或发布时间排列。

专题检索。首页同时设置专题检索栏（见图 8-6），分为国别信息库、案例库、项目库、学术资源库和专家库 5 个专题检索。

各专题库对应的检索字段如表 8-5 所示。

图 8-6　数据库专题检索栏样例

表 8-5　　　　　　　　专题库检索字段

专题库名称	检索字段
国别信息库	国家名称
案例库	全面、国家地区、行业、金额、项目类型
项目库	全面、案例名称、作者、关键词
学术资源库	全面、题目、著者、刊名
专家库	全面、专家、单位、研究领域

2. 跨语言检索

跨语言检索指用户以其中某种语言构造检索式进行查询时，可同时检索出数据库中对应的其他语种的所有相关资源。如输入中文检索词"火车"，检索范围限定为"国外新闻"，数据库可反馈中文、英语、法语、俄语、西班牙语与阿拉伯语 6 种语言的新闻检索结果，其检索效果如图 8-7 所示。

图 8-7　跨语言检索功能

(六) 多语言显示与跨语种智能翻译

数据库平台将中文、英语、俄语、法语、阿拉伯语和西班牙语 6 种联合国工作语言作为多语言选项,并提供 6 种语言界面显示,在数据库首页右上角提供多语言访问入口(见图 8-8),用户可以根据需要自由切换其他语种显示界面(见图 8-9)。

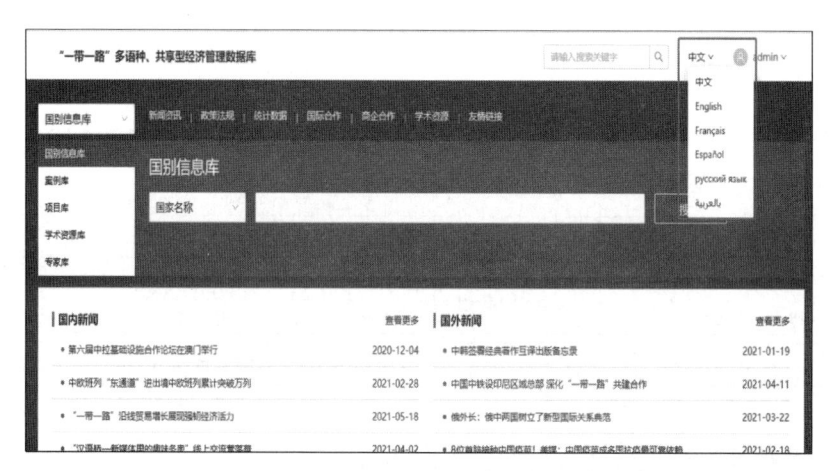

图 8-8 多语种访问功能选项界面

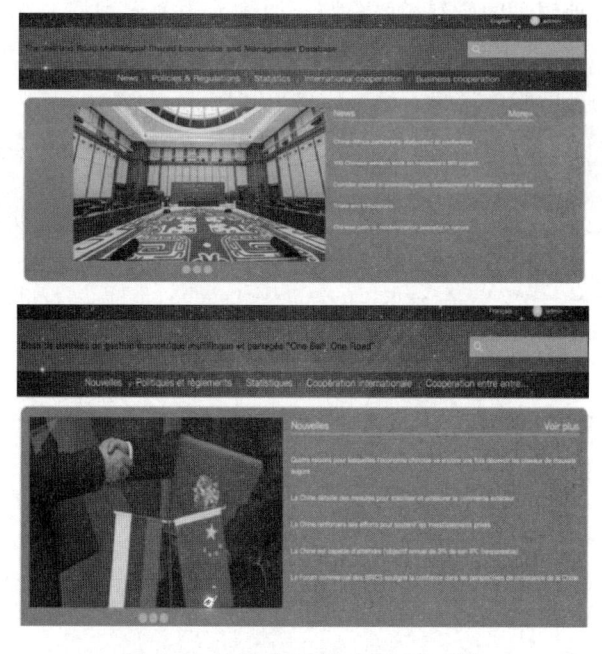

图 8-9 英文与法文界面示例

（七）数据可视化与下载

1. 数据可视化

数据库支持统计数据可视化分析。用户选取目标国家省市、经济管理类统计指标和统计年份后，系统会提供二维表、柱状图、直方图、扇形图和地图 5 类可视化方式。图 8 - 10、图 8 - 11 为统计数据可视化功能界面。

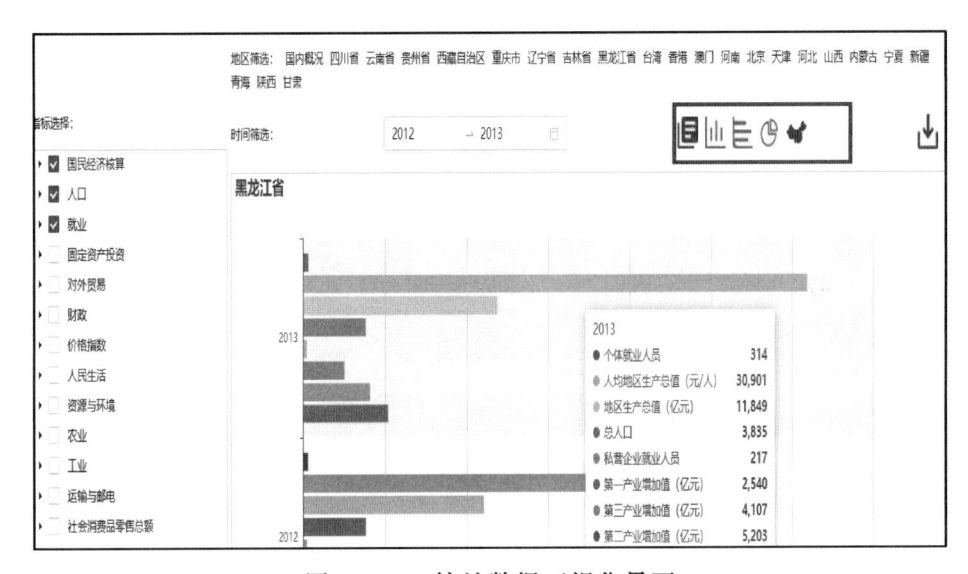

图 8 - 10　统计数据可视化界面

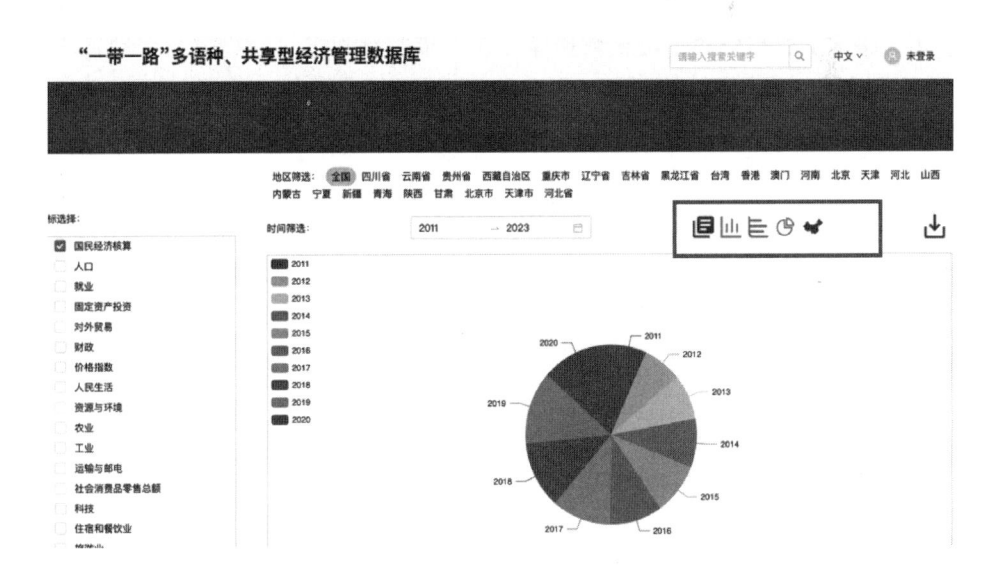

图 8 - 11　统计数据可视化界面

2. 数据下载

数据库可免费提供浏览与检索服务，用户可下载相关资源，如数据表格、文献资源、可视化图形等。图8-12为统计数据免费下载示例。

图8-12 统计数据免费下载界面

（八）数据上传

包括数据资源批量上传与单个资源的上传，可支持xlsx、csv、txt、xml、HTML多种格式的数据资源上传至数据库，在上传时可通过自动提取与手动输入相结合的方式填入元数据，元数据主要包括标识符、标题、来源机构、语种等，元数据著录标准如表8-6所示。

表8-6 栏目所需元数据字段

一级栏目	二级栏目	栏目所需字段
新闻资讯	国内新闻	标题、发布时间、来源、作者、内容
	国外新闻	标题、发布时间、来源、作者、内容
政策环境	政策法规	标题、发布时间、来源、内容
	规划计划	标题、发布时间、来源、内容
	双边文件	标题、发布时间、来源、内容
统计数据	国内数据	—
	国际数据	—

续表

一级栏目	二级栏目	栏目所需字段
国际合作	国别信息	国家、国名、面积、人口、语言、宗教、货币、首都、国家元首、重要节日、简况、政治、宪法、议会、制宪大会、政府、行政区划、司法机构、政党、重要人物、经济、资源、工矿业、能源、农林牧渔业、制造业、建筑业、服务业、旅游业、通信、能源环境、金融业、交通运输、财政金融、对外贸易、对外投资、对外援助、外国资本、经济团体、外国援助、著名公司、人民生活、卫生、军事、文化教育、科研、新闻出版、对外关系、同其他国家的关系
	投资指南	pdf 文本
商企合作	企业	企业名称、企业简介
	园区	园区名称、时间、作者、来源、概述、关键词
	项目	项目名称、时间、作者、来源、概述、关键词、国家、行业、投资类型、金额
	案例	案例名称、作者、来源、时间、概述、关键词
	展会	展会名称、展会时间、展会规模、展会地址、展会主办方、展会概述
学术资源	学术论文	期刊名称、年份卷（期）、收录范围、标题、作者、作者单位、摘要、关键词
	研究报告	报告名称、作者、出版日期、来源、出版日期、中文摘要、中文关键词、英文摘要、英文关键词
专家库		姓名、专家单位、研究方向、简介、照片

根据资源共建共享原则，认证用户可上传6种语言的新闻、政策法规、统计数据、国际合作、商企合作和学术资源。但是上传后，系统会分配至审核专家处，由审核专家对资源的权威性、可靠性、"一带一路"经济管理主题相关性、及时性等进行审核，经专家同意后方可正式发布于网站中。用户上传界面的功能设置如图8-13所示。

（九）友情链接

数据库页面包含"友情链接"栏目，提供"一带一路"专题数据库入口，部分专题数据库及其链接见图8-14。

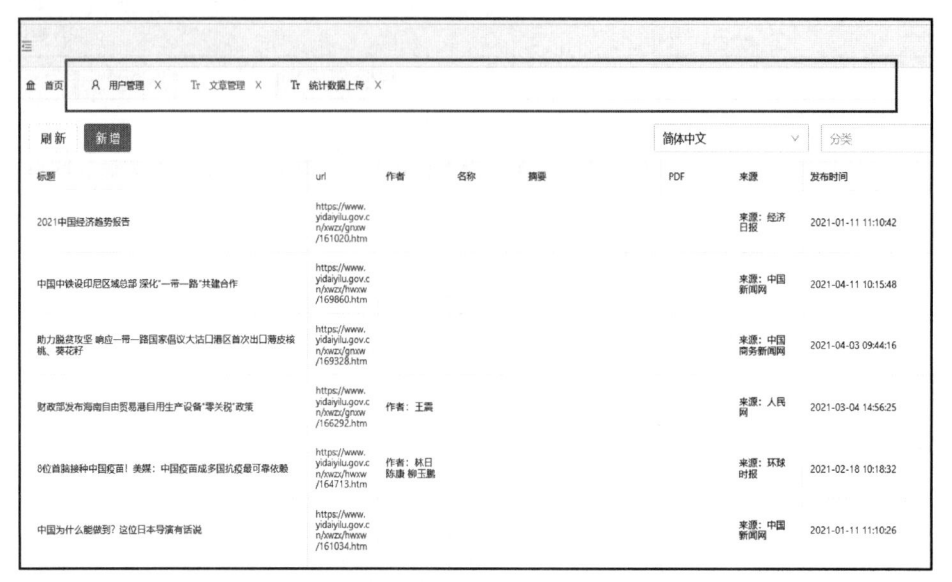

图 8-13　数据上传界面

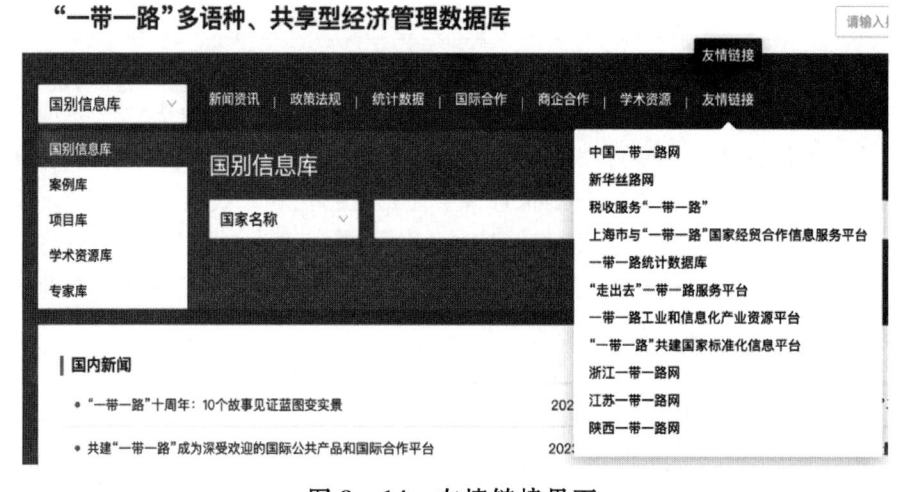

图 8-14　友情链接界面

二、用户管理功能

（一）用户权限管理

为符合资源共建共享原则，并最大限度保护数据安全，将数据库的用户角色分为4种：游客用户、注册用户、审核专家和管理员，不同的用户角色拥有不同的权限（见图8-15）。

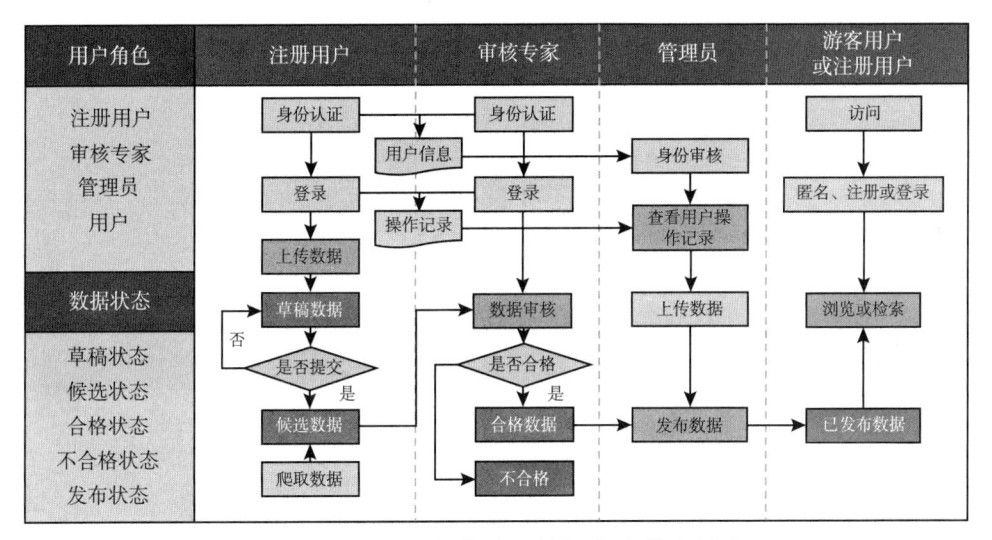

图 8-15　数据库注册与数据内容管理流程

（1）游客用户。游客用户指用户无须登录即可免费访问数据库资源。

（2）注册用户。注册用户指用户需要注册并进行身份验证，可以使用个性化服务、数据分析等增值服务。注册用户经"自行申请—管理员授权"即可上传数据资源。上传的数据资源可保存为"草稿"，也可进行提交，成为"候选"数据。

（3）审核专家。审核专家在进行身份审核后，可对注册用户提交或爬虫爬取的"候选"数据进行审核，专家将审核后的数据分为"合格"或"不合格"两种状态。根据"谁上传、谁审核、谁负责"原则，系统会自动记录数据生成时间、数据操作人员、操作内容等，便于后期跟踪问责。

（4）管理员。管理员的主要职责是对用户和审核专家的注册申请和身份认证进行检验，保证审核专家的质量；查看注册用户提交的原创数据及爬虫爬取的数据，发布专家审核"合格"的数据。管理员的操作界面如图8-16所示。

图 8-16　管理员操作界面

（二）用户意见管理

用户根据使用数据的体验发布相关的意见，管理员可对用户意见进行管理，包括对用户意见的查找、回复和删除（见图 8-17）。

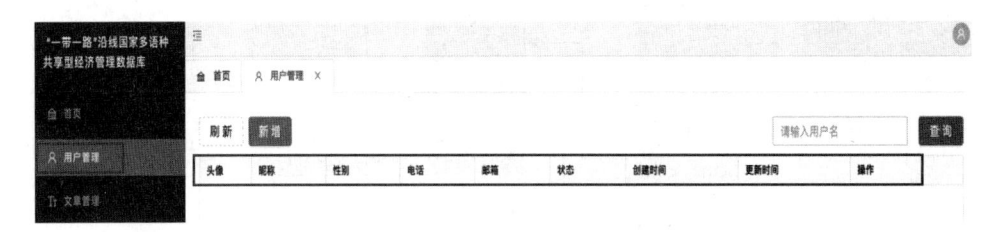

图 8-17　用户意见管理界面

（三）用户操作记录管理

数据库系统准确、翔实、完整地记录用户的操作信息，对数据库数据的来源以及状态的变化情况进行监控和追踪。根据用户的操作记录，数据库管理员及时发现异常用户，并对相关账号进行移除和冻结，对于用户上传的数据/文章，管理员可根据审核专家的意见，在后台进行启用、编辑或删除等操作，如图 8-18 所示。

图 8-18　用户操作记录管理界面

第五节 安全管理

一、权限等级划分

本数据库平台对系统权限的分配要求严格审核,严禁未经许可的用户编辑数据库内容。针对本数据库包含的4种角色,注册用户需提供个人身份信息,并强制要求设置密码,注册完毕后由管理员分配用户权限,避免数据滥用和泄露。管理员分为超级管理员和普通管理员。

(一)用户的权限

游客用户处在未登录状态,可以查看和使用数据库所有的资源。游客用户通过注册身份信息成为注册用户后,可以免费下载、收藏、上传相关资源,并享受个性化服务。

(二)审核专家的权限

审核专家主要是对注册用户提交或爬取的数据进行审核,能够审核所有录入系统的数据、查阅数据操作记录,并将数据分为"合格"或"不合格"两种状态。

(三)管理员的权限

管理员的工作包括权限管理、用户管理、信息管理三部分。普通管理员有授权/取消用户访问、认证身份、开通会员、信息发布与投稿的权限。在普通管理员所有权限的基础上,超级管理员能够修改数据库页面布局、增删栏目框架。

二、容灾备份

容灾指建立一个或多个异地的数据系统,允许数据库在出现重大自然灾难、硬件故障或介质错误时,能迅速恢复至原始状态,在遭遇灾害时该系统能自我切换,从而最大限度地减少灾难性事件导致的数据丢失和业务中断,要求对表、实例和日志等关键数据源进行备份,并备份至本地、云平台等多个位置,维持不间断的"一带一路"经管数据服务,备份频率为一周一次。本数据库采用主从复制单向同步的方式,通过灾备环境搭建、灾备数据同步、灾备监控告警、灾备演练、灾备切换、数据校验及修复等满足数据库容灾需求。备份是指通过数据备份预防数据丢失,本数据库采用 B/S 架构,在服务器运行负荷量较大、客户端承担负荷量较小的时候,容易造成服务器崩溃,从而发生数据丢失的情况。因此,在建库以及使用数据库的过程中,需要通过专门的数据存储服务器对数据库进行备份处理。系统也需要建立一个数据恢复机制,对平台系统的文件、配置、二次开发代码文件等做全备份,对数据库内容以及用户信息每天做一次增量备份,并在异地存储。

三、风险评估

大数据时代数据库面临诸多安全风险,主要表现在安全攻击形式和渠道的多样化、数据库信息系统漏洞增长的快速化、数据库信息系统安全威胁的智能化等方面。为及时发现系统漏洞和安全隐患,确保数据库安全,采取安全检查表法、专家评估法、事故树分析法、层次分析方法等信息系统安全风险评估技术对数据库所面临的风险进行有效评估,通过计算风险发生的可能性及其严重影响,制定针对性的安全防御策略,保证数据库的正常运行。[①] 考虑到风险变化具有随机性、不确定性,为进一步改善数据库风险评估效果、获得高精度风险评估结果,构建因子分析与神经网络相结合的风险评估框架。首先,构建完整的数据库风险评估指标;其次,采用因子分析法获得关键指标,通过神经网络训练样本;最后,测试框架模型的适用性和风险评估性能。[②] 此外,还基于数据挖掘对数据库安全态势进行估计,将数据发现和预处理输出的资产列表及威胁列表反馈到安全态势分析评估阶段,采用泊松分布方法计算威胁产生的频率,对系统资产的脆弱性进行赋值,最后获取威胁频率,采用模糊数学方法得到数据库安全态势估计的多因素以及单因素风险,分析风险的损耗程度。

四、应急管理

为最大限度预防和减少危害和损失,数据库需要制定应急管理预案,以进一

[①] 曾建国:《大数据时代数据库信息系统安全风险评估技术分析》,载于《信息安全与技术》2015年第9期,第27~28页。

[②] 张明慧、程红霞:《因子分析和神经网络的信息系统风险评估模型》,载于《现代电子技术》2019年第13期,第101~105页。

步提高系统应急保障能力。数据库应急预案包括数据库备份、数据库恢复两方面内容。其中，数据库备份可以采用远程备份技术、分级存储备份技术、网络备份技术、高性能系统备份处理技术等实现①，通过扩容备份服务器存储、定期检测坏道、更新备份软件授权、增加数据校验、备份优化服务等方式完成系统正常备份，提高数据库性能。② 在数据库恢复方面，主要通过恢复向导技术、指定文件恢复技术、重定向恢复技术等实现数据恢复，促进数据库正常运行。其中，恢复向导可引导用户根据个人需求对数据库中的数据进行有效恢复，保证数据恢复的效率与完整。指定文件恢复是对使用频繁的单个文件进行快速恢复。重定向恢复指将备份文件恢复到非备份系统的其他系统上③；实时监控数据库，及时识别出潜在风险，包括数据批量下载、账号多次异地登录等异常行为，同时对安全漏洞进行修补。

第六节　运维服务

一、检查更新

数据更新是专题数据库进一步强化其作为"一带一路"数据来源功能的重要保障。在服务开展过程中，通过定期对数据库中的内容进行检查更新，增加最新的数据、删除错误以及过时数据，可保证数据的时效性和准确性，确保用户及时获取有关"一带一路"经济管理类信息资源。具体来说，主要通过以下三种方式对数据库内容进行补充更新。

（一）基于内容驱动的数据更新策略

及时关注国家发布的最新政策，追踪热点新闻，实时监测数据变化。通过人工主动搜索录入、自动化数据抓取和汇总的方式对数据库内容进行补充更新。在

---

① 雷满香：《计算机数据库的备份技术与恢复技术研究》，载于《信息与电脑》（理论版）2021年第8期，第183~185页。
② 左羽霄、蔡冠勋：《综合管理信息系统数据库备份优化策略》，载于《卫星电视与宽带多媒体》2019年第10期，第52~53页。
③ 王学、李猛、陈威：《计算机数据库备份和恢复技术的应用研究》，载于《电脑知识与技术》2021年第32期，第16~17、26页。

数据更新时,优先使用权威部门发布的第一手数据,对历史数据进行全面复查,在更新过程中如发现数据出现异常值,对比多条信源进行合理的修正。

(二) 面向用户需求的数据库内容更新策略

数据库建设的目的是满足用户的需求,因此在服务开展过程中可根据用户检索记录和浏览记录,分析用户的潜在数据需求;定期进行用户反馈,根据用户需求有针对性地搜集某一主题的数据资源,对网站相关内容板块进行补充更新。

(三) 基于用户上传的众包式更新策略

众包指的是一个公司或机构把过去由员工执行的工作任务,以自由自愿的形式外包给非特定的(而且通常是大型的)大众志愿者的做法。"一带一路"数据资源建设进程中可利用群体智慧提高数据资源数量。专题数据库中的"用户上传"功能,为数据资源的更新带来了新的途径。由注册用户上传的数据资源,经审核专家审核,再由管理员确认发布,具体有如下5种状态:

(1) 草稿状态。注册用户尚未提交或者提交后撤回的数据保存在个人账户中,此时为"草稿"状态。

(2) 候选状态。注册用户提交的数据及爬虫爬取的数据均属于"候选"状态,由审核专家判定数据内容、质量、栏目分类是否"合格"。若数据内容或质量不符合要求,则被标记"不合格";若数据分类不当,则由专家修改为正确类别,并将状态改为"合格"。

(3) 合格状态。处于"合格"状态的数据即可由管理员对其进行"发布"。

(4) 不合格状态。审核专家需对数据不合格的原因进行简要说明。

(5) 发布状态。管理员发布审核合格的数据后,该数据的状态则变为"已发布"。

二、配置优化

(一) MySQL 语句优化

为保证提高查询效率,SQL语句越简单越好,对于复杂的SQL语句,要设法进行简化。主要原则是尽量避免全表扫描,可以考虑在 where 及 order by 涉及的列上建立索引,查询时避免全表扫描,删除无效、冗余或长期未使用的索引,索引数应低于6个。

（二）硬件优化

磁盘是优化硬件配置的关键，其次是 CPU 和内存。可通过 Raid 提高单块磁盘速度，建议采用 Raid 0 + 1 或者 Raid 1 + 0 CPU。更高主频及数量的 CPU 可以提高 MySQL 的性能，而较大的内存往往可以缓存更多的数据。

（三）操作系统优化

操作系统优化有五个方面：一是不使用交换区；二是不使用 NFS 磁盘；三是增加系统和 MySQL 服务器的打开文件数量使用 ulimit – n65535；四是增加系统的进程和线程数量；五是关闭不必要的应用，优化硬盘参数，使用 hdparm 测试磁盘读取速度。

（四）参数优化

数据库系统提供了很多配置参数，如最大连接数、数据库占用的内存等，这些参数都有默认值，一般需要根据应用程序的特性和硬件情况对 MySQL 的配置进行调整。例如最大连接数默认为 100，即使 SQL 语句优化得再好，硬件设备配置再高，当请求超过 100 时均需再等待，配置不合理就会导致 MySQL 不能发挥其最大能力。

（五）数据库表结构优化

数据库表结构的优化包括三个部分：（1）字段的数据类型。不同数据类型的存储和检索方式不同，对应的性能也不同，所以要合理选用字段的数据类型。比如人的年龄用无符号的 unsigned tinyint 即可，没必要用 integer。（2）数据类型的长度。字段的长度也会影响磁盘的 I/O 操作，如果字段长，那么读取数据也需要更多的 I/O，所以合理的字段长度也能提升数据库的性能。比如用户手机号 11 位长度，没必要用 255 个长度。（3）表的存储引擎。常用的存储引擎有 MyISAM、InnoDB、Memory，不同的存储引擎拥有不同的特性，所以要合理利用每种存储引擎的优势来提升数据的性能。

（六）应用优化

应用优化包括减少表记录的数量，即将表的数据拆分成多张表，这样每张表所含的数量减少，查询速度会变快。使用多服务器均衡负载。一台 MySQL 服务器同一时间支持的并发数有限，当大量用户同一时刻访问数据库时，可以通过增加 MySQL 服务器的数量来优化数据库性能。使用 MySQL 主从复制，增删改操作通过 Master 主服务器，查询通过 Slaver 从服务器完成，从而减少 MysqL 服务器的压力。减少数据访问。减少数据访问是一种成本低、效果好的数据库性能优化方式。缓存是最简单方便的方法之一，通过缓存常用的数据，在有访问请求时先查找缓存，能减少数据访问时间。此外，对主键和外键创建正确的索引，通过访问索引得到数据，能大大减少磁盘占用空间。

三、状态监控

（一）舆情监测管理

大数据时代，舆情的影响力越来越大，数据库平台应制定舆情监测机制，包括舆情的引导、收集、分析、预警、警报和处理等方面。发生舆情事件时，监测发布舆情的目标用户和关键词，保持对事态的第一时间获知权。

（二）用户言论管理

制定舆情监测机制的同时，完善用户言论管理办法，如发布或上传信息时，要求必须遵守国家相关法律法规。如《互联网信息服务管理办法》《网络信息内容生态治理规定》中均明确规定不得发布、传播反对宪法所确定的基本原则、危害国家安全、损害国家荣誉和利益、破坏国家宗教政策、散布谣言扰乱社会秩序等信息。[①][②] 一旦查实违规，数据库应及时删除违规信息并对涉事账号处以禁言、永久禁言和封停账号等处罚。

（三）应用系统管理

应用系统的监控主要是对数据采集、数据存储、数据共享、数据下载、数据查询、用户日志进行监控管理。采取严格的软件防护措施预防部分用户对系统的攻击和破坏，并通过 MD5 对该部分数据进行加密，如强制执行复杂的用户密码策略、手机号有效精准验证等。

---

① 《互联网信息服务管理办法》，http：//www.gov.cn/zhengc e/2020 - 12/26/content_5574367.htm，2022 年 8 月 18 日。

② 《网络信息内容生态治理规定》，http：//www.cac.gov.cn/2019 - 12/20/c_1578375159509309.htm，2022 年 8 月 18 日。

（四）数据传输管理

数据传输指使用一定的方式将数据从源头传输到客户端。数据库从三个方面监控数据传输：第一，通过用户 IP、认证用户身份认证等方式确认数据库使用者的规范性；第二，记录用户、审核专家和管理员的操作信息，便于后期问责跟踪；第三，采用 MD5 加密、RSA 加密、截取等脱敏加密技术，保证数据安全。

附　录

附录1：相关术语和定义

（1）"一带一路"："一带一路"（"The Belt and Road"）是"丝绸之路经济带"与"21世纪海上丝绸之路"的简称。"一带"指"丝绸之路经济带"，"一路"指"21世纪海上丝绸之路"。2013年9月和10月，国家主席习近平分别提出建设"新丝绸之路经济带"与"21世纪海上丝绸之路"合作倡议。

（2）经济管理：本研究的经济管理涉及的范畴包括：①宏观经济，如共建"一带一路"国家的经济总量、增长与波动和人民生活等信息；②微观经济，如单个企业或组织的基本信息、生产经营和财务状况等情况的信息；③具体部门的生产总值、增长情况和内外投资等情况的信息。

（3）信息检索：有广义与狭义之别。广义的信息检索，是指信息存储与检索，是将信息按一定方式组织与存储，并根据用户需要，找出有关信息的过程。狭义的信息检索，通常指信息查找或信息搜索，是从信息集合中找出用户所需信息的过程。

（4）跨语言信息检索：指用一种语言的提问方式，检索出其他语言信息的方法。将查询语言称为源语言，而将检索对象语言称为目标语言。

（5）多语言访问：提供中文、英语、俄语、法语、阿拉伯语和西班牙语6种语言界面，数据库用户可以根据需要自由切换所需语言。

（6）元数据：是关于数据的数据，英文为Metadata is data about data，元数据被称作组织数字化信息的基本工具，是组织和寻找信息的常用方法。按照元数据的功能来划分，可将元数据分为五大类，即管理型、描述型、保存型、技术型与使用型元数据。这种分类是从元数据所承担的功能来划分的，即看元数据所起的作用是管理资源、描述资源，还是保存资源，又或者是用作资源数字化等。

附录2：共建"一带一路"国家多语种、共享型经济管理数据库建设障碍访谈提纲

尊敬的××先生/女士，您好！

我们是教育部哲学社会科学研究重大课题攻关项目"'一带一路'沿线国家多语种、共享型经济管理数据库建设研究"课题组，目前正在进行数据库建设障碍研究。我们将从数据库建设的不同方面入手，分析数据库建设中的障碍因素，并剖析其相互间的关系，提出相应解决对策，从而为数据库建设的后续研究提供现实依据。本次访谈问题主要围绕"一带一路"相关数据库建设中可能遭遇的障碍因素，您的宝贵意见将会为本研究的顺利进行提供帮助，感谢您的合作！

（1）您认为"一带一路"数据库建设团队之中，哪类人才缺口较大？
A. 小语种人才，如专业翻译等　　B. 计算机领域人才　　C. 图书情报领域人才
D. 复合型人才　　　　　　　　　E. 其他____

（2）您所参与建设的"一带一路"数据库，其资源来源有哪些？不同来源的数据会存在哪些区别？存在什么问题？怎样保证数据质量？
A. 政府公开数据　　　　B. 新闻报道　　　　C. 科研论文
D. 社交媒体信息　　　　E. 专题报告　　　　F. 项目信息
G. 其他____

（3）"一带一路"相关数据库的建设涉及多方合作，在沟通合作过程中是否会遇到一定困难？一般采取怎样的解决措施？

（4）共建"一带一路"国家语种繁多，一般会采取怎样的方式选择支持语种？会遇到什么困难？

（5）您参与建设的"一带一路"相关数据库，在采集资源的过程中一般会有哪些法律风险？一般如何预防与解决相关法律纠纷？

（6）您参与建设的"一带一路"相关数据库，其共建形式一般有哪些？共建对象有哪些？面临哪些困难？

（7）数据库在提供服务过程中会存在一定的法律风险，一般如何预防与解决相关法律纠纷？

（8）您参与建设的"一带一路"相关数据库，是否提供一定的付费业务？是否遇到困难？

附录3：企业用户"一带一路"经济管理资源需求的访谈提纲

尊敬的先生/女士：

您好！我们是教育部哲学社会科学研究重大课题攻关项目"'一带一路'沿线国家多语种、共享型经济管理数据库研究"课题组，目前正在开展企业用户需求调研。建设"一带一路"经济管理数据库，是中国推动"网上丝绸之路"建设的重要举措。您作为企业用户，对该数据库的信息需求是课题研究的出发点之一，起到至关重要的作用。诚挚地邀请您，参与此次用户需求访谈，访谈中可就任何问题随时发表意见。感谢您的支持与帮助！

共建"一带一路"国家多语种、共享型经济管理数据库企业用户访谈提纲

一、基本信息
（1）您的性别与年龄？
（2）您的职业？
（3）您所在企业的名称？
（4）您所在企业的类型？
（5）您所在企业的主营业务？
（6）您所在企业的规模？
（7）您所在企业的总部所在地？
（8）您所在的企业在其他国家和地区是否有分支机构？

二、认知现状
（1）您是否了解"一带一路"？若了解，了解程度如何？
（2）您所在企业是否有"一带一路"相关合作？
（3）若有，合作对象是哪些国家或地区？涉及的工作语言有哪些？
（4）若没有，您所在的企业是否有相关的合作意向或计划？
（5）您的企业是否有过"一带一路"相关信息需求？若有，具体包括哪些方面？

三、信息需求

（1）您最在意的资源格式？

（2）您最在意的资源主题？

（3）您最在意资源质量的哪些方面？

（4）您最在意哪些信息服务方式？

（5）您还希望该数据库给您提供哪些方面的功能与服务？

附录4：政府用户对"一带一路"经济管理资源需求的问卷调查

尊敬的先生、女士：

您好！我们是教育部哲学社会科学研究重大课题攻关项目"'一带一路'沿线国家多语种、共享型经济管理数据库研究"课题组。本课题目标之一是构建一个覆盖整个经济管理领域的"一带一路"多语种共享型经济管理数据库，为实现共建"一带一路"国家经济管理信息资源的共建共享提供中国方案。

目前课题组正在开展"'一带一路'经济管理数据库政府用户需求"的研究。作为"一带一路"重点省（市）的政府工作人员，您的看法对我们的研究很有帮助，谢谢您百忙之中参与！本调查约需十分钟，研究数据仅用于研究目的，我们会对您的信息保密。

注：填写时请打钩，电子版加粗所选选项亦可。

一、基本信息调查

(1) 您的公务员职务属于以下哪种？（单选）

A. 综合管理类　B. 专业技术类　C. 行政执法类　D. 其他职务类

(2) 您所在的政府部门行业性质属于以下哪种？（单选）

A. 综合事务管理机构　B. 对外事务管理机构　C. 公共安全管理机构

D. 社会事务管理机构　E. 经济事务管理机构　F. 行政监督检查机构

G. 若您无法确定，请填写_____

(3) 您所在工作地区属于以下哪个方位？（单选）

A. 西北6省（指新疆、陕西、甘肃、宁夏、青海、内蒙古等）

B. 东北3省（指黑龙江、吉林、辽宁等）

C. 西南3省（指广西、云南、西藏等）

D. 沿海5省（市）（指上海、福建、广东、浙江、海南）与港澳台地区

E. 内陆地区（指重庆）

二、信息资源需求调查

（4）对于"一带一路"经管信息资源，您的需求程度是什么？（单选）

A. 不需要　　B. 不太需要　　C. 一般需要　　D. 比较需要　　E. 非常需要

（5）您获取并使用"一带一路"经管信息资源的目的是什么？（单选）

A. 支持政策规划制定　　　　B. 服务涉外事务　　　　C. 监测社会舆情

D. 预防公共危害　　　　　　E. 支持经济金融决策　　F. 监管市场动态

（6）关于"一带一路"经管信息资源的来源，您希望其为以下哪种来源？（多选）

A. 我国各级政府　　　B. 国外政府　　　C. 国际组织　　　D. 科研院校

E. 企业　　　　　　　F. 权威媒体　　　G. 权威智库　　　H. 其他

（7）关于"一带一路"经管信息资源领域，您更需要以下哪种？（单选）

A. 宏观经济信息：共建"一带一路"国家的经济总量、增长与波动和人民生活等信息

B. 微观经济信息：单个企业或组织基本信息、生产经营和财务状况等信息

C. 部门经济信息：具体部门的生产总值、增长情况和内外投资等信息

（8）关于"一带一路"经管信息资源类型，您希望其包括以下哪些？（多选）

A. 新闻资讯　　　　B. 政策法规　　　C. 电子图书　　　D. 期刊论文

E. 学位论文　　　　F. 会议论文　　　G. 统计数据　　　H. 研究报告

I. 标准文献　　　　J. 专利文献　　　K. 其他

（9）关于"一带一路"经管信息资源的内容主题，您希望其包括以下哪些？（多选）

A. 新闻资讯　　　　B. 政策法规　　　C. 统计数据　　　D. 分析报告

E. 国别信息　　　　F. 省域信息　　　G. 企业信息　　　H. 服务机构

I. 园区信息　　　　J. 项目信息　　　K. 案例信息　　　L. 专家资源

M. 专题资源　　　　N. 其他

（10）您希望获取哪些语种的"一带一路"经管信息资源？（多选）

A. 汉语　　　　　　B. 英语　　　　　C. 俄语　　　　　D. 法语

E. 日语　　　　　　F. 阿拉伯语　　　G. 意大利语　　　H. 韩语

I. 德语　　　　　　J. 葡萄牙语　　　K. 其他

（11）关于"一带一路"经管信息资源的信息质量，您更看重什么属性？（单选）

A. 准确性（与事实完全相符）　　　　B. 完整性（包含所有相关数据）

C. 一致性（数据形式上的一致）　　　D. 及时性（数据在使用期内）

（12）关于"一带一路"经管信息资源的组织方式（即以何种方式展现信息资源），您希望以什么方式划分？（多选）

  A. 按资源领域   B. 按资源类型 C. 按资源主题 D. 按语种

  E. 按字母顺序   F. 按国别区域 G. 按日期时间 H. 其他

三、数据库满足需求现状调查

（13）请问您是否使用过"一带一路"专题数据库？（单选）

  A. 是   B. 否（结束问卷）

（14）请您根据使用经历，对"一带一路"专题数据库中信息资源满足您信息需求的情况打分。

类别	1 极不满意	2 较不满意	3 一般	4 比较满意	5 非常满意
信息资源来源					
信息资源领域					
信息资源类型					
信息资源内容					
信息资源语种					
信息资源质量					
信息资源组织方式					

附录5：科研用户对"一带一路"经济管理资源需求的访谈提纲

尊敬的先生、女士：

您好！我们是教育部哲学社会科学研究重大课题攻关项目"'一带一路'沿线国家多语种、共享型经济管理数据库研究"课题组，目前正在进行"'一带一路'经济管理数据库用户需求"的研究。

您作为"一带一路"相关领域的科研人员，您的回答对我们的研究很有价值，希望您在回答时尽情阐发个人见解，感谢您的指导与帮助！根据前期内容，访谈将围绕信息来源、资源类型、主题范围、国别区域与多语种资源需求以及需求满足程度五个方面展开，访谈有6道题，大约需要20分钟。本研究会对您个人信息保密！

访谈问题：

（1）首先，访谈前需明确研究对象，是您在准备选题、调研、撰写论文的整个科研过程中所需的全部经济信息资源，包括但不仅包括以下各类：

①知识理论类信息：学术理论、专利标准；

②新闻动态类信息：如人类社会活动的报道、经济市场信息等；

③数据、事实与资料类静态信息：原始型信息：数据类、主体类（产品、公司、机构、专家、案例）、生产技术类、政策法规；研究型信息：报告类、分析评论、科研成果（智库信息资源、论文专著）。

其次，请简单介绍下您的专业、学校、在读年级，谢谢！

（2）您会从哪儿查找或获取不同类型的信息资源呢？为什么会选择它们？您对信息资源选取有哪些标准或要求？

（3）您在科研过程中需要的经济信息资源都有什么类型？

（4）您的研究方向是什么？在科研过程中需要的经济信息资源都有什么主题？

（5）您在科研过程中需要来自不同国别或区域的经济信息资源吗？具体是什么内容呢？对多语种资源有什么需求吗？

（6）您目前使用的"一带一路"数据库或平台有哪些？能否满足您科研过程中的信息需求？

附录6："一带一路"经管数据库资源采选与评价标准的专家访谈记录（示例）

1. 访谈设计

访谈目的：了解成都数联铭品一带一路项目库、"中国一带一路网"以及"新华丝路"数据库的资源建设情况，为实现资源选择标准的优选采集专家意见。

访谈对象：王女士 国家信息中心大数据发展部"一带一路"官网运行处处长

姚先生 国家信息中心大数据发展部"一带一路"官网运行处正处级

黄女士 成都数联铭品高级副总裁

魏女士 新华社中国经济信息社部门负责人

访谈时间：2019年9月17日至2019年9月18日

访谈地点：北京市海淀区理工大学中关村校区国防科技园5号楼17层BBD

北京市西城区三里河路58号国家信息中心A座909

2. 访谈内容（节选）

（1）老师们好，很荣幸今天能向您请教"一带一路"相关数据库的资源建设情况。我们注意到官网上有涉及各行各业的经济数据，请问这些数据的具体来源有哪些？

王女士：第一，就是政务数据中政府各个部门的数据，当然这个数据不是说完全在我们手里掌控的，但是我们可以调配或者共享。第二，我们通过一些战略合作，成立一些实验室。国家税务总局、市场监管总局、林草局、国家安全部、国资委会共享各个领域的一些数据和开发数据的应用，提供的都是政务数据。第三，我们也有合作公司去爬取这些数据，从各个网站，包括招聘网站、专利信息网、新闻网站，政府网站，论坛贴吧、微博微信等。

（2）请问面对海量的信息资源，数据库建设时如何把握资源的权威性？

黄女士：一般政府数据、行业披露数据是权威的。对于开源数据，虽然质量衡量标准待定，但维度多，可比对、可验证。还有就是结合长期的调研经验和专家经验。

（3）数据的来源这么丰富，会不会有侵权的风险？

王女士：国家信息中心是国家电子政务外网管理中心。我们的政务应用系统就相当于一个高速公路，大家都在上面跑数据，跑应用系统。而且，将来我们用数据并不是为了商业化，而是提供给政府机构分析报告使用，因此建立这种数据共享机制，是不会侵权的。

附录7:"一带一路"经管数据库金融信息资源需求的问卷调研

尊敬的先生/女士:

您好!

我们是教育部哲学社会科学研究重大课题攻关项目"'一带一路'沿线国家多语种、共享型经济管理数据库研究"课题组。首先感谢您百忙之中填写问卷,金融领域信息资源作为"一带一路"多语种经济管理数据库重要组成部分,是企业用户、政府用户、科研人员与个人投资者等投资、决策与研究之重要参考源。本问卷旨在了解您对金融信息资源的具体需求及对"一带一路"专题数据库的使用情况,为共建"一带一路"国家多语种经管数据库中的金融信息资源建设提供重要参考。

问卷结果仅用于论文撰写与课题研究,课题组承诺不会泄露您的隐私数据,请放心填写!感谢您的支持与帮助!

一、基础信息

(1)请选择您的性别。(单选题)

A. 男　　　　　　　　　　　　B. 女

(2)请选择您的年龄。(单选题)

A. 18 以下　　　　　　　　　　B. 18~25 岁
C. 26~35 岁　　　　　　　　　D. 36~45 岁
E. 46~55 岁　　　　　　　　　F. 56 岁以上

(3)您的学历是什么(在读学生请选择目前在读阶段)?(单选题)

A. 高中及以下　　　　　　　　B. 大专
C. 本科　　　　　　　　　　　D. 硕士
E. 博士

（4）您的学科专业是什么？（单选题）

A. 人文科学类（文学、历史学、哲学等）

B. 社会科学类（法学、管理学、经济学等）

C. 自然科学类（物理、化学、生物等）

D. 工程科学类（电气、土木、建筑等）

E. 医学类

（5）您的职业性质是什么？（单选题）

A. 公务员   B. 在校学生

C. 科研人员   D. 企事业职工

E. 自有职业   F. 其他_____

二、认知情况了解

（6）您是否了解"一带一路"倡议合作？（单选题）

A. 很了解   B. 基本了解   C. 不太了解   D. 不了解

三、具体需求调查

（7）您在工作、学习、研究与生活中，是否需要"一带一路"信息资源？（单选题）

A. 很需要   B. 需要   C. 不太需要   D. 不需要

（8）您在工作、学习、研究与生活中，是否需要金融信息资源？（单选题）

A. 很需要   B. 需要   C. 不太需要   D. 不需要

（9）您对"一带一路"多语种金融信息资源的需求程度是什么（输入0~10的数字）分值：_____。

（10）您需要"一带一路"金融信息资源，目的是什么？（多选题）

A. 掌握市场动态   B. 科学研究   C. 投资决策参考

D. 政策制定依据   E. 历史趋势分析   F. 竞争对手信息

G. 其他_____

（11）您最需要数据库提供哪类"一带一路"金融信息资源？（多选题）

A. 新闻动态   B. 统计数据   C. 政策法规   D. 企业信息

E. 国别投资指南   F. 研究论文   G. 评论观察   H. 专家信息

I. 其他_____

（12）您更看重信息资源的哪种属性？（多选题）

A. 权威性、可靠性   B. 时效性

C. 完整性   D. 针对性

E. 共享性（可免费获取）   F. 其他_____

（13）您希望数据库从哪些属性组织"一带一路"金融信息资源？（多选题）

A. 行业（银行、保险、证券等）

B. 资源类型（数据、动态、政策、研究论文等）

C. 资源主题

D. 国别区域（亚洲、欧洲、非洲、拉丁美洲等）

E. 时间

F. 其他_____

四、当前数据库需求满足程度

（14）您是否使用过数据库中的金融信息资源？（单选题）

A. 是（请跳至第15题）　　　　B. 否（结束问卷）

（15）您使用数据库中的金融信息资源时：（矩阵单选题）

类别	很满意	满意	一般	不满意	很不满意
对数据库的总体感觉					
数据库金融信息是否满足需求					
数据库金融信息是否符合期望					

（16）您使用当前数据库中的金融信息资源时，对信息资源数量的评价如何？（矩阵单选题）

类别	很满意	满意	一般	不满意	很不满意
资源类型					
数量大小					
资源时间跨度					

（17）您使用当前数据库中的金融信息资源时，对信息资源质量的评价如何？（矩阵单选题）

类别	很满意	满意	一般	不满意	很不满意
权威性					
时效性					
相关性（与您需求匹配程度）					
完整性					
覆盖面					
资源特色					

（18）您使用当前数据库中的金融信息资源时，对金融信息组织的评价如何？（矩阵单选题）

类别	很满意	满意	一般	不满意	很不满意
类目规范性					
易获取性					
易用性					
集成性					

（19）您对当前数据库中多语种金融信息资源建设的评价如何？（单选题）
A. 很满意　　B. 满意　　C. 一般　　D. 不满意　　E. 很不满意

附录8：核心元数据标准元素

1. 核心元素

（1）标识符。

定义：信息资源的唯一标识

英文名称：resource identifier

数据类型：字符串

值域：自由文本

缩写名：resId

约束/条件：M

最大出现次数：1

（2）名称。

定义：信息资源的名称

英文名称：resource title

数据类型：字符串

值域：自由文本

缩写名：resTitle

约束/条件：M

最大出现次数：1

（3）分类。

定义：信息资源的分类信息

英文名称：resource category

数据类型：复合型

缩写名：resCat

约束/条件：M

最大出现次数：N

①类目名称。

定义：信息资源分类中某个具体类目

英文名称：category name

数据类型：字符串

值域：自由文本

缩写名：catName

约束/条件：M

最大出现次数：1

②类目编码。

定义：类目名称对应的编码

英文名称：category code

数据类型：字符串

值域：自由文本

缩写名：catCode

约束/条件：O

最大出现次数：1

（4）关键词。

定义：描述数据集主题的词语

英文名称：keyword

数据类型：字符串

值域：自由文本

缩写名：kw

约束/条件：M

最大出现次数：N

（5）摘要。

定义：对数据集内容进行概要说明的文字

英文名称：abstract

数据类型：字符串

值域：自由文本

缩写名：ab

约束/条件：O

最大出现次数：1

（6）语种。

定义：对数据集的语种进行说明的文字

英文名称：language

数据类型：字符串

值域：自由文本

缩写名：lang

约束/条件：O

最大出现次数：1

（7）日期。

定义：数据集的相关日期

英文名称：Date

数据类型：复合型

缩写名：Da

约束/条件：O

最大出现次数：1

①发布时间。

定义：发布数据集的日期

英文名称：date of data set

数据类型：日期型

值域：按 GB/T 7408－2005 执行

缩写名：pubDate

约束/条件：O

最大出现次数：1

②时间范围。

定义：数据集描述的时间区间

英文名称：time range of data set

数据类型：日期型

值域：按 GB/T 7408－2005 执行

缩写名：tiRan

约束/条件：O

最大出现次数：1

③更新日期。

定义：最近一次修改数据集的日期

英文名称：date of update

数据类型：日期型

值域：按 GB/T 7408－2005 执行

缩写名：upDate

约束/条件：O

最大出现次数：1

（8）地点。

定义：对数据集描述的地点信息进行描述的文字

英文名称：location

数据类型：字符串

值域：按 GB/T 2659－2000、GB/T 2260－2007 执行

缩写名：loc

约束/条件：O

最大出现次数：1

（9）统计指标。

定义：统计数据使用的统计指标

英文名称：StatisticalIndicators

数据类型：复合型

缩写名：StatIn

约束/条件：C

最大出现次数：1

①统计指标名称。

定义：数据集使用的统计指标的名称

英文名称：name of statistical indicators

数据类型：字符串

值域：自由文本

缩写名：nameStatIn

约束/条件：C

最大出现次数：1

②统计指标定义。

定义：对数据集使用的统计指标的内容、调查方法进行定义的文字

英文名称：definition of statistical indicators

数据类型：字符串

值域：自由文本

缩写名：defStatIn

约束/条件：C

最大出现次数：1

（10）颗粒度。

定义：对统计数据的颗粒度进行说明的文字

英文名称：granularity of statistical data

数据类型：复合型

缩写名：granStatData

约束/条件：O

最大出现次数：1

（11）经济体。

定义：对统计数据描述的经济体进行说明的文字

英文名称：economic entities of statistical data

数据类型：复合型

缩写名：ecoEntiStatData

约束/条件：C

最大出现次数：1

（12）责任者。

定义：负责数据集的创建、保存、管理、发布或提供服务的单位

英文名称：contributor

数据类型：复合型

缩写名：contri

约束/条件：M

最大出现次数：N

①责任者名称。

定义：数据集责任者名称

英文名称：contributor name

数据类型：字符串

值域：自由文本

缩写名：contriName

约束/条件：M

最大出现次数：1

②责任者联系方式。

定义：数据集责任者的联系方式

英文名称：contributor contact

数据类型：字符串

值域：自由文本

缩写名：contriContact

约束/条件：M

最大出现次数：1

（13）访问限制。

定义：对访问数据集施加的限制或约束

英文名称：access constraints

数据类型：枚举型

值域：公开级为1，限制级为2

缩写名：accessConst

约束/条件：M

最大出现次数：1

（14）数据资源链接位置。

定义：可以获取数据集的有效网络地址

英文名称：physical address

数据类型：字符串

值域：自由文本，按 RFC2396 规定

缩写名：phyAdd

约束/条件：O

最大出现次数：N

（15）关联资源。

定义：数据集的关联资源的标识符或名称

英文名称：related resource

数据类型：字符串

值域：自由文本，按 RFC2396 规定

缩写名：relRes

约束/条件：O

最大出现次数：N

2. 核心元素示例

标识符：stat0101

名称：2021 年中国国民总收入数据

类目名称：国民总收入

类目编码：A1212. CHN. D

关键词：国民总收入；中国；统计数据；2021 年

摘要：2021 年中国国民总收入（亿元）

发布时间：2022-02-28

地点：中国

统计指标名称：国民总收入

统计指标定义：国民总收入（GNI），原称国民生产总值（GNP），指一个国家所有常住单位在一定时期内收入初次分配的最终结果

颗粒度：年

经济体：中国

责任者名称：国家统计局

责任者联系方式：010-68576320

数据资源链接位置：https://data.stats.gov.cn/easyquery.htm？cn=C01

关联资源：中国统计年鉴（2021）

附录9：专门元数据标准一：政策法规类信息元数据元素

1. 公文标识

定义：电子公文的唯一标识，以区别于其他公文

英文名称：document identifier

数据类型：字符串

值域：自由文本，按 GB/T 33477-2016 规定

缩写名：docIden

约束/条件：M

最大出现次数：N

2. 标题

定义：对公文主要内容的概括。一般由发文机关名称、事由和文种组成

英文名称：document title

数据类型：字符串

值域：自由文本

缩写名：docTi

约束/条件：M

最大出现次数：N

3. 发文机关标志

定义：发文机关全称或者规范化简称，其后添加特定标志

英文名称：identification of document issuer

数据类型：字符串

值域：不受限制，发文机关是发文机关全称或者规范化简称，每个机关名称的长度原则上不超过50个字

缩写名：idenDocIss

约束/条件：O

最大出现次数：N

4. 发文字号

定义：由发文机关代字、年份和发文顺序号组成

英文名称：issued number of document

数据类型：字符串

值域：自由文本；含发文机关代字、年份和发文顺序号，其中年份由四位阿拉伯数字组成，用六角括号括入，发文顺序号应为正整数

缩写名：issNumDoc

约束/条件：O

最大出现次数：N

5. 主送机关

定义：公文的主要受理机关。应使用主送机关的全称或规范化简称或者同类型机关的统称

英文名称：main receiver department

数据类型：字符串

值域：自由文本；多个单位时以"^"（GB/T 1988 规定的编码为 5E）分隔

短名：maiRecDep

约束/条件：O

最大出现次数：N

6. 发文机关或签发人署名

定义：发文机关的全称或规范化简称，或是签发人姓名

英文名称：signature of document issuing agency

数据类型：字符串

值域：自由文本

缩写名：sigDocIssAge

约束/条件：O

最大出现次数：N

7. 抄送机关

定义：除主送机关外需要执行或者知晓公文内容的其他机关

英文名称：copy to department

数据类型：字符串

值域：自由文本，多个单位时以"^"（GB/T 1988 规定的编码为 5E）分隔

缩写名：coDep

约束/条件：O

最大出现次数：N

8. 印发机关

定义：公文的送印机关，一般是各机关的办公厅（室）或文秘部门

英文名称：printing and sending department

数据类型：字符串

值域：不作要求

缩写名：priSenDep

约束/条件：O

最大出现次数：N

9. 印发日期

定义：公文的送印日期

英文名称：printing date

数据类型：日期型

值域：按 GB/T7408－2005 执行

缩写名：priDate

约束/条件：O

最大出现次数：N

10. 发布层次

定义：公文允许传达的范围

英文名称：release level

数据类型：字符串

值域：自由文本，可取值"公开发布""特定范围"等

缩写名：relLel

约束/条件：O

最大出现次数：N

附录10：专门元数据标准二：新闻报道类信息元数据元素

1. 新闻报道标识符

定义：新闻报道的唯一标识

英文名称：news identifier

数据类型：字符串

值域：自由文本

缩写名：newsId

约束/条件：M

最大出现次数：1

2. 新闻报道标题

定义：新闻报道的名称

英文名称：news title

数据类型：字符串

值域：自由文本

约束/条件：M

最大出现次数：1

3. 新闻报道专题

定义：新闻报道所属的自定义专题的名称

英文名称：news topics

数据类型：字符串

值域：自由文本

缩写名：newsTop

约束/条件：M

最大出现次数：1

4. 新闻报道分类

定义：新闻报道的分类信息

英文名称：news category

数据类型：复合型

缩写名：newsCat

约束/条件：M

最大出现次数：N

（1）类目名称。

定义：新闻信息分类中某个具体类目

英文名称：category name

数据类型：字符串

值域：自由文本，按 GB/T 20093－2013 规定

缩写名：catName

约束/条件：M

最大出现次数：1

（2）类目编码。

定义：类目名称对应的编码

英文名称：category code

数据类型：字符串

值域：自由文本，按 GB/T 20093－2013 规定

缩写名：catCode

约束/条件：O

最大出现次数：1

5. 新闻报道关键词

定义：描述新闻报道主题的词语

英文名称：keyword

数据类型：字符串

值域：自由文本

缩写名：kw

约束/条件：M

最大出现次数：N

6. 新闻报道摘要

定义：对新闻报道内容进行概要说明的文字

英文名称：abstract

数据类型：字符串

值域：自由文本

缩写名：ab

约束/条件：O

最大出现次数：1

7. 新闻报道语种

定义：对新闻报道的语种进行说明的文字

英文名称：language

数据类型：字符串

值域：自由文本

缩写名：lan

约束/条件：O

最大出现次数：1

8. 日期

定义：数据集的相关日期

英文名称：Date

数据类型：复合型

缩写名：Da

约束/条件：O

最大出现次数：1

（1）发布时间。

定义：发布新闻的日期

英文名称：publishing date of data set

数据类型：日期型

值域：按 GB/T 7408－2005 执行

缩写名：pubDate

约束/条件：O

最大出现次数：1

（2）时间范围。

定义：新闻报道描述的时间区间

英文名称：time range of data set

数据类型：日期型

值域：按 GB/T 7408－2005 执行

缩写名：rangeDate

约束/条件：O

最大出现次数：1

（3）更新日期。

定义：最近一次更新新闻报道的日期

英文名称：date of update

数据类型：日期型

值域：按 GB/T 7408－2005 执行

缩写名：upDate

约束/条件：O

最大出现次数：1

9. 作者

定义：负责新闻报道的创建个人或单位

英文名称：author

数据类型：复合型

缩写名：au

约束/条件：M

最大出现次数：N

10. 责任者

定义：负责新闻报道的编辑、保存、管理、发布或提供服务的个人或单位

英文名称：contributor

数据类型：复合型

缩写名：contri

约束/条件：M

最大出现次数：N

（1）责任者名称。

定义：新闻报道责任者名称

英文名称：contributor name

数据类型：字符串

值域：自由文本

缩写名：contriName

约束/条件：M

最大出现次数：1

（2）责任者联系方式。

定义：新闻报道责任者的联系方式

英文名称：contributor contact

数据类型：字符串

值域：自由文本

缩写名：contriContact

约束/条件：M

最大出现次数：1

11. 新闻报道链接位置

定义：可以获取新闻报道的有效网络地址

英文名称：physical address

数据类型：字符串

值域：自由文本，按 RFC2396 规定

缩写名：phyAdd

约束/条件：O

最大出现次数：N

12. 关联资源

定义：新闻报道的关联资源的标识符或名称

英文名称：related resource

数据类型：字符串

值域：自由文本，按 RFC2396 规定

缩写名：relRes

约束/条件：O

最大出现次数：N

附录11：专门元数据标准三：音视频图像类类信息元数据元素

1. 视频标识符

定义：音视频的唯一标识

英文名称：video resource identifier；audio resource identifier

数据类型：字符串

值域：自由文本，包括但不限于 URI、DOI、ISRC 和 ISBN

缩写名：videoId；audioId

约束/条件：M

最大出现次数：1

2. 音视频标题

定义：视频资源的名称

英文名称：Video Resource Title；Audio Resource Title

数据类型：字符串

值域：自由文本

缩写名：VideoTi；AudioTi

约束/条件：M

最大出现次数：1

（1）正式题名。

定义：音视频资源正式公开的名称

英文名称：video resource official title；audio resource official title

数据类型：字符串

值域：自由文本

缩写名：videoOffTi；audioOffTi

约束/条件：M

最大出现次数：1

（2）其他题名信息。

定义：用于限定、补充、解释、说明正式题名的文字

英文名称：video resource other title information；audio resource other title information

数据类型：字符串

值域：自由文本

缩写名：videoOthTiIn；audioOthTiIn

约束/条件：M

最大出现次数：1

（3）分集总数。

定义：音视频资源所属系列的集数总和

英文名称：total number of episodes

数据类型：字符串

值域：自由文本

缩写名：epiNum

约束/条件：M

最大出现次数：1

3. 音视频创建者

定义：创建音视频资源内容的主要责任者

英文名称：VideoCreator；AudioCreator

数据类型：字符串

值域：自由文本

缩写名：VideoCre；AudioCre

约束/条件：M

最大出现次数：1

（1）创建者名称。

定义：对音视频资源内容创作负主要责任的实体，包括个人、机关团体、组织或者会议

英文名称：creators' name

数据类型：字符串

值域：自由文本

缩写名：creaName

约束/条件：M

最大出现次数：1

（2）责任方式。

定义：对音视频资源的知识内容或艺术内容进行创造、整理的方式

英文名称：creating way

数据类型：字符串

值域：自由文本

缩写名：creaWay

约束/条件：M

最大出现次数：1

4. 音视频主题

定义：音视频资源内容的主题描述

英文名称：video resource subject；audio resource subject

数据类型：字符串

值域：自由文本，一般采用关键词、规范化的主题词或分类号来描述

缩写名：videoResSub；audioResSub

约束/条件：M

最大出现次数：1

5. 音视频描述

定义：视频资源内容的说明

英文名称：video resource description；audio resource description

数据类型：字符串

值域：自由文本，概括地说明资源的内容要点、资源组成单元的列表、获奖情况等

缩写名：videoResDes；audioResDes

约束/条件：M

最大出现次数：1

6. 音视频出版者

定义：使音视频资源可以获得和利用的责任实体

英文名称：video resource publisher；audio resource publisher

数据类型：字符串

值域：自由文本

缩写名：videoPub；audioPub

约束/条件：M

最大出现次数：1

7. 音视频日期

定义：资源知识内容涉及的时间特征

英文名称：video resource date；audio resource date
数据类型：字符串
值域：自由文本
缩写名：VideoDate；audioDate
约束/条件：M
最大出现次数：1

（1）创建日期。

定义：音视频资源创建的日期
英文名称：date of creation
数据类型：字符串
值域：自由文本
缩写名：creDate
约束/条件：M
最大出现次数：1

（2）出版日期。

定义：音视频资源出版的日期
英文名称：date of publication
数据类型：字符串
值域：自由文本
缩写名：pubDate
约束/条件：M
最大出现次数：1

（3）发布日期。

定义：音视频资源发布的日期
英文名称：date of release
数据类型：字符串
值域：自由文本
缩写名：relDate
约束/条件：M
最大出现次数：1

（4）时间范围。

定义：音视频资源知识内容涉及的时间特征
英文名称：temporal features
数据类型：字符串

值域：自由文本

缩写名：temFea

约束/条件：M

最大出现次数：1

8. 音视频地点

定义：资源知识内容涉及的空间特征

英文名称：videoResourceLocation；audioResourceLocation

数据类型：字符串

值域：自由文本

缩写名：VideoLoc；AudioLoc

约束/条件：M

最大出现次数：1

（1）创建地点。

定义：音视频资源创建的地点

英文名称：location of creation

数据类型：字符串

值域：自由文本

缩写名：creLoc

约束/条件：M

最大出现次数：1

（2）出版地点。

定义：音视频资源出版的地点

英文名称：location of publication

数据类型：字符串

值域：自由文本

缩写名：pubLoc

约束/条件：M

最大出现次数：1

（3）发布地点。

定义：音视频资源发布的地点

英文名称：location of release

数据类型：字符串

值域：自由文本

缩写名：relLoc

约束/条件：M

最大出现次数：1

（4）地点范围。

定义：音视频资源知识内容涉及的时间特征

英文名称：spatial features

数据类型：字符串

值域：自由文本

缩写名：spaFea

约束/条件：M

最大出现次数：1

9. 音视频格式

定义：视频资源的文件格式、物理媒体或尺寸规格

英文名称：VideoFormat

数据类型：字符串

值域：自由文本

缩写名：VideoFor

约束/条件：M

最大出现次数：1

（1）时长。

定义：播放视音频资源正式有效内容的实际时间长度

英文名称：duration

数据类型：字符串

值域：自由文本，按全国广播电视标准化技术委员会《广播电视音像资料编目规范：第1部分电视资料》

缩写名：dura

约束/条件：M

最大出现次数：1

（2）画面高宽比。

定义：播放视频资源正式有效内容的实际时间长度

英文名称：aspect ratio

数据类型：字符串

值域：自由文本，按全国广播电视标准化技术委员会《广播电视音像资料编目规范：第1部分电视资料》

缩写名：aspRatio

约束/条件：O

最大出现次数：1

（3）分辨率。

定义：反映显示器件、光学器件等的精细程度和分辨能力

英文名称：resolution

数据类型：字符串

值域：自由文本，按全国广播电视标准化技术委员会《广播电视音像资料编目规范：第 1 部分电视资料》

缩写名：resol

约束/条件：O

最大出现次数：1

（4）媒体。

定义：音视频资源的物理载体或组成材料

英文名称：medium

数据类型：字符串

值域：自由文本，通常被用于明确实体视频资源的物理载体和数字化的网络视频资源的数字化格式，如 mp4

缩写名：med

约束/条件：M

最大出现次数：1

10. 语种

定义：描述音视频资源内容的语种

英文名称：Language

数据类型：字符串

值域：自由文本

缩写名：lan

约束/条件：M

最大出现次数：1

（1）声道语种。

定义：音视频资源的声音通道中的语种名称

英文名称：audio channel language

数据类型：字符串

值域：自由文本

缩写名：audChaLang

约束/条件：M

最大出现次数：1

（2）字幕语种。

定义：音视频资源字幕的语种名称

英文名称：subtitle language

数据类型：字符串

值域：自由文本

缩写名：subLang

约束/条件：M

最大出现次数：1

11. 音视频关联资源

定义：与本音视频资源存在某种关系资源

英文名称：VideoRelatedResources；AudioRelatedResources

数据类型：字符串

值域：自由文本

缩写名：VideoRelRes；AudioRelRes

约束/条件：O

最大出现次数：N

（1）原版本资源链接位置。

定义：音视频资源字幕的语种名称

英文名称：original physical address

数据类型：字符串

值域：自由文本

缩写名：orgPhyAdd

约束/条件：M

最大出现次数：1

（2）其他版本资源链接位置。

定义：音视频资源字幕的语种名称

英文名称：other physical address

数据类型：字符串

值域：自由文本

缩写名：othPhyAdd

约束/条件：M

最大出现次数：1

参考文献

[1] 陈汝模、佘泽鑫、孟雪梅：《我国图情档领域"一带一路"研究文献的可视化分析》，载于《高校图书馆工作》2017年第37期，第21~29页。

[2] 陈硕、史宇恒：《基于WebGIS的"一带一路"文化遗产信息系统设计》，载于《图书馆理论与实践》2017年第11期，第99~101页。

[3] 陈祥雨、陈美华：《建设"一带一路"沿线国家语言文化禁忌多媒体数据库》，载于《外语研究》2017年第5期，第3~7、114页。

[4] 程焕文、潘燕桃：《信息资源共享》，高等教育出版社2016年版。

[5] 程佳：《"一带一路"信息资源建设路径探析》，载于《图书馆理论与实践》2017年第8期，第31~33页。

[6] 崔小委、李纯：《科技智库的社会经济数据需求与实证分析》，载于《图书馆杂志》2019年第38期，第82~90页。

[7] 戴艳清、刘杨庆：《"一带一路"研究与决策支撑平台资源组织策略研究》，载于《图书馆学研究》2020年第16期，第64~70页。

[8] 丁波涛：《基于数据银行的"一带一路"信息资源整合研究》，载于《情报理论与实践》2018年第41期，第88~92页。

[9] 丁波涛：《"一带一路"沿线国家信息资源整合模式——基于国际组织和跨国企业经验的研究》，载于《情报杂志》2017年第36期，第160~164页。

[10] 丁立、刘泽权：《美英典型智库的"一带一路"话语研究——基于语料库的视角》，载于《情报杂志》2021年第40期，第102~110页。

[11] 高波、吴慰慈：《从文献资源建设到信息资源建设》，载于《中国图书馆学报》2000年第5期，第22~25页。

[12] 高伊林、闵超：《中美对"一带一路"沿线技术扩散结构比较研究》，载于《数据分析与知识发现》2021年第5期，第80~92页。

[13] 《工业统计报表制度》，http://www.stats.gov.cn/tjsj/tjzd/gjtjzd/201909/t20190909_1696776.html，2020年4月27日。

[14] 关志英：《"一带一路"时代周边国家文献资源体系化建设的机制体制创新》，载于《大学图书馆学报》2017年第4期，第40~45、58页。

[15] 国冬梅、王玉娟：《开启互通模式，实现信息共享——"一带一路"生态环保大数据平台建设总体思路》，载于《中国生态文明》2017年第3期，第26~29页。

[16] 国家社科基金项目数据库，http：//fz. people. com. cn/skygb/sk/index. php/index/index/4541，2022年9月28日。

[17] 国家统计局：《第四次全国经济普查取得重要成果》，http：//www. stats. gov. cn/tjsj/zxfb/201911/t20191119_1710341. html，2022年9月28日。

[18] 国家统计局：《2017年国民经济行业分类（GB/T 4754-2017）》，http：//www. stats. gov. cn/tjsj/tjbz/201709/t20170929_1539288. html，2022年4月30日。

[19] 国家统计局：《统计上大中小微型企业划分办法（2017）》，http：//www. stats. gov. cn/tjsj/tjbz/201801/t20180103_1569357. html，2022年9月28日。

[20] 国家统计局：《"指数"与"相对数"》，http：//www. stats. gov. cn/tjzs/tjcd/200205/t20020523_25322. html，2022年5月11日。

[21] 国家信息中心：《"一带一路"大数据报告（2018）》[M]. 北京：商务印书馆，2018.

[22] 国研网"一带一路"研究与决策平台，http：//www. drcnet. com. cn/www/ydyl/introduce. aspx，2020年4月27日。

[23] 韩士媛、谢慧：《"一带一路"视域下的语言建设》，载于《边疆经济与文化》2018年第12期，第107~108页。

[24] 胡昌平、胡潜、邓胜利：《信息服务与用户》，武汉大学出版社2022年版。

[25] 《互联网经济统计报表制度》，http：//www. stats. gov. cn/tjsj/tjzd/gjtjzd/201909/t20190909_1696752. html，2020年4月27日。

[26] 黄海瑛：《云环境下的"一带一路"语言数据版权风险》，载于《图书馆论坛》2018年第7期，第40~46页。

[27] 邝婉玲、高波：《国外图书馆联盟组织管理模式研究》，载于《图书情报工作》2019年第9期，第116~126页。

[28] 李娟等：《丝路科技知识服务系统"一带一路"专题数据库的构建与实践》，载于《数字图书馆论坛》2019年第2期，第37~42页。

[29] 李娟：《特色数字资源服务与"一带一路"建设——以西安交通大学丝路科技知识服务系统为例》，载于《大学图书情报学刊》2019年第4期，第80~

84 页.

[30] 李树青:《Internet 经济信息资源检索》,南京大学出版社 2010 年版.

[31] 李月婷、司莉:《基于语义的多语言信息组织模式研究》,载于《图书馆论坛》2016 年第 2 期,第 13~19 页.

[32]《联合国商品贸易统计数据库》,https://comtrade.un.org/,2022 年 6 月 27 日.

[33]《联合国数据库》,https://www.un.org/zh/library/page/databases,2022 年 9 月 28 日.

[34] 刘海鸥等:《国内外用户画像研究综述》,载于《情报理论与实践》2018 年第 11 期,第 155~160 页.

[35] 刘莉、司莉、何依:《基于 TQM 的"一带一路"专题数据库共享服务全面保障机制研究》,载于《情报科学》2022 年第 5 期,第 154~160 页.

[36] 刘晓:《"一带一路"对外传播研究》,湘潭大学,2016 年.

[37] 刘雨农、权昭瑄、吴柯烨:《面向人文社科专题数据库的数据云平台建设思考》,载于《信息资源管理学报》2020 年第 5 期,第 48~54 页.

[38] 马雨萌等:《基于文献知识抽取的专题知识库构建研究——以中药活血化瘀专题知识库为例》,载于《情报学报》2019 年第 5 期,第 482~491 页.

[39] 莫祖英、马费成:《数据库信息资源内容质量用户满意度模型及实证研究》,载于《中国图书馆学报》2013 年第 2 期,第 85~97 页.

[40]《农业》,中经网产业数据库,https://newcyk.cei.cn/,2020 年 12 月 8 日.

[41] 潘玥、常小竹:《印尼对"一带一路"的认知、反应及中国的应对建议》,载于《现代国际关系》2017 年第 5 期,第 50~56、66 页.

[42] 任玮玮:《新华丝路综合信息平台的实践探索》,载于《中国记者》2019 年第 5 期,第 32~35 页.

[43] 邵荣、徐雯、丁晓芹:《科研用户对产业经济信息资源的需求分析——以中国科学院科研用户为例》,载于《数字图书馆论坛》2015 年第 10 期,第 41~46 页.

[44]《十九大报告:生态文明建设和绿色发展的路线图》,光明思想理论网,https://theory.gmw.cn/2017-10/24/content_26592443.htm,2022 年 10 月 5 日.

[45]《世界经济数据库》,中国经济信息网,https://wdb.cei.cn/,2020 年 4 月 27 日.

[46] 司莉、杨嘉琦:《基于联盟链的"一带一路"专题数据库资源共建共享模式研究》,载于《图书馆学研究》2022 年第 4 期,第 40~46 页.

[47] 司莉、周璟:《用户参与的"一带一路"经济管理专题数据库资源采选标准体系构建》,载于《图书馆杂志》2022年第3期,第11~17页。

[48] 孙迎春:《国际标准化助推"一带一路"高质量发展》,载于《中国行政管理》2022年第1期,第153~156页。

[49]《推动共建丝绸之路经济带和21世纪海上丝绸之路的愿景与行动》,人民网, http: //ydyl. people. com. cn/n1/2017/0425/c411837 - 29235511. html, 2022年2月25日。

[50] 王辉、王亚蓝:《"一带一路"沿线国家语言状况》,载于《语言战略研究》2016年第2期,第13~19页。

[51] 王睿、蒋欣、张爱瑜:《地方政府共建"一带一路"政策偏好及特征》,载于《科学决策》2022年第8期,第111~123页。

[52] 王英、舒洁:《利益相关者视角下潮汕侨批档案的保护研究》,载于《档案管理》2020年第6期,第79~82页。

[53] 王妍、唐滢:《我国食品安全大数据平台构建的基本逻辑与行动方案——基于共建共治共享视角》,载于《南京社会科学》2020年第2期,第75~80页。

[54] 韦楠华、吴高:《公共数字文化资源共建共享现状、障碍及对策研究》,载于《图书馆建设》2018年第9期,第18~26页。

[55]《我国已与138个国家、31个国际组织签署201份共建"一带一路"合作文件》,新华网, http: //www. xinhuanet. com/world/2020 - 11/17/c_1126752050. htm? baike, 2022年10月5日。

[56] 吴绮云:《"一带一路"图书馆联盟信息资源建设与服务提升研究》,载于《图书馆工作与研究》2019年第12期,第17~21页。

[57] 肖利平、许巍峰:《工业企业数据库在企业经济行为研究中的应用——视角、合并与拓展》,载于《外国经济与管理》2018年第3期,第137~152页。

[58] 肖龙翔:《图书馆东盟多源信息资源融合研究》,广西民族大学,2019年。

[59] 肖希明:《信息资源建设》,武汉大学出版社2020年版。

[60] 严丹、李明炎:《高校"一带一路"研究的信息需求和资源支撑体系构建》,载于《图书馆建设》2018年第8版,第54~61页。

[61] 严丹、马吟雪:《"一带一路"专题数据库的建设现状及开发策略研究》,载于《图书馆学研究》2017年第12期,第40~47页。

[62] 杨旸:《"一带一路"建设中语言的经济价值研究》,载于《西安财经大学学报》2022年第5期,第108~115页。

［63］于施洋、杨道玲、王璟璇、傅娟：《"一带一路"数据资源归集体系建设》，载于《电子政务》2017年第1期，第8~14页。

［64］鱼震海、舒展：《"一带一路"倡议下推进我国信息化建设的问题与对策》，载于《理论导刊》2019年第3期，第108~113页。

［65］曾建勋、贾君枝、吴雯娜：《国家科技计划领域分类体系研究》，载于《情报学报》2018年第8期，第796~804页。

［66］张贵洪：《中国、联合国合作与"一带一路"的多边推进》，载于《复旦学报（社会科学版）》2020年第5期，第168~178页。

［67］张璐、徐军华：《我国与"一带一路"沿线国家图书馆合作建设研究》，载于《图书馆学研究》2019年第4期，第96~101页。

［68］赵世举：《"一带一路"建设的语言需求及服务对策》，载于《云南师范大学学报（哲学社会科学版）》2015年第4期，第36~42页。

［69］赵益维、赵豪迈：《大数据背景下"一带一路"新型智库信息服务体系研究》，载于《电子政务》2017年第11期，第72~80页。

［70］《正确认识"一带一路"》，人民网，http：//theory.people.com.cn/n1/2018/0226/c40531-29834263.html，2022年10月5日。

［71］《中国——东盟智慧城市合作倡导协议领导人声明》，https：//www.ndrc.gov.cn/fggz/cxhgjsfz/dfjz/201911/t20191108_1201879.html？code=&state=123，2022年10月5日。

［72］《中华人民共和国公务员法》，中国人大网，http：//www.npc.gov.cn/zgrdw/npc/lfzt/rlyw/2018-12/29/content_2071578.htm，2022年9月28日。

［73］中华人民共和国国务院新闻办公室：《农林牧渔业统计报表制度》，http：//www.scio.gov.cn/xwfb/gwyxwbgsxwfbh/wqfbh_2284/2010n_12631/2010n10y21r/xgzc_12747/202207/t20220715_165037.html，2020年4月27日。

［74］周纯、冯彩芬、马翠嫦：《中国周边区域研究文献的需求与保障——以中山大学为例》，载于《大学图书馆学报》2016年第5期，第73~77、83页。

［75］Alimov R. The Shanghai Cooperation Organisation and greater Eurasia. *International Organisations Research Journal*，2018，13（3）：19-32.

［76］Ascensão F，Fahrig L，Clevenger A P，et al. Environmental challenges for the Belt and Road initiative. *Nature Sustainability*，2018，5（1）：206-209.

［77］BankFocus. 2020-04-27，http：//eproxy2.lib.tsinghua.edu.cn/rwt/21/.

［78］Brydon V. Combining citizen participation and expert analysis：a wild，wild horse's problem in British Columbia. *Local Government Studies*，2016，42（1）：75-96.

[79] Hermaputi R L, Gong J, Hua C. Review of the Chinese Belt and Road initiative: indonesia – China cooperation and future opportunities for Indonesia's port cities development. *Journal of Regional and City Planning*, 2017, 28 (3): 161 – 177.

[80] Ingrao C, Evola R S, Cantore P, et al. The contribution of sensor-based equipment to life cycle assessment through improvement of data collection in the industry. *Environmental Impact Assessment Review*, 2021 (88): 106569.

[81] Iswarya P, Radha V. Adapting hybrid machine translation techniques for cross-language text retrieval system. *Journal of Engineering Science and Technology*, 2017, 12 (3): 648 – 666.

[82] Khan D. Effects of information and communication technology and real income on CO_2 emissions: the experience of countries along Belt and Road. *Telematics and Informatics*, 2019 (45): 101300.

[83] Khetran M S B, Saeed M A. The CPEC and China – Pakistan relations. *China quarterly of international strategic studies*, 2017 (43): 447 – 461.

[84] Khotskina O, Agniya C. Conjugulatifon of the economic union and the initiative "One Belt, One Road". *Asia and Africa Today*, 2018 (8): 7 – 14.

[85] Latief R, Lefen L. The effect of exchange rate volatility on international trade and Foreign Direct Investment (FDI) in developing countries along "One Belt and One Road". *International Journal of Financial Studies*, 2018 (4): 23 – 25.

[86] Lenters T P, Henderson A, Dracxler C M, et al. Integration and harmonization of trait data from plant individuals across heterogeneous sources. *Ecological Informatics*, 2021 (62): 101206.

[87] Mahadevan R, Sun Y. Effects of foreign direct investment on carbon emissions: evidence from China and its Belt and Road countries. *Journal of Environmental*, 2020 (276): 21 – 26.

[88] Manuel D T, Meghan C, Sutherland M K, et al. Information requirements to create public value: sharing and opening data to address urban blight. *Transforming Government: People, Process and Policy*, 2017, 11 (1): 79 – 98.

[89] Murton G, Lord A. Trans – Himalayan power corridors: infrastructural politics and China's Belt and Road initiative in Nepal. *Political Geography*, 2020 (77): 102100.

[90] Panibratov A, Kalinin A, Zhang Yugui, et al. The Belt and Road initiative: a systematic literature review and future research agenda. *Eurasian Geography and Economics*, 2022, 63 (1): 82 – 115.

[91] Papava V, Ismailov E. Caucasian tandem and the Belt and Road initiative. Global Review, 2018, 19 (2): 7-17.

[92] Sharma V K, Mittal N. Exploiting Wikipedia API for Hindi-English cross-language information retrieval. *Procedia Computer Science*, 2016 (89): 434-440.

[93] Shiqi L, Stockinger K, Farias TMD, et al. Querying knowledge graphs in natural language. *Journal of Big Data*, 2021, 8 (1): 1-23.

[94] Simon S, Wilson C. A comparative study of the Belt and Road initiative and the Marshall plan. *Palgrave Communications*, 2018, 4 (1): 1-11.

[95] Soyres F D, Mulabdic A, Murray S, et al. How much will the Belt and Road initiative reduce trade costs? *International Economics*, 2019 (159): 151-164.

[96] Svetlicinii A. China's Belt and Road initiative and the Eurasian Economic Union: integrating the integrations. *Public Administration Issues*, 2018 (4): 7-20.

[97] Vatenmacher M, Isaac S, Svoray T. Resource-constrained information management: providing governments with information for earthquake preparedness. *Environmental management*, 2017 (59): 1-15.

[98] Wei H R, Lee P T W. Designing a coordinated horizontal alliance system for China's inland ports with China railway express platforms along the Silk Road Economic Belt. *Transportation Research Part E: Logistics and Transportation Review*, 2021, 147: 38-42.

后 记

　　本人主持的 2019 年教育部哲学社会科学研究重大课题攻关项目"'一带一路'沿线国家多语种、共享型经济管理数据库建设研究"（项目编号：19JZD020），历经 4 年持续的磨砺刻厉、坚持锲而不舍、协同攻关与团队合作精神，终于完成并通过了结项。课题围绕数据库建设中的现实依据与服务需求、标准规范体系、资源建设、法律保障、数据库构建与实现等问题进行研究，取得了如下成绩：撰写《共建"一带一路"国家多语种、共享型经济管理数据库研究》专著 1 部；发表学术论文 21 篇，撰写咨询报告 6 篇、研究报告 2 份，起草标准体系 1 套，研发示范应用平台 1 个，可实现多语言访问、全站式与专题检索、跨语言检索、资源导航、可视化显示、个性化服务、资源下载与上传。

　　本书作为本课题研究的标志性成果之一，其学术价值在于：全面总结分析了"一带一路"专题数据库建设现状与"一带一路"经管数据库建设的障碍，在此基础上，从标准规范体系、资源建设、法律保障以及数据库的构建与共享服务"四大维度"对共建"一带一路"国家多语种、共享型经济管理数据库建设进行系统探讨。本研究丰富了信息资源建设、信息组织、数据科学与法学的研究内容，拓展了信息资源管理与法学的研究领域，提升了学科影响力。

　　其应用价值在于：系统地探讨了"一带一路"经管数据库建设的障碍、需求、标准规范、资源建设体系、法律风险防范、功能设计和安全保障，为"一带一路"经管数据库的建设实施打下了坚实基础，建成的数据库汇聚了多语种、多类型、多领域、多来源的经济管理资源，为"一带一路"信息互联互通研究提供准确、客观且真实的数据、事实支持。可为政府决策、企业投资提供权威与高效的决策参考，为学术科研提供权威与翔实的资料支撑。同时，本研究提出的标准规范、资源建设体系、功能设计方案等，也可为其他领域的多语种共享型数据库建设提供参考与示范。

　　由于共建"一带一路"国家经济发展极其不平衡，信息化程度不一，数据库建设参与度也不同，导致多语种特别是小语种的经济管理资源采集方面存在障碍。因此需要进一步探讨，如何选取有代表性的国家及语种，从其政府网站与权威数据库等渠道获取一手资源,从而在保证可靠性与权威性的前提下,能够在一定程度上弥补数据库中多语种资源采集的不足。

本书是教育部哲学社会科学研究重大课题攻关项目(项目编号:19JZD020)研究成果之一。由司莉组织撰写、统稿、审稿并定稿。撰写者为司莉、伍丹、陈辰、郭财强、何依、刘莉、周璟、刘先瑞、刘尧、王雨娃、罗泉、郭晓彤、李娟、唐婷芳、劳逸、戴艳清、刘杨庆。具体分工如下:第一章,司莉、陈辰;第二章,司莉、陈辰、郭财强、周璟;第三章,司莉、罗泉;第四章,李娟、劳逸、郭晓彤、唐婷芳;第五章,刘尧、周璟、王雨娃;第六章,司莉、郭财强、李娟、刘尧、戴艳清、刘杨庆;第七章,伍丹、司莉;第八章,何依、刘莉、刘先瑞。

非常感谢课题组团队成员强有力的支持,感谢武汉大学人文社会科学研究院与信息管理学院专家学者给予的指导与帮助。也特别感谢参与课题研究的博士生与硕士生们,他们是陈辰、郭财强、伍丹、何依、刘莉、周璟、刘先瑞、刘尧、王琛、王雨娃、舒婵、罗泉、郭晓彤、乔莎、杨嘉琦、李舒芸、李娟、潘琦、刘伊菲、劳逸、唐婷芳、李圆圆、廖福莉、鲍恬恬、司涵晖、杨清怡等。本书在撰写过程中参考与援引了许多专家学者的相关著述,在此致以谢意。诚恳欢迎国内外学人对本课题研究中存在的不足进行批评指正。

本书在撰写与出版过程中得到了教育部哲学社会科学研究重大课题攻关项目、经济科学出版社的大力支持,责任编辑孙丽丽、纪小小为本书的出版付出了辛勤的劳动,在此谨表感谢。

教育部哲学社会科学研究重大课题攻关项目成果出版列表

序号	书　　名	首席专家
1	《马克思主义基础理论若干重大问题研究》	陈先达
2	《马克思主义理论学科体系建构与建设研究》	张雷声
3	《马克思主义整体性研究》	逄锦聚
4	《改革开放以来马克思主义在中国的发展》	顾钰民
5	《新时期　新探索　新征程——当代资本主义国家共产党的理论与实践研究》	聂运麟
6	《坚持马克思主义在意识形态领域指导地位研究》	陈先达
7	《当代资本主义新变化的批判性解读》	唐正东
8	《当代中国人精神生活研究》	童世骏
9	《弘扬与培育民族精神研究》	杨叔子
10	《当代科学哲学的发展趋势》	郭贵春
11	《服务型政府建设规律研究》	朱光磊
12	《地方政府改革与深化行政管理体制改革研究》	沈荣华
13	《面向知识表示与推理的自然语言逻辑》	鞠实儿
14	《当代宗教冲突与对话研究》	张志刚
15	《马克思主义文艺理论中国化研究》	朱立元
16	《历史题材文学创作重大问题研究》	童庆炳
17	《现代中西高校公共艺术教育比较研究》	曾繁仁
18	《西方文论中国化与中国文论建设》	王一川
19	《中华民族音乐文化的国际传播与推广》	王耀华
20	《楚地出土戰國簡册［十四種］》	陈　伟
21	《近代中国的知识与制度转型》	桑　兵
22	《中国抗战在世界反法西斯战争中的历史地位》	胡德坤
23	《近代以来日本对华认识及其行动选择研究》	杨栋梁
24	《京津冀都市圈的崛起与中国经济发展》	周立群
25	《金融市场全球化下的中国监管体系研究》	曹凤岐
26	《中国市场经济发展研究》	刘　伟
27	《全球经济调整中的中国经济增长与宏观调控体系研究》	黄　达
28	《中国特大都市圈与世界制造业中心研究》	李廉水

序号	书　名	首席专家
29	《中国产业竞争力研究》	赵彦云
30	《东北老工业基地资源型城市发展可持续产业问题研究》	宋冬林
31	《转型时期消费需求升级与产业发展研究》	臧旭恒
32	《中国金融国际化中的风险防范与金融安全研究》	刘锡良
33	《全球新型金融危机与中国的外汇储备战略》	陈雨露
34	《全球金融危机与新常态下的中国产业发展》	段文斌
35	《中国民营经济制度创新与发展》	李维安
36	《中国现代服务经济理论与发展战略研究》	陈　宪
37	《中国转型期的社会风险及公共危机管理研究》	丁烈云
38	《人文社会科学研究成果评价体系研究》	刘大椿
39	《中国工业化、城镇化进程中的农村土地问题研究》	曲福田
40	《中国农村社区建设研究》	项继权
41	《东北老工业基地改造与振兴研究》	程　伟
42	《全面建设小康社会进程中的我国就业发展战略研究》	曾湘泉
43	《自主创新战略与国际竞争力研究》	吴贵生
44	《转轨经济中的反行政性垄断与促进竞争政策研究》	于良春
45	《面向公共服务的电子政务管理体系研究》	孙宝文
46	《产权理论比较与中国产权制度变革》	黄少安
47	《中国企业集团成长与重组研究》	蓝海林
48	《我国资源、环境、人口与经济承载能力研究》	邱　东
49	《"病有所医"——目标、路径与战略选择》	高建民
50	《税收对国民收入分配调控作用研究》	郭庆旺
51	《多党合作与中国共产党执政能力建设研究》	周淑真
52	《规范收入分配秩序研究》	杨灿明
53	《中国社会转型中的政府治理模式研究》	娄成武
54	《中国加入区域经济一体化研究》	黄卫平
55	《金融体制改革和货币问题研究》	王广谦
56	《人民币均衡汇率问题研究》	姜波克
57	《我国土地制度与社会经济协调发展研究》	黄祖辉
58	《南水北调工程与中部地区经济社会可持续发展研究》	杨云彦
59	《产业集聚与区域经济协调发展研究》	王　珺

序号	书　名	首席专家
60	《我国货币政策体系与传导机制研究》	刘　伟
61	《我国民法典体系问题研究》	王利明
62	《中国司法制度的基础理论问题研究》	陈光中
63	《多元化纠纷解决机制与和谐社会的构建》	范　愉
64	《中国和平发展的重大前沿国际法律问题研究》	曾令良
65	《中国法制现代化的理论与实践》	徐显明
66	《农村土地问题立法研究》	陈小君
67	《知识产权制度变革与发展研究》	吴汉东
68	《中国能源安全若干法律与政策问题研究》	黄　进
69	《城乡统筹视角下我国城乡双向商贸流通体系研究》	任保平
70	《产权强度、土地流转与农民权益保护》	罗必良
71	《我国建设用地总量控制与差别化管理政策研究》	欧名豪
72	《矿产资源有偿使用制度与生态补偿机制》	李国平
73	《巨灾风险管理制度创新研究》	卓　志
74	《国有资产法律保护机制研究》	李曙光
75	《中国与全球油气资源重点区域合作研究》	王　震
76	《可持续发展的中国新型农村社会养老保险制度研究》	邓大松
77	《农民工权益保护理论与实践研究》	刘林平
78	《大学生就业创业教育研究》	杨晓慧
79	《新能源与可再生能源法律与政策研究》	李艳芳
80	《中国海外投资的风险防范与管控体系研究》	陈菲琼
81	《生活质量的指标构建与现状评价》	周长城
82	《中国公民人文素质研究》	石亚军
83	《城市化进程中的重大社会问题及其对策研究》	李　强
84	《中国农村与农民问题前沿研究》	徐　勇
85	《西部开发中的人口流动与族际交往研究》	马　戎
86	《现代农业发展战略研究》	周应恒
87	《综合交通运输体系研究——认知与建构》	荣朝和
88	《中国独生子女问题研究》	风笑天
89	《我国粮食安全保障体系研究》	胡小平
90	《我国食品安全风险防控研究》	王　硕

序号	书　名	首席专家
91	《城市新移民问题及其对策研究》	周大鸣
92	《新农村建设与城镇化推进中农村教育布局调整研究》	史宁中
93	《农村公共产品供给与农村和谐社会建设》	王国华
94	《中国大城市户籍制度改革研究》	彭希哲
95	《国家惠农政策的成效评价与完善研究》	邓大才
96	《以民主促进和谐——和谐社会构建中的基层民主政治建设研究》	徐　勇
97	《城市文化与国家治理——当代中国城市建设理论内涵与发展模式建构》	皇甫晓涛
98	《中国边疆治理研究》	周　平
99	《边疆多民族地区构建社会主义和谐社会研究》	张先亮
100	《新疆民族文化、民族心理与社会长治久安》	高静文
101	《中国大众媒介的传播效果与公信力研究》	喻国明
102	《媒介素养：理念、认知、参与》	陆　晔
103	《创新型国家的知识信息服务体系研究》	胡昌平
104	《数字信息资源规划、管理与利用研究》	马费成
105	《新闻传媒发展与建构和谐社会关系研究》	罗以澄
106	《数字传播技术与媒体产业发展研究》	黄升民
107	《互联网等新媒体对社会舆论影响与利用研究》	谢新洲
108	《网络舆论监测与安全研究》	黄永林
109	《中国文化产业发展战略论》	胡惠林
110	《20世纪中国古代文化经典在域外的传播与影响研究》	张西平
111	《国际传播的理论、现状和发展趋势研究》	吴　飞
112	《教育投入、资源配置与人力资本收益》	闵维方
113	《创新人才与教育创新研究》	林崇德
114	《中国农村教育发展指标体系研究》	袁桂林
115	《高校思想政治理论课程建设研究》	顾海良
116	《网络思想政治教育研究》	张再兴
117	《高校招生考试制度改革研究》	刘海峰
118	《基础教育改革与中国教育学理论重建研究》	叶　澜
119	《我国研究生教育结构调整问题研究》	袁本涛 王传毅
120	《公共财政框架下公共教育财政制度研究》	王善迈

序号	书　名	首席专家
121	《农民工子女问题研究》	袁振国
122	《当代大学生诚信制度建设及加强大学生思想政治工作研究》	黄蓉生
123	《从失衡走向平衡：素质教育课程评价体系研究》	钟启泉 崔允漷
124	《构建城乡一体化的教育体制机制研究》	李　玲
125	《高校思想政治理论课教育教学质量监测体系研究》	张耀灿
126	《处境不利儿童的心理发展现状与教育对策研究》	申继亮
127	《学习过程与机制研究》	莫　雷
128	《青少年心理健康素质调查研究》	沈德立
129	《灾后中小学生心理疏导研究》	林崇德
130	《民族地区教育优先发展研究》	张诗亚
131	《WTO主要成员贸易政策体系与对策研究》	张汉林
132	《中国和平发展的国际环境分析》	叶自成
133	《冷战时期美国重大外交政策案例研究》	沈志华
134	《新时期中非合作关系研究》	刘鸿武
135	《我国的地缘政治及其战略研究》	倪世雄
136	《中国海洋发展战略研究》	徐祥民
137	《深化医药卫生体制改革研究》	孟庆跃
138	《华侨华人在中国软实力建设中的作用研究》	黄　平
139	《我国地方法制建设理论与实践研究》	葛洪义
140	《城市化理论重构与城市化战略研究》	张鸿雁
141	《境外宗教渗透论》	段德智
142	《中部崛起过程中的新型工业化研究》	陈晓红
143	《农村社会保障制度研究》	赵　曼
144	《中国艺术学学科体系建设研究》	黄会林
145	《人工耳蜗术后儿童康复教育的原理与方法》	黄昭鸣
146	《我国少数民族音乐资源的保护与开发研究》	樊祖荫
147	《中国道德文化的传统理念与现代践行研究》	李建华
148	《低碳经济转型下的中国碳排放权交易体系》	齐绍洲
149	《中国东北亚战略与政策研究》	刘清才
150	《促进经济发展方式转变的地方财税体制改革研究》	钟晓敏
151	《中国—东盟区域经济一体化》	范祚军

序号	书　名	首席专家
152	《非传统安全合作与中俄关系》	冯绍雷
153	《外资并购与我国产业安全研究》	李善民
154	《近代汉字术语的生成演变与中西日文化互动研究》	冯天瑜
155	《新时期加强社会组织建设研究》	李友梅
156	《民办学校分类管理政策研究》	周海涛
157	《我国城市住房制度改革研究》	高　波
158	《新媒体环境下的危机传播及舆论引导研究》	喻国明
159	《法治国家建设中的司法判例制度研究》	何家弘
160	《中国女性高层次人才发展规律及发展对策研究》	佟　新
161	《国际金融中心法制环境研究》	周仲飞
162	《居民收入占国民收入比重统计指标体系研究》	刘　扬
163	《中国历代边疆治理研究》	程妮娜
164	《性别视角下的中国文学与文化》	乔以钢
165	《我国公共财政风险评估及其防范对策研究》	吴俊培
166	《中国历代民歌史论》	陈书录
167	《大学生村官成长成才机制研究》	马抗美
168	《完善学校突发事件应急管理机制研究》	马怀德
169	《秦简牍整理与研究》	陈　伟
170	《出土简帛与古史再建》	李学勤
171	《民间借贷与非法集资风险防范的法律机制研究》	岳彩申
172	《新时期社会治安防控体系建设研究》	宫志刚
173	《加快发展我国生产服务业研究》	李江帆
174	《基本公共服务均等化研究》	张贤明
175	《职业教育质量评价体系研究》	周志刚
176	《中国大学校长管理专业化研究》	宣　勇
177	《"两型社会"建设标准及指标体系研究》	陈晓红
178	《中国与中亚地区国家关系研究》	潘志平
179	《保障我国海上通道安全研究》	吕　靖
180	《世界主要国家安全体制机制研究》	刘胜湘
181	《中国流动人口的城市逐梦》	杨菊华
182	《建设人口均衡型社会研究》	刘渝琳
183	《农产品流通体系建设的机制创新与政策体系研究》	夏春玉

序号	书　名	首席专家
184	《区域经济一体化中府际合作的法律问题研究》	石佑启
185	《城乡劳动力平等就业研究》	姚先国
186	《20世纪朱子学研究精华集成——从学术思想史的视角》	乐爱国
187	《拔尖创新人才成长规律与培养模式研究》	林崇德
188	《生态文明制度建设研究》	陈晓红
189	《我国城镇住房保障体系及运行机制研究》	虞晓芬
190	《中国战略性新兴产业国际化战略研究》	汪　涛
191	《证据科学论纲》	张保生
192	《要素成本上升背景下我国外贸中长期发展趋势研究》	黄建忠
193	《中国历代长城研究》	段清波
194	《当代技术哲学的发展趋势研究》	吴国林
195	《20世纪中国社会思潮研究》	高瑞泉
196	《中国社会保障制度整合与体系完善重大问题研究》	丁建定
197	《民族地区特殊类型贫困与反贫困研究》	李俊杰
198	《扩大消费需求的长效机制研究》	臧旭恒
199	《我国土地出让制度改革及收益共享机制研究》	石晓平
200	《高等学校分类体系及其设置标准研究》	史秋衡
201	《全面加强学校德育体系建设研究》	杜时忠
202	《生态环境公益诉讼机制研究》	颜运秋
203	《科学研究与高等教育深度融合的知识创新体系建设研究》	杜德斌
204	《女性高层次人才成长规律与发展对策研究》	罗瑾琏
205	《岳麓秦简与秦代法律制度研究》	陈松长
206	《民办教育分类管理政策实施跟踪与评估研究》	周海涛
207	《建立城乡统一的建设用地市场研究》	张安录
208	《迈向高质量发展的经济结构转变研究》	郭熙保
209	《中国社会福利理论与制度构建——以适度普惠社会福利制度为例》	彭华民
210	《提高教育系统廉政文化建设实效性和针对性研究》	罗国振
211	《毒品成瘾及其复吸行为——心理学的研究视角》	沈模卫
212	《英语世界的中国文学译介与研究》	曹顺庆
213	《建立公开规范的住房公积金制度研究》	王先柱

序号	书　名	首席专家
214	《现代归纳逻辑理论及其应用研究》	何向东
215	《时代变迁、技术扩散与教育变革：信息化教育的理论与实践探索》	杨　浩
216	《城镇化进程中新生代农民工职业教育与社会融合问题研究》	褚宏启 薛二勇
217	《我国先进制造业发展战略研究》	唐晓华
218	《融合与修正：跨文化交流的逻辑与认知研究》	鞠实儿
219	《中国新生代农民工收入状况与消费行为研究》	金晓彤
220	《高校少数民族应用型人才培养模式综合改革研究》	张学敏
221	《中国的立法体制研究》	陈　俊
222	《教师社会经济地位问题：现实与选择》	劳凯声
223	《中国现代职业教育质量保障体系研究》	赵志群
224	《欧洲农村城镇化进程及其借鉴意义》	刘景华
225	《国际金融危机后全球需求结构变化及其对中国的影响》	陈万灵
226	《创新法治人才培养机制》	杜承铭
227	《法治中国建设背景下警察权研究》	余凌云
228	《高校财务管理创新与财务风险防范机制研究》	徐明稚
229	《义务教育学校布局问题研究》	雷万鹏
230	《高校党员领导干部清正、党政领导班子清廉的长效机制研究》	汪　曦
231	《二十国集团与全球经济治理研究》	黄茂兴
232	《高校内部权力运行制约与监督体系研究》	张德祥
233	《职业教育办学模式改革研究》	石伟平
234	《职业教育现代学徒制理论研究与实践探索》	徐国庆
235	《全球化背景下国际秩序重构与中国国家安全战略研究》	张汉林
236	《进一步扩大服务业开放的模式和路径研究》	申明浩
237	《自然资源管理体制研究》	宋马林
238	《高考改革试点方案跟踪与评估研究》	钟秉林
239	《全面提高党的建设科学化水平》	齐卫平
240	《"绿色化"的重大意义及实现途径研究》	张俊飚
241	《利率市场化背景下的金融风险研究》	田利辉
242	《经济全球化背景下中国反垄断战略研究》	王先林

序号	书 名	首席专家
243	《中华文化的跨文化阐释与对外传播研究》	李庆本
244	《世界一流大学和一流学科评价体系与推进战略》	王战军
245	《新常态下中国经济运行机制的变革与中国宏观调控模式重构研究》	袁晓玲
246	《推进21世纪海上丝绸之路建设研究》	梁 颖
247	《现代大学治理结构中的纪律建设、德治礼序和权力配置协调机制研究》	周作宇
248	《渐进式延迟退休政策的社会经济效应研究》	席 恒
249	《经济发展新常态下我国货币政策体系建设研究》	潘 敏
250	《推动智库建设健康发展研究》	李 刚
251	《农业转移人口市民化转型：理论与中国经验》	潘泽泉
252	《电子商务发展趋势及对国内外贸易发展的影响机制研究》	孙宝文
253	《创新专业学位研究生培养模式研究》	贺克斌
254	《医患信任关系建设的社会心理机制研究》	汪新建
255	《司法管理体制改革基础理论研究》	徐汉明
256	《建构立体形式反腐败体系研究》	徐玉生
257	《重大突发事件社会舆情演化规律及应对策略研究》	傅昌波
258	《中国社会需求变化与学位授予体系发展前瞻研究》	姚 云
259	《非营利性民办学校办学模式创新研究》	周海涛
260	《基于"零废弃"的城市生活垃圾管理政策研究》	褚祝杰
261	《城镇化背景下我国义务教育改革和发展机制研究》	邬志辉
262	《中国满族语言文字保护抢救口述史》	刘厚生
263	《构建公平合理的国际气候治理体系研究》	薄 燕
264	《新时代治国理政方略研究》	刘焕明
265	《新时代高校党的领导体制机制研究》	黄建军
266	《东亚国家语言中汉字词汇使用现状研究》	施建军
267	《中国传统道德文化的现代阐释和实践路径研究》	吴根友
268	《创新社会治理体制与社会和谐稳定长效机制研究》	金太军
269	《文艺评论价值体系的理论建设与实践研究》	刘俐俐
270	《新形势下弘扬爱国主义重大理论和现实问题研究》	王泽应

序号	书　名	首席专家
271	《我国高校"双一流"建设推进机制与成效评估研究》	刘念才
272	《中国特色社会主义监督体系的理论与实践》	过　勇
273	《中国软实力建设与发展战略》	骆郁廷
274	《坚持和加强党的全面领导研究》	张世飞
275	《面向2035我国高校哲学社会科学整体发展战略研究》	任少波
276	《中国古代曲乐乐谱今译》	刘崇德
277	《民营企业参与"一带一路"国际产能合作战略研究》	陈衍泰
278	《网络空间全球治理体系的建构》	崔保国
279	《汉语国际教育视野下的中国文化教材与数据库建设研究》	于小植
280	《新型政商关系研究》	陈寿灿
281	《完善社会救助制度研究》	慈勤英
282	《太行山和吕梁山抗战文献整理与研究》	岳谦厚
283	《清代稀见科举文献研究》	陈维昭
284	《协同创新的理论、机制与政策研究》	朱桂龙
285	《数据驱动的公共安全风险治理》	沙勇忠
286	《黔西北濒危彝族钞本文献整理和研究》	张学立
287	《我国高素质幼儿园园长队伍建设研究》	缴润凯
288	《我国债券市场建立市场化法制化风险防范体系研究》	冯　果
289	《流动人口管理和服务对策研究》	关信平
290	《企业环境责任与政府环境责任协同机制研究》	胡宗义
291	《多重外部约束下我国融入国际价值链分工战略研究》	张为付
292	《政府债务预算管理与绩效评价》	金荣学
293	《推进以保障和改善民生为重点的社会体制改革研究》	范明林
294	《中国传统村落价值体系与异地扶贫搬迁中的传统村落保护研究》	郝　平
295	《大病保险创新发展的模式与路径》	田文华
296	《教育与经济发展：理论探索与实证分析》	杜育红
297	《宏观经济整体和微观产品服务质量"双提高"机制研究》	程　虹
298	《构建清洁低碳、安全高效的能源体系政策与机制研究》	牛东晓
299	《水生态补偿机制研究》	王清军
300	《系统观视阈的新时代中国式现代化》	汪青松
301	《资本市场的系统性风险测度与防范体系构建研究》	陈守东

序号	书　名	首席专家
302	《加快建立多主体供给、多渠道保障、租购并举的住房制度研究》	虞晓芬
303	《中国经济潜在增速的测算与展望研究》	卢盛荣
304	《决策咨询制度与中国特色新型智库建设研究》	郑永年
305	《中国特色人权观和人权理论研究》	刘志刚
306	《新时期中国海洋战略研究》	徐祥民
307	《发达国家再工业化对中国制造业转型升级的影响及对策研究》	刘建江
308	《新时代教育工作目标研究》	卢黎歌
309	《传统中国之治的历史与逻辑》	彭新武
310	《共建"一带一路"国家多语种、共享型经济管理数据库建设研究》	司　莉

……